中华传世藏书

【图文珍藏版】

帝鑑圖説

[明] 张居正 ⊙ 原著

王艳军 ⊙ 整理

第五册

線裝書局

会沟通才有号召力

在团队管理中，上司与下属的沟通极为重要。管理者的首要职责是不断地发现问题和解决问题，与下属有效地沟通，往往是解决问题的最佳方式之一。它可以拉近上司与下属之间的心理距离，使本来不那么容易解决的问题在平和的气氛中得以顺利解决。

当然，沟通是需要熟谙其艺术与技巧的。掌握了沟通的艺术与技巧，你在与下属相处中就拥有了号召力和凝聚力，就能够得心应手和卓有成效地开展工作。

(一) 要以理服人，而不是以权压人

在说服的过程中，不能只讲大道理，但并不是就可以不讲"理"，如果将道理讲得具体生动，引人思索，让人们觉得是这么个理儿。就能一步步循序渐进地将道理说明白。

在工作中，需要说服下属的事情几乎随处可见。进行有效说服的一个较好的策略是采取迂回战术，不从正面入手。直接说服容易让对方产生抵触心理。所以，不妨从侧面打开缺口。

从正面一时讲不通，不妨搞些"旁敲侧击"。讲好大道理很重要的一点是要学会剥茧抽丝，逐步引导，层层深入，最后"图穷匕见"，将对方的思想统一和升华到一个新的高度。有时也可借题发挥，讲出"醉翁之意不在酒"的道理。这样可以避免把讲道理变成简单的演绎论证，使被教育对象易于接受。

在说服的过程中，不能只讲大道理，但并不是就可以不讲"理"，如果将道理讲得具体生动，引人思索，让人们觉得是这么个理儿，就能一步步循序渐进地将道理说明白。

俄国的"十月革命"刚刚胜利的时候，象征沙皇反动统治的皇宫被革命军队攻占了。

农民们坚持要烧掉皇宫。列宁得知此消息后，立即赶到现场。面对着那些义愤填膺的农民，列宁很恳切地说："农民兄弟们，皇宫是可以烧的。但在点燃它之前，我有几句话要说，你们看可不可以呢？"

农民们一听这话，便知列宁并不反对他们烧，于是答道："完全可以。"

列宁问："请问这座房子原来住的是谁?"

"是沙皇统治者。"农民们大声地回答。

列宁又问："那它又是谁修建起来的?"

农民们坚定地说："是我们人民群众。"

"那么,既然是我们人民修建的,现在就让我们的人民代表住,你们说,可不可以呀?"

农民们点点头。

列宁再问："那还烧吗?"

"不烧了!"农民们齐声答道。

皇宫终于保住了。

列宁的几句循循善诱的问话,理清了群众思路,保住了这座举世闻名的建筑。最后一问,是强化迂回诱导的结果,让群众明确表态"皇宫不烧了"。从而完全达到了目的。

领导者的工作意图和方案,必须通过下级来贯彻执行。可是往往上级领导者的工作意图和方案得不到下级的支持和赞同,为了推动工作的进展,并让下属为你效命尽忠,你应该学会如何说服他人的基本策略和一些实用的技巧。那么,领导者怎样才能有效地说服下级呢?

1.推心置腹,动之以情

说服工作,在很大程度上,可以说是情感的征服。只有善于运用情感技巧,才能打动人心。在劝说别人时,应推心置腹,动之以情,讲明利害关系,使对方感到你的劝告并不抱有任何个人目的,没有丝毫不良企图,而是真心实意地帮助被劝导者,为他的切身利益着想。

汉光武帝刘秀带兵打仗时,有的将领在昆阳城上望见王莽的军队人马众多,全都心惊胆战,忧虑后方的妻子儿女,想分别返回原来驻守的城池。

刘秀这时非常冷静地对将领们说："现在士兵和军粮都很少,而外敌强大,合力抵抗他们,还有打胜的希望,要是分散,势必全都难以保全性命。而且宛城还没攻下来,主力不能前来救援,昆阳一旦被攻破,各部也将被消灭,现在怎么不同心同德,共建功名,反而只想看守自己的妻子儿女和财物呢?"将领们被刘秀说服了,才定下心来继续跟着刘秀作战。

2.求同存异,缩短差距

同级之间、上下级之间或多或少都会存在"共同意识",为了有效地说服同事或下属,应该敏锐地把握这种共同意识,以便求同存异,缩短与被劝说对象之间的心理差距,进而达到说服下属的目的。

假如领导与下属在一开始没有掌握全部事实的情况下发生了分歧,作为领导,为了劝服下属,可以这样给下属铺台阶:"当然,我完全理解你为什么会这样设想,因为你那时不知道那回事。"或者说:"最初,我也是这样想的,但后来当我了解到全部情况后,我就知道自己错了。"为人置梯,可以把被说服者从自我矛盾中解放出来,使他体面地收回先前的立场。这样,部下定会顺着你给出的梯子,走下他固执的高楼,并且还会因为你保全了他的脸面而对你心存感激。

3.克己忍让,以柔克刚

当别人与自己的意见和看法相左时,切忌用权力去压倒对方。高明的方法应该是克己忍让,对对方礼让三分,以柔克刚,用事实来"表白"自己。一旦你这样做,其高风亮节必然会激起别人的羞愧之心,下属会打心底里由衷地佩服你的度量,在无形中便接受了规劝与说服。这种容忍的风范和"四两拨千斤"的说服技巧常常能赢得他人真诚的拥护与尊敬。

(二) 良好的沟通能力会为你的工作表现加分

沟通素质的高低往往会决定一个人的成功与否,在生活与工作中注重沟通技巧的修炼、掌握沟通的方法将给人生创造意想不到的新局面。

一位英国管理学家说:"管理者应该具有多种能力,但最基本的能力是有效沟通。"沟通是实现我们的目标、满足我们的需要、实现我们的抱负的重要工具之一。如果不能很好地沟通会对自己有什么影响? 对于中高层的管理者来说,沟通不畅会导致公司整体业绩的下滑。

在团队管理中,上司与下属的沟通极为重要。管理者的首要职责是不断地发现问题和解决问题,与下属有效地沟通,往往是解决问题的最佳方式之一。它可以拉近上司与下属之间的心理距离,使本来不那么容易解决的问题在平和的气氛中得以顺利解决。当然,沟通是需要熟谙其艺术与技巧的。掌握了沟通的艺术与技巧,就具备了与下属相处的资本。具备了这样的资本,你在与下属相处中就拥有号召力和凝聚力,就能够得心应手和卓有成效地开展工作。

在当代的中国，吴士宏无疑是极富传奇色彩和个性魅力的成功女士。吴士宏从一个未受过正规高等教育、没有任何背景的普通年轻女子，成了 IBM（美国国际商业机器）、微软两个巨型跨国公司的地区负责人，她的成功除了拥有过人的胆识外，还跟她有过人的沟通能力和好口才密切相关。

吴士宏初入微软时做简短致辞："各位，第一次见面，我不多讲，因为我以后会有很多机会讲和听大家讲。我本来准备的致辞是谦虚的外交辞令，临时决定最好从开始就把真实的我交代给大家。我接受微软中国公司总经理的职位是为了一个理想：那就是想把微软中国做成中国微软。我和在座的大多数人一样，是土生土长的中国人，我更希望能有更多的本地员工更快地成长起来。"她接着谦虚地说道："我前面 12 年多的经验都是 IBM 的，我在微软的经验比在座任何一位都少。我会努力学习做一个真正的微软人，努力做一个合格的总经理。我需要大家的帮助，我不打算'带自己人来'，想和大家一起做这番事业，拜托各位！"吴士宏的这番话言真意切，将自己的理想公布于众，令每一位在微软的中国人为之动容，报以一阵热烈的掌声。

良好的沟通能力不仅能保证人的交流顺畅，也会为人的工作表现加分。沟通在人的一生中扮演着极其重要的角色，沟通素质的高低往往会决定一个人的成功与否。在生活与工作中注重沟通技巧的修炼、掌握沟通的方法将给人的人生创造意想不到的新局面。

企业的成员来自四面八方，如何搞好员工的沟通是摆在每一个管理者面前的艰巨任务。一切能力卓著、成就斐然的领导者都有一个共同的特征，那就是十分注重与员工在细节问题上的沟通和理解，由细节的沟通和理解达到整体的沟通与理解。做好大面的沟通，可有效地防止矛盾复杂化，而做好细节问题的沟通，却可以解决沉积的矛盾和问题，用最小的成本来团结别人、吸引别人、调动各方面的积极性。

黄河明曾在惠普工作长达 23 年，担任过惠普泰国公司的第一任总经理。1990 年，他从泰国返回中国台湾，出任惠普台湾区董事长兼总经理。但是，由于前一任总经理的离职，公司人员流动率极高，稳定军心成为摆在黄河明面前的首要任务。

该怎么办呢？黄河明请教了一些前辈，有人建议道："业绩无法一下子扭转过来，你现在需要多做沟通工作。动荡时期，员工希望知道得更多，所需要的沟通比平时多两三倍。"

于是，黄河明在开始的 6 个月中，将大部分精力用在内部沟通上。每个月他会分别和 10 到 15 名员工一起吃饭、聊天，为员工描绘公司的长期愿景。有时他还写信到员工家

中,让员工家属也一起推动这个工作。

黄河明发现,虽然很多员工心中有抱怨,但不会直接说出,于是他又实行匿名调查。让员工写建议给他,结果500多位员工有320名写了书面建议。通过这一系列的措施,公司的员工流失率终于从20%降到9%。

对于管理者来说,有效地与下属进行沟通是非常关键的工作,甚至在某种程度上它直接关系到企业的生死。沟通的好与坏,直接影响着员工的使命感和积极性,同样也直接影响着企业的经济效益。只有保持沟通的顺畅,企业的管理者才能及时听取员工的意见,并及时解决上下级之间的矛盾,增强企业的凝聚力。

此外,良好的团队内部沟通,有助于使下属认清团队所面临的形势,有助于下属理解上司的各种难处,有助于形成上下一条心,使团队拧成有序、有节、有度、有竞争力的一股绳。一位管理学专家曾说:"沟通决定了管理。"上司与下属之间的有效沟通是任何团队管理艺术的精髓。

不论在日常生活或是工作场所,良好的沟通都是人际关系的第一步。一旦你掌握了沟通的技巧并能熟练运用,你将会把工作当成一件快乐的事情。因此,现代领导应保持与员工良好的沟通,让沟通成为你的工作利器,实现在快乐中工作。

(三) 用真诚的语言赢得下属的信任

如果你能够用得体的话语表达出你的真诚,你就会赢得对方的信任,对方就可能由喜欢你说的话从而信赖你这个人.进而喜欢你的一切。

无数事实证明,说话的魅力并不在于说得多么流畅,多么滔滔不绝,而在于是否善于表达真诚。真情实感是成功说话的第一乐章。俄国卓越的军事家库图佐夫,在给叶卡捷琳娜公主的信中说:您问我靠什么魅力凝聚着社交界如云的朋友,我的回答是:"真实、真情和真诚。"真实、真情和真诚的态度是成功人士的说话妙诀。

真诚,不论对说话者还是对听话者来说都非常重要。如果你能够用得体的话语表达出你的真诚,你就会赢得对方的信任,对方就可能由喜欢你说的话从而信赖你这个人,进而喜欢你的一切。

当松下电器公司还是一家乡下小工厂时,作为公司领导,松下幸之助总是亲自出马推销产品。在碰到杀价高手时,他就坦诚地说:"我的工厂是家小工厂。炎炎夏天,工人在炽热的铁板上加工制作产品。大家汗流浃背,努力工作,好不容易制出了产品,依照正常利润的计算方法,应当是每件××元承购。"对手一直盯着他的脸,听他叙述。听完之后,开怀大笑说:"卖方在讨价还价的时候,总会说出种种不同的话。但是你说得很不一样,句句都在情理之中。好吧,我就照你说的买下来好了。"

松下幸之助的成功,在于坦诚的说话态度。他的话充满情感,描绘了工人劳作的艰辛、创业的艰难。语言朴素、形象、生动,语气真挚、自然,唤起了对方的切肤之感和深切同情。正如对方所说的,松下幸之助的话"句句都在情理之中",对方接受也在情理之中。

滔滔不绝、一泻千里的说话风格虽然流畅优美,但是如果缺少诚意,那就失去了吸引力,如同一束没有生命力的绢花,很美丽但不鲜活动人,缺少魅力。因此,每个人首先应想到的是如何把你的真诚注入说话之中,如何将自己的心意传递给对方。只有当听者感受到你的诚意时,他才会打开心扉,接受你讲的内容,彼此之间才能够充分地沟通和共鸣。

充满感情、融入真情的语言最能打动人心。巧妙地运用充满真情的话语,可以促使说者与听者产生情感上的共鸣;可以促进交流双方的关系融洽,从而形成良好的沟通氛围;充满情感的话语可以使人赢得广泛的人脉关系,为人生的成功创造有利的条件。

美国一位总统非常注意培养自己说话的真诚情感。他曾说过:"一滴蜂蜜比一加仑的胆汁能吸引更多的苍蝇。人也是如此,如果你想赢得人心,首先让他相信你是最真诚的朋友。那样,就像有一滴蜂蜜吸引住他的心,也就是一条坦然大道,通往他的理性彼岸。"

可以说,充满真情、以情暖人是说话打动人心的要素,是赢得知心朋友的重要所在。

要想使你的表达与人产生共鸣,需要来自你内心深处的声音,先要感动自己然后感动别人,不要为说话而说话,应倾诉内在的感受,以心灵的沟通为主要目的。

一定要有一颗真诚的心,这是沟通当中最重要的技巧,也是不需要技巧的技巧。如果你的态度不诚恳会直接导致沟通的失败。那些认为沟通只不过是技术上的东西的人是十分愚蠢的。所有的技巧只不过是增加沟通成功的外部砝码,而不是决定因素。

是的,所有会说话的人都知道,每个人都希望获得别人真诚的关怀、理解和尊重。大多数时候,一句真诚的话,可能只花说出者一分钟时间,但对于听者,可能会影响其一天、一年甚至一生。

（四）善于倾听，才能更好地沟通

倾听别人说话。敞开自己的心扉。坦诚地接受对方、宽容对方、体贴对方，因而导致彼此心灵融通。最成功的领导者，通常也是最佳的倾听者。

倾听别人说话也可以说是有效沟通的一个重要技巧。听人说话之所以备受重视，不仅是因为其有助于对事物的了解以及对说话内容的掌握，更因为倾听是与他人个性契合、心灵沟通的根源。倾听别人说话，敞开自己的心扉，坦诚地接受对方、宽容对方、体贴对方，因而导致彼此心灵相通。最成功的领导者，通常也是最佳的倾听者。

当我们翻阅那些成功者的传记或自传时，我们可以发现，有许许多多的成功者都是倾听策略的受益者。每一个成功者在他成功的过程里，都必定有着恭听别人说话这一策略的功劳。因此，学会倾听别人说话也是非常重要的。

约翰.海是美国的一位著名政治家，他不但能够做精彩的演讲，同时也是一位极佳的听众。他在倾听别人谈话的时候，总是做出一副明显地对对方表现出崇敬的样子，非常专注。任何跟他谈过话的人，只要同他一起坐上半个小时，他们就会感受到自己已经被约翰·海给征服了，同时，无意之中也受到他的鼓励，不知不觉地向前走了。

豪斯先生曾是威尔逊总统在位时的副总统，工作非常出色。他的一位朋友曾经这样评价道："豪斯先生一向是一名好听众。他之所以能够出任威尔逊的副总统，可能多半是出于他对人倾听的态度。因为豪斯和威尔逊首次在纽约会面时，他就用他善于倾听的策略赢得了威尔逊的好感，同时也引起了威尔逊对他的注意。"

能否善于倾听，是衡量一个领导者沟通水平的标志。善于倾听无形中起到了褒奖下属的作用，这就等于在告诉他："你说的东西很有价值""你是一个值得我信任的人"。这样，下属的自尊心在很大程度上得到了满足，对领导就会产生一种感情上的沟通，他会想："他能理解我""他对我还是比较器重的"，彼此间感情的距离缩短了许多。

交流的特征就是有说有听。除了会说，还要会听，做一个善解人意的听众要注意以下几点。

1.专心倾听，能动地理解

倾听应是交谈活动中的一种重要行为，当自己交替成为听者时，对对方的谈话，应该专心倾听、能动地理解。专心倾听，不仅要用耳，而且要用心，不仅是对声音的吸收，更是对意义的理解。听者在采取专心倾听的态度后,还要对谈话内容进行能动理解。所谓能动理解,就是对谈话内容自觉努力地去接收和处理,即一方面用自己具有的科学知识、人生体验、实践经验,正确和全面地理解,一方面以谈话背景为参照,有重点、有取舍地理解。

2.听取关键词

所谓的关键词,指的是描绘具体事实的字眼,这些字眼透露出某些信息,同时也显示出对方的兴趣和情绪。通过关键词,可以看出对方喜欢的话题以及说话者对人的信任。

另外,找出对方话中的关键词,也可以帮助我们决定如何响应对方的说法。我们只要在自己提出来的问题或感想中,加入对方所说过的关键内容,对方就可以感觉到你对他所说的话很感兴趣或者很关心。

3.反应式倾听

反应式倾听指的是重述刚刚所听到的话,这是一种很重要的沟通技巧。我们的反应可以让对方知道我们一直在听他说话,而且也听懂了他所说的话。但是反应式倾听不是像鹦鹉一样,对方说什么你就说什么,而是应该用自己的话,简要地述说对方的重点。比如说:"你说你住的房子在海边?我想那里的夕阳一定很美。"反应式倾听的好处主要是让对方觉得自己很重要,能够掌握对方的重点,让对话不至于中断。

4.要找出对方话中的重点

当我们和人谈话的时候,我们通常都会有几秒钟的时间,可以在心里回顾一下对方的话,整理出其中的重点所在。我们必须删去无关紧要的细节,把注意力集中在对方想说的重点和对方主要的想法上,并且在心中熟记这些重点和想法。

暗中回顾并整理出重点,也可以帮助我们继续提出问题。如果我们能指出对方有些话只说到一半或者语焉不详,说话的人就知道,我们一直都在听他讲话,而且我们也很努力地想完全了解他的话。如果我们不太确定对方比较重视哪些重点或想法,就可以利用询问的方式,来让他知道我们对谈话的内容有所注意。

(五)通过沟通及时化解下属的抱怨情绪

下属的情绪是其工作积极性好坏的温度计。如果下属的牢骚和抱怨不能得到有效化解。消极的情绪扩散开来。便会像瘟疫一样感染所在组织的肌体,使组织丧失战斗力。

在任何一个公司，下属都不可避免地存在着牢骚、抱怨、烦躁或愤怒的情绪。作为领导者，你有责任随时解决这些问题，否则会造成隐患和不稳定因素。

许多误会、矛盾乃至冲突都源于人际关系沟通障碍，一项调查表明，员工中有80%的抱怨是由小事引起的，或者说是由误会引发的。对于这种抱怨，领导不能掉以轻心，一定要给予认真、耐心的解答，因为有时误会造成的裂痕是永远无法弥补的。另外20%的抱怨往往是因为公司的管理出了问题。对这种抱怨，领导要及时与员工进行良好沟通，先使其平静下来，然后采取有效措施，尽快加以解决。沟通在一定程度上可以化解下属的抱怨情绪，任何轻视沟通的念头都是错误的。

面对下属的抱怨，应该如何对待，不仅是检验领导处世能力和水平的一个重要方面，同时对进一步改进工作方法，调动下属积极性，提高下属工作效率，都具有十分重要的意义。

麦当劳公司是享誉全球的知名大企业，其领导层很重视上下沟通。他们认为好的沟通决定公司的经济利益。

麦当劳公司在上下级沟通管理的探索中也曾处于尴尬境地。在克罗克退休以后，由于麦当劳的事业迅速壮大，属下员工也越来越多，企业高层忙于决策管理，在一定程度上忽视了上下级的沟通，致使美国麦当劳公司内部的劳资关系越来越紧张，以致爆发了劳工游行示威，抗议工资太低。

针对员工中不断增长的不满情绪，麦当劳公司经过研讨形成了一整套缓解压力的"沟通"和"鼓舞士气"的制度。麦当劳公司认为与员工的沟通是极其重要的，它可以缓和管理者与被管理者之间的冲突，提高工作人员的积极性。而如果忽视了与员工的沟通，会阻碍企业命脉的畅通，使企业不知不觉陷入麻痹而失去许多功能。

为了加强员工之间的交流，麦当劳公司还推行一种"传字条"的方法。麦当劳餐馆备有各式各样的联络簿，如服务员联络簿、接待员联络簿、训练员联络簿等，让员工随时在上面记载重要的事情，以便相互提醒注意。

麦当劳公司的做法成功地缓和了劳资冲突和对立。其注重公司上下沟通的最大成果就是，它赢得了公司员工对公司的忠诚和对快餐事业的使命感。他们通过频繁的走动管理，既获得了丰富的管理资料，又可通过与数百人以私人朋友的身份交际，达到很好的沟通效果。

下属的情绪是其工作积极性好坏的温度计。如果下属的牢骚和抱怨得不到领导的重视，不能得到有效化解，消极的情绪扩散开来，便会像瘟疫一样腐蚀所在组织的肌体，使组织丧失战斗力。领导者想要真正解决问题，消除抱怨，还必须采取实际行动。这里详细介绍一下处理员工抱怨时需要注意的几点。

1.端正态度莫压制

下属有了抱怨，可能会出现一些偏激的言行，对此，领导一定要沉着冷静，保持良好的心态，切不可暴跳如雷、怒气冲天；也不可简单地对下属的抱怨进行批评，或者盲目地予以禁止。如果这样的话，将会引起下属更多的抱怨，甚至会引发上下级之间更大的矛盾，从而给部门和公司带来不稳定的因素。

因此，一旦听到下属的抱怨，领导应放下架子，立即深入下属之中，虚心地听取下属的意见，深入地进行调查研究，搞清是哪些下属在抱怨、抱怨什么，主动把握有关方面的情况。

2.排查原因慎端详

当得知下属抱怨后，领导就要反复地调查，认真地分析下属抱怨的原因。

首先，要从主观上找原因，看是不是因为自己工作的失误使下属的工作难以进行，从而造成下属的抱怨。如果是领导自己的原因，就一定要严于律己、以诚相见，从检查自己入手，本着有错必纠的原则，勇于进行自我批评，立即纠正自己工作中的失误。

其次，要从客观上找原因。下属对公司的政策不理解、对上司的意图不明确，都会产生抱怨；有一些下属则完全是因为心胸狭窄，或者因为个人利益受到影响而对上司产生抱怨；还有的下属是因为不明白真相，或受他人挑拨，无端地产生抱怨等。总之，下属产生抱怨的原因有很多，一定要弄清楚、搞明白。

如果是下属的原因，就一定要摆明事实、讲清道理，帮助下属准确地理解上级的意图。

如果是个别下属无事生非，那就一定要对其进行严肃的批评教育，促使他们明白纪律和制度的严肃性，从而消除侥幸和得寸进尺的心理，以积极的态度和崭新的精神面貌努力完成上级交给的各项任务。

宋仁宗

夜止燒羊

夜止烧羊①

【历史背景】

宋仁宗(1010~1063),即赵祯,真宗之子。大中祥符八年(1015)封寿春郡王,天禧二年立为太子。乾兴元年(1022)即位,初由刘太后垂帘听政,明道二年(1033)太后死后,始亲政。宋仁宗是宋代帝王中的明君圣主,在位时间最长,有42年,宋仁宗统治时期,国家安定太平,经济繁荣,科学技术和文化得到了很大的发展,他以他的"仁"开创了升平盛世。在行政上,宋仁宗尊重主管部门的自主权,既不越俎代庖,也不刚愎自用;对读书人比较宽容,没有兴过文字狱;尚德缓刑,遇到疑难案件,尽量从轻发落,即使对"煽动造反"的,也能区别对待,分清是真要造反,还是发牢骚。

仁宗驾崩的消息传出后,"京师罢市,巷哭数日不绝,虽乞丐与小儿皆焚烧纸钱哭于大内之前。"洛阳焚烧纸钱的烟雾飘满了洛阳城,以至天日无光,偏远地区的人们也戴孝帽哀悼。宋仁宗赵祯死后的讣告送到辽国,"燕境之人无远近皆哭",连"虏主"也握住使者的手,号啕痛哭,说:"四十二年不识兵革矣。"一个皇帝死了,让本国黎庶哭得涕泗横流的事,屡见不鲜,引得邻国百姓和皇帝痛哭,实在是凤毛麟角。

【原文】

宋史纪:仁宗尝语近臣,昨因不寐而饥,思食烧羊。曰:"何不取索?"曰:"恐遂为例。可不忍一夕之饥而启无穷之杀。"或献蛤蜊二十八枚,枚千钱,曰:"一下箸②费二十八千,吾不堪也"。

【张居正解】

宋史上记,仁宗一日对近臣说,朕昨夜因睡不着,腹中觉饥,想些烧的羊肉吃。近臣

因问说，何不令人取进。仁宗说，恐膳房因此遂为定例，夜夜里办下烧羊，以备取用，则伤害物命必多。岂可咨口腹之欲，不忍一夕之饥，而忍于戕害无穷之生命乎！因此遂止。又一日有献蛤蜊二十八枚者，说一枚价值钱千文。仁宗说，这一下箸之间，就费了二万八千文钱，似此享用无度，我岂能堪。遂不受其献。仁宗在宋朝最为仁厚之主，观其不忍害物如此，则其不忍于伤民可知。故能致治升平，而享祚③悠久也。

【注释】

①此篇出自宋魏泰《东山笔录》卷1、宋陈师道《后山谈丛》卷4，记述宋仁宗宁肯饿一夜肚子也不肯做烧羊吃，爱惜民力的故事。

②下箸：用筷子夹菜。箸，筷子。

③享祚：享受皇位。祚，皇位，年岁。

【译文】

宋代史书上记载：仁宗一天曾对近臣说："昨天晚上因为睡不着觉而肚子饥，想吃烧羊肉。"近臣说："为什么不令人去取？"仁宗说："我怕由此成为定例，夜夜要做。岂能因为忍受一晚上的饥饿而无穷的杀害生命。"一次有进献蛤蜊二十八枚，每枚值一千钱。仁宗说："这一顿饭就要费二万八千钱，我不能忍受。"

【评议】

"仁政"，一直是传统政治的最高理想，宋仁宗之前，没有一个帝王能以"仁"或冠以"仁"。事实上，赵祯既没有太祖赵匡胤的雄才大略，也不像宋徽宗那样多才多艺，他的过人之处，仅是对臣僚、对百姓比较宽容，即"仁"。中国从黄帝开始到溥仪逊位，4643年间，一共出了559个皇帝或国王。其中，有资料可查在位40年以上的不足20人，有的因穷兵黩武，导致国库亏空，有的造成国家动乱，有的以亡国告终，赵祯却稳稳当当地做了42年太平天子，与他的"仁"不无关系。

政的"仁",让员工感受到家一般的温暖

管理员工的有效途径不是用规则,而是用情感。要激发员工的工作主动性和积极性,管理者就得把员工当成企业大家庭的一员,进行一定的人性化管理,关心员工的工作、生活和成长,无微不至,把温暖送到员工的心坎上。一念之间,真情流露,即可春风化雨。

(一)对待员工要有人情味

美国的凯姆朗公司一开始是一家很小的服务性公司,开业时只有5名职工、两辆汽车。15年后,它的营业额竟高达3亿美元,它的业务只不过是为住宅的草坪施肥、喷药而已,但却吸引了大批学者去研究它。可以说,对员工的人情味,是凯姆朗公司之所以能够如此有魅力的主要原因。

比如,杜克在员工面前从没有架子,他时常会给员工准备点心,员工生病时他还会亲自带上礼品前去看望。当员工抱怨"公司内有苍蝇,害得我们心情不好",杜克便晚上拿着蜡烛在办公室里抓苍蝇。杜克还表示,即便是在行业最不景气的危急关头,当其他公司都在大规模裁员时,凯姆朗公司绝不会主动裁减一名员工。这些措施使每位员工都感到公司就是自己的"家",他们就是公司的"主人"。

一位员工刚进入公司不久,他父亲就去世了,杜克率领全体员工到殡仪馆帮忙,丧礼结束后,杜克还亲自送该员工和他的母亲回家。该员工后来当上了主管,常对人提起这桩事:"我感受到了一种浓浓的人情味。从那时起,我就下定决心,为了老板,即使是牺牲生命,也在所不辞。"

企业的经营目的是逐利,但是对待员工要有人物味。所谓"人情味",是人与人之间真挚情感的自然流露,就是要坚持"以人为本"的原则,把员工当成自己的家人一样,帮他们做事,关心他们的生活。好的管理者会将对员工的管理定位于感情管理上,因为感情是企业中最活跃、最具能动作用的因素。

员工是人,不是机器,他们的心灵需要得到关怀和慰藉。几乎所有的员工都喜欢人情味浓一点的领导,因为这样的公司能给他们带来精神上的满足。薪酬、待遇等可以说是硬性物质条件,而人情味却是软性的,在"柔性"管理之下,员工会如沐春风,意兴盎然,感受到一种家的温暖。

一则管理寓言,颇有意味。

狂风和微风打赌,看谁能把行人身上的大衣吹掉。狂风首先来了一股刺骨的冷风,吹得行人瑟瑟发抖,于是大衣裹得更紧了;微风则徐徐吹动,行人觉得温暖而惬意,继而脱掉了大衣。最终,微风获得了胜利。

由此及彼,如果管理者"铁面无私""冷冰冰",如果企业只是一味提高薪酬标准,而没有人情味,那么在这种刺骨的冷风下员工只会"大衣裹得更紧"。在他们看来,薪酬也只是自己应得的回报,公司对待自己与对待机器和原材料没有什么本质的差别,如此就没有工作热情而言。例如,有些员工得了一场大病,请了半个多月的病假在家养病,待他恢复健康来办公室上班时,如果领导对他的到来面无表情,麻木不仁,不加半句客套,没有一句问候的话语,员工哪里还有心情认真工作?

相反,多给员工一些关爱,营造充满人情味的环境,将企业文化渗入到员工的心灵深处,这增进的不仅是员工对企业的归属感,还能营造一种宽松的发展环境。潜能的发挥要基于宽松的环境和舒畅的心情,如此员工的潜能就能得到充分发挥,为企业创造持续性的经济效益,令企业迸发出旺盛的生机和活力。

正是出于这种原因,在一个有丰厚经济利益和人情味的公司上班,是很多人对完美工作的定义,甚至有些人为了追求工作上的顺心会放弃更优厚的待遇。

邹明大学刚毕业时凭借优异的学习成绩,很轻松地应聘到一家广告公司做销售部经理助理。这家公司规模较大,资金充裕,有很大的发展潜力,邹明也感觉前途一片光明。然而,不到半年他就"跳槽"了,原来这里的领导一派官僚作风,经常叫邹明做这做那,就连泊车也不例外;而且,员工只要出现工作失误就会被罚款;更夸张的是,公司时常会一连三四天加班到夜里一点左右,而且没有加班费。思来想去,邹明决定向领导提出了一点意见,结果是完全被驳了回来。

最后,邹明实在忍受不住,跳槽到一家科技公司做销售主管。这家公司虽然规模不大,工资不是太高,但是却给了邹明很大的触动,原因就是这家公司充满了人情味。整个公司就像一个大家庭一样,从老板到领导都没有架子,而且从不轻易让员工加班,加班时工资肯定也不会少。有一次邹明因交通意外骨折了，领导居然还亲自买了营养品与水果来看望他，让他备受感动，油然而生一种幸福感。

经常被领导指挥着做这做那，只要出现工作失误就被罚款；动不动就连续加班三四天，而且没有加班费。试想一下，在这样一种缺少人情味的环境下工作，有谁还会死心塌地为公司打拼呢？恐怕只会敬而远之。

领导在对下属进行管理时多一些人情味，可以说是每个下属求之不得的。人情味浓的公司不仅讨员工的喜欢，而且从公司的自身发展来看，铺设领导与员工之间的"感情道路"也是营造向心力、活力和竞争力的需要，是促进领导掌控员工、抓住人心的有效手段之一。毕竟人心都是肉长的，你真心关爱员工，下属自然会真诚相报，为企业尽心尽力，甚至同企业患难与共。

小李是刚调到某研究所的助理研究员，母亲做胆结石手术住进了医院。一次聊天，他偶然和所长谈起此事，结果第二天所长就亲自前来医院探视其母，小李顿时激动得眼睛湿润。他对一个朋友说："我在某校干了8年，校领导没去过我家一次，我到这个所不到半年，所长'五一'节去了我家一次，这回一听说老太太病了又去探望，人心都是肉长的，我能不认真干、努力干吗！"

用"爱的精神"对待自己的员工，在工作上给予支持，在生活中给予照顾，营造充满人情味的环境，不拘泥于死板的模式，为员工提供广阔的成长空间。在这样的氛围中，每个员工都会争先恐后贡献自己的才能，由此形成企业可持续发展的良性机制，这比一千个、一万个制度都要强一千倍、一万倍。

（二）从细节上让员工体会到集体的温暖

品裳时装有限公司有1000多人，员工来自全国各地十多个省份，其中90%以上都是外来务工人员。7月份学生相继放暑假，孩子的教育、安全问题等让很多职工放心不下。公司领导了解到此情况后组织了一个暑托班，并聘请了几位老师来维持暑托班的正常运作，所有员工子女全部免费上暑托班。

"在这里打工真是放心，平时与孩子聚少离多，很想借暑假的机会与孩子团聚，增进与孩子的感情，但上班孩子没法照看，现在暑期班圆了自己一家的团聚梦。"这是一位外来员工真实的感受，满怀了员工对公司的感激之情。

中华传世藏书 帝鉴图说 圣哲芳规 一七八八

不仅如此，在平时的工作中，品裳时装有限公司还针对不同人群的实际情况，实行错时就餐制度，让不同工作性质分批次就餐；根据实际情况对需要接孩子上下班的女职工专门调整作息时间等，这些事情看起来都不大，但就是这些细节的问题，却让员工确实地感受到了公司的温暖。

人与人之间之所以距离远，是因为心远；之所以距离近，是因为心近。管理者要想拉近与员工之间的距离，要想使员工真心地拥护你，心甘情愿地为你打拼，就必须让对方感受到的真诚关爱、细心体贴。

绫罗图案繁花似锦，是一针针织就的。一些小事足可以折射出管理者品质的整体风貌，员工们会通过一些这样或那样的小事，来衡量你，评判你。高明的管理者，总是从点滴的小事做起，从细节入手一点一点赢得人心的。

许多事情看起来是员工的生活小事，但就是这些小事往往直接影响着员工的情绪。细小的问题得不到解决，员工就会心生怨气，久而久之积累的多了，就会形成对企业的不满甚至对立情绪，失去工作动力和劳动热情。

人们常说，员工的心是企业的根，是企业维持运行的最根本要素。管理者要温暖员工的心、拢住员工的心，进而稳住企业的根，就要从细微之处着眼，从点滴小事做起，办好员工关心的事情。一个小的细节能使员工感受到公司是重视他的，感受到你是关心他的，那么你的管理就成功了。

从小事和琐事做起，主动关心员工，一个关切的举动、几句动情的话语，看似再平常不过，却比高官厚禄的作用还要大上好多倍，会让员工在不经意间感受到你的关怀，你将会发现，你将更容易获得员工的信赖和支持，与每一个员工建立起一种和谐融洽的关系，事半功倍。

以人为本、关爱员工，其实就是由一件件实实在在的事组成的。小事往往是成就大事的基石，这两者之间是相互联系，相互影响，相辅相成的。管理者要善于处理好这两方面的关系，进而起到激励员工的作用。

关爱员工，不是恩赐，而是义务，善待员工，就是善待企业。关爱员工不是讲在嘴上，不是做做样子，而应该要真心实意，发自内心地去关心下属的切身利益，落实到员工最需要的地方，挠到他们的"痒处"才管用。

为此，管理者要随时关注员工的情绪变化和心理状态，从一些微妙的动作与表情中，捕捉到员工的心理需要。尽量满足员工的合理要求，如果满足不了也应该讲明原因，这样即便你没有做出什么实际的行为,员工也会感受到公司的关爱和温暖。

总之,无论是大企业还是小公司,你的企业运作不要是一个冰冷的制度框框,从关怀每一个员工做起,从每一个可以做好的细节做起,让你的员工充分体会到集体的温暖,也就激发了他们内心的认同感和参与感。

(三)收服员工,攻心为上

三国时期,孟获是当时南中地区的少数民族首领,深为当地土著和汉人所信服,一段时间曾带兵反叛蜀汉。诸葛亮一打听,知道孟获不但打仗骁勇,而且在南中地区各族群众中很有威望,便决心把孟获争取过来。他下了一道命令,只许活捉孟获,不能伤害他。

第一次交锋,诸葛亮运用计谋将孟获活捉。孟获心想,这回一定没有活路了。没想到进了大营,诸葛亮立刻叫人给他松了绑,好言好语劝说他归降。但是孟获不服气,说:"我自己不小心,中了你的计,怎么能叫人心服?"诸葛亮也不勉强,陪着孟获一起骑着马在大营外兜了一圈,看看蜀军的营垒和阵容。

孟获傲慢地说:"以前我没弄清楚你们的虚实,所以败了。现在我知道你们的阵势了,要打赢你们也不难。"诸葛亮爽朗地笑了起来,说:"既然这样,您就回去好好准备一下再打吧。"孟获被释放以后,逃回自己部落,重整旗鼓,又一次进攻蜀军。但是他本是一个有勇无谋的人,哪里是诸葛亮的对手,第二次又乖乖地被活捉了。诸葛亮劝他,见孟获还是不服,又放了他。

就这样又放又捉,一次又一次,诸葛亮一直把孟获捉了七次。到了孟获第七次被捉的时候,诸葛亮还要再放。孟获却不愿意走了:"丞相,现在我打心底里敬服您,从今以后,我不敢再反了。"遂归顺蜀汉。

诸葛亮之所以能够成功地"收服"孟获,在于他使用了攻心战,"攻心为上"。"攻心为上"就是说做人的工作一定要做人心的工作,要使工作对象产生心的认同和认可。通过又放又捉,孟获看到了诸葛亮的谦逊、气度以及对下属的关怀,这样的领导他自然愿意为之卖命,这就是攻心的结果。

《孙子兵法》中讲:攻城为下,攻心为上,也就是说,战争中用武力打败对方算下策,使用各种方法使内部不稳而获胜是中策,不用去打就能胜利的是上策。"攻心为上",这是一切兵法的核心思想,也是一切管理工作的核心思想。聪明的管理者要善于用情感来征服和遥控自己的员工,通过征服员工的心来控制他们的身。

这一点并不难理解,在日常生活中,我们不难看到男女交往的一幕幕情景:当男人征服了一个女人的心后,她就会"全心全意地去爱他",只要他能接受,她愿意终身依傍他也无怨无悔,这就是攻心的妙处。此理在管理领域也适用,只要你能够控制住员工的心,他们势必会为你赴汤蹈火。

现代社会有不少善用"攻心"控制人才身体的管理者。

世界知名的东芝公司,在成立将近百年的时候曾一度陷入困境。此时,土光敏夫出任董事长,上任后他经常不带秘书,每天穿梭在工厂与办公室之间,与每一个员工愉快地交谈、观察他们的操作姿势、办公环境设置、测量物品搬运重量,评估员工工作环境是否安全、舒适并提出建议和报告。身为大公司的董事长步行到工厂已非同寻常,更妙的是他还常常提着酒瓶与员工们畅怀共饮。

土光敏夫这种不摆架子、慈祥关怀的姿态,赢得了公司上上下下所有员工的好感。员工反映:"土光董事长和蔼可亲、善待我们,我们更应该努力,竭力效忠。"因此,他上任后不久,东芝的收支情况大为改观,两年内便把一个亏损严重、日暮途穷的公司重新支撑起来,并使"东芝"成为日本最优秀的公司之一。

思想决定行动,精神决定肉体。征服了人的心,就能征服人的身,就能控制人、利用人,让其心甘情愿地为自己打拼。

管理者若想创出辉煌业绩,赢得下属的拥护,就要关心下属,帮助下属。如果你能真心替下属着想,赢得他们的心,那么他们自然会替你着想,维护你、拥戴你,这样,你便可以取得无往而不利的可喜成就。

(四)给你的员工一个灿烂的微笑

日本一家著名公司总经理的办公室里挂着这样一幅画:两张人的嘴,其中一张嘴嘴角下撇,像个倒扣的勺子,结果从上面掉下的金银珠宝都顺着"勺底"滑到了地上;而另一张嘴却是嘴角上翘,笑眯眯的样子,整个嘴巴就像一个正放的勺子,结果从上面掉下的金银珠宝一个不漏地落进了嘴里。这家公司对这幅画的解释是:微笑是财富的源泉,可以直接决定一个企业的生死存亡。

微笑是一种向人主动示好的表现,它能使人产生一种安全感、亲切感、愉快感,正如英国诗人雪莱所说的："微笑是仁爱的象征，快乐的源泉，亲近别人的媒介。有了笑，人类的感情就沟通了。"微笑也是一种掌控员工、抓住人心的"非常"手段，管理者在平时的工作中一定不能忽略这一点。

虽然微笑不能代替有效的管理制度和方法，但微笑却有任何好制度、好方法都无法企及的大作用。微笑会如同阳光一样，能够给你的员工带来温暖，使他们对你产生谦和、平易近人的良好印象；能够缩短你与员工间的距离，让你们在心理上产生共鸣，如此激励的效果也就实现了。换位思考一下，假如让你作为员工，你是喜欢笑脸常开的领导，还是喜欢整天板着脸、面无表情的领导呢？

可以想象，如果企业领导整天板着一副严肃、生硬的面孔，员工们整天战战兢兢地在紧张的心理状态下工作，哪里还能积极、主动地发挥自己的本事，哪里还能保证做好工作？在这种情况下，无论企业的管理制度、管理方法怎么完美无缺，也都难以创造出一个令人满意的业绩来。

但若是企业管理者时刻都在用微笑面对每个员工，就会在企业内创造出一个和谐融洽的气氛，驱散上下级之间、同事之间可能存在的阴霾。员工心情舒畅，不仅每个人尽心尽力、积极主动地工作，而且还相互支持、相互帮助，形成一个所向披靡的高效团队。这样的团队，就算遇到的困难再大，也是能够轻易克服的。这也就直接构成了企业的核心竞争力，能够有效地保证企业持续稳定发展。

美国钢铁和国民蒸馏器公司的子公司 RMI，坐落在俄亥俄州的奈尔斯。一段时间里，RMI 公司的工作效率低，生产率和利润率也上不去。后来，一个名叫大吉姆·丹尼尔的人出任公司总经理，他认为，重视员工、开发员工的潜力是振兴公司的根本，并且最终扭转了公司的困境。

大吉姆·丹尼尔没有什么特殊的管理办法，他只是在工厂里到处贴上了如下标语："如果你看到一个人没有笑容，请把你的笑容分给他。"这些标语下面都签有名字："大吉姆"。大吉姆·丹尼尔所做的还不只是这些，他还让公司设计人员制作了一个特殊的厂徽：一张笑脸。并将这张笑脸绘在公司办公用品上、工厂大门上、厂内板牌上，甚至在员工的安全帽上，明确要求各级领导对员工们时刻保持微笑。于是，在 RMI 公司，人们常常可以看到大吉姆·丹尼尔满面春风地向人们征询意见，喊着员工的名字打招呼。即便是和工会主席列席会议的时候，大吉姆·丹尼尔也常常面带着笑容。

微笑不仅使 RMI 公司率先渡过了这个难关，不到 3 年的时间，RMI 公司没有增加1

分钱的投资,生产率却惊人地提高了近 8%。而且,还带来了巨大的经济效益,资产总值达数十亿美元。后来,RMI 公司的厂徽,也就是"大吉姆"式的笑脸,被美国人称为"俄亥俄的笑容"。《华尔街日报》称 RMI 为,"它是纯威士忌酒——柔情的口号、感情的交流和充满微笑的混合物"。

看到了吗?这就是微笑的力量。既然如此,身为管理者的你为何不投大家之所好,充分利用微笑这一"武器",帮助自己进行管理呢?

比起其他激励方法,微笑管理还是一个不需要增加投入的管理,它不需要任何人力、物力、财力的投入,需要的只是管理者轻轻地运动面部肌肉而已。也许,你会质疑,不就是对着人微笑吗?谁不会啊!其实不然。

微笑,不能理解成打哈哈的无原则的滥笑,也不能理解成笑里藏刀的笑面虎。无原则的打哈哈之笑,只会让你的员工觉得你毫无内涵,虚伪又做作,从而对你的印象大打折扣;笑面虎的笑是暗含恶意的笑,员工往往会认为这笑容下隐藏着不可告人的动机,是为了达到某种目的的虚伪之笑。

管理者所应推崇的微笑管理,应该是真挚的、发自内心的,是自己乐观心态的真实体现,是发自内心地尊重、信任和关怀员工,还应把真诚乐观的情绪传染给身边的每一位员工,让他们时刻保持着愉悦的心态,这样才能抓住他们的心,让他们充分发挥自己的才能,为公司谋得最大的利益。

不过,发自内心的灿烂微笑也是可以修炼而成的,只要你愿意随时都可以。比如,你可以穿一件自己喜欢的衣服,有意地自我打扮一番;多和自己说"今天我很开心""我的微笑很迷人"之类的话,不断对自己进行积极的自我暗示;想象一些比较开心的事情,像一部电视片一样对自己播放。

嘿,开始微笑吧。

(五)让员工工作和生活两不误

林小姐是某金融机构的一名职员,因为上班压力大,她下班后基本上就是累得倒头就睡了,根本没有多少与丈夫交流的机会。渐渐地,林小姐发现丈夫不再像以前那么亲热了,还冷淡了许多。"我不想放弃自己辛苦打拼来的事业,可是我也不能没有家庭,辛苦奋斗的这些年,如果没有丈夫的支持和理解,又有什么意思?"林小姐陷入了两难的境

地,如同失去了重心,每天坐在办公室里都心神不宁……

当一个人对自己事业上的成就充满自豪的时候,他也许会对妻子(丈夫)、孩子感到亏欠,对朋友感到愧疚,对丢掉了自己的业余爱好感到遗憾;与此同时,他还可能备感压力,情绪失控,甚至心力交瘁。从事业角度讲,他们是成功的;但从生活角度来看,他们却是残缺的。

事实上,这些问题绝不仅仅只是员工个人应该思考的问题,对于企业来说也非常重要。一方面,企业的战略目标是否能够实现,员工的努力是重要的一点,只有解决了员工的后顾之忧,使其全身心投入工作才能产生好的业绩;另一方面,实现工作和生活的平衡对留住优秀人才也相当重要。

因此,管理者必须有一颗关心、关爱员工生活的心,把"工作与生活平衡"作为一项重要的工作内容。这一方面可以让员工知道上级在关心他,另一方面又可以从人性化关怀方面给员工提供一种非物质的激励。

所谓"工作与生活的平衡",主要是指员工如何进行工作和生活的时间分配问题,简单地说就是在做好工作的同时也要兼顾自己生活。工作和生活两不误,不能因为工作失去个人生活、家庭生活和个人爱好。

让员工工作和生活两不误,惠普一直强调这样一个理念,他们并不赞赏那种工作狂,更不希望把自己的员工变成工作狂。在这种理念的指导下,惠普为员工们提供了一个非常灵活、非常自主的工作环境。

在惠普,无论工作再忙任务再重,领导都坚持不让员工们在周末加班,每天晚上7点就开始催员工下班,不要加班。他们的观点是,在休息时间因工作打扰到员工的生活是极失礼的。而且,他们还致力于给员工最大的自由和空间,尽可能地照顾到员工的生活,比如,某个员工特别希望去看一场电影,而这场电影上演时正是上班时间,那么领导会允许这位员工离开。如果不让他去,那他坐在办公室会因为惦记这事而没有任何效率,让他去看了,他心情好了,再回来工作效率一定很高。

惠普是一家靠创新制胜的高科技公司,而创新需要宽松的环境、愉悦的身心,惠普希望自己的员工是一群热爱生活的人,认为这样更有利于创新。事实证明,惠普的做法是正确的。工作和生活不存在冲突,没有了后顾之忧,员工们工作起来充满激情,而且精益求精,努力把工作做到完美。而且,这种方式赢得了员工的大力支持,使得惠普的员工流动率仅为8%,一度被评为了最佳雇主称号。

一个不容忽视的事实是,员工工作是为了享受生活,而不是为了工作而工作,他们需要更多的休闲娱乐时间,他们需要过得轻松自由一些。通过一定的积极措施,让员工工作和生活两不误,让员工感受到企业对自己的关爱,让员工觉得自己活得很有尊严,这也是一种尊重员工、重视员工的表现。

可以说,在未来30年内,哪些企业重视员工的生活,哪些企业能让员工"工作生活两不误",这些企业就是"未来之星",就是员工们最向往的优秀雇主,就是未来中国市场上最成功的企业。那些靠牺牲员工生活,博取企业利益的企业终将被淘汰,因此管理者必须要行动起来,立刻,马上。

为此,你最好掌握以下几个要点:

1.引导员工接受新观念

在企业内部可以举办一些讲座、沙龙等交流活动,循环渐进地启发、引导员工接受一些新的观点,如:"工作和生活是一块硬币的两面,互为补充,互为因果。事业有成,家庭和睦,才是完美";"工作和生活并不矛盾,工作是生活的一部分,要使生活与工作并行前进,才是真正的成功"……

2.培养员工的时效观念

作为管理者,你要告诫和监督员工在工作过程中是否投入,随时提醒他们要心无旁骛、全神贯注地工作,以提高工作效率,尽量在工作时间内把所安排的工作做好,赢得足够的生活时间。同时,也要告诉员工,上班时专时专用,休息时间只关注生活,该工作的时候好好工作,该休息的时候好好休息,如此工作起来就会高效很多。

3.提高员工的工作能力

有些员工之所以在工作时间内做不完工作,之后不得不加班加点地工作,进而影响到了生活,很有可能是他们的工作能力不足,在工作上遇到了不能解决的困难和问题。因此,管理者要注重提高员工的工作技能和素质,使之工作起来更为得心应手,从而减少工作时间完不成工作的压力。

此外,企业可以创造家庭成员参观公司或相互联谊等的机会,促使家庭成员和工作伙伴的相互理解与认识,也能够促进工作和生活的平衡。比如,摩托罗拉公司在公司里定期举办"家庭日",让员工和家属们欢聚一堂,这不仅丰富了员工的生活,减轻了员工的工作压力,让员工能以更加健康的身心投入到工作中去,而且大大增强了员工的忠诚度、自豪感和公司的凝聚力。

总之，工作和生活就像人的左腿和右腿，是人生的两个基本支点。工作和生活的平衡已经成为企业管理学的主要内容。管理者只有帮助员工实现工作和生活的平衡，才能使他们两条腿协调迈步，陪着企业走得更稳走远。

(六)提供好环境，给最实惠的关心

在美国，当别的经理都在忙于同工人对立、同工会斗法时，美国销售之父、国民收款机公司的创始人约翰·帕特森却探求出一条新的道路。他为自己的下属们在公司建筑物里建造了一座淋浴设施，供他们上班时间使用；还开办了内部食堂，提供减价热饭热菜；建造了娱乐设施、学校、俱乐部、图书馆以及公园等供下属们娱乐。别的领导们对帕特森的做法大惑不解，甚至嘲笑说这是愚蠢的做法，但帕特森却说，所有这些投资都会取得收益的。事实也证明了他的话，工人们与他的关系非常和睦。

无独有偶，还有一家美国企业也是如此。

美国 SAS 软件研究所也非常重视工作环境的重要性，他们提供给每个软件开发人员这样的工作环境：一间办公室，两所享受补贴的幼儿园，一个医疗保健中心，多个健康项目；在办公区专门为员工设立了一个 77000 平方英尺的包括按摩室、午休室、K 歌厅和游泳池等的娱乐健身中心以及其他许多业余休闲项目。如果员工的孩子在公司上幼儿园，中午员工还可以带孩子过来吃午餐。在公司园区大同小异的 20 幢建筑里均有厨房，这里免费提供营养丰盛的午餐和特色小吃。

从 13 年前《财富》杂志开始评选"最愿意为之工作的企业"以来，SAS 公司年年入选这项排名。CEO 吉姆·古德奈特自豪地说，"在 SAS 工作是个非常甜蜜的职业，我知道员工们不会离开我的。"的确，SAS 公司员工的平均在职工作时间是 10 年，有 300 名员工至少工作了 25 年，这在当代算是一个奇迹。

由此可见，在员工看来，工作环境是非常重要的，他们非常在意他们在哪儿工作，这是影响员工满意度的一个重要因素。员工若是在一个良好的环境中工作，干起活来自然就心情舒畅，而员工心情舒畅，工作效率就会提高，干出来的活也才可能漂亮，进而为公司带来更大更好的利益。

从心理学上讲，当工作环境不能让个体的期望得到实现时，个人就会产生挫折感和失落感，同时自尊心受到伤害，并且会在情感上远离组织，导致职业倦怠，甚至辞职。生

活中我们都会有这样的感受：身在干净整洁的房间时心情是愉悦的，但是身在杂乱无章的房间时却很容易暴躁、失落，等等。

关于优越的工作环境的重要性，可以听听员工们的真实看法："这会使我的身心得到愉悦，提高工作效率""我会有一种归属感，人在最放松的时候总是能够迸发出许多灵感""我们在这里工作，我们有权要求企业在环境上做出一定的改善，这体现了公司对员工个人权利的尊重"……

惠普公司的创始人比尔·休利特说过："所有员工都想把工作做好，如果提供给他们合适的工作环境，他们就会做好。"因此，重新塑造办公空间，留住老员工、吸引新人才，以形成稳固的员工梯队，成为企业迫在眉睫的问题。努力为员工创造这种环境，这比整天口头喊着"努力"来得自然，是一种水到渠成的过程。

不过遗憾的是，许多管理者已经认识到了工作环境的重要性，但是对如何创造员工良好工作环境的量化标准却一无所知，下面我们就一起来看一下：

1.温度

关于温度，人体所需的高效和健康应该维持在 37℃，些微的变化都会导致人体相当的不适，温度太高或者太低都会影响员工的心情，进而增加工作负担。办公室内最佳的空气温度为 18~21℃。

2.相对湿度

室内湿度宜保持在 40%~70% 之间。高度潮湿（100%）会阻止汗的蒸发，人会变得乏力、昏昏沉沉，精力不集中，工作低效。低度潮湿（30% 以下）造成空气干燥，使得皮肤组织干化，引发喉咙痛和感冒，使员工缺勤上升。要想员工高效工作，要想员工舒适工作，就应避免这过湿或过干的情况。

举一个例子，惠普办公室的温度和湿度是按照一流的标准来设计。公司所在大厦的物业管理部门每天都要两次派人来测温度和湿度，办法是这样的：测量人员拿着一张办公室的平面图，选取 20 个点进行测试，然后把每个点的温度跟湿度记录下来，以保证在办公室内的每一个角落都符合人体健康标准。

3.噪音

过多的噪音会给人以生理上、心理上的不良影响，使人心情烦躁，降低注意力等，因此管理者要将相关的工作做好，不用金属桶，而用塑料桶；经常维修设备；走路轻、说话轻、操作轻的"三轻"工作要确实落到实处；使用多孔硬木板、软木、墙纸、地毯；总之在正常情况下要将分贝保持在 40 以下。

4.光线

阳光可以使人心情愉悦放松,光线有自然和人造两种。在办公室内,只要可能就应该使用自然光,不要用窗帘、百叶窗、植物和家具遮挡太多窗户区域,采光越接近自然,越容易调动人体基因,使其调整成最佳状态。这里就有一个度的问题了,采光以自然柔和的阳光为宜,光线太强则会让人不舒服。

5.保持通风

封闭的写字楼里缺乏流动的新鲜空气,员工往往会头昏脑涨,很难发挥好的工作状态。因此,办公室还应尽可能创造条件保障适度的通风,可以用电子空气清新器帮助净化室内空气环境,也可以将窗户打开透气。

6.绿化

现在越来越多的办公场所都会摆放一些绿色植物,绿色植物不仅能缓解人们工作中的紧张情绪,使心情放松,更能提升公司的职业形象,使办公环境更加美化、舒适、充满生机和自然的气息,凸显气派和高档次感。

当然,员工的工作场所有足够的空间吗? 会不会像挤在一个“沙丁鱼罐头”中工作? 桌子的尺寸是否合适,椅子坐着舒适吗? 工作设备如何? 员工拥有最大化成就所需的各种办公设备吗? ……这些也都是管理者需要多费心思的地方,可以根据实际情况做出相应的调整,这里就不一一详述了。

总之,在同等条件下,工作环境的优良程度决定了工作的效率和员工的身心舒适度。员工每天在企业工作至少 8 个小时,改善员工的工作环境可以说是企业关心员工的十分实惠、贴心的举动,管理者一定要将这一工作落实到实处、落实到细节。提高工作效率,创造新的成绩,就这么简单。

(七)倾听员工们的心里话

马航是一家 IT 公司的技术主管,他跟其他人沟通时总是有一个毛病,喜欢一人高谈阔论,容不得员工插话,也不喜欢倾听员工的话,总是上半句听后半句不听,或者就算听着有时也听不明白。员工向他谈及工作上的烦恼以及怎么做好某件事情时,他总是漫不经心,不待对方说完就开始做自己的事情。就这样,马航发现员工们对自己的态度越来越冷淡了,他们的工作积极性也降低了不少。

人人都有表现自己、表达自己的欲望,喜欢有人能够倾听自己的心声。倾听员工,也是一种有效的激励方法,决定着对他人的吸引力和凝聚力。然而在实际工作中,很多管理者只知道表达自己,而不懂得如何倾听员工,结果就会导致员工们怨声一片,觉得自己不被尊重和理解。

相反,如果你能够做到倾听员工,那么就能传达给员工一种肯定、信任、关心乃至鼓励的信息,也会给员工留下平易近人的印象,进而心甘情愿跟着你。这一点不难理解,当有人愿意听你谈论自己时,你是不是也会产生一种满足感,对对方产生好感?

事实上,任何领导都不可能做到非常完美,总有一些事情处理得不公平、不恰当。如果此时再没有一个能够让员工顺畅地反馈个人意见和建议的平台,没有解释企业内部决策、管理工作动机、目的、方法的有效渠道,就不能及时地解决下属们的不满和抱怨,导致怨气越积越重,直接影响到企业的正常运作。

打一个比喻,一个气球,如果你不把里面的气放掉,你就不能将它装在你的口袋里。同样道理,如果员工的心里装满了怨气,你不想方设法让他把不满说出来,发泄掉那股怨气,你就很难对其进行有效的管理。

倾听员工,这是一种非常有效的沟通,也是管理者抓住人心的手段之一。因此,管理者要学会时常倾听员工的心里话,充分了解员工的所思所想;在发现员工对企业现状有不满的时候,要把握好机会与他们进行沟通,创造条件使他们得到宣泄,这样才能在下属的不满中完善管理,抓住下属们的心。

某大型公司的张老板,就能认认真真地把倾听员工落到实处。因为,他在员工的餐厅里设了一个交流箱,以便员工们投入信件,而该信箱的钥匙只有他一个人有。他这么做并不是想以此取代下属们与各部门负责人之间的沟通,他只是想用这一方式对那些感到受威胁或受轻视的下属们,起到一个安全阀的作用。

下属们有的是发表自己想到的积极的见解,并就新出现的问题提出改进的建议;有的是就公司管理的事宜提出自己的看法;还有人发泄不满,可能是"你上次从我那里借的东西没还",或者是"你遇到一点儿事就慌乱"等,而张老板每一周都会亲自查看这些信件,然后一一回信。

设置这种交流箱的费用也不多,但是收到的效果却是非常惊人的,公司的业绩一天比一天好。对此,张老板解释道:"倾听员工们的心里话,再针对他们的问题,加以及时引导或让其宣泄出来,这就使下属摆脱了挫折感的困扰,重新焕发工作的热情,这就是我的管理秘诀,我的成功秘诀。"

由此可见,倾听员工可以实现企业内部管理信息的"对流"。倾听下属发自内心的呼声、意见和建议,便于企业决策层、管理层撤销不合理的管理办法,制定出更加科学合理的制度,提高管理水平。在听到来自企业决策层、管理层的准确声音之后,下属的顾虑、猜疑和不解就会烟消云散,下属工作起来就会心情舒畅,把更多的精力投入到创新生产技术、提高工作效率上,以增强企业竞争实力。

另外,企业的成功仅仅依靠下属们的外在素质、产品的品牌是远远不够的,而全体人员的忠诚却能像一只无形的手,左右着公司业绩。作为管理者,能够听取下属真诚的意见,采纳下属合理的建议,可以使管理更加人性化、理性化,让下属从中看到希望,自觉地增强责任感和使命感。

当然,倾听员工时,最主要的是倾听员工心里的不满,这是管理进程中的一大障碍。在一般的情况下,容易让下属们产生不满的问题主要有三类:一是薪酬;二是工作环境;三是同事关系。对此,我们一定要做出及时准确的处理,那么,作为管理者应如何对待并及时处理员工的不满呢?

1.要尽量了解不满的起因

没有谁会无缘无故地不满,员工心存不满,就说明肯定是企业的哪个方面出现了问题。领导这时候要尽可能地去了解员工不满的起因,了解了这些才能为后面解决问题打下基础。在深入了解了真实情况之后,就能够进入解决问题的阶段了。只有搞清楚问题的本质,你才能够找到卓有成效的沟通方案。

2.要乐于接受抱怨

抱怨无非是一种发泄,抱怨者需要听众,而这些听众往往又是抱怨者最信任的那部分人。作为领导,只要员工愿意在你面前尽情发泄抱怨,你的工作就已经完成了一半,因为你已经成功地获得了他的信任。

3.让员工参加讨论

一般来说,大部分的不满是因为管理混乱造成的,而由于员工个人失职而产生的不满只占一小部分,所以规范工作流程、明确岗位职责、完善规章制度等是处理不满的重要措施;在规范管理制度时应采取民主、公正、公开的原则,让员工参加讨论,共同制定各项管理规范,这样才能保证管理的公正性和深入人心。

4.要注意平等沟通

事实上,许多的不满是针对小事,或者针对不合理、不公平现象的,它来自员工的习惯或敏感。对于这种不满,管理者则可以通过与员工平等沟通来解决,先使其平静下来以阻止住不满情绪的扩散,然后再采取有效措施解决问题。

(八) 向遇到困难的员工伸出援助之手

有一天,美国钢铁大王卡内基的一个年轻下属焦急地找到卡内基,"尊敬的总裁,我需要和您说一件事情。最近我的家乡正在进行房屋拆迁工作,现在我的妻儿失去了住处,我需要请假回家安排一下。"

当时因为业务很忙,人手较少,卡内基不想放这位员工走,就以"个人的事再大也是小事,集体的事再小也是大事"之类的道理来安慰他,并说:"请你理解我的决定,过一段时间我一定会给你一个假期的。"

不料,这位年轻下属气哭了,他气愤地对卡内基说:"在你眼里我现在所面临的困难是小事,可是在我眼里却是天大的事。我的妻儿都没有住处了,你还让我怎么安下心来工作?是你的话,你能吗?"

卡内基当时就被这番话给镇住了,他立刻向这位下属道了歉,准了他的假。

这个案例是很有启发性的。

作为管理者,你总是要面对很多的员工,少则三五人多则数百人。这些人虽然都是你的手下,但他们却也是一个个独立的人,他们也有自己的悲欢离合,喜怒哀乐,他们也会遇到过不去的坎。如果像卡内基那样无法体会员工在遇到困难时的心情,那么就会在无意之间做出伤害员工感情的事。

管理者要给予员工无微不至的关怀,给予他们生活上的支持和帮助,这就意味着管理者要关心员工的疾苦,在自己的能力范围之内替他们排忧解难,这样才能解决员工的后顾之忧,使之集中精力,全力以赴地投入到工作中去。

事实上,危难时你向员工伸出一只手,会比在他成功时你伸出两只手拍出的掌声更容易让他感动。人在困厄消沉中,有人向他伸出的温暖之手,可以使人产生长久的感恩之情。因为最让人难忘的不是锦上添花,而是雪中送炭。

无论在什么公司或企业里,只有全体员工同心协力,才能保证公司获得最终的成功。

而这首先就要求领导对员工们的心灵进行安抚,要多关心员工们的生活,对他们遇到的感情波折、事业挫折、病痛烦恼等做到及时疏导,帮助他们建立起良好、正常、健康的人际关系,进而赢得员工对公司的忠诚,使整个企业结成一个团体。这样的领导才是真正会抓住人心的领导。

有一个典型的例子——摩托罗拉公司的总裁保罗·高尔文对待下属的方式。高尔文很重视自己的员工,对他们以诚相待,真心关怀,一旦员工遇到什么难题时他都会第一时间伸出援助之手,他对下属的关怀,早已扩展到了雇佣关系之外。也正因为如此,才有许多人愿意一直追随他。

在听说下属的家人生病时,高尔文就会打电话询问:"你真的能够解决吗?如果有问题的话,可以跟我说,我认识看这种病最好的医生。"有一次,有个在生产线上作业的年轻小伙子,他的父亲并不是摩托罗拉的员工,但是由于身患癌症,只能在家养病。高尔文了解到这个情况后,不仅给这名员工介绍了一个著名的专家,还叫员工回家照看他的父亲,而他的工资还是全部照发。此外,高尔文还曾为一位员工的子女交纳上大学的费用,为一个员工的妻子交纳分娩费……

高尔文的关怀不只是出现在员工遇到巨大困难时,在平日里,若是下属们遇到小麻烦,都能够得到高尔文的帮助。在他们公司有位采购员,那年因为生意不景气便忍着牙病工作,高尔文在得知这个情况后,就劝他去看医生。采购员接受了手术,手术费却高达200美元,这在当时可是一笔相当大的金额,可是这位采购员从未见到过手术账单,他每次向高尔文询问时,得到的回答都是:"你不用管,有我在。"

与其他的传奇富商相比,高尔文似乎更关心员工们的疾苦。他在自述中曾说道,他曾强烈地意识到:必须用真诚的感情说服员工,使他们认识到"一个公司只有在员工参与后,才能发挥效能,否则,只能是一潭死水"。高尔文取得的成功,就是他关心员工疾苦的结果,没有在困难时代倒下去,并且帮助公司屹立至今的员工们,组成了这个集团忠诚的核心,同时也创造出了今天的辉煌。

如果你希望自己管理有方,就必须与员工建立良好的关系,而良好的关系又建立在互相关心、互相帮助的基础上。既善于利用员工的能力,又懂得关心员工的疾苦,替员工排忧解难,如此就激发了员工的工作积极性,你也就实现了管理有方。

为了确保效果,你应尽量做到以下几点:

1.要摸清下属的基本情况

管理者要时常与下属谈心，关心他们的生活状况，对生活较为困难的下属个人和其家庭情况要心中有数，要随时了解下属的情况，弄清下属后顾之忧的核心所在，以便及时伸出援手、对症下药。

2.在力所能及的范围内进行

管理者每天都有许多职内的责任，分担下属的困难要本着实际的原则，在力所能及的范围内进行，也就是要量力而行。千万不要开实现不了的"空头支票"，给予承诺却不予兑现的影响是糟糕的，因为它会向员工显示出你的无能，或者失信，没有人愿意跟随一个没有实力、不讲诚信的人。

总的来说，向员工伸出援助之手，实实在在地为他们排忧解难，需要把握好几个重要时机：家庭经济本来紧张，或收入突然减少，或一下子要支付一笔很大的开支而影响家庭经济平衡时，要帮助安排好其家属子女的生活，必要时要指派专人负责联系，不让员工牵挂；当员工生病时，要及时前往探望，要适当减轻其工作负荷，让员工能够及时得到治疗；当员工的家庭遭到不幸时，管理者还要代表组织予以救济，及时伸出援助之手，以缓解员工因不幸造成的损失。

（九）以员工的家庭作为激励的切入点

日本麦当劳公司在员工生日上狠下心思，他们不仅记住了每个员工的生日，而且记住了他们太太的生日。每一位员工的太太过生日时，都会收到公司总裁藤田让礼仪小姐从花店送来的鲜花。事实上，这束鲜花的价钱并不昂贵，然而员工太太们的心里却很高兴："连我先生都忘了我的生日，想不到董事长却惦记着送鲜花给我，这真是令人感动不已。"藤田经常都会收到类似的感谢函及电话。

日本的麦当劳除了6月底和年底发放奖金外，每年4月会再加发一次奖金。这个月的奖金并不交给员工，而是发给员工们的太太。先生们不能经手，员工们把这奖金戏称为"太太奖金"。员工的太太这时还能收到藤田的一封感谢信："公司今天之所以能够赚钱，都是托诸位太太的福气。"当然，这令员工太太们很感动。

除此之外，日本麦当劳每年都在大饭店举行一次联欢会，所有已婚从业人员必须带着"另一半"出席。席间，除了表彰优秀的员工外，董事长藤田还郑重其事地对太太们说："我希望把你们的先生培养成为一流的人才，帮助他们实现人生的梦想，从而发展你们家庭的和睦，可是我无法更多地、更细致地兼顾他们的健康，因此我把照顾先生们身体健康的重任交给了你们。"

听了藤田这一番话，哪一位太太内心不存感激之情呢？而这种感激自然会变成对先生的支持与鼓励。"家和"了，男人无后顾之忧，也就能抛却所有的私心杂念，心无旁骛地奋斗，所谓"家和万事兴"说的就是这个道理。

一般来说，人生最大的两件事就是家庭与事业。工作固然重要，但是家庭对员工来说也是十分重要的，甚至有时候家庭更能影响到一个人的工作，将关爱向员工家属延伸，则会让员工更加有归属感和荣誉感。

所以，管理者在对员工进行无微不至的关爱时，不妨以员工的家庭作为激励的切入点，适当适时地关心员工的家庭，营造一个温暖大家庭的氛围，真正实现"企业是我家，我是企业人"的企家合一。

为了更好地以员工的家庭作为激励的切入点，管理者需要事先了解一下员工的家庭问题。一般情况下，员工会遇到以下来自家庭的问题：

1.子女方面的问题

如今的子女是"小皇帝"，"小皇帝"常常有这样那样的疾病；有的地方入托难，入幼儿园难，甚至入小学也难；"小皇帝"淘气、逃学、成绩差，升不了初中、高中；"苦读寒窗"十几载之后，高考落榜，要为他找工作，安排出路；有的从小走上邪路，老是闯祸，甚至送去劳教、劳改，等等。

2.长辈方面的问题

对夫妻双方的父母亲，或照顾不周，或他们觉得厚此薄彼而产生不满；老人难免有三病两痛，最后还得"养老送终"，等等。

3.夫妻之间的问题

夫妻是家庭的主体，矛盾自然也多些，比如：对家庭的诸多开支，亲友间的礼尚往来等方面的问题，夫妻间常有意见不一，甚至一方产生不快的事情；夫妻的兴趣、爱好有差异，甚至完全不同；夫妻都属"事业型"的人，都有远大的抱负，家务方面的事一塌糊涂；一方身体不适，或者重病住院，甚至罹患不治之症，等等。

4.家庭其他成员的问题

家庭除了夫妻之间的矛盾以外，其他成员之间也常发生矛盾，婆媳矛盾、姑嫂矛盾、父子矛盾、兄妹矛盾等，其中婆媳之间的矛盾最为普遍和复杂。男人夹在媳妇与婆婆中间,长期受夹板气心情是相当矛盾的。

以上这些问题常常会给员工带来不小的困扰,或多或少地影响到员工的工作情绪,不过这些问题的出现也正是管理者实施无微不至激励法激励员工的斗志的好机会。如果你能适时地对其家人表示关心,并尽力解除他们的后顾之忧,他们能不拥护你的领导,卖力地为企业尽力吗?

(十)帮助陷入低潮的员工重新振作

孙女士是某公司营销部的经理,她平时对员工们要求严格,不允许员工们因为个人原因耽误工作。一天,孙女士看到下属娜娜闷闷不乐地坐在自己的座位上,工作态度懒懒散散,便生气地骂起来:"你在干什么呢?振作起来,赶紧工作!"骂完之后,她还一副余怒未消的样子。

娜娜平静地回答道:"好的,经理。"不过,她还是奇怪地看了孙女士一眼。结果没一会儿,娜娜竟然在电话里跟客户吵了起来,给公司造成了很不好的影响。后来,其他人告诉了孙女士事情的原委。原来,娜娜上周跟相爱了七年、已经谈婚论嫁的男朋友分手了。这是一次非常沉重的打击,她情绪已经到了失控边缘。

生活不是处处都如意的,人难免会有情绪低落的时候,不是每个员工时时刻刻都会保持高涨的情绪工作,因为各种各样的原因,他们难免会有处于低潮的时候,并且因为不能摆脱这种情绪而士气低落,影响到工作。

这时候,有些管理者会认为,员工来工作就应该有工作的态度和信条,必须要学会控制自己的情绪,从不关心或者很少关心员工情绪的波动,甚至千方百计压制员工情绪的外露。殊不知,这种方式会使员工感到自己不被尊重和重视,进而逐渐失去自信,失去对工作的热忱,甚至越陷越深。

正确的方法是,当员工情绪低落时,管理者要体谅一下他们,并且及时地给予适当的慰藉、忠告等,必须时还要加以引导和援助,这会使员工深刻地感受到温暖与关怀,这比责备、批评更容易抓住员工的心。

李广是一家汽车公司的机械工,他不仅技术纯熟,而且精通机器,工作能力很强,曾因此获得公司董事长的嘉奖。但是,有一次公司新换了一批新型的机器设备,结果李广的经验完全不能派上用场,等于是从头开始学习。所以,李广的工作绩效和之前相差甚远了,他陷入了工作低潮,不仅工作起来不主动积极了,还经常和同事发生争执。

这让科长莫名其妙,认为其中一定有原因,于是他将李广叫到了办公室,并和他促膝长谈。了解了情况后,科长非常感慨地说:"想当初你是这些员工们技术最纯熟的,连董事长都不时夸奖你呢。你一直都很优秀的,我相信只要你再好好学习一下,一定能够掌握这种新机器。"

听到科长的这番话时,李广回想自己当年那段光荣经历,眼睛里充满了喜悦和骄傲,就这样他找回了以往的自信和工作热忱。不久,他就掌握了那种新型的机器设备,工作绩效又提上了,他的工作热情更好了。

可见,当员工情绪欠佳的时候,善于激励员工的管理者,会以贴心的安慰使他们消除沮丧心理,重拾回以往的自信。而且员工一旦从沮丧的情绪中走出来,他对你的感激之情便显而易见了,工作起来自然卖力。

那么,具体来说,管理者应该如何管理员工的情绪,帮助陷入低潮的员工重新振作呢? 我们一起来看一下:

1.切莫压制,及早疏导

从心理学角度来讲,情绪就像洪水,你不让它发泄出去,它就会猛增暴涨,在心理上形成强大的压力。因此,管理者切莫压制员工的情绪,应该采取多种多样的发泄渠道,让员工有话敢说、有地方说话,有效释放情绪。员工一旦将满肚子的情绪发泄出来,自然可以得到心理上的平衡,使情绪稳定下来。

为此,管理者在平时要留心下属细微的情绪变化,敏锐地觉察下属的心理状态,然后通过有效方式及早疏导下属的不良情绪,释放员工的压力,改善和培养积极的情绪。例如,通过一对一的交谈、聆听、倾诉,或者一对多的组织聚会、周末酒会等形式都是可以的,而且速度越快越好。

90年代,日本不少企业在心理学家的建议下,设立了所谓的"特种员工室"。"特种员工室"里陈设有经理、车间主管、班组长的偶像及木棒数根,员工一旦情绪陷入低潮时,就可用棍子打自己所憎恨的人像,以求心理平衡。现在,在北京、上海、广州等地,这种"特种员工室"也非常流行。

2.区别原因,对症下药

每一个员工意志消沉的原因不尽相同,有些人是因为从事超负荷的工作或工作经常失败,于是对工作缺乏信心,积极不起来了;有些人在同事之间缺乏亲和的气氛,甚至相处得极不愉快,每天上班一见面就感到厌烦;还有的则是私人生活上的一些问题,导致了心情不畅,等等。针对不同的原因,以不同的方法使员工走出低潮情绪,重新燃起工作的热情,这是管理者的一项重要职责。

遗憾的是,有些管理者根本不了解员工情绪低落的原因,想当然地开导员工。例如,当一个对工作缺乏信心的部下精神不振,极力与内心的苦恼挣扎的时候,他却说:"你得更积极,努力求上进啊!"或不了解部下正有因纠缠不清的私人问题而苦恼,却胡乱搬出一大套不关痛痒的鼓励话,等等。这能有什么效果呢?

因此,管理者除了在工作上要多与员工接触外,也要在生活上多与之接近,注意收集员工的各种资料,然后熟记于心。一旦见到员工情绪低落,应根据原因对症下药。就那些因超负荷工作而失去信心的人,要为他重新调配工作,使他们能够愉快胜任,得以培养他的激情;如果是在个人生活方面遇到了问题,就要想尽办法解决他的生活烦恼。

总之,因为生活或工作上的不如意,当员工陷入低潮的时候,你若能够及时地给予他们真诚的安慰和温暖的鼓励,员工自然可以感应到你的善意。那么,你的手下就会少许多怨天尤人的员工,而多一些热情似火、干劲十足的员工。

後苑觀麥

宋仁宗

后苑观麦①

【历史背景】

每年麦熟时,仁宗都要亲临后花园,坐在宝岐殿,看人割麦子。还告诉随驾的辅佐大臣们说:"宫殿之前,按说该栽植花卉来供赏玩,然而朕造此殿,唯独不种花,而要年年种麦,是什么原因呢? 这是因为我深居九重皇宫之内,没办法知道稼穑的艰难,所以在这里种麦,使我能亲眼看到农人如何耕种耘锄。这样,我就能感受到农家的辛苦了。"

明代大政治家、大学士张居正在引述了这个故事后,阐发感想说:"大概四民之中,只有农民是最辛苦的。春耕夏锄,早做暮息。四体晒得焦枯,一年到头勤勤恳恳,有时还吃不到一顿饱饭。古人有诗云:'锄禾日当午,汗滴禾下土。谁知盘中餐,粒粒皆辛苦。'这首诗可以说是格言啊! 古代贤明的君主就是这样体察民情,所以能爱怜百姓,尽力帮助救济他们。而农人也终受贤君之福。后代的人主生长在富贵之中,不知稼穑是什么东西,唯恐没有时间荒淫逸乐,哪里还有时间去爱惜农人呢? 宋仁宗身为至尊天子,还亲临农夫劳动的现场,可见他对待农业劳动诚恳的心情。那么说他恭俭仁恕,是近代卓越的君主,不是很应当吗?"

史书上还有这样的记载,一天早上,宋仁宗起来就对身边的大臣说自己前一天晚上睡不着,肚子很饿,在那个时候特别想吃烧羊! 大臣听到后就问为:"什么不吩咐身边的人给您拿些来呢?"仁宗却说道:"都说宫廷里有什么需要的东西,臣民们就会予以供应,如果自己想在晚上吃这样的东西,恐怕百姓就会连夜宰杀了,这样要是时间长了,人们就要浪费时间和精力去宰杀很多畜牲。还不如自己忍下一时的饥饿,来阻止这样的屠杀呢。"

仁宗在位的时候,就害怕劳民伤财,对百姓产生骚扰。还有一次出使北方的使者回来报告说高丽的贡物越来越少了,应该出兵征讨他们,让他们知道皇威。仁宗回答说,这样的事情只是国王的罪过。要是出兵征讨,国王是不会受到伤害的,但受罪的是那里的老百姓啊。所以就把这件事放下了。可见仁宗始终是将天下太平作为自己的追求的。

　　仁宗每每遇到疑难案例都会从轻发落，历史上称"终仁宗之世，疑狱一从于轻"。他在位的时候，四川有个士子献诗给成都知府，其中说道："把断剑门烧栈阁，成都别是一乾坤。"在当时这就可以作为煽动的证据了，于是成都知府将他缚送京城要求严惩，可是仁宗却道，这是老秀才想要得个官做却没能得到，写的泄愤诗而已，于是就赦免了这个人，还授予他司户参军的官职。

　　同时，仁宗从小就喜欢读儒家经典并对其充满了敬意和崇拜。仁宗也是第一个把"《论语》《孟子》《大学》《中庸》"合在一起让学生学习的人。

【原文】

　　宋史纪：仁宗幸后苑，御宝岐殿观刈麦，谓辅臣曰：朕做此殿，不欲植花卉而岁以种麦，庶知稼穑之不易也。

【张居正解】

　　宋史上记：仁宗留意农事，宫中后苑里有空地，都使人种麦，又于其地建一小殿，名叫宝岐殿，麦一茎双穗谓之岐，此丰年之祥，最宜宝重，故以为殿名。每年麦熟时，仁宗亲自临幸后苑，坐宝岐殿看人割麦，谕随驾的辅臣说道："宫殿前似当栽植花卉，以供赏玩，今朕造此殿，独不种花卉，但年年种麦，此是何故？盖以我深居九重，无由知稼穑之艰难，所以种麦于此，要看他耕种耘锄，庶几农家之苦，时时在吾目中也。"大抵四民中，惟农为最苦，春耕夏耘，早做暮息，四体焦枯，终岁勤动，还有不得一饱食者。古人有诗云："锄禾日当午，汗滴禾下土。谁知盘中餐，粒粒皆辛苦。"[2]真可谓格言矣。古之贤君知此，所以极其悯念民力为赈恤，而民卒受其福，后世人主生长富贵，不知稼穑为何物，荒淫佚乐，唯恐不暇，而何暇恤农也。仁宗以天子之尊，亲临农民之事，知惓惓于稼穑如此，则其恭俭仁恕，卓越近代，不亦宜乎！

【注释】

　　①此篇出自《续资治通鉴长编》卷166，仁宗皇祐元年（1049）五月。记述仁宗于后苑

内观看割麦,亲知稼穑的故事。

②见《唐文粹》卷十六,李绅《悯农》。

【译文】

宋代史书上记载,仁宗到后花园去,坐在宝岐殿观看收麦。对辅佐他的大臣说:我建立这座殿,不打算种植花和草,而每年种上麦,就能了解耕种和收获的困难了。

【评议】

皇帝大多是出生在宫廷里的,一般对于百姓耕种的疾苦是不会理解的。在中国古代,皇帝每年都有一次耕籍礼,目的就是要皇帝体会百姓种田的不易,但事实上那也只是个形式而已,那些皇帝怎么能在每年只一次的仪式中体会到百姓的艰辛呢?中国在古代就是以农业为主的国家,几乎所有的事、物都与农业有着密不可分的联系。历朝历代的君主也格外重视农业生产,但能够对百姓的耕作艰辛达到深刻体会的除了真正农民出身的皇帝以外,几乎没有,绝大多数的皇帝都只是在语言上提及这个方面而已。仁宗为了自己能够对百姓耕作的疾苦有深刻的体会,才在自己的后花园中种植麦子,并且亲眼去看麦子由耕种到收割的不容易,这样就可以不忘记百姓的疾苦,而能够时刻将百姓放在自己的心中了。

古代皇帝都要在春天举行亲耕的典礼。其实这并不是真正的耕耘,而只是为了表示天子对农耕的重视,以及对天下百姓疾苦的理解。实际上只有真正爱护百姓,理解百姓的君主才能给国家给万民带来富强安康。

【镜鉴】

细节决定成败

(一)学会体悟生活的细微真谛

生活是纷繁复杂的,很多时候,一些简单的事物往往会披上一层神秘的外衣。所以,我们不能被表象所迷惑，而是应该通过一些微小的细节去找出真相和本质。无论如何普通、如何常见的现象，只要我们用心去观察，必定能从中发现其背后隐藏的深层次的东西。一些细小的事情当中，或许恰巧蕴藏着大科学和大智慧，只要我们善于从司空见惯的现象中去发现问题，就能探究出深层次的东西；也只有我们留心身边的一切事物，才能发现真相而不做错误的决定。

有这样一则故事。

楚汉战争期间，项羽手下范增、钟离昧等文臣武将，个个刚正不阿、忠心耿耿，为项羽争霸天下屡立战功。尤其是范增，足智多谋，被项羽尊称为亚父。

范增曾多次劝说项羽诛杀刘邦，刘邦对他怀恨在心，总想找个办法除掉他。谋士陈平看出了刘邦的心意，建议刘邦利用项羽为人生性多疑的特点，离间项羽与其群臣的关系，使他们内部自相残杀，到那时汉军趁机进攻，定会大获全胜。

刘邦听了陈平之计，正中下怀。于是取出大量黄金交给陈平实施反间计。陈平用这些黄金聘请了许多细作，到楚军内部散布谣言，声称：范增、钟离昧等人都为项王立下过汗马功劳，但却得不到项王的赏赐，他们心怀不满，勾结汉军，伺机造反。项羽听到此传言，果然中计。

这年夏天，楚军在荥阳转攻刘邦，荥阳形势十分危急。刘邦见无路可走，派人向项羽求和。范增劝项羽不要给刘邦喘息之机，应火速攻下荥阳，抓获刘邦。项羽举棋不定，且听信传言在前，便未采纳范增的意见，反而派一使者探探虚实。那陈平见时机非常有利，再施反间计，以彻底除掉范增。他命人置备了一桌丰盛的宴席，端去款待使者。一见使者，陈平假装吃了一惊，说："原来是项王的使者，我还以为是亚父派来的……"随即命人将酒席撤去，改换了粗茶淡饭。

那使者恼火之余，将情况向项羽汇报了。项羽果然疑心大起，有意疏远范增。有人将项羽猜忌之事告诉了范增，范增非常生气，去向项羽请辞。项羽满心猜忌，早想除去他，今见范增自己请退，便毫不阻拦，立即应允。随后，范增在归乡途中病发身亡，项羽也在垓下一战败北而被迫自刎于乌江。

项羽的失败就是因为他听信谣言，没有自己去发现真相和本质。如果项羽没有轻信谗言，没有中陈平的反间计，如果他是一个善于发现事物本质的人，那中国的历史将会被改写。

关注别人不注意的现象，能够透过现象看到本质，洞察其中的蛛丝马迹，就能够看见别人看不见的东西，发现别人发现不了的问题。善于发现，最根本的是要对日常生活中那些常见的现象不熟视无睹，而是力求从平常的现象中发现不平常的东西。

陈毅元帅曾经告诫身边的工作人员，有些现象虽然看起来是小问题，但却可能埋藏着大的危机。中日甲午战争时，日本特工就是从北洋水师舰艇的炮塔上看到横七竖八晾着清兵的衣物这一细节，而推断出清军是一支纪律松弛、没有战斗力的部队。

提高善于发现的能力，还要注重在工作生活中养成处处留心的习惯，因为处处留心皆学问。

还有这样一则故事。

明朝嘉靖年间，北京城里有一位很有名的裁缝，无论何人，由他裁制的衣服没有不合身的。

有位京城御史慕名前来找他制作官服。这位裁缝并不忙着量尺寸，而是先询问御史的官龄。御史感到纳闷，问道："官龄和裁衣有什么关系吗？"裁缝说："大有关系。根据我平时的观察，如果是初任高官，一般都是意气风发，志高气盛，衣服应前长后短；任职稍久，在官场已经过磨炼，则意气稍平，衣服应前后一般长短；如果任职久了，而且可能升官，则内心谦逊，身体往往微俯，衣服就应前短后长。"

裁缝通过留心观察当官者的表现，掌握了当官者的心态，养成了独特的职业眼光，从而获得了成功。

世间万物错综复杂，不可能让人一目了然，所以古人云：不畏浮云遮望眼。面对生活中的种种纷杂的现象，我们只有提高自己善于发现的能力，才能辨别是非，去伪存真，抓住本质，明确方向，最终把握成功的机会。

(二)"多做一点"的力量

在工作或生活中，我们总是渴望成功。可是，在竞争激烈的今天，别人不比我们傻，我们也未必比别人聪明，那么我们凭什么成功？

有这样一则故事。

小杰大学毕业后，到了一家出版公司工作。当时，出版公司正在进行一套丛书编辑，每个人都很忙，经理更是没有时间安排小杰的具体工作。于是小杰成了"万金油"，业务部、编辑部、印刷部……哪里有需要，他就被指派到哪里。而他却毫无怨言，总是把每一

样工作都做得尽善尽美。

"你真是傻瓜,这样被别人指来派去的,做了那么多事,最后连自己的奖金到哪个部门领都不知道。"有人这样嘲笑他。

小杰只是笑笑,依然认真地去做每一件事情。

也有人挖苦他说:"你真是没出息,每天比谁做得多,但是却都是一些鸡毛蒜皮的小事,你这样做再长时间也是没有成果的。"

的确,小杰做的事情很琐碎,包书、送书、取书、邮寄、联络……这些事情,表面上看来的确不值得一个大学生去全身心投入,然而,小杰却不这么认为,他认为每一件工作都是有意义的,认真去做,就一定会有收获。因为他的用心和努力,每一个给他指派工作的人都对他很满意。

三年后,小杰被提拔为发行部主管时,很多人都感到意外,但公司总裁的话让大家幡然醒悟,他说:"小杰在每一件事情上都比别人多做一点,所以他能胜任所有部门的工作,熟悉了所有部门的经营管理。这一点,整个出版社没有一个人赶得上他。"十年后,老总裁退休时,曾经的"万金油"——小杰出任了公司总裁。十五年后,小杰成立了自己的出版公司,并取得了非凡的成就。

小杰的故事让我们深刻地了解到,成功的不二法则是:比别人多做一点。

"比别人多做一点"是一种素养,它体现的是一个人追求卓越、绝不安于现状的工作态度。

"比别人多做一点"是一种精神,它秉承的是主动和自发。西谚有云:"主动的人,必是站在君主身边的人。"的确,只有比别人多一些主动才可以得到更多的赏识。当主动成为一种习惯时,你也就拥有了事业成功的通行证。

"比别人多做一点"是一种激情,它体现的是一种精益求精、积极进取的工作状态。激情是鞭策和鼓励我们向上进取的不竭动力,只有比别人更多一份激情,才能使自己对现实中的困难和阻碍毫无畏惧;只有比别人更多一份激情,才能在前进的旅途中更增添一份自驱力。

"比别人多做一点"是一种意识,它体现的是对成功的渴望与执着。在今天的职场中,生存已属不易,成功更是难上加难。这就需要我们有坚强的意志和永不服输的精神去面对一切职场道路上的艰辛。执着是生命的脊梁,也是在残酷竞争中无往不胜的法宝。所以要想在职场中站住脚,就要有足够坚强的意志来经受失败的打击和考验。

总之，"比别人多做一点"是指在工作中，要比别人"看得更远一点，做得更多一点，动力更足一点，速度更快一点，坚持的时间更久一点"。在现代社会中，我们需要的正是小杰这样的人：他们不仅能很好地完成分内的事，还会想尽办法去完成更多一点的任务。

无论你是普通员工还是管理者，"比别人多做一点"的态度能使你从竞争者中脱颖而出。你的老板、委托人和客户会关注你、信赖你，从而给你更多的机会。

（三）成功的起点在细微处

台湾首富王永庆有"经营之神"和"塑胶大王"之称，他白手起家，却能把台湾塑胶集团推到世界化工业的前50名，缔造了一个驰骋国际石化界的传奇。他的成功，竟是从小小的米粒开始的。

王永庆早年因家里贫困读不起书，15岁就去米店当起了小工。聪明的他除了完成送米的本职工作以外，处处留心老板经营米店的诀窍，学习做生意的本领，并在16岁的时候从老家来到嘉义开了一家米店。那时，小小的嘉义已有米店近30家，竞争非常激烈。当时仅有200元资金的王永庆，只能在一条偏僻的巷子里承租一个很小的铺面。他的米店开办最晚，规模最小，更谈不上知名度了，没有任何竞争优势。在新开张的那段日子里，生意冷冷清清，门可罗雀。

刚开始，王永庆曾背着米挨家挨户去推销，一天下来，人不仅累得够呛，效果也不太好。谁会去买一个小商贩上门推销的米呢？可是怎样才能打开销路呢？王永庆决定从每一粒米上打开突破口。那时候的台湾，农民还处在手工作业状态，由于稻谷收割与加工的技术落后，很多小石子之类的杂物很容易掺杂在米里，人们在做饭之前，都要淘好几次米，很不方便，但大家都已见怪不怪，习以为常。

王永庆却从这司空见惯的现象中找到了切入点。他和两个弟弟一齐动手，一点一点地将掺杂在米里的秕糠、砂石之类的杂物拣出来，然后再卖。一时间，小镇上的主妇们都说，王永庆卖的米质量好，省去了淘米的麻烦。这样，一传十，十传百，米店的生意日渐红火起来。

王永庆并没有就此满足。他还要在米上下大功夫。那时候，顾客都是上门买米，自己运送回家。这对年轻人来说不算什么，但对一些上了年纪的人来说，就是一个大大的不便了，而年轻人又无暇顾及家务，买米的顾客以老年人居多。王永庆注意到这一细节，

于是主动送米上门。这一方便顾客的服务措施同样大受欢迎。当时还没有"送货上门"一说，增加这一服务项目等于是一项创举。

王永庆送米，并非送到顾客家门口了事，还要将米倒进米缸里。如果米缸里还有陈米，他就将陈米倒出来，把米缸擦干净，再把新米倒进去，然后将陈米放回上层，这样，陈米就不至于因存放过久而变质。王永庆这一精细的服务令顾客深受感动，赢得了很多回头客。

如果给新顾客送米，王永庆就细心地记下这户人家米缸的容量，并且问明家里有多少人吃饭，几个大人、几个小孩，每人饭量如何，据此估计该户人家下次买米的大概时间，记在本子上。到时候，不等顾客上门，他就主动将相应数量的米送到顾客家里。

王永庆精细、务实的服务，使嘉义人都知道在米市马路尽头的巷子里，有一个卖好米并送货上门的王永庆。有了知名度后，王永庆的生意更加红火起来。这样，经过一年多的资金积累和客户积累，王永庆便自己办了个碾米厂，在最繁华热闹的临街处租了一处比原来大好几倍的房子，临街做铺面，里间做碾米厂。

就这样，王永庆从小小的米店生意开始了他后来问鼎台湾首富的事业。

1988年，美国权威杂志《福布斯》报道，在全世界拥有10亿美元以上资产的富豪中，王永庆以40亿美元居第16位！从不名一文的穷小子到亿万富豪，从不识"塑料"二字的外行到赫赫有名的塑料博士、"世界塑胶大王"，王永庆用一粒米成就了自己辉煌的一生。

王永庆的成功说明，不要以为成功就非得轰轰烈烈、惊天动地，把一粒米这样细小的工作做好同样也是一种创造。

我们再来看一个从细微处成功的例子。

胡振远是北京市顺义区小店乡的一位普通农民。2001年春天，他受朋友邀请前往韩国旅游。赴韩国前，朋友们纷纷要他带点韩国泡菜回来。可是到了韩国，他买好泡菜后却在回旅店的路上遇到了麻烦。他拎着30多公斤的4大袋泡菜，走着走着，双手很快就被勒得血红，感觉火辣辣地疼，于是，他便在路上顺手折下了一段松树枝，用其作提手。谁知，韩国警察认为他损坏树木，以破坏韩国生态环境为由，罚了他50美元！

50美元折合400多元人民币啊！这件事使他觉得既划不来，又给中国人丢了脸。事后，他总想从韩国人那儿挽回面子，可是该怎么挽回呢？这时，他突然想到自己在韩国超市购物时，常常看见顾客提着购物袋都出现勒手的现象，心想如果自己能发明一种方便人们提拿物品的工具，不是既能解决人们购物后的烦恼，又能让韩国人不小看自己，还能赚他们的钱吗?

一些朋友获悉他的想法后,纷纷对他的设想表示怀疑。对他搞这样一个毫不起眼的玩意儿表示不屑。面对人们的质疑和鄙视,胡振远一直没有动摇信心,他坚信有市场的东西肯定就能成为商品,就能挣钱!

从韩国旅游回国后,胡振远便开始琢磨,并将这个想法设计了出来。接下来,便要选择制造材料了。第一次制作时,他采用了铁质材料,但做出一个样品后,他拿在手上感觉很笨重,携带不方便,而且铁质材料在冬天还会随着气温变低而发冷,让使用者握着有冰凉的感觉。于是,他又转而做了个塑料提手,结果发现塑料提手承重力不够!以后他又试过用木质材料做提手,可强度还是不够,而且不利于环保……结果,他折腾了好长一段时间,也没有找到合适的制作材料。

经过两个月的执着寻找,胡振远最终决定使用聚丙乙烯作为提手的材料。第一个样品制作出来后,胡振远发现小提手的质地较软,便请工程师再设计第二套模具。结果,这次又发现提手的承重力不够,在提手两边挂上6块砖头,拎着没问题,但一抖动就断裂了……

这样进行了几次破坏性实验后,他开始研究在聚丙乙烯材质不改变的前提下,如何使小提手拥有更大的承重量。通过利用钢管比钢筋承重力大的原理进行了一些改进,把横杆部分由实心改为空心,这一次生产出来的样品终于令他满意了。

实验完毕,胡振远试着生产了一批小提手,并把样品送给邻居们试用。提手经过试用后产生的良好反响,证实了胡振远的预见。他不再担心提手不能变成商品,更不用担心没有市场了。

2002年年初,胡振远设计的第一批小型提手生产出来了,他决定首先向韩国销售。胡振远查阅了大量资料后得出结论:韩国人十分注重商品包装,目前自己制作的提手外形颜色过于朴素,显然不符合韩国人的消费心理。据此,他将小提手的颜色改变成了各种鲜艳的颜色,并按照国际化标准规范进行了精致包装。

这些准备工作筹备完毕之后,他又经过一番苦心寻找,终于通过一个中介公司找到了天津一家专做韩国贸易的公司。谁知,人家对他的小提手根本不感兴趣,说:"这个玩意儿太小,利润微薄,即使进入韩国市场,也不会引起人们的兴趣,你还是别浪费钱财了!"但胡振远偏偏不愿放弃,他说:"我在韩国被罚是丢中国人的脸,这个面子我一定要挽回来!"在他极力地说服下,这家公司终于被他的执着感动,答应把小提手拿到韩国去

做产品推广,但所有费用由胡振远承担。

胡振远把心一横,答应了贸易公司的要求。很快,该公司就把小提手发往韩国的有关公司。令天津公司意外的是,这个毫不起眼的玩意儿登陆韩国后,经过现场推广和演示,一个星期以后就接到了韩国一家大型超市的传真订单,以每只提手0.25美元的离岸价格,一次订购120万只小提手,并要求一周内发货!首次交易,胡振远就打了一个漂亮仗,不仅实现了他的创业初衷,还顺利地赚到了韩国人的钱,也终于为自己挽回了颜面。

现在,胡振远的小提手每年生产量都达到几百万只,而这个数量还远远供不应求。仅仅3年,一个不起眼的小提手就让胡振远改变了命运。

胡振远灵光一闪,用一个能满足人们需要的"小东西"为自己创造了成功的机会,也改变了自己的命运。

其实改变命运的机会往往就蕴藏在那些微不足道的小事中。例如筷子是为了吃饭发明的,鞋子是为了走路制造的,杯子是为了喝水生产的。那些生活中的需求,正是一种成功的契机,只要你能从细微处去努力,把握人们的需求,就可以成就自己,迎来成功与财富,进而改变自己的命运!

这就是王永庆和胡振远带给我们的成功启示。

（四）培养抓住机会的能力

机会对成功来说至关重要,一个人再怎么有才能,再怎么有豪情壮志,要是没有好的机会,没有发挥的环境,就没有用武之地。自古就有"没有场外的举人"之说,这也表明了机会对于成功无比重要!

成功需要努力,更需要机会,敏锐地把握住每一个潜在机会的人,更有可能走向成功。

有这样一则故事:

两个年轻人一同寻找工作,一个是英国人,一个是犹太人。

一枚硬币躺在地上,英国青年看也不看地走了过去,犹太青年却激动地将它捡起。

英国青年对犹太青年的举动露出鄙夷之色:一枚硬币也捡,真没出息。

犹太青年望着远去的英国青年心生感慨:让钱白白地从身边溜走,真没出息。

两个人同时走进一家公司。公司很小,工作很累,工资也低,英国青年不屑一顾地走两年后,两人在街上相遇,犹太青年已成了老板,而英国青年还在寻找工作。英国青年对此不可理解,说:"你这么没出息的人怎么能这么快就'发'了?"犹太青年说:"因为我没像你那样绅士般地从一枚硬币上迈过去。你连一枚硬币都不要,怎么会发大财呢?"

英国青年并非不要钱,可他的眼睛盯的是大钱而不是小钱,所以他的钱总在明天。这就是问题的答案。

其实,一枚硬币,或许能改变你整个人生的轨迹。

还有这样一则故事:

世界上最早的火车只在机车里装上一个制动器,车厢里是没有的。火车司机必须用手去扳动制动手轮,不方便而且效力不大。一次,一个穷苦的年轻人目睹了一起可怕的火车车祸,很多人丧命。就是因为制动器力量不够,不能迅速停车的缘故。

一天,这个年轻人闷闷不乐地在办公室里坐着。他需要钱,偏偏钱又挣得很少。这时门开了,一个衣衫褴褛的女孩儿走了进来,请他买一份《生活世纪》报纸。他告诉她没有钱买,她就转身向门外走去。但当他看到女孩儿悲哀的面孔后,又把她叫了回来,他仔细搜索自己的口袋,终于找到了可以购买一份报纸的硬币。

也许年轻人从来都没有想到过要从那张报纸上获得什么,也许他从来都没有指望过靠他的同情与怜悯施舍的一枚硬币来改变他的命运,然而这枚硬币不但改变了他的命运,也改变了全世界人的命运。

那份报纸描述了当时工程师们在蒙塞尼山下开凿一条隧道的情况。他发现工人们在开凿隧道时用的是大功率的凿岩机,而这些凿岩机是由压缩空气驱动的。职业的敏感让他怀着极大的兴趣读完了这条消息。他想知道是否可以利用压缩空气来驱动制动器。如果压缩空气的力如此之大,足以在隧道里推动凿岩机作业,那么或许也能使沉重的列车停车而避免相撞。

事实证明,他的想法是正确的。经过多次的反复实验与尝试,一种新式制动器诞生了。从那时起,他的发明在世界各地的铁路上挽救了千千万万人的生命,而他就是法国压缩空气制动器的发明人威斯汀·豪斯。后来,当有人问及威斯汀·豪斯是怎样产生用压缩空气来驱动制动器的想法时,他只说了一句话:"我的成功要归于一枚平凡的硬币。"

命运是掌握在自己手中的,小如生活中的一枚硬币,也暗藏改变命运的玄机。因此,对于身边任何平常的东西,我们都要保持一颗敏感的心,不放过任何一个改变自己命运的机会,把握每一个微小的机会,多给自己和身边的人机会,你的人生将会有一番别样的成就。

(五)不成功常常因为"只差一点点"

"千里之堤,溃于蚁穴",这句广为流传的古训,告诉我们这样一个道理:不能忽视细微的错误或坏事,因为它们在关键时候有可能带来毁灭性的打击。当错误或坏事刚出现一点苗头的时候,我们就要加以防止,不让它发展,以便达到"防患于未然"的目的。只有在一开始就堵住它,才能避免大的损失。

有这样一则故事:

1485年,当时的英国国王到波斯沃斯征讨与自己争夺王位的里奇蒙德伯爵。决战马上就要开始了,战斗双方剑拔弩张。他们都知道胜败将在此一举,他们当中的一方要戴上大英帝国的王冠,而另一方则只能沦为阶下囚。

决战开始的前一天,国王责令全军将士都要严整军容,并且要把所有的战斗工具调整到最好的状态,例如,确保有足够的盾牌和长矛,使自己的钢刀更加锋利,以及使自己的战马更加勇往直前等。一位叫杰克的毛头小伙子在这场战役中担任国王的御用马夫。他牵着国王最钟爱的战马来到了铁匠铺里,要求铁匠为这匹屡建奇功的战马钉上马掌。

"快点给它钉掌",马夫对铁匠说,"国王希望骑着它打头阵。"

钉马掌的工作其实很简单,这个技艺娴熟的铁匠不知道已经为多少匹战马钉过马掌了。但是就在为国王的御用战马钉马掌的这一刻,他却感到了为难,原来是他手中的铁片不够了。于是他告诉马夫需要等一会儿,自己要到仓库中寻找一些能用于钉马掌的铁片。

"我等不及了。"马夫不耐烦地叫道,"敌人正在推进,我们必须在战场上迎击敌兵,有什么你就用什么吧。"

于是铁匠找到了一根铁条,当铁条被横截之后,正好可以当成铁片用。铁匠把它们砸平、整形,固定在马蹄上,然后开始往马蹄上钉钉子。钉了三个马掌后,铁匠发现没有多余的钉子来钉第四个马掌了。"我需要一两个钉子,"他说,"得需要点时间砸出两个钉子。"

"我告诉过你我等不及了,"马夫急切地说,"我听见军号了,你能不能凑合?"

"我能把马掌钉上,但是不能像其他几个那么结实。"铁匠说。

"能不能挂住?"马夫问。

"应该能,"铁匠回答,"但我没有把握。"

"好吧,就这样,"马夫叫道,"快点,要不然国王会怪罪到咱们俩头上的。"

两军交锋,国王冲锋陷阵,带领士兵迎战敌人。"冲啊,冲啊!"他喊着,率领部队冲向敌阵。远远的,他看见战场另一头自己的几个士兵退却了。如果别人看见他们这样,也会后退的,所以查理策马扬鞭冲向那个缺口,召唤士兵调头战斗。

他还没走到一半,一只马掌掉了,战马跌倒,国王也被掀翻在地上。

国王还没有抓住缰绳,惊恐的马就跳起来逃走了。国王环顾四周,他的士兵们纷纷转身撤退,敌人的军队包围了上来。

他在空中挥舞宝剑,"马!"他喊道,"一匹马,我的国家倾覆就因为这一匹马。"

他没有马骑了,他的军队已经分崩离析,士兵们自顾不暇。不一会儿,敌军俘获了国王,战斗结束了。

于是,从那时起人们就传唱着这样一个歌谣:"少了一个铁钉,丢了一只马掌。丢了一只马掌,坏了一匹战马。坏了一匹战马,败了一场战役。败了一场战役,失去一个国家。"

所有的损失都是因为少了一个马钉。

任何问题都是从细微处开始的,我们要在平时多关注身边细微的变化,从一点一滴的小处开始注意,防患于未然,避免坏事由小渐大,酿成恶果。我们要从大处着眼,从细微之处着手,决不要对小的错误置之不理。假如不注意小的错误,就会酿成大的悲剧或损失。

任何事情都是环环相扣、互相关联的,我们的生活也是如此。有时候,就是因为一个不起眼的细节没注意,最终造成难以估量的损失。因此,任何事情我们都要从细节抓起,防微杜渐,不放过任何隐患,不能麻痹大意,因小失大。

(六)永不失败的铁律

生活需要严谨、细致的态度,只有严谨,你才能走得稳,走得远。老子有云:"天下难事,必做于易;天下大事,必作于细。"这就是说,做事情不要看不上那些简单的小事情,尤其要注意那些大家容易忽略的并且认为很简单很容易的小事。一个人能够永远把简单的事情做到位,这就是不简单;大家都认为很容易的事情,你非常认真严谨地做好,这就是不容易。

严谨不是小事情,它是成功必备的一种素养。有这么一个笑话:若是在大街上丢失10元钱,英国人毫不惊慌,顶多耸耸肩膀像什么事也没发生一样;美国人很快喊来警察,报案之后留下电话,然后嚼着口香糖扬长而去;日本人痛恨自己粗心大意,回到家里还要反复检讨;德国人则会立即在遗失地点的100平方米内画上坐标和方格,一格一格地用放大镜认真寻找。

还有人讲过这么一则故事:

一位编剧朋友跟随中国的一个剧组到德国汉堡参加演出,在那里看到了德国人做事认真严谨的一幕。事情是这样的:我们的灯光设计人员在剧院爬吊杆装吊灯时,准备使用从国内带去的"人字梯",可是德国技师却认为不安全,坚持要用"德国制造"的有调节平衡装置的梯子。他们当场架好梯子后,精细地调节四只梯脚,使之分毫不差地保持在同一个水平面上,以保证梯子的绝对垂直和平衡。这样调试过后,德国技师仍然不放心,又亲自上上下下几个来回,确认百分之百地坚固平稳后,才允许我们的灯光设计人员爬上去作业。

当时在场的中国编剧觉得德国人做事,丁是丁卯是卯,未免过于刻板,就把这件事讲给他的朋友——中国驻汉堡的副总领事听,结果他的朋友反过来也给他讲了自己刚来汉堡时的一次亲身经历。

有一次,他在规定限速的公路上超速了几秒钟,为的是迅速超车以便在前面转弯。结果,被他超车的这辆车在他后面紧追不舍,一直追到了总领事馆。下车后,他问这个德国人为什么一直跟着他?这个德国人回答说:"我追了你一个半小时,就是想问你一句话,你为什么要超速?"讲到这里,这位副总领事深有感慨地说:"我来到德国后才真正理解了,为什么偏偏是德国人制造出奔驰车来!"

德国人正是凭借着这种严谨的精神,才使德国成为一个强大的国家。

严谨与细致,能提高我们的工作效率,能让我们充分发挥出自己的能力,在工作和生活中获得成功。严谨与细致,无疑是每个人人生道路上最重要的必修课。

还有这样一则故事:

1961年4月12日上午,加加林驾驶"东方1号"飞船完成了世界上首次载人太空飞行。本来世界首位宇航员安排的不是加加林,而是邦达连科。为什么邦达连科没有执行人类首次太空飞行的神圣使命呢?因为一个细节毁了他的前程。飞船即将升空的前一天,邦达连科在充满纯氧的船舱接受训练,结束时他随手将擦拭传感器的酒精棉团扔到一块电极板上,顿时引发大火。邦达连科被烧伤,后来不治身亡。

当时,苏联方面召开紧急会议,重新研究上太空人选。加加林原来被安排为三号人选,也就是"板凳"队员,为什么最后却成为世界上第一位上太空的宇航员呢?就是因为一个细节。在研究二号季托夫和三号加加林到底谁上太空时,意见分歧,争执不下。飞船总设计师科罗廖夫最后拍板加加林上天,理由是参加训练的20多位宇航员每次进入飞船训练,只有加加林不怕麻烦,脱下靴子,只穿袜子进入舱内。

这个故事告诉人们:严谨的人才能在细节处严格要求自己,在细节处把握成功的命脉。邦达连科因棉团失手引起大火而导致人生失败,加加林因不怕脱鞋麻烦而取得人生辉煌。可见,成功需要养成严谨的习惯。

生活中还有许多这样的例子,例如,拧一颗螺丝钉要"严丝合缝",否则会留下隐患,经不起时间的检验;写一篇文章要结构合理,杜绝病句错字,否则便是败笔,禁不住读者的推敲;签一份商业合同,要逐条细察严防漏洞,否则让人家埋下伏笔,钻了空子,最后会给自己造成经济损失。

在工作中,像类似、可能、也许、差不多、大概这类的字眼是不能够出现的,任何时候我们都要追求准确,用严谨的态度对待每一个数字、每一件事。

慎易以避难,敬细以远大。严谨的生活和工作习惯,是成功人生最基本的素养。成功人士情况各异,但惊人之处就是他们都严谨认真、一丝不苟。用严谨对待一切,就不会在别人容易跌倒的地方继续跌倒。严谨的习惯影响到一个人的一辈子,养成严谨习惯,将使你受益无穷。

严谨的作风是一笔财富,是你一辈子无论走到哪里都受益匪浅的财富!

(七)成败始于细节

老子曾说:"天下难事,必做于易;天下大事,必作于细。"他精辟地指出了想成就一番事业,必须从简单的事情做起,从细微之处入手。在今天激烈的社会竞争中,决定成败的一大重要因素就是微若沙砾的细节。无论什么事,从最根本的角度来说,都是由一些细

节构成的。

注意细节其实是一种功夫，这种功夫是靠日积月累培养出来的。因此，我们平时就要多注意锻炼自己观察细节的能力。

有这样一则故事。

某著名大公司招聘职业经理人，应者云集，其中不乏高学历、多证书、有相关工作经验的人。经过初试、笔试等四轮淘汰后，只剩下六位应聘者，但公司最终只选择其中一人作为经理。所以，第五轮将由老板亲自面试。看来，接下来的角逐将会更加激烈。

可是当面试开始时，主考官却发现考场上多出了一个人，出现七个考生，于是就问道："有不是来参加面试的人吗？"这时，坐在最后面的一位男子站起身说："先生，我第一轮就被淘汰了，但我想参加一下面试。"

人们听到他这么讲，都笑了，就连站在门口为人们倒水的那位老头子也忍俊不禁。主考官也不以为然地问："你连考试第一关都过不了，又有什么必要来参加这次面试呢？"这位男子说："因为我掌握了别人没有的财富，我自己就是一笔大财富。"

大家又一次哈哈大笑，认为这个人不是头脑有毛病，就是狂妄自大。

这个男子不卑不亢地继续往下说："我虽然只是本科毕业，只有中级职称，可是我却有着十年的工作经验，曾在 12 家公司任过职……"这时主考官马上插话说："虽然你的学历和职称都不高，但是工作十年倒是很不错，不过你却先后跳槽 12 家公司，这可不是一种令人欣赏的行为。"

男子说："先生，我没有跳槽，而是那 12 家公司先后倒闭了。"在场的人第三次笑了。一位考生说："你真是一个地地道道的失败者！"男子也笑了："不，这不是我的失败，而是那些公司的失败。但是，这些失败却积累成了我自己的财富。"

这时，站在门口的老头子走上前，给主考官倒茶。男子继续说："我很了解那 12 家公司，我曾与同事们努力挽救它们，虽然不成功，但我知道错误与失败的每一个细节，并从中学到了许多东西，这是其他人所学不到的。很多人只是追求成功，而我，更有经验避免错误与失败！"

男子停顿了一会儿，接着说："我深知，成功的经验大抵相似，容易模仿；而失败的原因各有不同。用十年时间学习成功经验，不如用同样的时间经历错误与失败，所学的东西更多、更深刻；别人的成功经历很难成为我们的财富，但别人的失败教训却可以！"

男子离开座位，做出转身出门的样子，又忽然回过头："这十年的经历，培养、锻炼了我对人、对事、对未来的敏锐洞察力,举个小例子吧——真正的考官,不是您,而是这位倒茶的老人……"

在场所有的人都感到惊愕,目光转而注视着倒茶的老头。那老头诧异之际,很快恢复了镇定,随后笑了:"很好!你被录取了,因为我想知道——你是如何知道这一切的?"

老头的言语表明他确实是这家大公司的老板,这次轮到这位考生笑了。

诚然,一个人的能力是一种不能用编程来表现的东西,因而是学不到的。世事洞明皆学问,人情练达即文章。这位考生能够从倒茶水的老人的眼神、气度、举止等,看出他是这个企业的老板,说明他是一个观察力很强的人。这种洞察入微的功夫不是一朝一夕能够练就的,而需要长期的观察积累,在注重对一个细节的观察中不断地训练和提高。成功者的共同特点,就是能做小事情,能够抓住生活中的一些细节,因为世间不论什么事,实际上都是由一些细节组成的。

所以,无论做人、做事,都要注重细节,从小事做起。成也细节,败也细节,让我们认真做好每一个细节,让它形成一种好的习惯,并时刻有"赢在细节的意识"。

(八)做好每一件小事使你出类拔萃

不积小流,无以成江海;不积跬步,无以至千里。这句话告诉我们,成功源于小事的积累,小事不小,需要我们高度重视。

一粒沙中包含一个世界,世界很大,其实也很小。说它大,就是因为它是由小累积而成的。一件事情的成功是由许多细节因素构成的,我们把所有这些细节因素都做好,成功就会是一种必然。无论做人、做事,都要从小事做起。愿意做好每一件小事的人,成功的可能性更大。

从小事中,我们可以看出一个人的品质,更可以看到此人是否言行一致,是否好高骛远或勇于任事。

做好小事是获得成功的基础。人不可能一步登天,再高的大厦,也是由一块块小砖头垒砌而成的,再大的伟业也是从一点一滴的小事做起的。只有把每一件小事做好了,才有可能做大事。也只有做好每一件小事,最终才能成就大业。

有这样一则故事。

汤姆原先只是美国一家汽车公司下属的一个制造厂的杂工,就是因为在做好每一件小事中获得了极大的个人成长,他最后成了这家汽车公司最年轻的总领班。在这家大型汽车公司里,32岁就升上总领班的职位,的确不是一件简单的事。他是怎么做到的?

汤姆是在20岁时进入工厂的。一开始工作,他就对工厂的生产情形做了一次全面的了解。他知道一部汽车由零件到装配出厂,大约要经过13个部门的合作,而每一个部门的工作性质都不相同。

成功者与一般人最大的区别,就是他们愿意去做一般人不愿做、不想做的小事。汤姆就是这样的人。他当时就想:既然自己要在汽车制造这一行发展事业,必须要对汽车的全部制造过程有一个深刻的了解。于是,他主动要求从最基层的杂工做起。杂工不属于正式工人,也没有固定的工作场所,哪里有零星工作就要到哪里去。通过这份工作,汤姆和工厂的各部门都有了深入接触,对各部门的工作性质也有了初步了解。

在当了一年半的杂工之后,汤姆申请调到汽车椅垫部工作。不久,他就把制椅垫的手艺学会了。后来他又申请调到点焊部、车身部、喷漆部去工作。不到五年的时间,他几乎把这个制造厂各部门的工作都做了一遍,最后他决定申请到装配线上去工作。

汤姆的爸爸对儿子的举动十分不解,他质问汤姆:"你工作已经五年了,总是做一些焊接、刷漆、制造零件的小事,恐怕会耽误前途吧?'"

"爸爸,您不明白。"汤姆笑着说,"我并不急于当某一部门的小工头。我以整个工厂为工作的目标,所以必须花点时间了解整个工作流程。我是把现有的时间做最有价值的利用,我要学的,不仅仅是一个汽车椅垫如何做,而是整辆汽车是如何制造出来的。"

当汤姆确认自己已经具备管理者的素质时,他决定在装配线上大展身手。汤姆在其他部门干过,懂得各种零件的制造情形,也能分辨零件的优劣,这为他的装配工作增加了不少便利。没过多久,他就成了装配线上的灵魂人物。很快他就升为领班,并逐步成为15位领班的总领班。一年后,他又升到了经理的职位。

我们都应该从小事开始,磨炼意志,增长智慧,为做大事打下基础。连小事都做不好的人,就别指望他能做出大事业。我们要把日常生活中每一件简单的事情都做好,用认真的态度对待每一件小事,生活就会变得更好。

有一位画家,举办过十几次个人画展。在画展的现场,他无论参观者来多来少,脸上总是挂着微笑。一次,我问他:"你为什么每天都这么开心呢?"他给我讲了一件事情:

小时候,我兴趣非常广泛,也很要强。画画、拉手风琴、游泳、打篮球,必须都得第一才行。这当然是不可能的。于是,我心灰意冷,学习成绩一落千丈。

父亲知道后，找来一个漏斗和一杯玉米种子。让我双手放在漏斗下面接着，然后捡起一粒种子投到漏斗里面，种子便顺着漏斗滑到了我的手里。父亲投了十几次，我的手中也就有了十几粒种子。然后，父亲一次抓起满满的一把玉米粒放在漏斗里面，玉米粒相互挤着，竟一粒也没有掉下来。

父亲对我说："这个漏斗代表你，假如你每天都能做好一件事，每天你就会有一粒种子的收获和快乐。可是，当你想把所有的事情都挤到一起来做，反而连一粒种子也收获不到了。"

二十多年过去了，我一直铭记着父亲的教诲："每天做好一件事，坦然微笑地面对生活。"

"每天做好一件小事"，这是一种明智的人生态度，我们没有必要事事都去涉足一点，只要做好自己能做的那件小事就行了，这样我们就能达到淡然、宁静的境界。在竞争激烈的社会与日常生活中，我们所做的事情都是由一些小事构成的，每天做好这么一件小事，我们就会收获和积累成功的种子。

无论你是谁，唯有把"每一件寻常的事情做好"，才能走向成功。只要我们认真地从自己做起，从每天的小事开始，并把它做精做细，就可以达到卓越的境界。

当我们认真地去做好每一件简单的事情时，就会发挥出巨大的潜能，最终成就一番大事业。

(九) 随时随地拥有创新意识

创新是一个人进步的灵魂。勇于创新的人，能从别人不易发现的小事中得到启发，捕捉到一种别样的思维灵感，他们都很擅长注意别人没有注意到的问题。

你有多大的创新精神，你就可能有多大的成就，创新精神与成就大小成正比。一个人要想成就一番大事业，没有创新精神是不可能做到的。"创新是一个民族进步的灵魂，是国家兴旺发达的不竭动力……一个没有创新能力的民族，难以屹立于世界先进民族之林。"作为一个人也是一样的，没有创新精神，故步自封，因循守旧，是不会有什么大出息的。

在生活中，我们要培养自己敏锐的观察力。很多人的成功，只是因为他们留意了一般人所忽略的细节，突发灵感做出了一项颇有才气的创举。每个人都有这样的机会，问题是我们怎么去把握和运用。这中间的差距,不过就是那么一点点而已。

不过,就是这一点点的差距恰恰是见真功夫的地方。能留心到别人忽略的地方,需要长时间的积累,养成认真负责、一丝不苟、注重细节的习惯,同时,还要有热情和毅力。正是因为这些已经浸透到骨子里的认真负责和钻研精神,才能使他们随时随地都能从"不起眼"的小事中获得灵感。

有这样一则故事。

法国美容品制造师伊夫·洛列是靠经营花卉发家的,他在一次新闻发布会上感触颇深地说道:"能有今天,我当然不会忘记卡耐基先生,他的课程教给了我一个司空见惯的秘诀,而这个秘诀我尽管经常与它擦肩而过,但过去却未能给予足够的重视,也没有把它当作一回事。而现在我却要说,创新的确是一种美丽的奇迹。"

伊夫·洛列 1960 年开始生产美容品,到 1985 年他已拥有 960 家分号,这些分号星罗棋布在全世界。伊夫·洛列生意兴旺,财源广进,摘取了美容品和护肤品销售额的桂冠,他的企业是唯一使法国最大的化妆品公司"劳雷阿尔"惶惶不可终日的竞争对手。这一切成就,伊夫·洛列是悄无声息地取得的,在发展阶段几乎未曾引起竞争者的警觉。他的成功有赖于他的创新精神。

1958 年,伊夫·洛列从一位年迈女医师那里得到了一种专治痔疮的特效药膏秘方。这个秘方令他产生了浓厚的兴趣,于是,他根据这个药方研制出一种植物香脂,并开始挨家挨户地去推销这种产品。

有一天,伊夫·洛列灵机一动,何不在《这儿是巴黎》杂志上刊登一则商品广告呢?如果在广告上附上邮购优惠单,说不定会有效地促销产品。这一大胆尝试让他获得了意想不到的成功。当他的朋友还在为他的巨额广告投资能否收回而担心时,他的产品已经在巴黎畅销起来。原以为会如泥牛入海的广告费用与其获得的利润相比显得不值一提。

当时,人们认为用植物和花卉制造的美容品毫无前途,几乎没有人愿意在这方面投入资金,而伊夫·洛列却反其道而行之,对此产生了一种奇特的迷恋之情。1960 年,伊夫·洛列开始小批量地生产美容霜,他独创的邮购销售方式又让他获得了巨大成功。在极短的时间内,伊夫·洛列通过各种销售方式顺利地推销了 70 多万瓶美容品。如果说用植物制造美容品是伊夫·洛列的一种尝试,那么,采用邮购的销售方式则是他的一个创举。时至今日,邮购商品已不足为奇了,但在当时,这却是非常具有前瞻性的创举。

1969 年,伊夫·洛列创办了他的第一家工厂,并在巴黎的奥斯曼大街开设了他的第一家商店,开始大量生产和销售美容品。他对职员们说:"我们的每一位女顾客都是王后,她们应该获得像王后那样的服务。"为了达到这个目标,他打破销售学的一切常规,采用了邮购化妆品的方式。公司收到邮购单后,立即把商品邮寄给买主,同时赠送一件礼品和一封建议信,并附带制造商和蔼可亲的笑容。

邮购业务几乎占了伊夫·洛列全部营业额的50%。洛列式邮购手续简单,顾客只需寄上地址便可加入"洛列美容俱乐部",并会很快收到样品、价格表和使用说明书。这种经营方式对那些工作繁忙或离商业区较远的妇女来说无疑是非常理想的。如今,通过邮购方式从洛列俱乐部获取口红、眉笔、唇膏、洗澡香波和美容护肤霜的妇女已达6亿人次。伊夫.洛列通过邮购与顾客建立固定联系。他的公司每年收到8000余万封函件。有些函件简直同私人信件没有两样,附着照片和亲笔签名,信中叙友情,表信任,写得亲切感人。当然,公司的建议信往往写得十分中肯,绝无生硬地招揽顾客之嫌。这些信件中总是反复地告诉订购者:美容霜并非万能,有节奏地生活是最佳的化妆品。而不像其他商品广告那样,把自己的产品说得天花乱坠,功效无与伦比。

伊夫·洛列的公司通过电脑建立了1000万名女顾客的卡片,每逢顾客生日或重要节日时,公司都要寄赠新产品和贺卡以示祝贺。这种优质的服务给公司带来了丰硕成果。公司每年寄出邮包达900万件,相当于每天3万~5万件。1985年,公司的销售额和利润增长了30%,营业额超过了25亿法郎,国外的销售额超过了法国境内的销售额。如今,伊夫·洛列已经拥有400余种美容系列产品和800万名忠实的女顾客。伊夫·洛列经过辛勤的劳动和艰苦的思考,找到了走向成功的突破口和契机。

化妆品市场竞争的激烈程度令人触目惊心,如果亦步亦趋、墨守成规,那肯定只能沦为落伍者。伊夫·洛列设计出与强大的竞争对手完全不同的产品——植物花卉美容品,使化妆用品低档化、大众化,满足众多新、老顾客的需要,所以他把竞争对手远远地抛在了后面。伊夫·洛列力求同中求异,另辟蹊径,打破传统的销售方式,采取全新的销售方式——邮购,赢得了为数众多的固定顾客,从而为不断扩大生产打下了坚实基础。

创新是成功必须具备的一种能力,但不是每个人天生就具备这种能力的,它需要后天的培养,需要我们从日常的小事中不断地提高自己的创新能力。很多伟大的人之所以取得伟大的业绩,往往是从留心别人没注意的小事开始的。创新不需要天才。创新只在于找出新的改进方法。任何事情的成功,都是因为能找出把事情做得更好的办法。拥有创新精神的人,都善于从日常的小事中提炼出新的思维,从而获得巨大的成功。

　　拿破仑·希尔指出,人的可贵之处在于创造性的思维。凡是有所作为的人,都是有所创造的人,一个有所创造、对他人和社会有所贡献的人,才能发现自身的价值,才能真正体会到幸福。创新激励奋进,创新孕育着成功的机会,一个不断创新的人,必然是热情而且充满活力的,他们的人生价值也能得到最大程度的体现。

宋神宗

轸念流民

轸念流民①

【历史背景】

自熙宁六年秋七月直到熙宁七年夏四月，久旱不雨，黄河流域闹旱灾。灾区百姓扶老携幼，流离失所，身无完衣，还有吃树皮草根的，惨不忍睹。

这时，有个光州司法参军叫郑侠的人，因服官任满回京，在路上看见流民的模样，就画了一本《流民图》。其中有采树叶挖草根充饥的；有衣衫破烂，沿途要饭的；有恋土不去，被差役逼交租赋，拷打枷锁的；有拆屋卸房、卖儿卖女、变价交官的。郑侠又写了一道奏疏说："只因新法不善，伤了天地的和气，所以久旱不雨，使百姓遭此惨状。如果要天降雨，必须把新法罢去。"不难看出，把久旱不雨与变法联系起来，当然是荒唐的。郑侠的《流民图》连同奏疏，假称"密急"，用马递传到银台司，呈给宋神宗。宋神宗接过郑侠的《流民图》和奏疏，反复观看，长吁短叹不已，然后把《流民图》放进袖内带入后宫。当晚，神宗翻来覆去睡不着觉。到了第二天早上，宋神宗传旨，除今司农开仓赈济难民之外，又令停罢新法。

罢黜新法的第二天，吕惠卿等对宋神宗说："陛下数年以来，废寝忘食，成就了这个美政，现在天下正得到它的好处，一旦听从了狂夫的话，全部罢废，难道不可惜吗？"并围在宋神宗前面哭泣，于是宋神宗又恢复了新法，只方田一法暂停。又过了十几天，宋神宗罢免了王安石宰相之职。这是王安石第一次被罢相，除内外其他强大压力之外，不能不说与郑侠上的《流民图》和奏疏有很大关系。

【原文】

宋史纪：神宗②时东北大旱，诏求直言，郑侠③上流民图，疏奏，帝反复观图，长吁数四，袖以入内，是夕寝不能寐，翌日遂命开封体勘新法不便者，凡十有八事罢之，民间欢呼相贺。是日果大雨，远近沾洽。

【张居正解】

宋史上记，神宗施行了王安石④的新法，扰害百姓，民不聊生，到熙宁七年（1074）间，天又大旱，年岁饥荒，东北一带的百姓都流移转徙，死亡离散，其艰难困苦之状，实为可怜。那时有一个官是光州司法参军，叫作郑侠，因考满赴京，在路上看见那流民的模样，心甚不忍，说道：小民这等穷苦，朝廷如何知道，乃照那样子画一本图形，叫作流民图，其中有采树叶、掘草根充饥的，有衣衫破碎，沿途讨吃的，有饿死在沟渠的，有扶老携幼流移趁食的，有恋土不去，被在官公人比较差徭拷打枷锁的，有拆屋御房鬻儿卖女变价纳官的，一一都画将出来。至京之日，将这图本进在御前，奏说：只因新法不善，致得百姓这等，伤了天地的和气，所以久旱不雨。如今要天降雨，需是把新法革去不行才好。神宗将此图反复看了几遍，才晓得新法之害与民间之苦如此，甚是感伤懊悔，长叹数回，袖了入宫，一夜不能睡着。到明日，传旨着在京开封府官，查那新法为民害者共有一十八件，都罢革不行。当时京城内外的百姓，听说如此，以为从此得生，人人欢呼相庆。即日天果大雨，处处田苗俱各沾濡充足。夫人君一去弊政，便能感动天地如此，可见为民祈祷者，在实政，不在虚文，而祖宗旧法慎不可轻变也。

【注释】

①此篇出自《宋史·郑侠传》，记述郑侠上《流民图》，宋神宗纳谏罢黜王安石新法不便于民的故事。

②神宗：赵顼（1048～1085），英宗子，1067～1085年在位，熙宁二年（1069）任用王安石，进行变法，图谋富强。熙宁七年（1074）部分新法停止，死后新法被废。

③郑侠（1041～1110）：宋福州福清（今属福建）人，字介夫，治平进士、任光州（今河南潢川县）司法参军。熙宁七年，天久旱不雨，郑侠绘《流民图》上奏神宗，称新法不便。次日罢黜新法不便者十八事。

④王安石（1021～1086）：宋杭州临川（今江西抚州）人，字介甫，庆历进士。宋神宗时任参知政事，同平章政事，进行变法。其中以青苗法与免役法实施不当，对民扰害甚大，熙宁七年停止。王安石罢相。出知江宁，八年复出，九年再辞，退居江宁。

【译文】

　　宋神宗的时候，东北一带发生了严重的旱灾，于是神宗就颁布诏书征求直言。郑侠就进献了《流民图》的奏书，皇帝来回反复地看了许多次，发出了很多的叹息之声，然后就把图放在自己的袖口中回宫了，这一夜神宗始终睡不着觉。第二天就马上下令开封府查看那新法当中不适应实际情况而使百姓受到祸害的，共有十八件，都全部废除了。当时京城内外的百姓，听说了这个消息之后，人人都欢呼雀跃、相互庆祝，这天果然下起了好大的雨，远近地方都受到了雨水的润泽。

【评议】

　　北宋的宋神宗即位以后决心要采用改革的方式使国家富强，于是就召见当时在地方任职的官员王安石进京实施他的变法主张，以求富国强兵、改变国家贫弱的状态。王安石的变法本意都是好的，但是他触犯了当时的地主阶级的利益，所以变法在实施的过程当中，完全改变了初衷，老百姓被当时的政府所欺骗，再加上各级腐败官吏的盘剥，最终百姓几乎到了难以生存的地步。原本出发点很好的王安石变法，却对百姓造成了严重的危害。在这个故事里其实重点讲述的就是王安石变法在执行的时候，其中的不适合人民的地方，因为当时皇帝身处皇宫之中，没有办法知道事实的真相，王安石这样的人只是知道自己制定的政策目的如何，但对于实施的过程以及过程中遭遇到的变化甚至扭曲也是一概不知的，至于百姓在变法中遭到的不幸就更加不明白了。这幅《流民图》是对百姓极度苦难生活的真实反映，当皇帝看到之后，才发觉变法真的出现了问题。故事中的废除了不合理的条款、天降大雨从而使得旱情得到缓解的说法，其实是一种附会而已，在某些材料中将其批评为是迷信的记录，笔者认为这有一定的道理，但重要的还是要以此来表现百姓对于解除对自己造成灾难的条款的欣喜之情。

　　所以，这个故事以及相关的历史记载都在一定意义上给了我们后世人以启发，即使是现在这样的启发意义仍然是存在的，那就是在做某些事情的时候要注意目的与过程以及结果往往是不一致的，一些本来出发点很好的主张，可能在具体实施的过程中被别有用心的人利用，我们的领导或管理者在进行自己的计划或工作的时候也应该格外注意啊！

宋神宗

神宗在位十七年，"不治宫室，不事游幸"，致力于实现富国强兵的目标。他支持王安石变法，抑制了豪强兼并和高利贷者的活动，使自耕农的生产条件得到保证，中央和地方财政大大改善。在守旧势力的反对下，神宗虽然摇摆于新旧两党之间，但他维持新政、坚持变革的决心不变，确实是宋朝有抱负、有作为的皇帝。

革除弊端

赵顼自幼"好学请问，至日晏忘食"。当太子时就喜读《韩非子》，对法家"富国强兵"之术颇感兴趣；还读过王安石的《上仁宗皇帝言事书》，对王安石的理财治国思想非常赞赏。神宗即位时，北宋的统治面临一系列危机，军费开支庞大，官僚机构臃肿而政费繁多，加上每年赠送辽和西夏的大量岁币，使北宋财政年年亏空，广大农民由于豪强兼并，高利贷盘剥和赋税徭役的加重，屡屡暴动反抗。值此内忧外患、财政困乏之际，神宗没有气馁，力图"思除历世之弊，务振非常之功"，表现出"励精图治，将大有为""愤然将雪数世之耻"的政治气概。

王安石变法

赵顼在即位之前已闻知王安石的政治抱负和才能，并"由是想见其人"，因此即位不数月，就让王安石出任江宁知府。几个月后，又召王安石为翰林学士兼侍讲，寄以治国安邦的厚望。神宗对王安石的器重，引起了在朝老臣的不满。宰相韩琦执政三朝，本该辅佐新帝，有所作为，然而见神宗提拔新人，却坚辞相位，出判相州。神宗问："卿去谁可属国者？王安石何如？"韩琦说："安石为翰林学士则有余，处辅弼之地则不可。"表明了他反对王安石执政的态度。元老重臣富弼在罢相位时，也不同意任用王安石，而推荐了文彦博。面对种种阻挠，神宗不以为然，力排众议，于熙宁二年（1069 年）二月果断地拜王安石为参知政事，委以重任，从而揭开了变法图治、富国强兵的序幕。

灭夏之举

时值夏惠宗在位,母党梁氏专权,西夏国势日衰,宋神宗命伐西夏,试图一举歼灭西夏。在庆州(今甘肃庆阳)宋军大破夏军,占领西夏两千里土地。不过后来在永乐城之战中惨败,灭夏之举未能实现。他有抱负,励精图治,想灭西夏,惜壮志未酬,于元丰八年饮恨而死,享年 38 岁。

【镜鉴】

领导的执行力:落实要到位,关键看结果

(一) 没有执行力,就没有竞争力

执行力是推动工作、落实制度的前提。制度制定、决策下达之后,关键是要执行,再好的制度和决策,如果没有人去执行或执行不到位也是没有用的。因此,作为企业的领导者,你的工作必须着眼在有效的执行上。

美国总统麦金莱要求安德鲁·罗文将信送给加西亚,安德鲁·罗文克服了种种难以想象的困难,最后终于圆满地完成了这项神圣使命。安德鲁·罗文因此而被世人所称颂。但是,如果安德鲁·罗文当时不能执行这项任务,那么这项任务的价值就等于零。

在企业同样如此,如果制定了制度而不去执行,做出了决策而不去实施,也同样是分文不值。要知道:没有执行力,就没有竞争力!

1.立即执行,决不拖延

很多时候,员工执行不力的原因在于拖延。一个企业,当领导者制定了制度或做出了决策时,影响这些制度或决策实施的,往往是员工长期以来在不知不觉中养成的拖延的恶习。

这里不妨举个简单的例子:一个企业的考核制度是规定每个月的最后一天提交工作报表。但是拖延的恶习让很多员工拖到下个月,这一恶习导致的结果是直接影响了领导对于每个人工作进展的判断,不能很快制订出新的工作计划,导致了企业的整体工作安

排向后顺延,直接耽误了企业发展。

因此我们说,立即落实制度规定的每一项工作细节,决不拖延上级布置的每一个工作任务,是卓越员工必须具备的执行素质之一。

《财富》全球最有影响力商业人士排行榜中,埃克森美孚石油公司董事会主席兼总裁李·雷蒙德的名字常常名列前茅。

有人说,李·雷蒙德是工业史上绝顶聪明的总裁之一,是洛克菲勒之后最成功的石油公司总裁,因为没有人能够像他一样,令一家超级公司的股息连续 21 年不断攀升,并且成为世界上最赚钱的一台机器。

李·雷蒙德的人生信条就是:决不拖延! 在他的影响下,这一信条已经成为他所在公司秉持的理念之一。埃克森美孚石油公司之所以能跃升为全球利润最高的公司,离不开埃克森公司和美孚公司的携手,更离不开一支决不拖延的员工队伍。李·雷蒙德的一位下属曾经这样解释这一理念:拖延时间常常是少数员工逃避现实、自欺欺人的表现。然而,无论我们是否在拖延时间,我们的工作都必须由我们自己去完成。通过暂时逃避现实,从暂时的遗忘中获得片刻的轻松,这并不是根本的解决之道。要知道,因为拖延或者其他因素而导致工作业绩下滑的员工,就是公司裁员的必然对象。必须记住的是,没有什么人会为我们承担拖延的损失,拖延的后果只有我们自己承担。如此一来,我们就可能在一个庞大的公司里,创造出每一个员工都不拖延哪怕半秒钟时间的奇迹。

须知,决不拖延,今天该做的事一定要在今天完成,这才是真正有效的执行!

如果你有遇事拖延的习惯,不妨做一个自我分析。具体有如下几个步骤:

第一步,记下一件你拖延的事情。既然你有拖延的习惯,那你拖延的事情肯定不止一件,你不妨先写下自己认为最重要的那件事情。

第二步,自己反问一下,假如继续拖延下去,不采取行动,会造成什么样的后果。

第三步,想一下,如果你现在采取行动,完成这件事情,会对你有什么好处。这和第二步正好相反,这些好处会给你采取行动增加动力。

第四步,马上行动!

千万不要认为这样做没有什么效果。事实上并不是所有人在拖延时都曾认真考虑过这样做的后果到底有多严重。从很多被降职或被辞退的人那里看到后悔的神情时就可以知道这一点:早知道会被降职或辞退,就不会拖延执行了。

因此,无论如何,最重要的一件事情是:你必须采取行动,不要把事情留到明天。

2.百分之百地执行

没有执行力,就没有竞争力,因此执行力也是企业的生存力。一旦计划、制度已经出台,我们就要百分之百地执行到底。在执行制度完成工作时,除了追求速度之外,还要追求质量。速度和质量,是衡量员工执行能力的两大标准。只有每个员工都能百分之百地执行既定计划和制度,都能高效高质地完成工作,企业才能更快速地前进,每个员工也会因此受益匪浅。

下面是一位房地产老总的一次亲身经历:

"一个与我们合作的外资公司的工程师,为了拍合作项目的全景,本来在楼上就可以拍到,但他硬是徒步走了两千米爬到一座山上,连周围的景观都拍得很到位。

"当时我问他为什么要这么做,他只回答了一句:'回去董事会成员会向我提问,我要把这整个项目的情况告诉他们才算完成任务,不然就是工作没做到位'。"

这位工程师的个人信条就是:我要做的事情,不会让任何人操心。任何事情,只有做到100%才是合格,99%都是不合格。

百分之百执行的另一个表达方式是:结果决定一切。即使你在工作中付出了很多努力,但是最终没有完成任务,还是等于没有执行。所以你必须明白,自己需要做的事情不是向别人说明自己有多辛苦,而是要认真反思,看是不是有什么更好的方法可以完成任务。用结果来评判执行力,是对一个人执行力的最佳评价方法。

在许多著名的企业中,百事可乐就是这样一个以"结果决定员工成就"的公司。百事可乐推崇一种深入持久的"执行力"文化,强调员工"主动执行"公司的任务,百分之百地去完成它。那些业绩优秀的员工总是能得到公司的嘉奖,而那些业绩不佳的员工则会被淘汰。这种以"结果论成败"的企业文化塑造了一支有着坚强战斗力的员工队伍。在激烈的市场竞争中,百事可乐终于渐渐从市场中脱颖而出,并且成为唯一可以和可口可乐抗衡的对手。

要做到百分之百执行,你就必须从以下三个方面着手:

(1)要严格要求自己。如果你只是希望在一个公司里混,能够保住饭碗,而不求上进,那么你很难做到百分之百执行。一个人成功与否在于他是不是做什么都力求做到最好。成功者无论从事什么工作,他都绝对不会轻率疏忽。因此,在工作中你应该以最高的标准要求自己。能做到最好,就必须做到最好。

(2)要牢记使命。很多人之所以不能做到百分之百执行,一个很重要的原因就在于他常常忘记了自己肩负的任务。

（3）要做到尽力而为。在很多时候.你之所以没有做到百分之百执行，原因不在于你的专业能力不够，而是你没有竭尽全力。

（二）责任心为执行撑起一片天

一个有责任心的人做一件事情就一定要做好才放手，绝不会半途而废。因此，企业要想提高执行力，问题不在于管理经验的高低，而在于每个人的责任心。

某县有位干部因业绩突出而被领导选中要调往省城，而他却自愿留守县城，虽然干得有声有色，却也辛苦至极。别人问他："值得吗?"他答道："既然留下来，就有责任干好。"这是责任的力量。有些部门，因职位高下、利益不均，有人就推三阻四、拖沓怠工；可也有人照样无利而往、披星戴月地工作，单位兴旺发达了，他们仍旧默默无闻，只是一个幕后英雄而已——可是他们的出发点很简单，"干这份事，就要为此负责"。由此可见，在企业发展阶段，企业员工的责任心更能影响企业的生存和发展。只有责任心有了，才会凡事严格要求，在执行中不打折扣，不玩虚招，做到令行禁止。

遗憾的是，现实生活中的情形并不完全如此乐观。有一家公司员工给一家有合作意向的公司的老板发送电子信函，连发几次都被退回，向那位老板的秘书查询时，秘书说邮箱满了。可是4天过了，邮件还是发不过去，再去问，那位秘书还是说邮箱是满的! 试想，不知这4天之内该有多少邮件遭到了被退回的厄运? 而这众多被退回的邮件当中谁敢说没有重要的内容? 如果那位秘书能考虑到这一点，恐怕就不会让邮箱一直满着。作为秘书，每日查看、清理邮箱，是最起码的职责，而这位秘书显然是责任心不够。

人们在企业各部门还常见到这样的员工:电话铃声持续地响起，他仍慢条斯理地处理自己的事，根本充耳不闻。一屋子人在聊天，投诉的电话铃声此起彼伏，可就是无人接听。若有人询问，他们的回答竟是:"还没到上班时间。"其实，离上班时间仅差一两分钟，就看着表不接。有些客户服务部门的员工讲述自己部门的秘密:"5点下班得赶紧跑，不然慢了，遇到顾客投诉就麻烦了——耽误回家。即使有电话也不要轻易接，接了就很可能成了烫手的山芋。"

不是上班时间就不做，看上去没什么大不了，但却恰恰反映了员工的责任心。而正是这些体现员工责任心的细小之事不去执行，才影响到企业的信誉、效益、发展，甚至生存。那么,员工为什么会缺乏责任心呢?

首先,是因为领导者根本就缺少经验,缺乏智慧,不知道该如何体现和增强员工的责任心。

其次,是企业的领导者思想懈怠或疏于管理监督,员工自然跟着懈怠。正所谓"领导懈怠一,员工能松懈十"。

再次,是人的天性使然。人天生就有一定的惰性,企业的规章制度原本执行得很好,但时间一长就自然产生懈怠,思想上一放松,责任心就减弱,行为上自然就松懈,再体现到日常工作中就是执行力下降。

总的来说,责任心体现在三个阶段:一是执行之前,二是执行的过程中,三是执行后出了问题。那么如何才能提升人的责任心呢? 首先,在执行之前就要想到后果;其次,要尽可能引导事物向好的方向发展,防止坏的结果出现;最后,出了问题敢于承担责任。勇于承担责任和积极承担责任不仅是一个人的勇气问题,而且也是执行力是否能到位的关键,因此,企业从上至下都应该增强责任心的训练,让责任心为执行撑起一片天!

(三)让"尽力而为"从员工嘴中消失

如果说企业就是一个庞大的机器,那么每个员工就是机器上的零件,只有他们每个人都尽力而为,发挥出自己的作用,企业这个庞大的机器才能得以良性运转。企业是不断发展的,领导者就应根据实际动态情况对人员数量和分工做出有利的调整。如果企业中有人滥竽充数,对工作不尽心,那么给企业带来的不仅仅是工资的损失,而且会导致其他人员的心理不平衡,最终导致企业整体工作效率下降。

企业的领导者一定要把员工培养成为具有以下精神的员工,这样才能在工作中尽职、尽责、尽力,真正让"尽力而为"从员工嘴中消失。

1.干工作就是干事业

领导者应该让员工做到把工作当成事业,如果能让员工从事业的角度看待职业和工作,就能少一些怨言和愤怒,多一些努力和忍耐;在一次次超越的过程中不断拓宽视野,从中领悟一些道理,增加一些本领和技能。

2.奉献企业

作为一名领导者,要培养员工有一种奉献精神,让他们认识到自己和企业是一体的,要有"今天我以公司为荣,明天公司以我为荣""我是公司中的一员,我必须对公司负责"的思想。要让员工认识到,对工作负责就是对自己负责。

3.把敬业当成一种习惯

领导者要培养员工把敬业当成一种习惯。如果员工没有敬业精神,就不可能把工作做好,这也阻碍他们潜力的发挥。一个人放弃了自己的职能,就意味着放弃了自身在这个社会中更好生存的机会,就等于在可以自由通行的路上自设路障,摔跤绊倒的也只能是自己。

4.用热忱点燃工作激情

领导者要让员工正确地认识自身价值和能力,对工作产生激情。当员工对自己的工作产生激情时,就会产生一种肯定性的情感和积极态度,并产生一种巨大的精神动力。即使在各种条件比较差的情况下,也不会放松自己的要求,甚至会更加积极主动地提高自己的各种能力,创造性地完成自己的工作。

在商业竞争中,企业的发展需要全体员工尽力而为,在各自的岗位上尽职尽责、尽力做好每一件事情。只有这样,才能避免在企业内部出现比如互相扯皮、期望不一致、员工对自己的职责感到迷惑不解、运动式管理和推辞、怠工等问题。

(四)战略再好,也要有人落实和执行

我们先看这样一个故事:

一个富人要去远方旅行。临行前,他把仆人召集起来,各给他们五千两银子,让他们去经商。

一年后,这个富人回来了,他把仆人叫到身边,了解他们经商的情况。第一个仆人说:"主人,你交给我五千两银子,我已用它赚了一千两。"富人听了很高兴。

第二个仆人接着说:"主人,你交给我五千两银子,我已用它赚了两千两。"富人听了也很高兴。

第三个仆人来到主人面前,打开包得整整齐齐的包袱说:"尊敬的主人,您看,您给我的五千两银子还在这里。我把它埋在地里,听说您回来,我就把它掘出来了。"

富人听了勃然大怒,他一把夺过那五千两银子,骂道:"你这个没用的家伙,浪费了我的钱。"然后,将这个仆人赶了出去。

钱能生钱，这三个仆人都有了创业的本钱，也有了创业的机会，可是为什么第三个仆人却没有成功呢？关键是他没有采取任何行动。没有行动，没有落实和执行，又怎么会成功呢？

这对于企业的管理来说，同样如此。即便有一个很好的发展机会，有一个宏大的目标，有一个伟大的战略决策，但是不去行动，不去做，成功也不会从天上掉下来的。

成功需要实力，需要机遇，更需要决策者的行动。德鲁克在《卓有成效领导者的实践》中非常明确地说："虽然考虑边界条件是决策过程中最难的一步，但最耗时的，往往是把决策转化为有效的行动。所以打从决策开始，我们就应该把行动的承诺纳入决策之中，否则便是纸上谈兵。事实上，一项决策如果没有一条一条的具体行动步骤，没有指派某某人承担任务和责任，那便不能算是一项决策，最多只是一种意愿而已。"

李嘉诚在总结自己成功经验时也说："决定一件事后，就快速行动，勇往直前去做，才会取得成功。"

美国麦当劳餐厅在1955年创办初期仅仅是一家经营汉堡包的小店，然而到了1985年，它已经在美国的50个州和世界30多个国家和地区开设了近万家分店，年营业额近100多亿美元，被称为"麦当劳帝国"。它能有如此的成功，完全有赖于创始人雷蒙·克洛克的"一旦决定了就赶快行动"的准则。

1954年的一天，克罗克驾车去一个叫圣贝纳迪诺的地方，他看到许多人在一个简陋的麦当劳店排队，他也停下车排在后面。

人们买了满袋汉堡包，纷纷满足地笑着回到自己的汽车里。克罗克凭着好奇的心理上前看个究竟，原来是经销汉堡包和炸薯条的快餐店，生意非常红火。

当时年过50的克罗克还没有自己的事业，他一直在寻找自己事业的突破口。他知道，快节奏的生活方式就要到来，这种快餐的经营方式代表着时代的方向，大有可为。于是他毅然决定经营快餐店。他向经营这家快餐店的麦当劳兄弟买下了汉堡包摊子和汉堡、炸薯条的专利权。

克罗克搞快餐业的决策遭到了家人及朋友的一致反对，他们听到这一消息后纷纷惊呼："你疯了，都50多岁了还去冒这个险！"

但是，克罗克毫不退缩。在他看来，决定大事，应该考虑周全；可一旦决定了，就要一往无前，赶快去做。行与不行，结果会说明一切。最重要的是行动。

克罗克马上投资筹建他的第一家麦当劳快餐店。经过几十年的发展，克罗克取得了巨大的成功。人们把他与名震一时的石油大王洛克菲勒、汽车大王福特、钢铁大王卡内基相提并论。

这个故事足以证明：战略决策再好，也只有落实和执行才有效。

(五)下达命令需因人而异

先说一个经典的故事：

有艘轮船在近海触礁，很快便开始下沉。船上来自几个不同国家的商人却对如此危急的情况毫不知情，仍在高枕无忧地谈论着生意。船长命令大副说："快去告诉那些商人，立刻穿上救生衣逃命！"

过了好一会儿，大副跑回来报告说："他们都坚持不往下跳。"

于是船长只好亲自去解决这一问题，几分钟后他回来说："他们全都跳下去了。"

大副既佩服又吃惊，问船长用了什么办法。船长说："很简单，我对法国人说那是一种浪漫，于是他跳下去了；我对英国人说那就像是一种体育运动，于是他跳下去了；我对德国人说那是命令；对意大利人说那不是被基督教禁止的；对苏联人说，那是革命行动。"

可见，"千人不同面，二人难同心"。每个人不但长相各不相同，就连心里所思所想也各不相同。一个人一个头脑，一个人一种性格，一个人一种经历、学识和技能。管理就是一项让人心甘情愿去做事的艺术，就是设身处地地了解别人的需要，考虑别人的利益，以及如何撩起他们心中真正的渴望。因此，领导者在下达命令时也要因人而异。

1.做事缺乏信心，不够大胆的员工

对这样的员工，领导者应该予以特别关照。在详细地说明了工作任务之后，还要做一些鼓励他的动作，比如拍拍他的肩膀，让他的精神振作起来，然后对他说："这个任务，依你的实力来看，算不了什么，努力去做吧！你一定会给我们一个惊喜的。"话说完，再一次拍拍他的背部。这种鼓励是非常有必要的，这会让员工觉得：只要我加倍努力，必有所得，哪怕失败了，还有一个大集体在支持着我呢！

2.好胜而自负、进取心极强的员工

在面对这样的员工时，领导者在下达了命令之后，最好用一句最简洁的话触动一下他那根"好战"的神经。领导者可以说："这个任务对你来说有困难吗?"在得到他带有轻蔑的回答之后，便可以收场了。对这类型的员工，领导者太多的叮咛只会引起他的烦躁，而且还会使他对任务的执行更加不屑一顾。

3."唯利是图"的员工

谁都不愿意与这样的人打交道,但是在一个公司中,讲求实惠的员工大有人在,他们关心的可能并不是任务本身,而是那些任务背后的物质利益保障。对待这样的员工,领导者下达命令时可以适当地轻描淡写,但也一定要让他清楚地意识到出色地完成任务是论及其他东西的前提。在向他传达完了任务的主旨之后,就进入了他所关心的阶段。领导者故作神秘只能让他丧失对工作的兴趣,因此不妨向他挑明完成任务之后所能带来的丰厚的物质利益。最好在完成任务的过程中,再增设一定的物质刺激,并在委派之时,向他说明出色完成意味着什么,这显然对他漂亮地完成任务是大有益处的。

4.年长的员工

倘若部门中有这类的员工,那么领导者需格外注意。由于他们岁数偏大,精力有限,资历比较老,因此领导者在向他们下达命令时,就要特别尊重他们的感情与意见,体谅他们的难处。

谦虚的态度是与岁数较大的员工成功交往的关键。清楚、详细地说明任务的每个细节,并及时向他们询问任务执行的可行性以及他们的难处,这样能让领导者在委派任务的同时又获得许多宝贵的经验。

在下达命令时,领导者还要亲切地对他说:"这个任务的完成最需要的就是您的丰富经验和聪明才智,如果在其他方面有什么问题或意见,希望您能及时地帮我们提出来,我们会立刻解决的。"

须知,领导者的几句谦逊、嘘寒问暖的话,会让这些年长员工的心得以足够慰藉,也许还会焕发出青年时的干劲与热情。

5.对工作抱有极大热情的员工

人最大的乐趣就在于做他们想做的事。对于那些本身对所委派的工作就抱有极大兴趣的员工来说,任务就是爱好,使他们乐而忘返,得到极大满足的事物,他们的创造力会在任务的完成过程中得到极大的发挥。

领导者对这样的员工肯定是赞赏不已。对他们不必将任务说得太细,因为他们或许会问得你都招架不住。任务解释清楚之后,领导者只需谦虚地说一句:"对这种工作,你是专家,全看你的了。"留给他们充分的时间与空间去展示个人的创造才能。

总之,作为领导者,在下达命令时一定要因人而异,才能让员工的落实获得最大效益。

(六) 工作要简化，但不要简单化

现代企业普遍重视企业制度的建立，其中内部管理日益走上科学化、程式化。但是也还是有不少企业存在管理受到管理理性主义影响的情形，走到了另一个极端面上，造成组织机构设置过于庞大、复杂；规章制度的制定过于烦琐，单纯追求表面化；过分依赖流行的理论模型，决策、指挥过于追求系统化而陷入形而上学等等，影响着企业管理的有效性，制约了企业的发展。

因此，企业管理工作有必要进行简化。通用汽车就是一个力求简化的企业。

多年以来，通用汽车一直在努力寻求简化信息技术程序，降低信息技术成本的途径，并且尽可能地采用标准化操作技术。自 1996 年对信息技术管理进行大的调整以来，通用汽车已在信息技术管理上缩减了 10 亿美元的费用，而信息技术资源管理人员也由过去的 7000 多人减少到现在的 3000 多人。

现在，通用汽车重整信息技术团队，试图把庞大而臃肿的通用巨人变成一个更加强大、行动迅速的机器，期望能使企业决策通畅运行，企业数据及时无误地传递，而不再为复杂的操作系统所困扰。

我们清楚地知道，企业的竞争集中体现在人力资源的配置上，而配置的优化都需要企业的组织结构来实现。一些企业的人才并不差，但却受制于复杂的科层制结构。管理层次太多、效率低下的缺点使得人才优势大打折扣。

一个出色的企业，其正规的体制是一大亮点。当企业各部门达到一定规模的时候，就以某种方式把它拆开，分为比较小的、更容易管理的新分部。这样不但便于管理，更重要的是能够激发企业成员的责任感。因为组织规模小，而占主导地位的核心业务又只有一项，领导者才能真正了解它并负起责任来。

对于企业而言，没有简化的管理就会让企业陷入混乱。因此企业制度必须简洁、明了，使员工能够方便获得、理解一致、记忆深刻，进而转化为行动。但是，企业管理的简化并不是简单化，相反，简化是以精细化管理为前提而实施的简化管理。必须做好精细化管理，才能合理有效地使管理简化。

现代企业追求的是更高效益和更快速度，并能让企业做大做强做久。这种情况下，

简化管理就显得尤其必要,在实际操作中也能使企业的经营活动具有更高的效率。简化管理是一种管理方法,更是一种管理思想,也是一种企业文化,深刻理解并能在实践中广泛应用的企业也必能在市场竞争中立于不败之地。

(七)把任务落实到个人

把任务与人员结合起来,才能使目标落到实处,并提高整个组织的执行力。总的来说,把任务落实到个人有以下几个重要步骤:

1.仔细考虑任命的核心问题

任命之前,至少要先搞清楚任命的原因和目标,并物色出适合的人选。

比如,当领导者要挑选一个新的地区的营销人员时,首先应该弄清楚这项任命的核心:要录用并培训新的营销员,是因为现在的营销员都已接近退休年龄,还是因为公司虽然在固有行业一直干得不错,但是还没有渗透到正在发展的新市场,因而打算开辟新的市场。根据任命目标的不同,领导者需要寻找不同类型的人才。

2.初步设定一定数目的备选人才

这一步骤的关键是企业要有相当充足的人才储备以供挑选。正式的合格者是备选对象中的极少数,如果没有一定数目的备选对象,那选择的范围就小,确定适宜的人选难度就大。要做出有效的人员配置,领导者就至少应着眼于3~5名合格的候选人。

3.以寻找备选人的长处为出发点

备选人能做什么,他有哪些长处,是否与目标相切合是关键。核心的问题是:"每个人所拥有的长处是什么? 这些长处是否适合于这项任命?"短处是一种局限,它当然可以将备选人排除出去。例如,某人干技术工作可能是一把好手,但任命所需的人选首先必须具有建立团队的落实能力,如果这种能力正是他所缺乏的,那么他就不是合适的人选。德鲁克曾经对这两种用人思维方法进行了详细分析,他认为一种是只问人的长处而用之;一种是注意人的短处,用人求全。前者能使组织取得绩效,后者却只会使组织弱化。

如果领导者只能见人之短而不能见人之长,因而刻意于避其短而不着眼于用其长,那么这位领导者本身就是一位不注重落实的人。他会觉得他人的才干可能会构成对他本身的威胁。

4.把广泛的讨论作为选拔程序中一个正式的步骤

领导者的独自判断往往是毫无价值的。因为我们每个人都会有第一印象，有偏见，有亲疏好恶。因此我们需要倾听别人的看法。在许多成功的企业里，这种广泛的讨论都作为选拔程序中一个正式的步骤。能干的领导者则应该正式地从事这项工作。

5. 确保任命的人才了解职位

被任命的人在新的职位上工作了一段时间后，应将精力集中到职位的更高要求上。领导者有责任告诉他："你当地区营销员（或别的什么职务）已有 3 个月了。为了使自己在新的职位上取得成功，你必须做些什么呢？好好考虑一下吧，一个礼拜或 10 天后再来见我，并将你的计划、打算以书面形式交给我。"同时，还应指出他可能已做错了什么。

如果你身为领导者，却没有做这一步，那就不要埋怨你任命的人成绩不佳。应该责怪你自己，因为你自己没关注落实，没尽到一个领导者应尽的责任。

6. 根据员工的特性分配工作

公司之所以会出现不当的工作分配，一方面或许由于对员工的投资不对；另一方面则是因为组织中许多的工作分配都是以现有的空缺和员工是否能立刻称职为依据。像这种不考虑人员个别的特性，而随机分配的做法，往往会使工作缺乏效率。

一些公司的政策，甚至排除了正常分配应有的过程。例如，公司可能要求调职的员工，从他们现在所属部门的基层重新做起。工作分配的决定，可以由各部门领导者作自由选择，所以，基本上并不一定是组织上的问题。然而，随着传统的人事或团体在最终分配决定上所扮演的角色日趋重要，许多大公司中，分派工作已形成一个特殊的行政参谋机能。许多小公司，也正朝着这个方向渐渐改变。所以分配工作在本质上，应该是有组织性的。

公司经理分配给员工的工作，不能配合其能力的情形有很多。例如，缺乏专业知识、员工的健康或性情不能承担其工作、劳心与劳力者工作的错误配置等。此外，工作分配的错误，也包括了某些社会因素。例如，员工可能被派遣到外地工作而远离亲人，或许由于员工的离乡背井，而产生了家庭问题，使其不利。

如同领导者分配一批员工到新工作的情形一样，有时候，其他因素的重要性，甚至超过分派工作本身，所以领导者并不是总有足够的时间去实现分派的决定。例如，机械设备汰旧换新时，生产线上的空缺，就需要大量的员工去支援。在更新设备之前，将冒着低效率的风险。迅速地调职使员工没有充分的时间去学习，因而缺乏效率。但是，如果能提供员工足够的培训和相当的自由，那么就能减少大部分的调职冲突，而且对于提高工

轸念流民

作效率也会有很大帮助。

总之，"不患无策，只怕无心"。在实际工作中，之所以会出现一些重要决策没有很好地落实到位，导致方向不明、责任不清、落实不到位。因此，领导者要在任务细化分解的基础上，做到责任主体明确、进度要求明确、完成时限明确、考核追究明确，把任务落实到个人，使其各司其职、各负其责。

(八) 科学委派任务的技巧

要下属把工作落实到位，关键就是要掌握科学委派的技巧。松下幸之助说："不论是企业或团体的领导者，要使属下高高兴兴，自动自发地做事，我认为最重要的，要在用人和被用人之间，建立双向的，也就是精神与精神，心与心的契合、沟通。"他看到了领导者与下属沟通的重要性，因而在实际中身体力行，终于取得了成功。

一些领导者喜欢颐指气使，有事就大嗓门地命令下属去干。他们认为只有雷厉风行才能产生最佳效果，命令别人去干事的时候也不看人家的意见如何，反正一句话："做了再说！"一般来说这样的领导者个人能力较强，在下达命令之前大多是经过一番深思熟虑的。如果久而久之，下属对上司产生了信任，就会什么都不问，照他说的去做，渐渐失去了积极性和创造性，成为一件只会办事的机器。而有些下属呢，面对上司铺天盖地的命令，连问一句为什么的机会都没有，自己想不通当然就不愿去做了。不愿做的事要被迫去做自然也就很难做好了。

要委派下属工作任务，命令的方式是不可少的，但更多的时候，最好还是要掌握科学的技巧。我们只需仔细观察就会发现，有些公司的领导者并不一定会自然产生正确委派工作给别人的能力。事实上，许多公司的高级领导者常常都是非常拙劣的委派者。他们常常把工作分配给不适当的人去做，自然会落实不到位，结果当然也不会好。等到浪费了很多时间以后，他们便又卷起袖子亲自去做。这样一来，不仅浪费了时间和金钱，而且打击了下属的积极性。要知道，现代领导者的一个非常重要的职责就是要把工作分配给别人去做。怎样做到有效的分配呢？美国作家约翰·皮尔斯提出了有效委派系统的5个步骤。如果领导者能够认真地遵守这些步骤，就能大大提高自己的管理能力，改进部门的工作，提高企业的效率，把自己从具体事务活动中解放出来。

1.选定需要委派他人去做的工作

原则上来说,你可以把任何一件其他人可以处理的工作委派给他人去做。为了做到这一点,首先要对下属的能力有所了解,对工作和员工的评价是获得这种了解的途径。

2.认真考查要做的各种工作。并让员工也清楚地了解

确保自己了解这些工作的具体步骤、特殊性及复杂性。在自己还没有完全了解这些情况和工作的预期结果之前,不要轻易委派工作。另外,还要向处理这件工作的下属说明工作的性质和目标;要保证下属通过完成工作获得新的知识或经验。

3.工作委派之后,还要确定自己对工作的控制程度

如果一旦把工作委派出去,自己又无法控制和了解工作的进展情况,那就要亲自处理这件工作,而不要再把它委派出去了。领导者首先要了解工作和下属完成工作的速度。要通过这种形式掌握下属对他自己的工作究竟了解多深。如果发现有的下属对自己的工作了解很深,并且远远超出原来的预料,那么这些人就有可以担负重要工作任务的才能和智慧。其次要了解下属完成工作的速度。领导者一旦掌握了每个工作人员对其工作了解的程度和完成工作的速度等情况,就可以估计出每个人能够处理什么样的工作,也就可以回到委派工作的分析上来,决定把工作委派给可以达到目标要求的人。

4.切记不要把必须由你决定的工作委派出去

那些处于最优先地位并要求领导者马上亲自处理的特殊工作,例如,你的领导非常感兴趣和重视的某件具体工作,你最好亲自去做。另外,需要保密的工作也不要委派给别人去做。如果某项工作涉及只有你才应该了解的特殊信息,就不要委派出去。

5.当一件挑战性工作出现时,领导者应将它迅速委派给员工

选定了可以委派的工作后,就要选定能够胜任工作的人。领导者可以花几天时间让每个下属用书面形式写出他们对自己职责的评论。要求每位工作人员诚实、坦率地阐述自己喜欢做什么工作,还能做些什么新工作,然后,领导者可以召开一个会议,让每个下属介绍自己的看法,并请其他人给予评论。不过领导者要特别注意两个下属互相交叉的一些工作。如果某下属对另一下属有意见,表示强烈的反对或提出尖锐的批评,你就要花些时间与他们私下谈谈。

总之,领导者不能一个人大包大揽,必须把任务分派出去,让下属帮助完成。但有一点也要记住,那就是领导者要尽量避免把所有的工作都交给一个人去做的倾向。

(九)落实执行力关键在于责任到位

实际工作中,一些企业之所以会出现一些重大决策没有很好地落实到位,一些重要政策在落实过程中打了折扣,一些重大工程在实施过程中进展缓慢等现象,往往不是因为方向不明、道理不清、招数不对,而是由于责任划分不清。

一个家电制造有限责任公司曾经发生过这样一起"事故":3号车间有一台机器出了故障,经过技术人员的检查,发现原来是一个配套的螺丝钉掉了,怎么找也找不到,于是只好去重新买。

采购过程波折重重。先是发现市内好几家五金商店都没有那种螺丝钉,又发现就连市内几家著名的商场也没有。

几天时间很快就过去了,采购员还在寻寻觅觅地找那种螺丝钉,可是工厂却因为机器不能运转而停产。于是,公司的领导者不得不介入此事,认真打听事故的前因后果,并且想方设法地寻找修复的方法。

在这种"全民总动员"的情况下,技术科才想起拿出机器生产商的电话号码。打电话过去询问,得到的答案却是"你们那个城市就有我们的分公司啊。你联系那里看看,肯定有。"

联系后仅过了半个小时,那家分公司就派人送货来了。问题解决的时间就那么短,可是寻找哪里有螺丝钉,就用了一个星期,而这一个星期,公司已经损失了上百万元。

很快,工厂又恢复了正常的生产运营。在当月的总结大会上,采购科长特别提出了这件事情。他说:"从技术科提交采购申请,再经过各级审批,到最后采购员采购,这一切都没有错误,都符合公司要求,可是结果却造成这么重大的损失,问题竟然是因为技术科的工作人员没有写上机器生产商的联系方式,而其他各部门竟然也没有人问。之所以会出现这样的问题,是由于公司责任划分不清,才导致了需要负的责任没人负!"

可见,企业组织的岗位与岗位之间、员工与员工之间,都是责任与责任的关系,他们之间就犹如一台高速运转的机器中一个个相互啮合的齿轮,每一个齿轮的运转,都对整个机器的运转担负着重要的作用。很可能一个齿轮的缺失,将导致整个机器停止运行;小螺钉缺失,产生机器运营的缓慢和危险。责任不落实到位,一点点小问题就可能酿成大祸,使企业蒙受巨大的损失!

最宝贵的精神是落实的精神,而最关键的落实是责任的落实! 落实任务,先要将责任落实到位,因为责任不清则无人负责,无人负责则无人落实,无人落实则无功而返。责任落实是否到位,是抓好工作落实的重要保证。

只有责任落实到位,才是落实任务、对结果产生作用的真正力量。只有将责任落实到位,我们的单位和企业才能更加欣欣向荣;只有将责任落实到位,战略才能隆隆推进,崭新的未来才能扑面而来;只有将责任落实到位,个人的潜力才能得到无限的开发,个人才能一步步走向成功。

(十) 落实贵在坚持到底

我们在公司时常会遇到这样的情况:上班第一天,公司召开全体员工动员大会,老板在会上苦口婆心地说:"各位同仁,去年销售业绩下滑 6 个百分点,如果今年不迎头赶上,那就……咱们得像刘翔一样奔跑。"

每当这时,不少员工就会在下面窃窃私语"谁都知道,百米冲刺的速度只能玩上十几秒,要玩 365 天,谁受得了?"

而在另外一家企业,一位一向以严著称的老板态度却截然相反。他说:"我为什么对员工要求那么严格,就是因为气可鼓不可泄,管人就得像拧螺丝钉一样,一圈一圈地往里拧,千万不能松了。"

工作是一种漫长而又艰辛的事情,它充满了变数,任谁也不能预知未来工作中会出现什么问题。我们所要做的,并不是像刘翔那样在缺氧的状况下奔跑,而是要做好计划,知道何处应该跑起来,何处又应该放慢脚步。

举个简单的例子:在长跑的时候,最终获得胜利的那些人是开始的几圈就拼尽全力,还是保持自己的速度一直跑到终点的呢? 显然是后者。因为,他们懂得坚持才是最重要的,而不是一口吃个胖子。

工作的过程有时候很像骡子推磨。每天都重复着同样的动作,枯燥而又繁重。聪明的主人会在骡子面前吊一把青草,骡子想吃到那把青草,便不得不一圈又一圈地走着。职场中的人们最重要的事情并不是你某个时候能跑得快,而是面对繁重的工作,能够像骡子一样一步一步地坚持走下去。

如果让一匹马来推磨,它确实可以飞奔,但是想象一下,它在疯狂地跑完了几圈之

《华尔街日报》对通用公司前首席执行官杰克·韦尔奇有这样一句评价："韦尔奇可以花一天时间参观一家工厂，跳上一架飞机，小睡几个钟头，然后再重新开始工作；在这段时间里，他也许会停在爱达荷，或者在某个风景优美的地方滑雪。"

韦尔奇认为，成功并不是跑得快或是工作更努力。每一个人都可以一天工作16个小时甚至更长的时间，但是为了工作置健康和家庭于不顾的人，还能算得上是成功吗？这份工作还能坚持下去吗？

韦尔奇用他自身的经历告诉我们：成功的道路，没有捷径。只有坚持，你才能成为下一个收获成功的人。

以营销为例。如果领导者在推销时仅仅跑了两三趟，就因客户的拒绝而悲观、失望，消极地认为"算了，别去了"的话，那你根本就没有机会获得成功。

美国一家兵工厂曾经进行过一次很有意思的实验：实验者在兵工厂的大梁上绑了一条粗大的钢索，使其垂直固定在地面上，然后在离钢索一米处用一根很细的尼龙绳垂直地绑了一个软木塞，他们用软木塞很有规律地反复撞击这根粗大的钢索。

软木塞不断地撞击着钢索，时间一分一分过去了，大家耐心地等着，第29分钟、30分钟，钢索竟然颤抖了两下，然后又静止了，接着又开始不规则地颤动。40分钟后，钢索开始随着软木塞有韵律地摆动起来。

这时，实验者们终于露出了满意的笑容。他们取下软木塞，看到了令人惊讶的一幕：铜索依然不停地反复摆动，历久不绝。

我们从这个实验中可以得出一个结论：成功是属于按自己的意志和步调坚持走下去的人。就像那个软木塞一样，如果它一开始就认为钢索那么粗，撞击它根本没用，那么它就会被自己打垮。所以，软木塞的成功归于"按自己的意志和步调，坚持下去"的耐心，它每一次撞击都在改变对方，一次又一次地积累，一次又一次地储蓄力量，终于改变了对方。

每个人都有自己的优势，尽管可能并不明显，但那又怎样？

也许，一次的落实结果并不理想，甚至被碰得头破血流。但这正是积蓄能力的时候。聪明的人会选择不屈不挠，继续战斗；普通的人选择退缩和保守。所以，坚持本身即是落实能力的一部分。

其实，落实跟其他的过程一样，都是充满挑战的。没有耐性的人在面对挫折时会选择逃避,因为他不知道挫折之后就是成功。

阿里巴巴总裁马云曾说:"我不知道该怎么样定义成功,但我知道怎么样定义失败。那就是放弃,如果你放弃了,你就失败了;如果你有梦想,你不放弃,你永远有希望和机会。""坚持到底就是胜利,如果所有的网络公司都要死的话,我们希望我们是最后一个死的。"

在麦当劳总部的办公室里悬挂着克洛克的座右铭——在世界上,毅力是无可替代的……只有毅力和决心才是无所不能的。

积沙成塔,集腋成裘。生命不是百米赛跑,不是靠冲刺就能一夕成功,它就像野地里的百合花不会提前绽放。如果你能深谋远虑,从容不迫.气定神闲,坚持到底,那就没有什么是不能成功落实的。

(十一) 执行的过程要重视细节

落实在于细节,落实的成效在于对细节的关注。这样说起来也许有些笼统,我们以上海地铁为例,来看看细节的差别对于落实的影响。

上海地铁一号线是德国人设计的,二号线是我们中国人自己设计的。从表面看来,两条地铁几乎没有什么差别。但是投入运营后,却出现了二号线亏损,一号线赢利的现状。仔细一比较,才发现原来是因为我们忽略了几个小事情:

(1)进出站口的三级台阶。一号线每一个室外进出口都比地面高,有三级台阶。下雨时可以阻挡雨水倒灌,从而减轻地铁防洪压力;而二号线没有这三级台阶,一下雨就要防洪,浪费了大量人力物力。

(2)进出站口的一个转弯。一号线每一个室外进出口都设有一个转弯,这大大减少了站台和外面的热量交换,从而减轻了空调压力,节省了电费;而二号线从外面到里面都是直的通道,没有转弯,热量直接进入地铁,导致电费居高不下。

(3)站台外的装饰线。一号线在安全距离处用黑色大理石嵌了一道边,里外地砖颜色不同,给乘客较强的心理暗示。乘客总能很自觉地站在安全线以外;而二号线的地砖颜色都一样,乘客稍不注意就会过于靠近轨道,很不安全,公司不得不安排专人在站口提醒乘客注意安全。

(4)站台宽度。一号线站台比较宽,上下车比较方便。二号线站台较窄,一到客流高峰时就会拥挤不堪,也使乘客在车厢里看不清楚外面的站牌,特别容易坐过站。结果不得不用不同的颜色重新装饰站台的柱子,方便乘客辨认。代价是损失了在柱子上的广告收入。

虽然这四点都是很小的事情,但对最终的结果却产生了很大的影响。

一个地铁就有如此多的细节需要掌握,那么落实到一项耗资更高的建设工程,落实一项苦心论证的项目方案,落实一个规定呢?又有多少细节需要掌握,又有多少人真正努力去研究和思考这些细节呢?

贝聿铭是一位著名的华裔建筑师,他认为自己设计最失败的一件作品是北京香山宾馆。因为他在这座宾馆建成后一直没有去督促过。

实际上,在香山宾馆的建筑设计中,贝聿铭对宾馆里里外外每条水流的流向、水流大小、弯曲程度都有精确的规划,对每块石头的重量、体积的选择以及什么样的石头叠放在何处最合适等等都有周详的安排,对宾馆中不同类型鲜花的数量、摆放位置,随季节、天气变化需要调整不同颜色的鲜花等等都有明确的说明,可谓匠心独具。

但是工人们在建筑施工的时候却对这些"细节"毫不在乎,根本没有意识到正是这些"细节"方能体现出建筑大师的独到之处,随意"创新",改变水流的线路和大小,搬运石头时不分轻重,在不经意中"调整"了石头的重量甚至形状,石头的摆放位置也是随随便便。看到自己的精心设计被无端演化成这个样子,难怪贝聿铭要痛心疾首了。

因此,香山宾馆建筑的失败不能归咎于贝聿铭,而在于落实中对细节的忽视。

一个计划的成败不仅仅取决于设计,更在于落实。如果落实得不好,那么再好的设计,也只能是纸上蓝图。唯有落实得好,才能完美地体现设计的精妙,而落实过程中最重要的在于细节。

中国人绝不缺乏聪明才智,也绝不缺少雄韬伟略的战略家,缺少的是精益求精的落实者;绝不缺少各类规章、管理制度,缺少的是对规章制度不折不扣地落实。好的战略只有落实到每个细节上,才能发挥作用,也就是前面所说的"各适其位"。

海尔、联想为什么可以成为中国传统产业和科技产业的领头羊,就是因为他们的领导者、员工对公司的战略落实到位。

如果我们每个人能把自己岗位上的事情做细、做到位,那么企业也就能不断发展了。

(十二) 执行力也是一种文化

很多领导者都有这样的苦恼：为什么一件简简单单的事情交代下去之后在实施的过程中就变味了，而且往往与预想的结果偏差很大？很多人简单地把发生这种事情的原因归结为执行者的执行力不足。而事实又是如何呢？不妨先看一个例子。

主管让小张去买两本笔记本，小张匆匆买了回来，主管却说要厚点的，小张买了厚的回来，主管又说要硬面的，于是小张来回跑了5趟终于买到主管想要的笔记本，主管却对满头大汗的小张说："你执行力真差。"大家看了可能会对此一笑，怎么会有这样的事情发生呢？然而这却是在不少企业中时常发生的现象。

小张买笔记本的例子，有人会说难道小张不会问清楚吗？要什么样子的，多少纸张的，什么颜色的，软面硬面的……是呀，小张可以问，但他为什么没有问呢？也许有人会说那个主管难道不会交代清楚吗？对，他可以交代清楚，但他却没有做，为什么呢？这体现了企业内部执行文化的一种缺失。

要想改变企业内部这种执行文化缺失的现象，可以从以下三个方面着重培养：

1.从文化的核心层面构建执行力文化

（1）领导者要提炼出有利于提高企业执行力的企业核心价值观，没有核心文化就谈不上企业精神，没有企业精神，就不可能有企业凝聚力。核心价值观提炼要简短有力，富有鼓动性。而且要成为企业员工都认知、认同的理念。

（2）基于这样的理念，领导者还必须将其拓展为企业各个层面的理想和方法。这样才能使企业文化理念体系完整起来。

（3）企业理念不能停留在口头上，要得到员工的认同。必须在企业的各个沟通渠道进行宣传和阐释。要让员工深刻理解公司的文化是什么，怎么做才符合公司的文化。

2.从文化的制度层面入手构建执行力文化

构建执行力文化，需要企业建立起相对完善的制度支持系统，比如企业的各项有效管理制度的有效支持系统等。很多企业执行力匮乏的原因主要有以下三点：

（1）有效制度建设相对落后，没有制度支持的执行，只能靠执行主体的主观能动性。无法保证不出现偏差。

（2）一些虽有完善的有效管理制度，但制度仅仅是束之高阁的摆设，没有有效得到落实。这是一种执行意识的问题。

（3）一些企业的制度建设存在众多不合理的地方,将制度建设与实际工作本末倒置,工作围绕制度去做,而不是制度服务和规范工作。因此企业的领导者不仅要强化员工的执行意识,还要建立配套的管理制度。

3.从营造氛围层面入手构建执行力文化

良好的执行力文化的形成需要长期熏陶和潜移默化。氛围的强弱,与培育人才的好坏成正相关的关系。企业员工进入企业组织,参与企业组织的各种活动,受到外界环境的强烈影响,就会自然产生归属和依附。营造适合企业组织要求的执行力文化,必须从两个方面努力。

（1）领导垂范。领导者的行为是企业行为的标杆。领导者自身行为的方式,以及对企业内部行为的态度为广大员工所关注。企业领导者的行为是形成企业执行力文化的根本。在实际工作中,企业领导者自觉增强的执行意识、改变执行方式,积极影响着企业员工。

（2）情景干预。企业执行力文化的理念都有一定的物质表现,比如口号、标识等。在员工生活的空间和时间范围内,要设置各种标语牌,组织各种主题活动,使员工时刻处于执行力文化的熏陶之下,并有意识进行强化。

4.从创新激励机制层面入手构建执行力文化

科学合理的激励制度和完善的福利项目,对员工有着最直接的作用,打造企业的执行力,营造企业执行力文化,必须依靠物质手段来实现和促进。

（1）领导者要用企业执行力价值观引导员工。要引导员工认识到自己的发展期望与组织目标一致,认识到良好的执行能力既是促进企业发展的关键,也是发展自己职业生涯的要求,从而对贯彻执行力有高度的认同,对企业合作群体有强烈的归属感。

（2）领导者要用企业执行力标准和要求灌输员工。对执行效率和执行结果的考评,必须成为员工能力测评的重要方面。要将规章制度纳入企业培训之中。将企业活动的程序方法和行为边界传达给员工,使员工清楚如何正确有效地做、如何做得正确有效,从而形成执行意识和规范。

只有领导者懂得了执行力的构成和提升的方式,并在工作实践中严格运用,将其向着一种文化的方向去打造,领导者才能逐渐摆脱因执行力不足而带来的烦恼。当执行力的观念渗透到每个员工内心深处时,就会爆发出企业文化独有的能力,不但可以减少工

作中的损耗，更能够影响后来者，让其迅速融入这种文化中来，这也是企业文化所具有的独特魅力。

（十三）不要让工作流于口号

一个企业，再响亮的口号如果不付之行动，就都只是一个梦。比尔·盖茨说："做梦的价值为零，我的意思是说谁都可以做梦。"有梦固然是好事，但是如果仅仅停留在梦的层次上，那这样的美梦就毫无价值。梦想就像是一颗幸福的种子，不播种何谈收获。

有两个追求幸福梦想的穷苦青年结伴而行，经过长期的艰难跋涉，终于看到了幸福的使者。使者赞美他们有一颗善良、上进的心，于是给他俩各发了一颗幸福的种子。其中一个青年回去后，就把种子撒在自己的土地里，每天辛勤地浇灌，不久，他的土地里就长出了一棵树苗，第二年树苗枝繁叶茂，果实挂满枝头。他依然用心浇灌，日积月累，渐渐地，一棵树变成了两棵树，两棵树变成了三棵树……后来，他拥有了一大片果园，成了远近闻名的富翁。他娶了一位美丽而贤惠的妻子，儿女成群，过上了幸福生活。

而另一青年回去后在家设了一个神坛，将幸福的种子供奉在上面，每天虔诚地祈祷。日子一天一天过去了，一年又一年，他的头发也由黑变白了，而他却依然一贫如洗。他十分生气，于是又跋山涉水找到幸福使者，向他抱怨。幸福使者笑而不答，只让他到另一个青年家看看。当他看到大片的果园时，才幡然醒悟，匆匆回去将种子埋到土里，但是幸福的种子已经烂了，失去了生命力。

所有的胜利者都是实事求是的理想实践家，他们不把理想流于口号，坚持"现在就行动"。因为他们知道，只有梦想，却没有实际行动，是不可能有什么结果的。梦想就像是一颗幸福的种子，如果像第一个青年那样，现在就开始播种，那么未来一定会有丰硕的成果。但是如果像第二个青年那样，那熬到老也依然会穷困潦倒，到那时就算后悔也为时已晚。

要从现在开始，不要让梦想只停留在喊口号的阶段。列宁说："一打口号，不如一个行动。"只要及时行动，就永远都不会晚。当希腊文化开始进入罗马帝国的时候，罗马政治家柯图虽然已经年近80岁，但还决心学习希腊文。法国著名风景画家柯乐在70岁时还说："上帝让我再活10年，我想我会学画画。"加拿大前最高法院院长威廉爵士在90岁高龄时告诉人们："时间的群山那一边，还藏着许多最好的东西，等待我去学习。"行动出真知，所有成功的人都是不停驻于喊口号的人。

对于一个企业,是否将口号转化为行动,是决定企业能否实现持久发展战略目标的关键。然而,更多的企业领导者都是停留在"口号"上,却没有落实到"行动"中。领导者应该知道,有了梦想,就有了目标,也就是有了口号,关键就在于你是否能把它变为现实。

我们每个人都有做梦的权利,更有做美梦的权利,而大多数的人仅仅是口头上享受了一下梦的美好。相反,成功的领导者,他们就是将美梦从口号转化为现实的高手,他们通过自己的实际行动,将美梦从一个空洞的语言转化为真实的成果。

作为一名成功的领导者,要想把口号变为现实,就要从现在开始学会目标管理。目标不明确,行动无从谈起。如果领导者已经有了一个"口号",那不妨开动脑筋去从各个角度周密地考虑它,制定出一个可实行的方案,然后坚决地去执行,那么这个口号就一定不仅仅是一个口号了。

"千里之行,始于足下;九层之台,起于垒土。"作为一名领导者,如果只会大喊口号,工作时却一拖再拖,随随便便;虽然一心想成就惊天伟业,却不肯把口号付诸行动;虽然时刻想着要成为一流的领导者,日常工作却做得一塌糊涂。那么,再响亮的口号也只能是基于幻想的空谈。

领导者应该有梦想,应该喊口号,但是如果只让工作流于口号,那么,这样的口号是毫无价值可言的。有的领导者口号喊得特别响亮,但是一到行动的时候就发现困难重重,最终往往导致行动终止。接着,他又想出另一个决策,喊出另一个口号,然后继续遭受"滑铁卢",继续"流产",最终陷入一个空想的怪圈,不能自拔。这样的企业必定只能止步不前,甚至关门大吉,而这样的领导者,自然也就不能带领员工创造辉煌,最终只能是一个空想主义者,甚至从领导者的位子跌下来。

从现在开始,不把工作流于口号,要遵循几点原则:

(1)口号内容要清晰明了。领导者做出的决策、提出的口号,必须让员工明白需要进行的工作、要达到的目标,才能更有效率。

(2)有了口号就要落实工作,所以一定要分工细致,责权分明,安排好执行者,这样才能收到好的成效。

(3)领导者不能仅仅提个口号交给员工就算万事大吉了,领导者一定要勇于承担责任,敢于放手让员工执行,只要员工没有违反要求,一切责任都要由你来承担。只有这样,员工才能无所顾忌、最大限度地完成工作。

只有在动手实行的口号,才是真正能够落到实处的口号。一个企业的生存,不能靠空泛的口号来维持,也不能在没有任何口号的情况下盲目动手,要理论结合实际,把口号切实地落到实处,才能使企业获益。

企业领导者在实际工作中,要避免工作流于口号,就要保持清醒的头脑,让口号落于实地,才能确切而又实在地影响工作的结果,实现从口号到行动的转变。

(十四)执行问题没有商量的余地

没有哪一个领导者不希望自己的企业永葆青春,充满激情。我们不妨回首历史,看看一些有名的企业,是如何做到这一点的。通用电气在一百多年前曾和十几家公司一起作为道琼斯指数股。然而一百多年后的今天,那十几家公司中只有通用电气仍然是道琼斯指数股,这是为何?通用电气能够基业长青的原因有很多,但无疑,卓越的企业执行力在其中起到了举足轻重的作用。

通用电气执行的有力推动者之一就是韦尔奇。韦尔奇有过一个著名的领导者4E公式:有很强的精力;能够激励别人实现共同目标;有决断力,能够对是与非的问题做出坚决的回答和处理;最后,能坚持不懈地实施并实现他们的承诺,也就是执行。

在韦尔奇的畅销书《赢》中有这样几段话:

其他3个"E"我们总是能轻易地明白,第四个"E"也好像是水到渠成,但是好些年以来,其实我们在通用电气只关注到了前3个"E"。很多人以为,能具有前3个"E"的品质的人就已经相当好了。也因此,我们选拔出了很多,有数百名员工,并把他们归结为前3个类型。然后,很多人走上了管理岗位。

想想那个时候,我经常去参加一些业务会议和一些管理论坛,同行的还有通用电气负责人力资源管理的老板比尔·康纳狄。在评议会上,我们经常会查看一些领导者的资料,那上面有每一位经理人的照片,他的老板所做的业绩评定,另外,每个人的名字上都画有3个圈,分别代表上面的一个"E"。这些圆圈会被涂上一定面积的颜色,以代表该员工在相应的指标上所展示出来的实力。例如,有的人在"活力"上面可能得到半个圈,在"激励"上面得了一个圈,在"决断力"上面得到1/4个圈。

在对上面这些人进行考察之后,我们从中西部地区乘坐飞机出发,飞回总部。比尔一页页翻看那些厚厚的"很有潜力"的员工的资料,发现它们大都有3个被涂满的圆圈。于是,比尔转向我:"你知道,杰克,他们都是这样的出色,但我能肯定,我们肯定遗漏了某些重要的指标。"他说,"实际上,通过调查,他们中的一些人的成绩却很是不好。"被我们遗漏的东西正是执行力。

结果显而易见。你能拥有奋斗的激情,懂得如何去感染每一个人,能够不断地进步,有出色的分析能力,还能够做出坚决的判断,但你可能依旧不能跨越终点。执行力是一种专门的、独特的技能,它意味着你要明白如何去做,要有决然的毅力去付诸行动,而且不能退步。在这其中,你可能要受到很多的非议,阻力,迷茫,模糊,甚至是上级的阻挠。有执行力的人非常明白,"赢"才是结果。

这就是韦尔奇,一个从通用电气最基层的普通员工,一步步走到通用电气的首席执行官的韦尔奇!他完美地展示自己特立独行却又行之有效的管理理论,打破通用电气这个多元帝国的官僚主义,以强硬作风、追求卓越的理念推动通用电气业务重组,构筑"数一数二和三环"战略(核心、技术、服务),实现通用电气公司"六西格玛管理、全球化、E化、听证会"的四大创举。

韦尔奇曾经立下宏志,向所有通用电气的员工发出了号召:他要用自己的管理方式,让通用电气成为"世界上最有竞争力的公司"的战略目标,并以此作为人生的准则:

直截了当:明确、坦诚地传达需要完成的任务。

不出人意料:始终如一;不要隐瞒重要问题。

用事实说话:应该提供做出战略选择的依据,包括数据。

信守诺言:要言行一致,否则将失去信任。

从韦尔奇的故事,以及他向员工传达的指导思想中我们完全有理由相信:优秀的"执行力"对于成就通用电气可谓是居功至伟!

正是这种对执行的执着成为韦尔奇出任首席执行官后一切改革的原动力。他历经旧体制的层层曲折,深知哪里是最阴暗的深处,哪里有无所事事的敷衍,哪里是最殷切的盼望,所以,执行之时,绝不手软,毫无商量的余地。为此,他曾有"中子弹杰克""美国最强硬的老板"之称。

任何一个企业,想要成功,领导者就必须亲自参与到企业中,从中汲取失败的教训,总结出合适的理论,并坚决地落实决策到企业的具体行动中。

一个公司的效率不在它的大楼,也不在它的人员,更不在它的会议,而在它的贯彻力度。正如我们常说的,"光说不练假把式",领导者如果不能坚决果断地执行所有正确的决策,就不可能获得期待的成功。

烛送詞臣

蘇軾

太皇太后

宋哲宗

烛送词臣

烛送词臣①

【历史背景】

神宗时，苏轼因受小人排挤诬陷，一直被贬谪在外。哲宗登基后，才录取他做翰林学士。宋朝翰林院设在宫中，每夜都有学士轮流当班，以备不时顾问。一天晚上，正好是苏轼当班，哲宗的祖母太皇太后与哲宗一起宣苏轼入见。太皇太后问苏轼："你如今做什么官呀？"苏轼对太皇太后说："罪臣待罪翰林学士……"

那个时候，人君接见臣下，问答从容，礼数款洽，和蔼亲热得像家里的父子一样，因此做臣子的感激主恩，不觉悲泣。这是何等令人感动的景象。

【原文】

宋史纪：苏轼②为翰林学士③，尝宿禁中，召见便殿，太皇太后④问曰："卿今何官？"对曰："待罪翰林。"曰："何以遽至此？"对曰："遭遇太皇太后皇帝陛下。"曰："非也，此先帝意也。先帝每诵卿文章，必叹曰：'奇才奇才。'但未及进用卿耳。"轼不觉哭失声，太皇太后与帝亦泣，左右皆感泣。已而命坐赐茶，撤御前金莲烛送归院。

【张居正解】

宋史上记，苏轼在神宗时，被小人排抑，一向贬谪在外，至哲宗⑤登极，才取他做翰林学士。宋朝翰林院设在禁中，每夜有学士一员轮流直宿，以备不时顾问。有一夜遇苏轼该直，哲宗的祖母太皇太后与哲宗同御便殿宣苏轼入见，太皇太后问苏轼，卿如今做什么官，苏轼对说待罪翰林学士，谓之待罪者，说他不称此官，惟待罪责而已，谦词也。太皇太后又问，学士是美官，卿一向流落江湖，怎能勾到此地位。苏轼乃归恩于上，说道：臣幸遭遇太皇太后及皇帝陛下见知，故得到此耳。太皇太后说，非我用卿，乃先帝神宗意也，先帝每读卿的奏疏文章,必赞美说,奇才奇才,不久先帝遂晏驾,故未及用卿耳。今我用卿为此官,实承先帝之意也。苏轼因此追感先帝知遇,不觉痛哭失声。太皇太后与哲宗也相向而泣。那时左右内臣,也都感伤流涕,太皇太后赐苏轼坐,又赐他茶吃,将退时,撤御前的金莲烛送他归院。看那时人君接见臣下,问答从容,礼数款洽,蔼然如家人父子一般,所以为臣的感激主恩,不觉悲泣。君臣间是何等景象,史称宋家以忠厚立国,又言其竟得尊贤敬士之报,岂不信矣。

【注释】

①此篇出自《宋史·苏轼传》,记述宋哲宗重用苏轼的故事。

②苏轼(1037~1101):宋代文学家,眉州眉山(今属四川)人,字子瞻,号东坡居士。曾任开封府推官,因上言王安石新法不便,下狱,出为黄州团练副使。哲宗即位后,起为起居舍人,翰林学士。

③翰林学士:即翰林侍读学士、翰林侍讲学士,为皇帝进读书史、讲释经义,备顾问。

④太皇太后:即宋英宗高皇后(1032~1093),宋亳州蒙城(今安徽)人,生神宗,神宗即位后尊为皇太后,哲宗立,尊为太皇太后。哲宗时年八岁,由太皇太后垂帘听政。

⑤哲宗:赵煦(1077~1100),宋神宗子,1086~1100年在位。初即位时由祖母太皇太后听政,起用旧党,罢黜新法,称"元祐更化"。元祐八年(1093)太皇太后死,哲宗开始亲政,复起用新党。

【译文】

宋代史书上记载,苏轼任翰林学士时,一天在宫内值夜班,被召见于便殿,太皇太后问他:"你今任何官?"回答说:"待罪翰林。"又问:"何以很快能任此官?"回答说:"受到太皇太后和皇帝的恩遇。"太皇太后说:"不是的,这是先帝的意思。先帝每次读到你的文章,必感叹地说,奇才奇才,还没来得及提拔和任用你罢了。"苏轼不觉失声哭泣,太皇太后和皇帝也哭了。皇帝左右侍候的人也都感动得流了泪。随即命他坐下并赐茶吃,后取下皇帝前面用的金莲蜡烛送苏轼回翰林院。

烛送词臣

【评议】

这段文字以苏轼被起用,叙述君臣之间的关系应该像父子家人那样,推心置腹,互相信任,才能把国家治理好。话虽如此,但实际上很难办到,因为君主与臣下是统治与服从的关系,封建官僚之间是权利争夺的关系,只有在利害关系完全一致的情况下,才可能有信任可谈。然而这种情况是很少有的,只是一种偶然的机遇而已。苏轼在宋神宗时因反对王安石变法被贬,神宗死后哲宗即位,太皇太后听政,起用旧党,苏轼被起用,他才感觉到皇帝对自己有知遇之恩,才有这次推心置腹的谈话。但好景不长,太皇太后死后,哲宗复用新党,苏轼再次被贬。因此可见,在封建专制时代,君臣之间哪有什么信任可言!尽管如此,于封建帝王来说,仍希望有这样的君臣关系产生,因为这样有利于使臣下忠心耿耿为自己服务,家天下的统治能得以长治久安。

【镜鉴】

舍与得的激励课:成全别人想要的才能得到自己想要的

进行有效激励,需要我们对人性有更为透彻的认识。认识到认可的重要,才会大方给予言辞的赞美;认可物质的作用,才会把它作为基本的激励手段;认识到精神的重要,才会在注重物质的同时,也不忽略精神激励的有效作用;最终将所有方式有效融合,灵活发挥,才能保证激励效用的充分发挥。一个充满活力的团队,必然创造出卓越的业绩。

(一)善用赞美,成本最低却是最有效的激励手段

美国有位哲学家曾经说过:"人类天性中都有做个重要人物的欲望。"这是人类与生俱来的本能,每个人都有渴望被人称赞的意愿。可以说,能否获得称赞,以及获得称赞的程度,从某种意义上说,已经成为衡量一个人社会价值的标尺,人人都渴望在他人的称赞中实现自己的价值。

作为领导者,必须要了解下属的这一心理需求,更应该适时地舍弃苛求的标准,不要吝啬给下属"戴高帽",对于下属在团体中所取得的成绩,一定要舍得给予肯定和表扬。

要知道,激励从古至今都是领导者最有效的管理法宝。

古时候,每逢遇到战乱需要平反之时,皇帝便会派将军出征,而在出征之前也往往会摆下宴席,预祝将军能够旗开得胜。宴会上,皇帝往往会当着众人的面夸奖将军一番,比如"将军英勇过人,定能战无不胜""此战将军定能以一敌百""江山社稷和天下百姓的安危,全看将军了"之类的溢美之词,其目的就是想要振奋军队气势,提升将领信心。

作为一国之君的皇帝,之所以能够舍得面子屈尊赞美臣下,是因为他知道这几句无关痛痒的赞美对他的江山稳固大有好处。同样,身为现代领导者,更应该明白给予下属赞美能得到好处的道理。

曾经有位非常精明的经理人坦言,他非常喜欢思考怎样才能使赞扬人的话起到跟发钱给下属一样的作用。他说:"我不可能按照他们所希望的那样付给他们很多的钱,所以,我要把赞扬当钱使。无论任何时候,无论遇到谁,我都告诉他说:'你干得很不错,加油啊!'立刻,这话就像100元奖金似的令他感到兴奋。是的,他们不可能用赞扬去买到什么好东西。但是,他们会把它藏在心里的。而且,他们对我和我们公司的感觉会更好。"这种对赞扬的评价是十分有说服力的:当你的钱已经不足以笼络住手下那些人才时,赞扬可以帮助你把他们笼络住。

美国玛丽·凯化妆品公司的创办人玛丽·凯有一套出众的领导技巧。在下属眼里,她绝对称得上是位大方、舍得付出的领导,也是一位人性化、值得追随的领导。

因为她会把粉红色凯迪拉克豪华轿车、皮大衣、钻石和许多珍贵的物品送给业绩最好的推销员,更舍得在员工取得成绩时,亲自给优秀下属一些言辞上的鼓励,让他们走上公司的"舞台"接受大家的"瞩目"和掌声。当公司获得好的发展时,她总是把赞美送给员工,让他们感觉自己的付出很值得,领导很关注自己,对自己充满了信任和感激。

玛丽·凯认为,最强有力的一种肯定方式,是不需要花钱的,那就是赞美。玛丽·凯明白,没有比赞美和肯定更能使人反应强烈的东西了。因此,只要成功,哪怕是一点小成就,玛丽·凯也会不遗余力地大加赞美。

无独有偶。美国的一位企业家也是最能使用赞扬手段激励员工的人。在这位企业家看来,称赞别人已成为一种功能超常的发动机。当这位企业家就任造船厂厂长的时候,所有人都被他调动起了巨大的热情,从经理到工人,他都很大方地给予嘉奖,称赞工作人员的工作技巧,使受奖的人都觉得这比金钱奖赏更为可贵。

这家造船厂承造的军舰要在27天内完工,造船厂里所有的纪录都被打破了。领导者召集造舰的全体工作人员发布一篇庆功的演说词,并且赠给每人一枚银质奖章和威尔逊总统的一封信。最后他转向负责监造者,从自己的袋子里掏出一支金表,亲手递给他,作为一个小小的纪念。

别小看了赞扬的力量,舍得将它送给下属,即使是三言两句,也会在他精神上产生神奇的效应,让下属心情愉快,神经兴奋。而且,在给予下属赞扬的过程中,双方的感情和友谊也会在不知不觉中得到增进,而且会调动其继续努力的积极性。

著名导演张艺谋在重拍镜头时,从来不会摆架子对工作人员吆五喝六,而是先称赞所有人:"嗯,好极了,现在我们来个稍微夸张的演出。"经他这么一说,没有人会表示反对,自然地就接受导演的指挥。

因此,舍弃粗鲁的言语和呵斥,以温言轻语来褒奖他人,往往会让对方产生接纳的态度。况且,每个员工也都需要得到领导的赞赏,需要得到别人、包括陌生人的尊重;需要别人知道自己的价值,自己的优点;也希望能在家庭或工作单位里,感受到那么一种不可或缺的信任。这是一切交往、一切谈话的基本出发点,也是古人所谓"行止于礼"的含义所在。

《庄子·人世间》中说道:"夫两喜必多溢美之言,两怒必多溢恶之言。"意思是说,要传达一种双方都喜欢的信息,就要多说些赞美的话,哪怕是过分的赞美;要传达双方都发怒的信息,就多说些恶言恶语。难道这个世界上还有谁无缘无故喜欢让大家都发怒吗?大家都高兴就是一种生产力,它能决定人与人之间的关系,能生产出你想要的东西,所以无论何时都不要吝啬你的赞美。

说一句表扬的话,真有那么难吗?试着当着员工的面用一百句话称赞他的优点,看看你是否会损失一分一毫?结果当然是不会!不仅不会,还会得到下属的笑脸和忠诚。所以,别再吝啬你的赞赏了,有舍必有得,它可以不用花费一分钱的代价换来最大的好处。

(二)大胆给予物质激励,相信重赏之下必有勇夫

黄石公《黄石公三略》中写道:"香饵之下,必有悬鱼,重赏之下,必有死士。"意思是在香饵诱惑下,必有鱼儿自愿上钩,在丰厚的物质赏赐之下,一定会有勇敢的人接受任务。这虽然与传统文化中所倡导的"不为五斗米折腰"的高尚情操相背离,但却揭示出现实生活中的客观现实。

美国著名社会心理学家马斯洛提出人的需求理论,将人的需求划分为生理需求、安全需求、归属与爱的需求、尊重需求和自我实现需要 5 个类别,并按由低到高的顺序排列。在所有的需求当中,首先必须解决穿衣吃饭的问题,人才能去寻求其他需求的满足。物质的考量成为人第一考虑要素。

在管理当中,必须从这一层面去认识激励对员工的有效作用,在有效的激励之下,下属的工作热情得到了极大激发,展现出更为卓越的能力与拼搏精神,正是在这种状态之中,取得业绩上的突破,对企业也形成最大的促进。

我们不仅应激励员工,还应该寻找更多、更为有效的激励手段,以求能最大限度地激发出员工身上的潜能,同时这也是自身管理职责最大限度地发挥,是自己管理才能最强程度的展示。

曾国藩是一个不爱钱财的人,他在用人选将从来不会考虑为名利而来的人。可是,在用兵上,曾国藩却主张以"利"来获得军心,以厚赏来换得兵将之勇。

曾国藩坚持实行厚饷养兵的统军方式,并因此得到了一支勇猛无比的军队,太平天国运动兴起后,清朝正规军无法抵御,最终不得不依靠湘军的力量,对起义运动进行镇压,对于维护清朝统治起到了重要的作用。

清朝初年,绿营步兵月饷银一两五钱,守兵月饷一两,马兵月饷二两,仅勉强可以维持生计。曾国藩认为,兵饷太低是绿营兵腐败、战斗力下降的一个主要原因。为此,他制定了湘军官兵俸饷制度,营官每月为二百两,分统、统领带兵三千人以上者每月为三百九十两,五千人者五百二十两,万人以上者六百五十两。

并且为防止各军统领多设官职,冒领军饷,在饷章中还规定,凡统带千人者月支饷银不超过五千八百两,统带万人者支饷不超过五万八千两。

连曾国藩本人也不得不承认"章本过于丰厚"。《湘军志》中指出:"故将五百人,则岁入三千,统万人,岁入六万金,犹廉将也。"

如此厚饷养兵,自然"陇亩愚氓,人人乐从军,闻招募则急出效命,无复绿营征调别离之色"。

曾国藩通过厚饷养兵的原则,收到了显著成效。士兵的兵饷除用于个人生活外,还可贴补家用,因此一改当时荒于训练的弊病,安心操练,最终提高了军队战斗力。

军队的战斗力是对一个人管理才能的最好展示,有勇猛无畏的士兵,必然会获取战无不胜的结果，并且军队的战斗力对社会有重要的作用，没有军事力量的保护，可能就不能维持一个政权的稳定。比较绿营军的低俸禄，士兵大多消极分心，兼职他业的情形，湘军果断采取厚饷养兵的激励方式，士兵无后顾之忧，得以专心训练，在战场上勇猛杀敌，还在当时的社会上形成人人争当士兵的风气。虽然就是曾国藩本人也感觉太过丰厚，但却没有任何人能否定这一激励方式的显著后果。

管理虽与带兵不同，但却也有着相通之处，俗话说"职场如战场"，自己所带领团队的市场开拓能力、创新能力，以及能否在市场中取得一番骄人业绩，正是对自己管理才能的最好证明。要想取得胜利，必须拥有一支勇于为自己战斗的勇猛军队，对于团队激励的最好方式，正是物质的奖赏，使得团队成员没有后顾之忧，并能看到光明的前途，自然也会施展出全部的力量，并取得优秀的业绩。

商鞅变法时为获取人民信任，在都城南门竖起一根三丈高的木头，下命令说："谁能把这根木头扛到北门去，就赏十两金子。"但没人去做。

商鞅知道百姓不相信他的命令，把赏金提到五十两。

这时人群中有一个人说："我来试试。"他把木头扛到了北门。商鞅立刻派人给他五十两黄金。

这件事立即传开，轰动秦国。后来，商鞅变法也得到了群众信任。

关于项羽，却有不同的故事。

投靠刘邦的陈平对西楚霸王项羽的评价如下：

项羽表面上很爱他的士兵，士兵生病他也会因此落泪，但当要奖赏将士时却特别吝啬，手里拿着"印鉴"（相当于公章、任命书）连印鉴的角都磨光了，都迟迟不肯发放。

下属得不到应有的赏赐，就会情绪消极，认为他不是真的爱惜自己，他看见士兵流泪，人们也觉得虚伪了。时间一长，英雄"本色"被下属看透，慢慢地跟着他的人就越来越少。

俗话说"无利不起早"，天下熙熙皆为利来，天下攘攘皆为利往。利益是我们生活的内容，利益也是领导者掌控驾驭下属的有效手段。商鞅正是以五十两金的重金诱惑，获取人们的信任，为自己实施变法开启社会接纳的大门，而项羽却是因为不忍于物质的给予，却失去士兵的信任，并且开始遭受质疑，最终人才开始流失，自己也不得不面对失败的结局。这些故事都可以给我们很好的启示。

人都不会愿意自己利益的付出，但是作为一个管理者，更多应该看到自己所承担的职责和自己所要获取的目标，超越常人的认识，舍弃自己的一时利益，以有效的激励方式，换取属下的全心努力和自己目标的实现，这也才是自己卓越管理视野与水平的有力展示。

（三）注重物质，却也不能忽视精神激励的作用

俗话说"人活一张脸，树活一张皮"，人是社会的人，在人们的交往之中，会非常注意彼此的评价与判断，它会奠定一个人在社会中所获取的地位，特别是社会群体的认可就显得更为重要。为了获取一份群体的荣誉，个体可能会愿意为此付出更多的努力。

物质是生活的根本，但我们也不能忽略了精神的作用，在马斯洛的需求理论中，当基本的物质生活被满足之后，人们必然向更高层次的需求转移。在激励的过程中，我们认可物质的作用，并积极寻求最有效和充分的方式，但在注重物质激励的同时，也不能忽视精神激励的作用，应当寻找最恰当的精神激励方式，对员工的工作积极性进行调动，让精神激励成为物质激励方式的有效补充，甚至在有些时候，起到物质激励都不能达到的作用。

美国皇冠牌瓶盖公司经营一直不景气，柯纳利上任总经理后，决定改变这种局面。柯纳利的绝活是：不多花钱就能让员工干劲十足。

员工意志消沉、非常懒散。上班第一天，就看到一群守卫人员正在玩扑克，其他部门，甚至生产部门，消极怠工、不尽职责的现象也随处可见。柯纳利认为，这些员工未必是真正懒惰，必须寻找最为有效的方式，才能激发他们的工作热情。

柯纳利首先整顿了工作环境，粉刷了工厂的墙壁，进行了厂区绿色植被的维护，他认为只有在新的环境中，才能熏陶出员工的工作精神。

随后，他将容器部的技术人员调换了工作岗位。这个部门产品毫无销路，工作人员非常消极。得到调换后，他们改变了消沉的情绪，再次鼓起了干劲。

初见成效之后，柯纳利决定实行新的人事制度，建立了完善的员工考核体系与晋升机制，最终公司面貌焕然一新，工作也得到了有效开展。

柯纳利不用多花钱就让员工干劲十足的秘诀，就在于让职工意识到工作的意义，从而激起员工自我实现和赢得自尊的心理渴望。

我们注重激励的效用，但我们也要考虑激励所花费的成本，将我们的投入与产出做

出比较，才能使我们的激励发挥出更大的效用。比较于物质的激励，显然精神激励有更多的优势，它的成本花费很小，但是效果却非常显著，有时，这些成果是我们花费更多的物质成本也不能获得的。柯纳利在上任后，只是经过了简单的人事调整，进行工作场所环境改变，就达到了变更公司工作风气的目的，最终对公司运营也起到了很好的促进作用。

中国传统社会结构中，道德扮演着非常重要的角色，在人们的性格之中，非常注重自身的道德认同和社会对自己的评价，人们有非常浓重的集体意识。即使今日社会发生巨大转变，但这种倾向却依然有所延续。开展管理工作，一定要认清这一巨大的文化背景，利用集体荣誉感去有效激励员工，各级领导要通过多表扬、多奖励，来激发下属的集体意识，使每一个成员都产生一种强烈的荣誉感、责任感和归属感，从而为维护集体荣誉奉献更大力量。

曾国藩初练湘军，取得首战胜利，从太平天国军手中夺回了岳州、武昌和汉阳。

为此，曾国藩上书朝廷，为自己的属下邀功请赏，朝廷对此也给予了恩准。但是，曾国藩并不认为这样就足够了，他又想出其他一些鼓励将士的办法。

一天，曾国藩召集湘军所有军官在土坪听令。

军官到齐之后，曾国藩说："诸位将士辛苦了，讨伐叛贼中英勇奋战，屡战屡胜，今天要以自己的名义来为有功将士授奖。"

大家都在暗自思忖的时候，曾国藩命令："抬上来。"

两个士兵抬着一个木箱上来，几百双眼睛盯了过来，把木箱打开，里面装的是一把把精美的腰刀。

曾国藩抽出了一把，刀刃锋利，正中端刻"殄灭丑类、尽忠王事"八个字，旁是一行小楷"涤生曾国藩赠"。

曾国藩说："今天我要为有功将士赠刀。"

顿时，广场一片沸腾，有人欣喜，有人赞叹，也有人忌妒。

不过，所有人心中都会下定决心，在以后战争中冲锋陷阵，奋勇作战，争取自己也能得到这样一把腰刀。

给能干的下属配备值得炫耀而别人所不具备的奖品，可以给他们带来一种极大的荣誉感和满足感，他必定要像以前一样甚至比以前更加勤奋地工作，以追求更大荣誉的获得。同时，他的同事看见了，也会希望得到这样的奖赏，从而会更加努力。这是物质激励所不能起到的作用,或者说当我们的物质激励达到一定程度之后,我们可以尝试不同的精神激励方法,也许可以带给我们意外的效果。

曾国藩以厚饷养兵闻名,但他在注重物质激励的同时,却也能善用精神激励的方式,两者有效结合,给自己的将士们带来最大的鼓舞。

在管理之中,我们认可激励的作用,并且愿意付出成本,去寻求员工工作状态的有效改善,但却不能陷入单一物质激励的狭隘之中,否则获取不到应有的效果不说,还会花费出巨大的成本。

也许有人会认为,现在时代已经发生改变,人们变得更为现实,对此,我们一定要舍弃掉这种浅薄的观念。首先,精神的激励有它自身的独特性,有些地方是物质激励所不能替代的;其次,社会发展,物质产品更为丰富,这时人们会更多追求精神的获得,这也就为精神激励提供出更多的空间。作为一个优秀的管理者,一定要善于用好物质与精神的激励作用,协调作用,取得最好的结果,也才能完整履行自己管理的职责。

(四)放弃独断,争取员工参与也会形成很好的激励效果

每个人都在寻求自我价值的实现,而个人自我价值实现的最好方式就是参与,在参与过程中,自己得以展现出自我的力量与智慧,获取最后的结果,也会对自己形成肯定或否定的评价。在参与过程中,生命得以寄托,激情得以释放,个体也得以拥有一份可回味的有意义的生活。

在我们的管理当中,当物质和精神的激励都被我们所应用之后,是否能适当考虑放弃一部分自己决策的权力,适当给员工一些参与决策的机会,也许这会起到意想不到的激励效果。员工参与决策,可以最大限度地调动他们主人翁的意识,让他们认识到自己就是企业的主人,能够感受管理者的荣誉与骄傲,员工参与决策,是对管理者决策工作的最好支持,当他们了解到决策是如何制定,又是为何制定,在执行的过程中就能产生更多的认同感。

有些领导者,不信任下属的能力,或是不愿意交出自己的权力,他们对员工参与决策总是持反对态度,对此,我们要舍弃这份认识狭隘的态度,舍弃这种怀疑的态度,要认识到通过员工的参与,我们的决策工作可以获得多角度的支持,因而有更多合理性,同时,通过员工的参与决策,也能最大限度地调动他们的工作积极性。我们不仅应该争取员工

参与决策,还应该寻找更多的机会,去为员工参与决策创造可能。

在芝加哥郊外有一家国际收割机制造公司,27 岁的杰斯是这里的新任主管。

作为主管,他需要管 3 个年龄比他大一倍、状态消沉的领班。正如其他的年轻领导所遭遇的情况一样,杰斯明白,不能强制行使自己的权力,否则只会增加他们的抵制和怨恨。

最终,杰斯决定采取迂回的管理方式。

每天杰斯都会召集这 3 个领班,把头一天的工作状况告诉他们,让他们了解自己部门生产了多少部件,又有多少次品。

同时,杰斯还要让这 3 个领班根据实际情况,对所在部门生产情况进行打分,并进行横向比较。

通过和杰斯接触,他们开始认识自己工作的重要,通过与其他部门的比较,这 3 位领班获得了更加巨大的动力,互相鼓励,生产率开始逐步提升。

当第一次打破部门历史生产纪录时,杰斯召集了领班,买了些咖啡,一起聊天,庆祝一下所取得的成绩。

第二次创造生产纪录时,杰斯又买了甜点来慰劳他们。

第三次破生产纪录时,杰斯把这 3 位领班请到了自己家里,让妻子给他们做了可口的比萨饼,还在一起玩了扑克牌。

上任 3 个月以后,杰斯所在的部门就成了全厂生产率最高的单位,杰斯本人也获得了职务的提升。

如果管理者总是维持自己高高在上的权威,使自己与员工之间保持距离,员工感到冷漠,也不会产生工作的激情;反之,给予更多的接触机会,并通过参与让他们知道自己工作的重要,也许会调动起他们工作的积极性,尽其所能,充分发挥创造性和奉献精神去完成自己的工作。杰斯虽然只有 27 岁,但显然他是一个老练的管理者,他明白与人沟通和交流的重要性,并且非常善于把这种方式应用到自己的工作之中。

1936 年戴夫·帕卡德与比尔·休利特一起创立了休利特—帕卡德公司,即惠普公司。

1959 年,在帕卡德的领导下,惠普公司业绩蒸蒸日上,但敏感的帕卡德注意到公司员工的热情不高。帕卡德为此感到迷惑,他心想,难道是我们给予公司的回报不足吗?可是我们已是行业内最高水平,惠普公司的股票自上市以来,股价节节攀升,已是华尔街的宠儿,处身于这样的公司,难道还有什么怨言吗?

后来,一名检测人员来办公室请示帕卡德工作,帕卡德就向他提出了这个问题。

这位员工说:"我非常自豪在这样的大公司工作,虽然工薪不断在上升,但老板是你,伙计是我,我并不是企业的真正主人。"

这一席话,让帕卡德陷入了深思,他喃喃对自己说道:"看来,我也许应该让公司成为大家的,也许他们就会有更多的热情投入到工作之中。"

考虑清楚之后,不久,帕卡德在公司记者招待会上宣布,惠普公司推行职工持股计划,把公司股票分阶段分给那些最优秀的职工。

当职工与公司的关系有一个形式上的改变之后,他们的工作面貌焕然一新,惠普的销售、生产都出现一片大好的局面。

当员工个人利益和公司利益联系在一起时,他们所表现出来的积极性恐怕是难以预料的,让员工分享企业的成果,是对他们最大的一种激励方式,也是再创佳绩的基础,作为管理者,不要忘记了这个激励员工的好方法,不要太多顾及公司的利益,最终因小失大,一份小小的利益舍弃之后,是被激励员工努力拼搏所换回更加有利的结果。

管理不是简单的控制,在当今社会环境中,更多是要与自己的成员团结一致,依靠大家的力量获取一份优秀的业绩,对于管理工作,我们一定要转变观念,从而寻求更为有利的工作方式。有时我们需要放弃自己手中的一些权威与利益,才可换回彼此的信任与共同的协作努力,在管理的考量之中,取舍总存在一种微妙的平衡,而最为优秀的管理者,总能对它有效把控。

(五)不因失败而抱怨员工,寄予信任与期望是最有效的激励

人生谁能无错,生活中出现差错在所难免,认识到自身错误之后,自己已是被否定,情绪低沉,感觉疲惫,但却依然要承担一切,反思自己,并调整自己,最终才能重拾勇气,再去面对未来。

面对一个犯错误的人,我们习惯的态度是苛责与批评,苛责对方所造成的损失,批评对方能力与态度的不足,但这样的处理方式,并不有利于一个有着自省性格的员工,并且对于现在独立性越来越强的员工而言,会产生负面的情绪,甚至产生态度的反感。

如果对方陷身于错误之中,给对方一个安慰的微笑,使他能解除心理的不安,在情绪

有所缓和之后,再帮助他一起去寻找其中的问题,并寻求改善的方法,也许这才是最为有效的处理方式。

工作之中,各项事务繁杂,出现失误更是在所难免,对于失误的发生,管理者一般都不会乐于遭遇,因为它意味着对工作的阻碍,有些人因此大发雷霆,对员工横加指责,进行严厉批评,殊不知,这样做不会有任何的效果,还会因此失去员工对企业感恩的想法。

应该以动态眼光看待员工成长和企业长远发展,看到失误的出现是在所难免的,管理之中都有所准备,面对失误,在对方客观面对的前提下,进行安慰,寻求开展工作的更好的方法,"知遇之恩当涌泉相报,"最终所获取的,是员工与企业双重有利发展的结果。

在用人方面,福特是一个充满智慧的人。

一天早晨,福特正在会议室开会。一个长相凶悍的人突然闯进会议室,从怀里拿出一把折刀,要挟要见福特。

面对陌生人,福特暂停了会议,很客气地把他请进办公室,并让秘书给他冲了一杯咖啡。

当时,员工们非常害怕,猜疑福特是不是得罪了什么人,有人甚至想要报警,都被福特阻拦。

走到办公室,福特让陌生人坐下。

态度缓和一些后,那人开口了:"请您给我做事的机会,我真想改过自新。您是老板,您说了肯定算数。"

福特镇定问道:"你原来在哪儿上班,做什么?今天为什么拿刀子来我这里?"

陌生人顿了顿,继续说道:"不瞒您说,我是一个抢劫犯,在监狱里待了很久,虽然知道抢劫不对,但出于无奈,也是为了养家糊口。"

福特犹豫着,温和地问道:"你有没有去其他公司,或者有什么你想干的职业?"

陌生人回答:"一听我有前科,他们就把我赶出来。没有人相信我,没办法,只好一次次做回原来的自己,又一次次进监狱。"

福特沉默了一会儿,"如果我今天答应你,你将有什么打算?"

陌生人刚要开口,福特打断了他,"你不需要保证什么,明天早晨来公司上班吧,让我看看你能做什么?"

陌生人一时无语了,短暂的停留之后,连声道谢,最后离开,当公司其他人听到福特的决定后都是大跌眼镜。

最终这个人被派遣到工厂工作。后来,他不仅改过自新,还通过勤恳地工作回报了福特对他的赏识。

对于一些曾经犯过错误的员工,我们不能采取一味否定的态度,那样只会让他随波逐流,自暴自弃,也许适当给予他们一次机会,他们的生活会因此获得转机,而我们也会获得有利的回报。

作为管理者,要以理性的眼光看待自己属下所犯的错误,如果他们能够认识到自己的错误,并有改正错误的决心与诚意,也许这不失为最有利的教育时机,因为这样的机会对于他们来说,显得难能可贵,最终效果甚至超越千百倍物质的给予。这样激励的机会,在管理中稍纵即逝,作为优秀的管理者一定要能及时地把控。当错误出现的时候,不要为之感到烦恼和恐惧,而更多地要看到这种现象之后,所蕴藏的契机。

多年前,一人访问了一家非常成功的高科技公司。

该公司以允许员工有失败和再试验的自由而著名。当访问者正和该公司经理交流时,突然听到一声声长鸣。访问者问经理:"那是什么?"

经理镇静地回答:"那是我们工厂的汽笛鸣响。"

这位反应快速的客人又问道:"你们总是在周四下午放汽笛吗?"

公司经理回答说:"不是,我们放汽笛是告诉每个人,我们又试验失败一次。但对我们来说,听见汽笛,也就意味着离成功靠近了一步。"

作为优秀的管理者,不仅不惧怕失败,反而还会用开阔的胸怀去迎接失败,因为他知道失败并不可怕,它孕育着成功的机会,俗话说"失败乃成功之母"。在他们的管理之下,员工每次面对失败和挫折,不是失望,而是抱有更大的希望,在这样的管理文化鼓舞之下,员工的性格变得更加自信而坚毅,他们有超越常人的气魄与勇气去追求自己的成功,苦难在他们面前反而显得渺小而脆弱了。

此时,比较苛责态度下的员工的性格,他们则多是唯唯诺诺,谨慎而后怕,面对激烈的市场情形,也不敢做出果断的决策与判断,也许这正是面对员工错误,管理者态度不同所取得的不同结果吧! 更是个人能力最有效的证明。

(六)激励应恰到"好"处

俗话说"过犹不及",当一件事情被做得过了头之后,所形成的影响可能还不如当初没有完成的状况,自己花费了好多时间和精力不说,所形成的还是负面的作用,与所想的目标产生更远的距离,自己最终是费力不讨好。

做事情难就难在度的把握,把握不足,会遗失机会,把握过头,又会让机会白白丧失,我们要不断地在实践中磨炼与反思,才能逐渐学会在最恰当的时候,做出最恰当的选择,也才能圆满完成自己的任务,展现出个人有效把控的能力。

管理中的激励把控,是最富有艺术性的一项工作。因为人性是最难以捉摸的东西,人们有物质的需求,但满足之后,又会寻求精神的需求,当这一需求也不能对他形成吸引之后,管理者常常要焦头烂额,去寻求更为有效的方式,以求对员工的有效激励。

但作为最优秀的管理者,他们却能很好地把握其中美妙的平衡,在舍得之间找到一个平衡的支点,在最恰当的时候,以最恰当的方式,将这些内容传达给员工,并能获得最为有效的激励效果。

激励当中,我们不能陷入方式的单一,依靠一味地投入,去寻求激励效果的获得,我们应该在激励的效果与激励的投入之间建立起一道联系,以考核我们激励的方式是否恰当。我们心中应该明确员工需要什么样的激励内容,并且了解各种激励的方式,知道什么样的激励最为恰当,只有如此,才能把握好激励的度,也才能显示出我们自身卓越的管理水平。

在某国,有一个小城市,被无情战火摧毁,这里生活的居民,有的妻离子散,有的家破人亡,有的还在遭受着严重的肉体创伤和精神创伤。

正值隆冬时节,很多难民无家可归,只好流浪街头,刺骨的寒风无情地肆虐,他们却衣不遮体,食物匮乏,饥肠辘辘,只能感叹自身命运的不济。

一位富翁碰巧经过这里,看到难民的情况后,深有感触,决定做一些慈善事业,带给人们一些满足。

富翁花费重金,请来当地很有名气的歌唱家,专程为难民演唱小夜曲。

可是,当歌唱家来到难民营地时,还没有开口,就被难民们打骂着赶了出去。

富翁非常生气,"我花了那么多钱好心帮助你们,你们竟然把他赶走,这真是太过分了。"

难民们委屈地对富翁说:"您的善心我们心领了,可是我们现在不需要听小夜曲,我们需要的是吃和穿。"

人的需求是千差万别的,并非千篇一律,时间不同,环境不同,人们的需求倾向都会不同,这并非是一成不变的,对于难民营里的难民来说,他们最需要的是解决自己的吃和穿,而对于一个酒足饭饱的人来说,一个优美的小夜曲也许可以带给他们最美好的享受。当我们决定给予对方帮助时,一定要对对方的情况与状态有所了解,才能选择最为恰当的方式,千万不能陷入个人狭隘的意识,而盲目主观地去做出自己的判断,也只有这样,我们的帮助才有意义。

当一个人的需求得到满足时,才会激发起无穷的力量,如果你激励的方式,不是对方所需要,那恐怕也只能是白白浪费。作为企业的领导,在运用激励机制时,一定要根据当时的基本情况,通过调查走访的方式,对每个员工的实际需求有所了解之后,才能有的放矢地达到满足员工需求的目的,而不会给难民送去一支"小夜曲",也不会给吃饱饭的人又送去充足的食物。

一个企业家的工厂出现了问题,他的员工生产积极性不高,生产率逐年下降。令企业家对此百思不得其解,这些员工都是这些年经过层层角逐所挑选出来的优秀人才,并且平时自己也使用各种方法对他们进行有效的奖励,但为何最终的效果仍然不是很明显。

"这到底是怎么回事?"企业家对于这个问题毫无头绪。

他决定休息一段时间,到外地旅行,以缓解一下自己的苦闷。

远离城市的喧嚣,他来到郊外一个安静的乡间农舍。

一天早上醒来,企业家看到这家老农正在把喂牛的草料铲到一间小茅屋的屋檐上,感到非常奇怪,他就去问这位老农:"你为什么不把草料放在地上,牛不是就更方便吃了吗?"

老农回答说:"这种草质量不好,放在地上牛就不吃了,岂不是浪费。"

"那你把草放到屋檐上能怎样?"企业家仍然没有明白。

老农淡淡地笑了笑,"把草放到牛勉强能够得着的屋檐上,它就会努力去吃,直到把草料全部吃光。"

企业家恍然大悟,他想了一会儿,恍然大悟说:"原来办法就是这么简单啊。"

没有激励,当然不行,但激励也不是越多越好,在经济学中有着边际效用递减规律,它说的是人们对于同一种商品的消费,伴随数量的增减,单位产品所产生的效用就会越来越少,直至最终消失,甚至产生出负面的影响。

我们作为领导者,在激励的过程中,一定要避免这种情况的出现,当一种激励方式产生的效果已经不再明显时,就要果断地终止这种方式,寻求更为有效的方式替代。这样可以节省我们管理的开支,同时,员工在企业全新的激励方式之中,依然能保持高昂的情绪。

(七)奖励不要忘记惩罚,惩罚方式有时效果更佳

奖励和惩罚是一对孪生兄弟,如果只有奖励,没有惩罚,对方就会形成惰性依赖,只一味地寻求奖励的内容,而不去询问自己付出怎样的努力,最后丧失掉自己内在的激情;如果只有惩罚,没有奖励,人们就会丧失前进的信心,在苛责之中,完完全全丧失自信,寻找不到任何前进的动力,事情也不会取得任何改进,这两种情况对于一个人的成长和生活都是不利的。最终我们要认识到奖励和惩罚是一把双刃剑,只有有效掌握这两种方式,才能使对方在表扬与批评中寻找到最为恰当的态度,使自身能力得到充分展现。

有些人在管理当中,可能会不好意思,认为进行惩罚是对对方面子的驳斥,所以愿意更多选择使用表扬的方式,希望在一团和气之中完成工作。殊不知,这将会使他的管理效率大打折扣,一个领导者必须在群体中树立威信,如果没有威信,那自己的工作就很难开展,而惩罚正是权威最好的证明,它代表着权力,也代表着一个人的责任。

同时,惩罚也会对激励工作形成最好的促进,一味地奖励,可能会使员工失去兴趣,并产生态度的懈怠,适时地进行惩罚,也许可以让员工产生意识的警醒,甚至产生出比奖励更大的威力。只有将奖励和惩罚方式协调并用,员工才能在取舍之间,寻找到自己最为恰当的工作态度与方式,而这也能彰显出一个领导者所具有的最为完美的激励艺术。

某保险公司,距离完成年度任务指标还有不小差距。

总经理考虑后决定,不但一线业务员应该承担压力,所有内勤人员也要承担一定业务指标,并且规定了每个人完成的指标下限。对此,总经理还专门制定了奖惩措施,超额完成任务的人员予以丰厚奖励,对不能完成任务下限的下属,则要给予惩罚。

最后,公司业务"冲刺"成功。从整体情况来看,部分有能力的下属超额完成任务,很大一部分下属仅仅完成了任务下限;还有一部分下属,由于种种原因,没能完成任务;少数个别员工业绩是"白板"。

总经理考虑,如果不兑现奖励,一定会招致下属群体不满,虽然是一次额外支出,但最终还是决定论功行赏,一一兑现。至于没完成任务的下属,总经理认为这毕竟是少数,况且总体目标已经完成,不必追究,与人为善,没必要和下属过不去,惩罚的事情就这样不了了之。

经理不想跟下属过不去,但一部分下属却跟他过不去。

超额完成任务的和未完成任务的都很高兴。但那些大部分通过努力,正好完成任务指标的下属却不高兴了。他们付出努力,完成了任务,最终回报竟然和那些不思进取、偷奸耍滑者完全一致,他们非常不认可。

许多人没有明着提意见,却暗下决心,今后再有同类事情,一定要向这些未完成任务的同事看齐。

蒙在鼓里的经理还不知道,由于他的所谓"人性化",缺少惩罚措施,最终使自己的管理在无形中失效了,在很长一段时间内对组织产生负面影响。

较多采用激励性的奖励手段来管理,是非常符合人性的,也是无可厚非的,但这不应以减少或弱化管理的约束性的惩罚手段为前提。惩罚与人性,这两者并不矛盾,而更多是相辅相成的,人性的展示不一定要回避惩罚,而惩罚却也不会削弱人性。领导者只有正确地理清自己的奖惩观,才能在奖惩之间游刃有余。建立合理的奖惩制度,让得失在管理之中,呈现出一个平衡点,这是一个领导者管理工作最应追求的内容。

对员工的不足进行告诫,更是一门管理的艺术,我们应采取最恰当的方式,告知对方不足的内容,面对存在的缺陷,又不能使其丧失信心,从而丢掉克服困难的勇气,甚至在一些必要时刻,同员工一起去寻找开展工作的方法,这样的批评才是有效的,这样的惩罚才是有利的。

一个优秀的管理者,在自己的激励中,一定要学会"一边唱黑脸,一边唱红脸"的有效方法,在软硬两种方式中,使得对方明白自己的意图并看到未来的方向,同时又有足够的勇气,去面对所遇到的挑战。在激励的过程中,不要忘记惩罚的作用,打个巴掌,给个红枣。在惩罚的过程中,注意恰当的方式,使得惩罚收到最好的效果,这样的激励策略的使用,才算是完全完整的。

(八)抛弃单一,要善于采用多样的激励方式

人由小到大,要学很多,学做人,学做事,从父母那里,从老师那里学习很多知识。但所有这些知识的学习,都是为了我们生活中的应用,只有能与生活情形很好地结合,才会

起到应有的作用；否则，仅仅是形式上一味地遵从，那所有内容就会像桎梏一样，慢慢套住自己，感觉劳累不已，并且不会起到应有的作用，在这其中，最终人的创造力也丧失殆尽。

张三丰在教授张无忌太极拳时，问道："孩儿，你看清楚了没有？"张无忌道："看清楚了。"张三丰道："都记得了没有？"张无忌道："已忘记了一小半。"张三丰道："好，那也难为你了。你自己去想想罢。"张无忌低头默想。过了一会儿，张三丰问道："现在怎样了？"张无忌道："已忘记了一大半。"当将所有武功的招式全部放弃的时候，才是对太极精神的最透彻领会。

管理中激励内容也是同样的原理，我们认可激励的作用，我们学习各种激励的方法，但是最终的实施阶段，却一定要结合实际情况，进行有效灵活的运用。理论总是具有高度的抽象概括性，并因此忽略掉个体的具体情况，最终对自己负责的只有自己，理论所讲述的内容也仅仅是一个有效参照，只有将理论的内容进行融合运用，才能使激励发挥出最强大的效用。

松下公司，在公司的管理政策中实施了透明管理的办法，对于员工就起到了很好的激励作用。

在成立初期，松下幸之助就对公司的七八名员工说自己每个月都会将公司的结算、盈亏情况进行公布。

刚开始，员工们都半信半疑，因为当时没有管理者这么做，何况大多数的老板甚至都不清楚自己到底做了多少生意。

员工对于老板的这种观点，只是认为不过是摆摆谱，做做样子罢了。

不久后，员工就发现事实并非想象的那样，松下的态度是真诚的，每月的财务信息都会及时向员工公布。

松下公开财务盈亏的做法，让员工们非常兴奋，因为他们每个月都能看到通过团体的努力，所获取的成果，进而产生一种共识：下个月一定要加倍努力，取得更好的结果。

当松下电器业务扩大设立分厂时，毅然延续了这样的激励政策，分厂负责人每月向松下报告盈亏时，也采取了公开面对员工的做法。

后来，松下的这种做法被命名为"透明式经营法"，他认为对于员工的坦白，就是对他们最好的激励。

通过这一做法，员工们也很少会对公司提出无理或过分要求，劳资双方通过这一方式建立起了一种信任、和谐的关系。

松下幸之助将激励与管理方式进行了很好地结合,起到了激励的效果,同时,管理获得最佳效率,这是激励方式的一种扩充,它不局限于一种传统物质方式,也不是一种精神的寄托,仅仅通过财务的公开,就达到了预期的效果。这个案例,对我们的管理工作可以有更多的启示,在具体的管理工作之中,我们应该寻求更多的可能激励方式,来有效促进我们工作的顺利开展。

作为日本桑得利公司董事长的信治郎,也是一个善于激励员工的管理者。

他经常在一些场合把非常贵重的物品奖赏给员工。最为特别的是,他发奖金的方式很特别,出人意料的方式常常让员工感到惊喜。

信治郎把员工一个个叫到董事长办公室,在员工答礼后准备退出时,他突然叫道:"稍等一下,这是给你母亲的礼物。"

员工再次退出时,信治郎又会说:"这是送给你太太的礼物。"

员工心想这次应该没有什么了,正要离开时,又会听到信治郎大喊:"我忘了,还有一份礼物是送给你孩子的。"

信治郎对于员工的鼓励还不仅仅在发奖的方式上。

一次,总务处的一名员工不小心寄出了一个写错价格和数量的商品,信治郎知道后,马上命令取回。员工前往船场邮局,费了很多唇舌,花费了很大精力,才把邮件放在董事长面前。

看到邮件,信治郎露出欣喜的微笑,他并没有批评那个员工,而是真诚地说了句:"你辛苦了!"

也许有人会认为,信治郎的做法有些虚情假意,但设想一下自己就是那名员工,也就可以理解他为什么大受感动,努力工作以回报公司了。

信治郎的激励方式来自个人为人处世的方式,他非常注重对每个员工的尊重,正是凭借他的这一性格特点,使他能够有效运用这一激励的方式,也取得了非常好的效果。

作为管理者,要对企业的经营管理活动负责,必须在各种得失之间寻找最佳可能,这样才能履行自身的管理职责,在所有的管理内容中,激励的把控与平衡就成为其中最为重要的内容。我们必须认识到激励的作用,在一份成本付出之后,要看到更大的收获可能,而不能抱怨这份付出;我们在强调物质激励的同时,也要善于运用精神的方法,两者相互协调,才能起到最为良好的效果;在激励的同时,我们还要做好度的把握,并有效掌控惩罚的方式,这样我们的激励策略才算是完整的;最终将所有激励的策略与自身经营状况有效结合,以取得最为优秀的激励效果,也显示出一个优秀管理者所拥有的高超管理艺术性。

(九)对新员工更要注重激励,这样会带来意想不到的效果

对于管理者而言,新人一般意味着青涩懵懂,刚刚走出校园,对于社会规则还是一片茫然无知;如果团队之中接纳一个新人,也就意味着要花费更多的时间与精力进行有效培训,这样才能让他适应这个岗位,逐渐发挥出自己的效用。同时在过程中,我们还要为这位新人工作中可能出现的错误做好应对的准备。

正是因为这样的认识与考虑,在选聘员工时,更愿意选择经验丰富的老员工,或者在我们激励的过程中,常常忽略掉对于这些新生力量的关注。殊不知,在自己的忽略之中,错失对新人激励的最好时机,团队也错失一次纳入新鲜血液的机会。

企业成员的新老更替,是自然规律,这也是管理者所应承担的重要内容。招纳到一批新人之后,必须进行必要的培训,才能使他走上自己的工作岗位,对于新人成长而言,来自领导的鼓励和认可就显得尤为重要。缺乏认可的人,对于自己的成长可能会欠缺一份信心,而这时来自领导的一句鼓励和认可,就可能使他信心倍增,并且饱含激情。

新人身上所蕴藏的另一项重要内容,是他们身上所附带的全新价值观与精神状态。对于眼光敏锐的管理者而言,这些内容显得尤为珍贵。每个团队都有自己的文化,但时间长了就会逐渐陷入一种桎梏之中,因而欠缺活力,而这是每一个管理者都头痛的问题,因为采取什么样的措施也不能取得良好的改善,而这时注入新鲜的血液也许就是最好的方法,一条活蹦乱跳的鲶鱼,也许可以激起整船沙丁鱼的活力。同时,在这些新人身上,还背负有文化与思维的不同,这些认识对于单位内部的管理可以起到很好的参照作用。

对于新员工的激励,一定要舍弃掉自己大意的态度,谨慎地对待,有效地利用,才能使新员工顺利成长。团队由于吸收了这些新鲜的血液,也拥有更多的活力与激情,而这些都是自己管理职能完善履行的最好证明。

松下幸之助主持公司的管理工作时,遇到提拔新员工的情况,一般都会谨慎对待。

他特意让资格最老的员工,代表全体科员向新任科长致辞表决心。

新科长首先致辞,说:"我现在奉命接任科长,请大家以后多多指教。"

然后，科内资格最老的科员，代表全体员工致贺词，会说："我们坚决服从科长的吩咐，努力工作。"

虽然这只是一个简单的仪式，但明确了各自的角色，提高了新科长的威信，也为工作顺利开展打开了局面。或许有人认为，这种做法未免故意为难别人。但如果不采取这一策略的结果是，相互之间总有莫名其妙的芥蒂，科长不敢大胆处理事情，最终给科室内，甚至给公司造成麻烦。

万事开头难，对于一个新上任的领导来说，打开工作局面就显得尤为重要，松下幸之助正是认识到这一问题的重要，才采取积极的措施进行有效解决，方式也许有些极端，但谁也不能忽略这一方式所取得的有利成果。

对于新人，有效激励，使其快速成长是激励的一个方面，同时，还要有效利用新人身上所特有的激情与活力，为团队风气带来改变。

本田先生在自己的管理当中，就非常善于利用新人的效用来有效激励团队。

他认为销售部经理的观念离公司的精神已相距太远，他的守旧思想已经严重影响了他的下属。因此，必须寻找一个富有激情的人对他进行替代，这样才能改善公司销售部门的状况，否则公司的发展将会受到严重影响。

经过周密的计划和不断的努力，本田先生终于把松和公司销售部副经理、年仅35岁的武太郎挖到了自己公司。武太郎接任本田公司销售部经理后，凭着自己丰富的市场营销经验和过人的学识，以及惊人的毅力和工作热情，带动全体销售人员，大胆改革，积极投入工作，取得优秀市场业绩，员工们的工作热情也被极大地调动起来。

公司发展出现转机，销售额直线上升，本田先生对武太郎的工作非常满意，这不仅仅是因为他的工作表现，还因为他把整个公司的气氛改变了。

从此以后，本田公司每年都会重点从外部"中途聘用"一些精干的、思维敏捷的、三十岁左右的生力军以有效激励自己公司的士气。

我们的企业管理也是如此，一支团队时间稍久就会出现许多毛病，没有激情，没有斗志，纪律松散。这时候，除了采取一些新的激励措施外，管理者还要想办法给这支团队注入一股新鲜血液，来激活他们。如同对白血病人的医治一般，需要注入合适的骨髓，旧的、病态的系统被排斥、消亡，最终可以催生全新的造血功能，取代原有的血液。而最终能否起到理想的作用，这要看医生是否精心选配，还要看"新骨髓"是否具备顽强的生命力。

激励是对人性认识最为深入的一门管理课程,需要认识透彻,才能使激励发挥出最大效用。认识到认可的重要,我们会大方地给员工以赞美;认识到物质对人生存的基本保障作用,我们会以物质激励作为激励员工的基本手段;认识到精神激励的有效作用,才能使精神激励成为物质激励的有效协同;同时在我们激励的过程中,还要灵活运用各种激励方式,结合实际情况,有效配合和调整,才能保证我们激励效用的充分发挥,促使管理工作产生出最大的效用。

述语

【原文】

右善可为法者八十一事，臣等既论次终篇，乃作而叹曰：嗟乎！孟轲称："五百年而后有王者兴"①，传曰："千年一圣，犹旦暮也"，讵不信哉！夫自尧舜以至于今，代更几世，主更几姓矣，而其可取者，三十余君而已。中间又或单举一善，节取一节，究其终始，尚多可议。其完善烁懿、卓然可为世表者，才什一耳，可不谓难哉！

天佑我明，圣神继作。臣等尝伏读我祖宗列圣《实录》，仰稽创守鸿规，则前史所称圣哲之事，无一不备者。略举其概：如二祖之开基靖难②，身致太平，则尧舜汤武功德兼焉。典则贻休，谟烈垂后，则汉纲唐目③，巨细具焉。昭皇帝之洪慈肆宥④，培植国脉，则解网泽骨之仁也。章皇帝之稽古右文⑤，励精图治，则宏文、延英之轨也。睿皇帝之聘礼处士⑥，访问治道，则蒲轮玄纁之举也。纯皇帝之亲爱诸王⑦，厚遇郏邸⑧，则敦睦友于之风也。敬皇帝⑨之延见群臣，曲纳说言，则揭器止辇之明也。肃皇帝⑩之心存敬一，治本农桑，则《丹书》《无逸》之箴也。皇考穆宗庄皇帝之躬修玄默⑪、服戎怀远，则垂衣舞干之化也。其他片言之善，一事之美，又不可以殚述。盖明兴才二百余年，而圣贤之君，已不啻六七作矣。以是方内乂安，四夷宾服，重熙袭洽，迭耀弥光，致治之美，振古罕俪焉。猗欤休哉！岂非乾坤光岳之气，独钟于昭代；河清里社之兆，并应于今日哉！《诗》曰："下武维周，世有哲王"，"王配于京，世德作求。"⑫我明世德盖轶有周而特盛矣。今皇上睿哲挺生，膺期抚运，又将觐光扬烈，以远追二帝三王⑬之治焉。臣等何幸，躬逢其盛！

【注释】

①五百年必有王者兴：语出《孟子·公孙丑下》。

②二祖之开基靖难：明太祖朱元璋开创大明王朝基业，实现洪武之治。成祖朱棣，起兵靖难，取代皇位，开创永乐盛世。

③汉纲唐目:汉唐盛世治理国家的纲目,即其典章法制。

④昭皇帝:仁宗朱高炽谥号,成祖长子。继成祖为帝,在位一年。仁宗执行较为宽仁的政策,如放宽刑罚,赈恤灾民,以此称之为"洪慈肆宥"。

⑤章皇帝:宣宗朱瞻基谥号,仁宗长子。稽古右文,谓重视考察古典政治文化,提倡文治。

⑥睿皇帝:英宗朱祁镇谥号,宣宗长子。聘礼处士,谓天顺二年,授处士吴与弼左谕德之官位,辞不就职,后送回故里。

⑦纯皇帝:宪宗朱见深谥号,英宗长子。亲爱诸王,指成化二年,封弟见治为忻王,见沛为徽王。

⑧厚遇郕邸:成化十一年,复郕王帝号。郕王为宣宗次子,英宗即位,封郕王。正统十四年八月,土木之变,英宗为瓦剌所俘,皇太后命王监国,九月即皇位,遥尊英宗为太上皇帝,以明年为景泰元年。八年,英宗复辟,废帝为郕王,幽杀于西内。此为谀辞。

⑨敬皇帝:孝宗朱祐樘谥号,宪宗第三子,为中兴令主。他能经常临朝听政,接见群臣,虚心纳谏。

⑩肃皇帝:世宗朱厚熜谥号,宪宗孙。武宗朱厚照死,无子,乃继位为皇帝。

⑪穆宗庄皇帝:朱载垕庙号穆宗,谥庄皇帝,世宗第三子。躬修玄默,清静无为之意。

⑫"《诗》曰"四句:出自《诗·大雅·下武》"下武维周,世有哲王",能继承祖先的是周朝后人,世代之王都英明。"王配于京,世德作求",武王配世德于镐京,世世积德功业成。

⑬二帝三王:指尧舜二帝,夏禹、商汤、周文王三王。

【译文】

以上是善可为法的八十一事,我们既论述终了,则就此书之作而感叹说,哎呀!孟子说:"每五百年之后必有王者兴起"。据经义说:"一千年出个大圣人,犹如一个日夜。"岂不可以证实吗!从尧舜以至于如今,几经世代更替,君主更换了多少家,可是其中值得称许的,不过三十多位国君而已。有的单举一件好事,有的仅摘取其一言一行,然而追究他从始至终的一生,还有很多可以议论的地方。那些具有完美盛德,高超不凡,足可以作为世代表率的才十分之一,可以说是很艰难啊!

上天保佑我大明王朝，神圣相继而起。我们曾经恭敬地阅读二祖列宗先圣的《实录》，以仰慕之情考察了创业守成的宏伟法度，那么前代历史上所称之为至圣明哲的事，没有一点是不具备的。大略举出它的概况：比如，二祖开创基业，举兵靖难，致使天下太平，可以说兼具了尧舜汤武之功业德行。精美的典章制度保留下来，宏伟的谋略功业传之后代，汉唐盛世治理国家的大纲细目都具备了。

昭皇帝的宽宏仁慈，培育了国家命脉，乃是商汤解网之恩，周文王泽及枯骨的仁德！章皇帝的尊古考史，倡导文治，刻苦自励，细心求治，就是唐代的太宗设弘文、宪宗设延英讲学论治的道路呐！睿皇帝的礼聘处士吴与弼，访求治国之道，就是汉武蒲轮玄纁的举动呐！纯皇帝的亲爱诸王，厚待兄弟，就是和睦敦厚的风尚呐！敬皇帝的接待群臣，委婉采纳正直的意见，就属于夏禹揭器、汉文止辇的明智！肃皇帝的发自内心，尊崇敬一之道，治理农桑为根本，就是《丹书》《无逸》的规谏之言！皇父穆宗庄皇帝的清静无为，不用武力，使边远夷狄被制伏而向化！

其他，有的是一句话讲得好，有的是一件事传为美谈，又是不可阐述详尽。可是明朝兴起才二百多年，圣贤的君主，已不只六七代了。因此四方边境太平无事，四境以外的夷狄表示臣服，时世清明和乐，一代又一代都富有光彩，至于治世的美景，自古以来很少可以相比。多么美好啊！岂不是天地山川的灵气，唯独集聚于本朝清明之世；民户聚居之地，河清之征兆，都应验于今日了！《诗经》说："能继承祖先的是周朝后人，世代之君，都很英明。""武王配世德于镐京，世世代代积德，功业大成。"我大明王朝世代相传的德行超越周朝而特别兴盛啊！当今的皇上聪明睿智，在和平盛世时期继承皇位，又要发扬光辉的业绩，从而遥追尧、舜、禹、汤、文、武的治世。我们亲身遇到这个盛世，是何等幸运啊！

狂愚覆轍

綫裝書局

导　读

　　《帝鉴图说》，全称《历代帝鉴图说》，取唐太宗以古为鉴之意，故名"帝鉴"。它是由明朝内阁首辅张居正在辅佐只有十岁的小皇帝神宗朱翊钧的时候为他编的课本，由一个个的小故事构成，每个故事配以形象的插图。全书分为上下两篇，上篇"圣哲芳规"专讲历代帝王著名的仁心德政事迹以及励精图治之举，下篇"狂愚覆辙"专讲历朝帝王昏庸荒暴败政杀身亡国之事，剖析了历代帝王的倒行逆施之祸，详尽记载了张居正对帝王之道的理解与评价，是明清以来历代帝王的必读书。慈禧拿回去以后，认真阅读，爱不释手，她认为：此书"于指陈规戒，绘图辑说，切实显豁，不无裨益"。

　　本书增添了"历史背景""原文""张居正解""注释""译文""评议""拓展阅读"和"镜鉴"等几个栏目。对于原书中的一些难懂的词语及典故，我们都进行了详细地注释。另外还配以古版画，全部都典雅古朴、线条清晰，力求从多个角度，以多种诠释方式还原原文故事发生的场景，让读者更直观地理解那些重要的人生哲理。

　　读史可以明理，这些古代帝王的成败实例，正是我们这些现代人的"前车之鉴"，反复品读这一段段鲜明的历史，在我们日后的生活里，我们会以更加理性的方式看待生活，也就更加接近成功。

夏太康

后羿

遊畋失位

游畋失位①

【历史背景】

大禹治水取得了胜利以后，建立了夏朝。后来大禹的儿子启继承了王位，使社会生产有了很大的发展。在启之后登上王位的，则是启的儿子太康。

这太康在王位上，一点儿也不把国家大事放在心上，他性喜打猎，常常驱遣着成千上万的兵马在洛水边上追逐、围堵猎物，兴头儿一日高似一日，有时候一口气就要"转战"上百天。这样，洛水边百姓养护的庄稼，被他们践踏得一片稀烂；朝廷中的政事，他也置诸脑后全都不管不顾了……面对如此国君，宫里和民间自是怨声载道，大家都在慨叹："这样下去可怎么得了！"

政事荒芜，民怨沸腾已经是很大的问题了，更致命的问题是，在夏国的周围，四夷部落不断壮大，其中的有穷氏是最为危险的一个。

因为这个部族的首领就是英雄后羿，他握有神弓，射箭技术高超，神话中有他"怒射九日"的传说。后羿那时还是太康手下的一个部落的头领，他了解官员们和百姓们的怨恨，心里有了打算。有一天，他率领自己的精兵强将堵在了太康围猎的路前，搭起硬弓瞄准太康的胸口，不准他再过洛水一步，不准他再掌管国政……盯着眼前寒光闪闪的箭头，一心只沉湎于狩猎之中的太康吓得脸色苍白，紧紧地闭上了眼睛。国都是无论如何也不得回了，随从他的兵马也是呼啦啦作鸟兽散。太康只得慌慌张张地退逃到阳夏这个地方躲了起来，默默无闻一直到死。

说起来，太康是大禹的孙子，启的儿子，大禹有那样了不起的功德，启又开拓了那样宏大的事业，只可惜到了第三代太康这里，却耽误在游猎一事上，以致失去了自己的国家。如此看来，祖父辈的、父亲辈的德泽，后代人还真是不能一味地依赖啊！想到了这一点，后代人就应该自强不息，兢兢业业，不断地进取，不断地开拓新天地。

【原文】

夏史纪：太康即位②，荒逸，弗恤国事。畋猎于洛水之表，十旬弗返。有穷后羿③因民之怨，拒之于河，弗许归国。厥弟五人，作歌以怨之。太康失国，居阳夏④。

【张居正解】

夏史上记，太康即位，荒于逸乐，不以国事为念，只好在外面打猎，巡游于河南地方，洛水之外，流连百日，不肯回还。把朝廷政事都荒废了，把百姓禾稼都践踏了。民皆嗟怨。当时有一个臣，叫作后羿，极善射。因民之怨，率领军马，手持弓矢，拒之河上，不要他归国。其弟五人，恨他荒淫无道，坏了祖宗的基业。于是，作诗五章，称述其祖大禹的训词以怨之，谓之《五子之歌》。太康毕竟不得归国，居于阳夏之地而死。

夫太康为启之子，启能继禹之道，贤圣之主也。再传太康，止以好尚游畋一事，遂至失国。父祖之德泽，皆不足恃矣。吁！可畏哉。

【注释】

①此篇出自《尚书·夏书·五子之歌》，并见《史记·夏本纪》，记述夏代君主太康荒淫失国的故事。

②太康：夏代第三代君主，大禹的孙子，启的儿子，因荒淫暴虐，被有穷氏后羿所逐。

③有穷后羿：有穷，即有穷氏，中国古代氏族部落名称，据传该部落首领为后羿，以善射闻名，推翻夏代统治，夺得太康的王位。不久因喜狩猎，不理民事，被家众所杀。

④阳夏：古地名。秦置县。治所在今河南太康县。隋开皇七年(587)改名太康。

【译文】

夏代史书上记载，太康即位后，只顾自己荒淫、逸乐，不忧虑国家大事。他到洛水以外的地方去打猎，一百多天还不回朝。有穷氏部落首领后羿，利用老百姓的怨恨，到黄河边上阻挡他，不许他回到都城。他的五个弟弟听说这件事后跑到黄河边，作了五首歌来责备他。太康就这样失去父祖建立的夏朝，只好居住在阳夏。

【评议】

夏朝是家天下的开始，从此之后，我国王位的继承制度从禅让制换成了世袭制。

世袭制在此之后的几千年一直在中国盛行。不仅是帝位，即使诸侯爵位大多都是以这种"父传子，子传孙"的方式传递下去的。

王位世袭制虽然对防止一些手握大权的人为争夺王位而挑起纷争有些作用，但是也为国家的衰落埋下了隐患。

将一个国家的未来完全押在血统之上，不只是赌博，更是冒险。因为不肖子孙实在是太多。

太康就是一个，胡亥难道不是？陈后主、宋徽宗，那么多本不该当皇帝的人，身穿龙袍坐在金殿之上。将他们推到那里的，就是血统世袭制。

太康因为自己贪图玩乐，国事荒废，致使百姓对他丧失了信任与拥护。太康是古代治水英雄大禹的孙子。因为大禹治水为百姓解决了水患，使百姓能够安全地生活，所以他获得了百姓的爱戴，后来太康的父亲夏启，因为自己的德行赢得了百姓的拥护与支持，可以说太康的这两位先人为他的统治打下了坚实的基础。但是，太康却因为自己的过失，失去了人民的拥护，最后弄得众叛亲离。

可见，一个君主要想得到百姓的拥护，就必须要为百姓做事，维护百姓的利益，如果不理国事，不爱惜自己的百姓，那么即使他拥有再厚实的基础、再强大的力量，百姓也终究会推翻他。相反，只有勤于政事，在心中时刻记住百姓的利益绝对不可以疏忽，为百姓着想，这样才能够获得人心，国家才会繁荣昌盛。那么，想想我们身边的一些人吧，以自己的先辈留给自己的资产为依靠，无所作为，任意挥霍，早晚有那么一天会是他后悔的时候的。因为人要想让自己生存，就要勤奋自强，不要仅仅以别人给予的依靠为生活的支撑。

太康长住阳夏之时，太康的五位弟弟曾作著名的《五子之歌》。其中一首就是说这个道理的："皇祖有训，民可近，不可下。民为邦本，本固邦宁。予视天下，愚夫愚妇一能胜予。一人三失，怨岂在明？不见是图。予临兆民，懔乎若朽索之驭六马。为人上者，奈何不敬？"

太康失国之后,其弟仲康继位,这个傀儡皇帝没当多久,就一命呜呼了,之后是仲康子相继位,后来相又被后羿赶走,后羿终于夺得王位。

很快,后羿的江山也丢了,最后人们拥立相子少康还朝,经历近百年磨难的夏朝终于有了复苏的迹象。

这就是历史上有名的"少康中兴"。

【拓展阅读】

放荡失国——太康

人物档案

所在朝代:夏

生卒年月:不详

在位时间:29 年

人物简介:太康是启的长子,启病死后继位。实际上只在位 2 年(名义上在位 29 年),因不理民事,在去洛水北岸游猎时被东夷族后羿夺去国政。病死,葬于阳夏(今河南太康西)。

太康失国

太康是启的长子,从小过惯了奢侈的生活,又缺乏良好教育,即位后生活比启还腐败,只顾饮酒游猎,沉湎声色,不理政事,使夏朝国势有所削弱。他把国都迁到河南巩义地区(洛阳一带),行为越发放荡——甘酒嗜音,峻宇雕墙,还时常到远离国都的地方去打猎,大臣们的劝阻根本听不进去。

有一天,打猎成瘾的太康带着家属、亲信浩浩荡荡地去洛水北岸游猎。这一去就是三个多月,使得国家百事废弛,民怨沸腾。

这时东夷族有穷氏(在今山东德州北)部落首领后羿乘机起兵,夺取了夏的都城安邑。当太康带着猎物兴高采烈地走到洛水岸边时,见对岸有重兵把守,便慌忙派人过河探问,这才知道是后羿乘他外出狩猎数月不归时,乘机掌握了夏的政权。太康后悔不已,

只好在阳夏筑了一座土城居住下来,史称"太康失国"。

太康的五个弟弟见兄长不能回都,就陪着母亲来到洛水南岸苦苦盼候,始终没能等到。现在这个地方还尚存"五子台遗址"。五兄弟就作了一首歌来追念他们的祖父禹的功绩和品德,倾诉眼下的凄凉悲哀之情。这首歌就是《尚书》中著名的《五子之歌》。歌词大意是:

我们的祖先大禹曾经训导子孙说,人民是国家的根本,只有根本稳固了,国家才能安宁。君主应当勤于政事,用心治理好天下,倘若贪酒色、好游猎,或者大兴土木,建造亭台宫室,那么,只要有其中的一件,就会失去民心,导致亡国。缅怀我们的祖先大禹在世时,他身为万邦之君,将天下治理得井井有条,使百姓安居乐业,他是一位多么贤明的君主啊! 今天,太康不遵祖训,荒废政事,使得百姓都仇视我们,使祖先创建的王朝被人颠覆,陷我们于凄苦的境地。太康啊,你铸下了大错,我们心中是多么痛苦啊!

【镜鉴】

远离魔盒葆本色
——抵制诱惑

诱惑,是那身姿婀娜之海妖的淫荡歌声;诱惑,是夜深叩门者送来的灿灿黄金;诱惑,是诱降的官禄和美女;诱惑,是引汝上钩的幽香诱饵。

当今世界,纷繁复杂,充斥着各种诱惑。几乎每个党员、干部都会遇到形形色色、五花八门的诱惑:功名利禄,金钱美色,"小可一粟一毫,大可金银珠宝",某靓女的回眸一笑,某男士的肉麻吹捧……而且各种诱惑对人的考验可能是每日每时、无处不在的。

身边的诱惑虽是客观的,但那些都是外因,最重要的还是内因——即我们自己的心灵。容易接纳诱惑,是人的天性的一种表征。福兮? 祸兮? 喜耶? 忧耶? 关键在于自己是否毅然与决然地按捺、控制、挡住、战胜。武侠小说里常有"走火入魔"一说,练功没错,错在他当时心生杂念,于是气脉错杂,自己乱了阵脚,要么武功尽废,要么当场身亡,"魔由心生"说的也是这个意思。

既然不得不直面诱惑,就应慎待诱惑,以不变应万变,切莫花了眼,昏了头。面对金钱的诱惑而利令智昏,面对权力的诱惑而官瘾难捺,面对美色的诱惑而迷乱失态,则必定一步步跌进诱惑的陷阱、贪欲的深渊。

古代思想家、哲学家老子认为，华丽的服色容易使人眼睛受到伤害，美妙的音乐容易使人耳朵受到麻醉，香美的食品容易使人的口味变得挑剔，纵情于骑马打猎容易使精神癫狂，过分追求珍贵的物品容易使人失去操守，因而应不受外物的诱惑以保持本性的淳朴，保持内心的清净。古时的人，修养到家，所以能够超越诱惑；同时，由于环境单纯，其能摆脱诱惑，做到心如止水，亦不甚难。

历史上有个"公仪休不受鱼"的故事。战国初期鲁国宰相公仪休，坚持奉职循理，以德治国，而且从不妄取小惠。公仪休特别喜欢吃鱼，于是官员们主动给他送新鲜的鱼，公仪休却坚辞不受。

他的弟弟看这么多鱼都被退了很可惜，问他为什么这样做？公仪休很严肃地说：那帮人给我送鱼不是因为喜欢我、爱护我，喜欢的是宰相手中的权，希望这个权能偏袒他们。我一旦接受别人送的鱼，必然要照人家的意愿去办事，就将违法违纪，就会被罢官。不接受别人的鱼，才能正大光明、堂堂正正的办事，就不会受追究，也就能长远地吃到鱼了。

切莫让诱惑撩得你神魂颠倒，切莫让诱惑引向人生岔道，决不让诱惑践踏精神家园。权位高高耸山岳——唯有淡泊才能防止权位的诱惑。爱河饮尽犹饥渴——唯有理智才能抵御粉黛的诱惑。颂歌盈耳神仙乐——唯有清醒才能战胜推戴的诱惑。正如美国哲人爱默生所言："从抗拒诱惑之中，我们获得力量！"

柳下惠坐怀不乱的故事至今流传。他具有高尚的爱国情怀，当祖国危难之时，能够挺身而出，献计献策。另一方面，他坚守自己的道德。在一个寒冷的夜晚，柳下惠走了远路，宿于郭门，有一个找不到住处的女子来投宿。柳下惠唯恐她冻死，便让她坐在自己的怀里，解开外衣盖着她，直到天亮，没有越轨的行为。

《毛诗传》记载，鲁国颜叔子，独处一室。有天晚上下大雨，邻居的房屋倒了，一个女子跑来投宿。颜叔子让那个女子睡，自己手持蜡烛，蜡烛烧完了，就烧屋上的茅草，以保持火光不灭。直到天亮，颜叔子不生邪念。

南朝刘宋时的褚渊，明帝时为吏部尚书，相貌英俊，山阴公主想与他私通，请他来侍候自己，召他在西上阁睡了 10 天。公主晚上到褚渊住的地方逼迫他，褚渊恭敬地站着，始终不动心，并以死自誓说："我虽然不敏，却不敢作坏的榜样"。

诱惑，是那身姿婀娜之海妖的淫荡歌声；诱惑，是夜深叩门者送来的灿灿黄金；诱惑，是诱降的官禄和美女；诱惑，是引汝上钩的幽香诱饵。正如莎士比亚所说："尽管权势是一头顽固的熊，但是金子做的链条可以拉着它的鼻子走。"

从古到今，多少人经不住诱惑而身败名裂。"一吕、二赵、三典韦、四关、五马、六张飞"——三国著名战将吕布，可谓盖世英雄，然而，却没能经受住诱惑，为得一匹千里赤兔马，便杀死了异姓之父丁建阳；为得美女貂蝉，与义父董卓争风吃醋，反目为仇。吕布先迷于财，后惑于色，最后被曹操问斩。

私心和贪欲大概是潘多拉盒里两个魔鬼，稍一松懈，就会侵入人的心灵。想要降服这两个魔鬼，需要清醒的理智和坚强的意志。

中组部部长李源潮指出，党员干部要抗得住诱惑，把好欲望关。必须明确一条约束，党员领导干部不许涉足低俗场所，不许找"三陪"小姐陪酒陪唱，否则干部考核时就要在日常品行方面记上污点。

华龙网有一篇"从文强落马看李源潮强调官员寡欲的重要性"文章指出，原重庆司法局局长文强，从昔日打黑英雄，沦为重庆最大的黑恶势力"保护伞"，就是一个因纵欲而落马的典型。少数官员为什么过不了权力关、金钱关、美色关，当了欲望的俘虏？根源首先缘于其不能"自制"，不能清心寡欲，在灯红酒绿的诱惑面前滋生了享乐心理、攀比心理、失衡心理，进而放纵内心的贪欲，恣意膨胀，大肆进行权力寻租，走上自我沉沦、自甘堕落之路……

从某种意义上说，拒绝诱惑，乃是拒绝犯罪，避免毁灭。耐得诱惑，不贪不占，立身纯正，守拙自乐，"临之以患难而能不变，邀之以宠利而能不回"，才能坦然舒然，不断升华人生境界。

抵御各种诱惑，须有羞耻之心。在中华民族的历史上，人是否有羞耻之心，始终是评判其思想和行为好坏的道德底线，也是人之为人的人性底线，是战胜诱惑的利器，是真正学会做人的开始。

《说文解字》对"耻"的解释为：耻，辱也。从心、耳声（"耻"字原写为"恥"）"恥"是个会意字，有闻过心生惭愧之意。

"耻"的基本义项是"耻感"，就是指人在做了自己明知不应该去做或被人劝说去做不应该做的事时，心里就涌起逆向情感、逆向意识，感到脸面愧怍，甚至无地自容，继而反省自己，幡然改正。马克思指出："耻辱就是一种内向的愤怒"，"耻辱本身已经是一种革命"。

人是唯一会因愧怍而脸红的动物。人如果一有恶意，便生羞耻之心；一行恶事，就有愧恐的感觉，故"耻可以全人之德"。孟子说："人不可以无耻。无耻之耻，无耻矣。"——人不可以没有羞耻，不知羞耻的那种羞耻，真是不知羞耻。没有一点羞耻心的人，必会无所不为，导向危险的境地，沦为与禽兽无异的无耻之徒。

管仲把"耻"字提高到关系国家生死存亡的高度。他说："国有四维，缺少了其中一维国家就不安稳，缺少了二维国家就会发生危险，缺少了三维国家就会被颠覆，缺少了四维国家就彻底灭亡……什么是四维呢？一是礼，二是义，三是廉，四是耻。遵守礼，人们就不会违法乱纪；懂得义，就不会越轨钻营；做到廉，就不会掩饰过错；知道耻，就不会去干坏事。"

毛泽东曾经指出"治国就是治吏，礼义廉耻，国之四维，四维不强，国将不国。"礼义廉耻四字是治国的大纲，如果没有了它，这个国家就要灭亡。

"痛莫大于不闻过，辱莫大于不知耻"。（隋代王通）——最大的损失，莫过于不肯听别人的批评；最大的耻辱，就是恬不知耻。杨广在杨素的帮助下，以杀病父、淫庶母作为当皇帝的开端，整日转悠在户户西施、室室王嫱的"迷楼"里，穷奢极欲，奢侈享乐，加之以"诽谤朝政"的罪名杀害了开国元勋高颎，实行了错误的用人路线，在位13年就断送了大隋江山。正如唐代王十朋所言："孽后邪臣造衅端，房陵幽闭抱深冤。一朝变起宫闱内，方信当时用妇言。"

曾经大声疾呼"天下兴亡、匹夫有责"的学者顾炎武认为，在礼义廉耻四者中，耻是最重要的。"人之不廉……皆原生于耻也"。一个人之所以不清廉，乃至于违犯礼义，做出种种不合乎道德的事，一个重要原因在于不知羞耻。清代王永彬在《围炉夜话》中说："人不忘廉耻，立身自不卑污。"知羞是善的开端，无耻是恶的开端。

历史上有一种说法"红颜是祸水"，这是不准确的。一切功名成就都是男人的事，坏事总坏在女人身上。于是有些男人把祸乱国家的历史罪责往女人身上推。君不见：夏桀亡于妹喜，商纣亡于妲己，夫差亡于西施，玄宗败于贵妃……

"家国兴亡自有时，时人何若怨西施！西施若解倾吴国，越国亡来又是谁？"如果说，吴国国君因被西施所媚惑，拜倒在她的胯中，导致朝政荒废，亡国自刎，那么，先前越亡的历史，又该归之于谁呢？

《韩非子·解老》有言：人有欲则计会乱，计会乱而有欲甚，有欲甚则邪心胜，邪心胜则事经绝，事经绝则祸难生。——人一旦有了贪欲，计划就会打乱；计划打乱了，贪欲就会加重;贪欲之心重了,邪心就会占上风;邪心占了上风,办事就不讲原则;办事不讲原则,祸患就会产生。

《醒世恒言》中有个故事:录事薛某,一日在高烧睡梦中梦见自己化为鲤鱼跃入湖中,遇一老者垂钓,终因难耐钩上之饵的诱惑,张嘴咬钩,遂成老者钓物。冯梦龙点评说:薛录事被钓皆因"眼里识得破,肚里忍不过",贪婪所致。贪婪过度,这几乎是所有贪心者的死穴。

万历年间,明朝有个叫曹鼐的人,年轻时任山东泰安典使,负责维持治安,缉捕盗贼。有一次,他抓获了一名女贼,这女贼天生丽质,美艳绝伦。因为天色已晚,曹鼐来不及将她押解回县衙,两人同宿于破庙。夜间,女贼多次以色相勾引,曹鼐感到难以招架时,就写下"曹鼐不可"以自警,这样反复重写,一直写到天明,终于战胜了诱惑。曹鼐面对美色,不放弃原则,自警自律,保住了自己的名节。

两千多年前,古希腊唯物主义哲学家德谟克利特说过:"要留心,即使当你独自一人时,也不要说坏话或做坏事,而要学得在你自己面前比在别人面前更知耻"。慎独不是使每个人都成为没有生活乐趣的"木头人",而是引导人们去摘取身心愉悦的生命之果实。慎言谨行,是修身第一要务。慎言谨行当作为修炼德行、砥砺操守的关键。

当代社会高度的开放性、宽容性和生活多样性,既给了人们选择生活方式的自由,也带来了多种诱惑。据有关部门统计,在领导干部违法违纪案件中,有38%以上与领导干部的配偶、子女有关。

一些有所图谋之人、不法之徒,在腐蚀拉拢领导干部难以奏效的情况下,往往迂回侧击,从领导干部的妻子和子女身上打开"缺口",让领导干部在亲情的包围圈里迷失方向、失去自我。或通过领导干部家属频吹枕头风,或寻觅领导干部的"软肋",进行诱惑、腐蚀。一些别有用心之人用"糖衣裹着的炮弹",对领导干部直接"轰炸";或以重金、股份,以名人字画、异性按摩等进行诱惑。

"我们是朋友,请多予关照",不过是更多的"方便"和"财源"的代名词罢了。他们看重的是你手中有实权,有不正当的利益,是他们苦苦追求的终极目标。这一点,一些违法违纪人员不会看不出来。由于庸俗的"感情"、陈腐的"哥们儿义气"麻醉着他,由于骨子里的贪欲支配着他,什么纪律约束,什么党性原则,他统统都可以抛开不顾,直至走向高墙铁窗。因此,一定要把握交友原则和分寸,摆脱低级趣味,净化自己的社会圈。

商业贿赂行为在经济领域各个环节不同程度地存在,领导干部面临的诱惑和考验越来越多。在金钱、美色等诱惑面前，对与错只在一瞬间，一定要把好自己的关。

"心正自然邪不扰，身端怎有恶来欺？"有的犯罪者在"糖弹"的重击下，缴械投降，往往怨天尤人，强调客观，什么"送礼人是叮皮蚤，推不脱打不掉"，什么"听了老婆话，没有跟党走"，就是没有扪心自问：在诱惑面前，你是怎么挺不住的？这里外因是变化的条件，内因是变化的根据，内因是起第一位作用的。

"道德当身，故不以物惑"。目前分配不公的现象确实存在，党政机关干部的收入远不如大款、老板，但决不能因此心理失衡。如果认为自己含辛茹苦奋斗多年，贡献大而回报小，整天想着自己如何暴富，就很容易利用手中的权力去搞以权谋私、权钱交易。

泰安市原市委书记胡建学到香港去了几次，看到当年的同学一个个都成了大款，金钱、洋楼、名车、美女应有尽有，而自己一个堂堂市委书记"却如此寒酸"，心里很不平衡，于是他的私心膨胀起来，对金钱的贪欲，悄悄地摧垮了他那原来就脆弱的思想道德防线，并逐渐堕落，最后成了被判处死缓的囚徒。胡建学 5 年期间受贿 100 次，61 万元。按法律规定，受贿 5 万元以上，就要被判处 10 年以上徒刑，他超过了 11 倍。

一些居心不良的人，挖空心思与领导干部套近乎，把掌有实权的干部当作"资源"来经营，把表现优秀的年轻干部当作"潜力股"来投资。一些党员干部交友不慎，出入于低俗场所，沉湎于灯红酒绿，迷恋于声色犬马，热衷于打牌赌博，一步步酿成终身恨事。

作为党员干部对钱财应该有个正确看法：体现人生最高价值的绝不是金钱和财富，而是人的品位和为社会所做的贡献。因此，一定要淡泊名利。人在死的时候，有谁能把金钱、权力带进坟墓呢？但金钱、权力却可以把人带进坟墓。面对诱惑，我们要理智地放弃，守住心中的那一片蓝天，不要让诱惑冲破心灵的道德底线。

为官不贪，身有正气，是精神上的宝，比物质的宝更为珍贵，更应珍惜。英国赖德·哈格德说："男人们只有不为诱惑所动心，才算男子汉大丈夫。"古希腊哲学家狄奥根尼有句名言："不要挡住我的阳光！"我们应远离财色，擅自操守，闲中检点，守身如玉，在美色面前腿不软，在金钱面前腰不弯，不为贪欲所俘，不为邪气所摧，视一切不道德的欲望和念头为"无形敌人"，视走出方圆外的诱惑为毁灭的向导，杜绝"付出太多、得到太少"的失衡心理，"任你红尘滚滚，我自清风明月"，"心不动于微利之诱，目不眩于五色之惑"。

只要我们在思想上筑起一道抵御腐蚀的坚固堤坝，方正清廉走人生，任何诱惑就会显得苍白无力，不攻自退。

狂愚覆辙

脯林酒池①

【历史背景】

夏朝的政权传到第十四世,桀即位。这桀有一股超人的力气,能空手把弯钩拉直。也就是仗着这一点,他残暴地凌虐百姓,并且大肆发动侵略战争。桀即位第三十三年时,发兵征伐有施氏;有施氏求饶,并进贡给他一个名叫妹喜的美女。桀对妹喜甚是宠爱,沉浸在淫乐与纵酒中的桀根本不把国事放在心上,后来,夏朝属下的一个部落——商,在汤的领导下起兵伐桀,双方决战于鸣条山,夏军大败,桀带着妹喜仓皇出逃,最后被汤俘获,放逐于荒僻的卧牛山,不久死去……

夏朝的始祖本是大禹。大禹不大造宫室,只穿着普通的布衣,勤俭朴实,远离饮酒……一心扑在创业上。而桀——大禹的后世子孙,竟放纵到前面所说的那种地步,夏朝不灭亡那才怪呢!这真是该引以为鉴的啊!

夏桀认为自己的统治会地久天长。他还将自己比作太阳,认为自己会如同太阳一样永恒。他还召集所属的各个部落首领开会,发动战争来讨伐其他部落。他还对百姓暴虐无道,史书上记载他曾经将人当作马来骑,桀任意行使自己的权力而逐渐失去人心,众叛亲离。此时,商部落在汤的治理下走上了兴旺发达的道路。桀于是就很担心商汤有一天会危及自己,就找借口把汤囚禁在夏台。隔了不久,汤想办法使桀释放了自己。后来,商汤在名相伊尹的辅佐之下,起兵讨伐无道的桀,汤首先消灭了为桀效忠的小诸侯国,然后直接进攻夏朝的重镇鸣条。桀知道了这个消息后,立即带领军队赶到鸣条这个地方。在双方作战的时候,夏军当中的将士因为长期受到夏桀的压迫而不愿为桀卖命,于是就趁着作战的机会全都逃跑了。夏桀看到这样的情况,慌慌忙忙地逃入城内,将自己的宠妃妹喜和金银财宝带上,逃到了南巢(就是现在的安徽省巢县)。后来被汤俘获,放逐在卧牛山。于是近五百年的夏王朝就这样结束了。

【原文】

夏史纪:桀伐有施氏,得妹喜②。喜有宠,所言皆从,为瑶台③象廊④。殚百姓之财,为肉山脯林。酒池可以运船,糟堤可以望十里,一鼓而牛钦⑤者三千人。妹喜笑,以为乐。

【张居正解】

夏史上记,夏桀无道,不修德政。因征伐有施氏之国,有施氏进了个美女,叫作妹喜。桀甚是宠爱她。说的言语,无不听从。造为瑶台、象廊,极其华丽。竭尽了百姓的财力。又性嗜酒,放纵。不但自家酗饮,将各样禽兽之肉堆积如山,烹烤为脯者,悬挂如林。凿个大池注酒,池中可以行船,积糟为堤,其长可望十里,击鼓一通,则齐到池边,低头就饮,如牛之饮水者三千人。夫桀之始祖大禹,卑宫室,恶衣服,克勤克俭。因饮酒而甘,遂疏造酒之仪狄。何等忧深虑远,辛勤创业。而桀乃放纵如此!不亡何待!后六百年,又有商纣,亦为肉林酒池,亦亡商国。嗜酒之祸可鉴也哉!

【注释】

①此篇出自《国语·晋语一》。叙述夏桀暴虐、纵欲,导致亡国的故事。

②妹喜:人名。夏桀的妃子,有施氏之女。当夏桀打败了有施氏,有施氏被迫把妹喜进献给他。妹喜受桀的宠爱。后来商汤灭夏,桀和妹喜南奔而死。楚辞《天问》中,写作妹嬉。

③瑶台:美玉砌成的台。瑶,美玉。

④象廊:用象牙雕刻而成的画廊,是说极其华贵。

⑤牛饮:像渴急了的牛饮水那样地饮酒。

【译文】

夏史上记载,夏桀征伐有施氏,有施氏把妹喜送给了他。妹喜受到桀的宠爱,她说的话桀全都听从。还为她建造了美玉砌成的台,象牙雕刻成的画廊。把百姓的财产用尽了,使宫中有肉山和脯林。大酒池可以行船,造酒耗费的粮食堆成了高大的糟堤,登上去可远望十里。桀一声号令命人击鼓,像牛饮水那样到酒池边饮酒的,达三千人。妹喜见此情景喜笑颜开,桀以此为乐。

【评议】

　　夏桀是中国历史上有名的暴君,为了自己的安逸享受,他不惜民力修造华美的建筑,还设置酒池和肉林,纵情享乐。他不顾自己的君王地位,也从此忘记了作为君主的职责,贪恋女色,纵情声色,实施种种极其丑恶的行为,结果失掉了国家,自己也被载入了昏庸君主的史册,可以说他就是历代君王最为痛恨的也是最以与其同列为耻的对象,后世的君王都以他作为反面的例子来警诫自己。亡国之君大多都是这样,他们不肯勤于政事,不能爱护百姓,以天下之财供自己挥霍,以万民之力供自己驱使,只是为了满足自己的私欲,这样的国君怎么会不亡国?

　　历史不止一次告诫那些执政者只有勤俭寡欲,以百姓为重才能让自己的统治长久,而像夏桀那样妄自尊大,忘记作为君主最主要的职责就会遭到天下人的反抗,失去君丰的地位。

【拓展阅读】

时日曷丧——夏桀

人物档案

所在朝代:夏

生卒年月:不详

在位时间:53 年

人物简介:桀,又名履癸,发的儿子,是夏朝的最后一个国君,也是中国历史上著名的暴君。后来终于被商汤所灭,结束了长达近 400 年的夏王朝,最后在放逐路上因饥饿而死。

恋女色,误国政

夏王朝到了桀的时代,统治已发生了动摇。桀力大无穷,能空手拉直铁钩,他仗着这股蛮力，经常无端伤害百姓。他为政残暴，破坏农业生产，对外滥施征伐，并且时常勒索小邦。

他即位后的第三十三年，自负勇武，便发兵征伐有施氏（今山东滕县），有施氏抵抗不过，请求投降，把多年来积攒的珍奇全部取出，又从民间挑选许多年轻貌美的姑娘，一起进贡给夏桀。在这众多美女中，有个叫妹喜的，因其美貌，夏桀一见满心欢喜，当即下令撤军回去。

妹喜说她原是有施国君的义女，主动要求来侍奉夏王的。夏桀听后，心中更是欣喜若狂，第二天就把妹喜封为皇后，宠爱无比。他认为原来的那些宫室都不配给妹喜居住，于是就下令征集民夫，为妹喜重新建造了一座华丽高大的宫殿。远远望去，宫殿耸入云天，浮云游动，好像要倾倒一般，因此，这座宫殿就被称之为"倾宫"，宫内有琼室瑶台、象牙嵌的走廊、白玉雕的床榻……一切都奢华无比。夏桀每日陪着妹喜登倾宫、观风光，尽情享乐。

妹喜原是有施国败降的贡品，专为倾覆夏国而来的，因此她变着花样来使夏桀浪费民力财力。夏桀对她的要求百依百顺，样样照办，致使民怒沸腾。

夏桀怕妹喜思念家乡，就按照有施国的房屋样式，建造一些新民舍与妹喜参观欣赏，以消除妹喜思乡之苦。又按照妹喜的要求，派人挨家挨户挑选3000美女到倾宫歌舞，又派人督做3000刺绣舞衣，百姓有交不出绣衣的，就被严刑拷打，害得人们叫苦连天，家家怨恨。

妹喜还说："裂帛的声音清脆无比，十分悦耳。"夏桀便命令百姓每天要进贡100匹帛，叫力大的宫女天天撕裂布帛给妹喜听，以讨妹喜欢心。

桀为了满足其奢侈的享受，无休止地征发夏民，强迫他们无偿劳役。夏桀拼命宰割人民，榨干了百姓的血汗，人民对他的暴政已达到忍无可忍的程度，因此都愤怒地说："时日曷丧，予及汝皆亡！"（《史记·殷本纪》）。

用佞臣，众叛亲离

夏桀还重用佞臣，排斥忠良。他重用一个叫赵梁的小人，此人专投夏桀所好，教他如何享乐，如何勒索、残杀百姓。夏桀继位后的第三十七年，有人引见伊尹给夏桀，伊尹以尧、舜的仁政来劝说桀，希望桀体谅百姓的疾苦，用心治理天下，桀听不进去，伊尹只得离去。

太史令终古看到夏桀这样荒淫奢侈，便进宫向夏桀哭泣进谏说："自古帝王，都是勤俭爱民，才能够得到人民的爱戴。不要把人民的血汗供给一人享乐呀。这样奢侈只有亡国！"

夏桀听了很不耐烦，斥责终古多管闲事，终古知道夏桀已不可救药，心里明白夏一定要灭亡的，就投奔了商汤。大臣关龙逢几次劝谏夏桀，夏桀就是不听，关龙逢说："天子谦恭而讲究信义，节俭又爱护贤才，天下才能安定，王朝才得以稳固，如今陛下奢侈无度，嗜杀成性，弄得民心尽失。只有赶快改正过错，才能挽回人心。"

夏桀听后，非常生气，下令将关龙逢杀死。从此，夏朝朝政更加腐败，夏桀也日益失去民心、众叛亲离了。

后来，夏朝被商部落的首领商汤所灭。

【镜鉴】

美丽陷阱要当心
——莫好美色

芙蓉花虽美，总有凋谢的时候。依仗容貌、媚态换取的宠爱，是不会长久的。喜好美色，快乐的只在一个短时间，令人痛苦（名声扫地、事业受损、多病损寿）却是一辈子。

每个人都是血肉之躯，谁能没有七情六欲呢？面对免费的午餐，面对无缘无故的恩惠，面对形形色色的诱惑，偶尔表露一点"好感"，出现一时的"心动"，有过一丝的犹豫，从人性的视角来看，它是人性本能和人性弱点之使然，这并不可怕。

可怕的是，看到了诱人的香饵，却看不透背后隐藏着锋利的钓钩，于是企图满足某种欲望，产生非理性的自信而铤而走险，兼得鱼和熊掌。

古往今来，也有许多人拜倒在石榴裙下，并因此演绎出不是美丽的故事，而是悲惨的结局。周幽王与褒姒坐则腿叠腿，立则肩并肩，饮则交杯，食则同器，竟视国家安危为儿戏，创办"烽火晚会"，不惜当亡国之君。

"只知一笑倾人国，不觉胡尘满玉楼"。褒姒原是孤儿，继承了妹喜和妲己的忧郁症传统，即使成为被宠爱的妃子，其表情依然是落寞忧愁，郁郁寡欢，在周幽王的宫廷里无

人知道她内心深处的痛楚,对身边的荣华富贵视若无睹,以致没有任何事物能够触发她的欢喜与笑容。周幽王这个不爱江山爱美人的国王,政治智商本来不高,坠入情网后,为博取爱妃一笑,费尽心机,终于找到了一个引美人一笑的妙法:乱举烽火,戏弄诸侯,结果付出了惨重的代价——落得个国破家亡,没有了江山,也没保住美人。幽王的爱情终于得到悲惨的回报,而"狼来了"的寓言,似乎也有了一个闻名的中国翻版。

褒姒的笑,不过是对幽王愚蠢做法的一种嘲笑。清代诗人孙髯翁《烽火戏诸侯》说:"良夜骊宫奏管簧,无端烽火烛穹苍。可怜列国奔驰苦,止博褒姒笑一场。"

应该看到,淫之祸并不止于淫本身。贪色和滥用权力往往是联系在一起的。为了猎色,不惜滥用手中的权力,结果导致一系列祸患发生。

晋国发生的内乱,是因为晋献公宠幸骊姬。吴国灭亡,是因为吴王宠幸西施。汉成帝刘骜,后宫美女千数犹觉不足,夜里还戴着大帽子遮着脸,扮装平民去妓院偷鸡摸狗。在寻求刺激中,把好端端的国政弄得一塌糊涂,朝政日非一日。

骄奢淫逸而不改弦更张,乃堕落的渊薮。若一味极声色之娱,重私嬖之欲,则晨昏颠倒,志颓神疲,沉湎乖节,如同口贪香饵,终为钓奢所房,亦如翅缚黄金,永不能自由高飞,无异于作茧自缚,自毁前程。许多王朝走向衰落,其重要原因则是君主们贪恋美色和奢靡无度。

"飘然转旋回雪轻,嫣然纵送游龙惊"。酷爱音乐、精通音乐的唐玄宗,被杨玉环的美色和舞姿惊呆了,对她宠爱到了极点。面对后宫佳丽三千,他却独能宠爱一人。唐玄宗日日陷入宫中的爱河之中和歌舞声乐而不能自拔,对贵妃已经神魂颠倒,到了入魔的程度,丧失了摆脱的力量,从此堕入温柔乡中,忘记了自己对国家的责任,政务日渐荒疏,后来干脆不上朝了。于是先是李林甫,后是杨国忠,这两个宰相怎样排斥异己,怎样专横跋扈,他都无心过问,他从此变成了一个失败的君主,唐朝的政治经济危机日益加剧,终于在755年酿成了"安史之乱"。吁嘻唏,悲哉!

贪恋女色是中国许多帝王和贪官们的共性。贪色必然会造成爱的物欲化、粗俗化、轻率化,贬低人类情爱的高尚和圣洁。因贪恋女色而伤害身体、祸国殃民、危害事业屡见不鲜,留下许多深刻教训,值得后人记取。

面对女色的诱惑,能不能抵挡住?确实是个考验。一个真正的男儿,只有以事业为重,克制自己的欲望,抵挡住美色的诱惑,才能成就事业。

唐宪宗元和八年,大将李光颜率兵讨伐反叛的淮西节度使吴元济。一天,开封都统韩弘派人把一个能歌善舞的美女送给李光颜将军。李光颜沉思片刻，说："今天太晚了，明天一早，你再把她送来。"原来，韩弘暗中与吴元济勾结，选美女勾引李光颜，让其沉迷女色，不思平叛。

第二天，李光颜集合全体将士，让使者将美女带上来，为将士们献舞。舞毕，李光颜厉声对使者说："叛军作乱，祸害百姓，数万将士，驰骋疆场，浴血奋战。我岂能寻欢作乐，贪图享受？请转告韩都统，让他多为粮草操心，否则，军法处置！"使者灰溜溜地把美女带走了。李光颜面对美女不动心，激发了将士们杀敌的勇气，平息了淮西叛乱。

司马光和王安石都是历史上赫赫有名的大学者、大才子。两人都很正派、很正统，不为女色所乱。司马光在太原当通判时，已是人到中年，其妻张氏不生育，便买了一个俊姑娘，想给司马光做妾，却遭到司马光的拒绝。王安石进京当官，其妻吴氏为他买一妾，其丈夫押运粮船时粮食翻进水中，赔偿不起而被卖到荆公家。王安石让下属找来该妾的丈夫，给了他赔偿损失的钱，让他领着妻子回家过日子。

南宋末期，贾似道等大臣乘理宗贪恋美色，渐渐地把持了朝政。许多文人投入其门下，为贾似道出谋划策。有一位叫陈淳祖的人，为人正直，门客们都想法排挤他。

有一天，有人就把一位姬子的鞋藏在陈淳祖的床下，意欲借机陷害两人。贾似道听说此事，没有立刻把陈淳祖抓起来。当天夜里，贾似道的爱妾按其旨意，来到陈淳祖的房门前，轻轻叩门。正在灯下看书的陈淳祖连忙回答道："夫人，夜已晚，我已睡下，请回吧。"陈淳祖见她还不离开，道："夫人，晚生决不做偷鸡摸狗之事。夫人请自重。不然，晚生明天就将此事禀告宰相大人！"躲在暗处的贾似道解除了心中的疑团，就更加看重陈淳祖了。

近些年来，不法分子利用美色将党政干部拖下水，以谋取不正当利益。有的人看你有权又贪色，就送色上门，以此达到其他目的。纵欲无度，最终兽性替代了理智，色欲战胜了法纪，贪色、猎色及其衍生的种种腐败与罪恶，必然走向毁灭。

有媒体报道，在近年来查处的腐败事件中，有90%的人有婚外情、包二奶、嫖娼行为。贪官的情妇的共同点：利用姿色、嗜钱如命、追求享受、人格沦丧、手段非凡、下场可耻。她们根本不会像虞姬那样，为了爱情可以不要生命。

这种"性贿赂"、权色交易，导致权力变质、国有资产流失、道德防线崩溃、社会风气败坏，确实值得警惕。一些诱人的美色如同撒开的网，在不经意间将人紧紧缚住，将人的意志消磨殆尽。倘若你沉醉在这"温柔乡"中不知归路，可就得不偿失、后悔莫及了。

何某,在舞厅认识女青年龚某。何某自称在某省外贸联合公司驻本市办事处工作。随着舞技的长进,两人变得形影难离,无话不谈,只是龚某对机密仍守口如瓶。

这天,上级派龚到某市参加外贸会议。她向何某辞行,何谋谎说去那里洽谈生意,于是两人结伴同行,闲暇时一起游山玩水,尽情享受,一切开销皆由何某付钞,直至发展到同床共枕。龚某完全相信何某对她是一片真情。

这天夜里,两人又同居一室。深夜,龚在朦胧中发现,何某拿出一台摄像机,对着自己的会议文件进行拍摄。龚某这才如梦方醒,她问何:"你到底是什么人?"何供认:"我是某国某实业集团的雇员,你的工作恰巧和我的职业有关。几个月来,我已偷偷地拍了你保存的许多珍贵资料,受益匪浅,公司很高兴,嘉奖我们一大笔钱……"

龚某已无奈,同意与何某去澳洲定居,就在他们即将登机出国时,被押上了警车。

孔子云:"食色性也",揭示了性是人生理上的需求,而且是本能的,属于人的本性。两性之爱应顾忌脸面,应在乎人的尊严。抛弃了羞耻之心,以"包二奶"为荣,只要有爱而不要约束,倡言性解放,展示性行为,随意谈论性的技巧,在网上展现色情姿势照片……这种公开裸露的程度应节制,这种道德沦丧应遏制。

食色性也的性行为,直接关联到羞耻的意识上。必须强调羞耻心以巩固道德的堤防,不使人类动物性的本能,趋于放任而泛滥。如同孟子所说:"人不可以无耻。无耻之耻,无耻矣!"(《孟子·尽心上》)——人不可以没有羞耻。从没有羞耻到有羞耻,改行从善,终身就不再有羞耻之累了。

现代医学清楚地表明,一夫一妻制是最为科学的。占有多个女性,既不能满足多个女子的性需求,也必然伤害自身。明代一些帝王面对后宫美女如云,扭腰送胯飞媚眼,丰乳肥臀嗲音调,大施淫威,占尽美色,只登基几个月就命丧黄泉。明正德皇帝朱厚照建"豹房"日夜行乐,常与嫔妃群交,31岁暴死于豹房,并无后代。

"亡国亡家为颜色,露桃犹自恨春风"。人世间,唯有钱财、美色、权位,最是"双刃剑",最能迷惑人,最有腐蚀性!处理不好,最能使人变坏矣。

"昔日芙蓉花,今日断根草。以色事他人,能得几时好?"芙蓉花虽美,总有凋谢的时候。依仗容貌、媚态换取的宠爱,是不会长久的。喜好女色,快乐的只在一个短时间,令人痛苦(名声扫地、事业受损、多病损寿)却是一辈子。

革囊射天

商武乙

革囊射天①

【历史背景】

　　商汤灭了夏桀,建立了商朝。商朝政权代代相传,到第十四世是武乙登基。这武乙不信天道,就想法子与天神作对。有一次,他命令工匠雕了一个木偶——这家伙状貌威严,衣冠楚楚,武乙说就拿他当作天神。然后,武乙邀天神与他下棋赌输赢——"天神"实际上是不会出子布局的,是一个臣子奉命代替"天神"来操作的。棋盘上武乙下子如飞,而对方步步退让……最后,"天神"输了!武乙哈哈大笑着站起来,得意扬扬地在大殿里迈着虎步,把那尊木偶一脚踢倒在地上,说道:"你既然是'天神'可怎么这样无能,轻易地就输给了我?我看呀,你根本不配称'天神'!"说话间,武乙随手抽出一旁卫士所佩的长剑,朝木偶的身上胡乱砍去,那个木偶很快就被砍成烂木头了。

　　又有一次,武乙让人用兽皮缝制了一个大袋子,在其中灌满了鲜血,然后指挥部属把血袋挂在了高高的木架上。人们不是说有"天神"吗,不是说"天神"高高地俯视人世吗,不是说"天神"也是有血有肉的吗?——好,这高挂在半空的血囊就算是"天神"吧!武乙在它的下边稳稳地站定,引弓,搭长箭,向左右臣子们声言:"看,我要射这个'天神'啦!"一箭发出,皮囊上"咻"的一声漏了一个大洞,其中的鲜血"哗——"像瀑布一样地洒下了地面……"我把'天神'射死啦,我把'天神'射死啦!"武乙的欢笑声震动了远远近近。武乙在位五年。他有一次到黄河、渭水之间去打猎,据说被雷电击死了。

　　其实,我们今天来看那段历史,应清楚武乙在位时巫教势力渐大,他们经常打着"天意"的旗号来限制商王的行动;而武乙的砍偶人、射天囊,不过是想方设法对巫教"天神说"的打击;至于说武乙被雷电击死的传言,也可能是巫师们编造出来以欺世的,就算是真的,以我们现在科学的眼光看来,不敬天神与遭到电击之间也是没有必然联系的。

【原文】

商史纪：武乙②无道，为偶人，谓之天神。与博不胜而戮之。为革囊盛血，仰而射之，谓之射天。在位五年，猎于河渭之间，暴雷震死。

【张居正解】

商史上记，商王武乙无道，不知敬事天地，把木雕成人形，叫作天神。与之对局而博，使人代为行筹。若是偶人输了，就将它砍碎，恰似杀戮那天神一般。又将皮革为囊，里面盛着生血，高悬于空中，仰而射之，叫作射天。其慢神亵天如此。在位五年，出畋猎于河渭之间，着暴雷霹死。夫人君无不敬也，而敬天为大。《书》曰："钦若昊天！"③《诗》曰："敬之敬之，天惟显思，命不易哉。"④若以天为不足畏，则无可畏者矣。武乙之凶恶，说他不但不怕人，连天也不怕。故为偶人而戮之，为革囊而射之。呜呼！得罪于天，岂可逃哉！震雷殒躯，天之降罚，亦甚明矣。

【注释】

①本篇出自《史记·殷本纪》。叙述了殷纣王前三代君主武乙无所顾忌、任意妄为的故事。

②武乙：殷代君主名，庚丁子以射天神著称于史。

③钦若昊天：见《尚书·尧典》。意为：恭谨地遵循上天的意旨行事。

④敬之敬之，天惟显思，命不易哉：见《诗经·周颂》。意为：恭敬啊再恭敬，上天一定会显露出它的命意，天命不可违背！

【译文】

商代史书上记载，商王武乙不敬道尊人，做了个偶人，把这个偶人叫作天神。和这个偶人赌博，如果偶人不能取胜，便把它砍碎，以此表示不敬天信神。他还在皮口袋中盛满血，把它吊在木杆上，抬头搭箭去射，说这是射天。他在位五年，后来在黄河与渭水之间打猎时,被暴雷震死。

【评议】

中国历史上的暴君都是利用自己手中的权势为所欲为,将天下所有的坏事几乎做尽,商王朝的商武乙就是最有代表性的一个。古代的君王,为了使黎民百姓受到荫庇、自己的统治能够长久稳定,都要举行隆重的敬天仪式,来求得天神的保佑。对于天神的敬畏在一定程度上使得古代的君主能够看到自己的不足,对自己手中的权力能够有限度地使用,可以说在一定的时候起到了约束君主行为的作用。但是在这个故事中的商武乙就是一个例外。他曾经做了一个木偶人,并叫这个木偶人为天神,任意凌辱这个木偶人来表示他对天神的不满,还制造了一个革囊装满鲜血作为天的象征,然后用弓箭将其射破,说自己在射天。总之,商武乙以自己的不畏天神来显示自己的强大,最后遭受雷击而死。

后来的君主就以这个故事为警戒,以此来说明要敬重天神,否则就会受到天神的惩罚,这就约束了一些君王的狂妄,使他们在做事情的时候也能够有所顾忌。在这个故事里,我们表面上看到的是要对天神恭敬,否则就不会有好下场,但在事实上,是在告诉我们,人要有所敬畏,只有这样才能够不超越限度、为所欲为。明朝的皇帝朱元璋就曾经说过有敬畏的人最快乐,所以即使是在现代社会,对于天啊、神啊的信仰已经被看作迷信活动了,但并不是说人从此就可以毫不畏惧地去做自己想要做的任何事情(当然在这里所说的仅对一些负面的行为而言,并不排斥锐意进取的精神与行为),人只有在自己的心中有敬畏,才能够在行事的时候不至于一意孤行,最后落得个可悲但绝不可原谅的结果。

【镜鉴】

一、要有敬畏之心

有一则故事,说古代一位官吏向高人请教治政之道,这位高人送他一密旨:深怀敬畏之心。深,牢牢记住;怀,装在心里;敬畏,即敬重又害怕。以这种心态从政,才有如履薄冰之危,才不敢懈怠,才不敢忘乎所以,才会与民荣辱与共,才会保一方平安。

说起来,这个道理十分浅显,浅显到一些人竟然将其忽略不计。以至于"水覆舟"后,方才痛哭流涕，悔不该"水载舟"时忘记了还有"水覆舟"之训。

所以，为官为政，自有其道。对每一名干部特别是领导干部来说，"敬畏"不仅是日常心理状态，而应该是一种人生态度，更是领导干部履行职责的基本要求。

（一）何谓敬畏、敬畏之心

所谓"敬畏"，就是敬重又畏惧。

所谓"敬畏之心"，是人类对待事物的一种态度，是指对某一事物又敬重又畏惧的心理。

远古时代的人类由于认识的局限性，对无穷无尽的未知找不到合理的解释，对许多超越认识能力的自然现象也无以掌控，于是他们就产生害怕、恐惧的情绪。这是童年人类对大自然原始的、本能的敬畏。因此，有人认为，敬畏感就是以"无知""怕"为核心的情感，是一种指向虚无的内心恐惧。而实际上，在现代社会，人的敬畏感是体现人性中超越自我、升华自我的情感。它是一种出于信仰神圣与崇高而发自内心的虔敬、庄严、自觉的禁忌意识，是主导人性中至真至善的唯美表现，是一种他律性自律。

在中国，古人对"敬畏"早有精辟论述："善怕者，必身有所正，言有所规，行有所止，偶有逾矩，亦不出大格。""有所畏者，其家必齐；无所者，必怠其睽"；"畏则不敢肆而德以成，无畏则从其所欲而及于祸"。敬畏中的"敬"体现的是一种人生态度，一种价值追求，它使人尚礼向善，臻于完美；而"畏"则是一种行为的警示界限，它使人对自身的言行举止进行道德自律——从而"自己为自己立法"（康德语）。

在中国佛教没有成为普遍影响全体国民的宗教，而只成就了民间少数人的香火意识。中国民间也一直流传着"万事劝人休瞒昧，举头三尺有神明"的说法，它是利用普通大众敬畏"神明"的心理，警示世人不要在阴暗处做坏事，不要在背后搞阴谋诡计。虽然"神明"一说已不再深入人心，但在内心，当人们祈祷、祝福甚至赌咒发誓时，总是期望神灵的大能。然而，这种心理活动只是一种因即时需要而生发的心理祈愿，并不是那种恒定的起内在规训作用的信仰所产生的敬畏感。但这并不影响我们的敬畏意识，诚如有人所言："一个没有宗教信仰的人，仍然可能是一个善良的人。然而，倘若不相信人世间有任何神圣价值，百无禁忌，为所欲为，这样的人就与禽兽无异了。"

人可以不信宗教，但必须有敬畏之心，敬畏自然、敬畏生命、敬畏法律、敬畏道德、敬畏人民……有敬畏之心就会理智、知耻、有所禁忌；相反，没有敬畏之心就可能会丧心病狂、肆无忌惮、无所不为，纵然有千万条法律，也可能会钻法律的空子做坏事，或者在没有人看见的时候犯罪。

（二）领导干部拥有敬畏之心的重要性

把深怀敬畏之心作为为官从政的基本准则，是有其道理的。一个人有了敬畏之心，心中就有了定盘星，为人处世有了标准，就会拒绝各种诱惑，用法纪约束自己，对越轨之事不敢想、不敢干。唯有如此，才不会也不敢凌驾于群众之上，才不会亵渎职责、忘记使命。一个人心无敬畏，则会肆无忌惮、随心所欲，其结局是极其可怕的。可以说，常怀敬畏之心，常有束身自修之志，是人生的重要课题，是领导干部必须具备的基本素质和基本要求。

治国必先治吏，这是任何一个国家都在积极探索的课题，中国古代更是把官职看成是"国之重器"，对选拔官吏视为选择"国之栋梁"。但治理国家最难的也是吏治，因为干部的任用妥与否，关乎天下稳定，因此毛泽东当年就说过当政策路线确定之后，干部就是决定因素。

我国在干部队伍的建设方面一直给予了高度的重视，对干部的管理也制定了许多规章制度，在体制机制上也进行了有益的探索，并取得了一些突破性的进展。但是，从反腐工作的任重道远来看，也说明了我们的干部队伍还存在不少的问题，还需要做出较大的努力。尽管一支高素质的干部队伍的建设，主要是依靠制度和体制的保障，但对自身修养的加强也是十分关键的。"上正，不令而行；其不正，禁而不止"，讲的就是这个道理。

目前干部队伍中存在的一些问题固然与我们的体制机制不健全有关，但部分干部无视党纪国法，忽视"官德"的修养，缺乏正确的价值观，心理失衡也是一个重要的原因。现实中，一些就是因为对自己的德行放松了修养，才导致身败名裂的下场。但凡把为民服务的岗位看成是"私用"，把人民赋予的权力看成是为自己谋利的工具的时候，其官也就做到了尽头。

古人云："不自重者致辱，不自畏者招祸。"古人尚敬畏神明，懂得举头三尺有神明，不敢肆无忌惮为非作歹，唯恐生命终结后的轮回陷入无尽苦楚。但现实生活中，一些领导干部随着职位的逐步升迁、权力的逐步扩大，"心动于微利之诱，目眩于五色之惑"，经济上贪得无厌,生活上腐化堕落,从而步入了罪恶深渊,以致身陷囹圄,令人触目惊心之余,更引人深刻反思。任何人都要有所敬畏才不至于失去分寸,贪官们之所以敢于为所欲为、铤而走险,就是缺少对党性原则、党纪国法的敬畏之心。把本该敬畏的对党的事业、对人民群众的忠诚,都抛诸脑后,加之缺乏有效制约,最终走上了犯罪之路。因此,领导干部要常怀敬畏之心。

(三)领导干部应敬畏什么

敬畏,是一种境界,也是一种自律。"天下之事,成于惧而败于忽"。领导干部倘若缺乏敬畏之心,就会变得自高自大、无法无天起来,就可能表演出一幕幕官场丑剧。我国古代就有"畏法不敢肆而得以成,无畏则其所欲而及于祸"的告诫。

1.要敬畏党,牢记自己的铮铮誓言

敬畏党,是党性强的最生动的体现,也是对党员的基本要求。党在中华民族的发展史上取得的这些成就,足以让我们敬畏。因此,对党员干部而言,敬畏党,就是要牢记党的宗旨,牢记自己在庄严党旗下的铮铮誓言,自觉遵守党的章程和纪律,任何时候、任何条件下都站在党的立场上想问题、办事情,使自己的言行符合党员的标准,符合最广大人民群众的根本利益。

2.要敬畏人民,让自己做的事情对得起养育我们的人民

古语有云:"天地之间,莫贵于民";"水可载舟,亦可覆舟。"毛泽东教导我们:人民,只有人民,才是创造世界历史的动力。人民群众的拥护和支持是我们党的力量之源和胜利之本。人民群众也是我们的衣食父母,没有广大人民群众创造的物质财富和精神财富,我们必将失去生存的依靠。从实践来讲,敬畏人民,就是要对人民高度负责,忠于职守,为民用好权、谋好利、守好责。敬畏人民,要有一种俯首甘为孺子牛的公仆心,一种执政为民的责任感。"德莫高于爱民,行莫高于利民"。人民是国家的主人,干部是人民的公仆。公仆对人民负责,天经地义。敬畏人民,关键是要自觉接受人民群众的监督,常言说得好,人民群众的眼睛是雪亮的,作为一名领导干部,必须时刻牢记手中的权力不是与生俱来的,而是人民赋予的。在其握有实权的时候,如果漠视了人民群众,或高高在上,或碌碌无为,这样的干部必定会被人民所唾弃。

3.要敬畏历史,使自己的工作能经得起实践和历史的检验

生命有限,历史不断。任何一名领导干部,不论职务多高,任期都是有限的。当其离开领导岗位,抑或离开缤纷人世之后,其在位期间、在世时候所做的一切,都要接受实践和历史的考量与检验。一个不懂得珍惜实践、敬畏历史的人,不是虚度人生、无所作为,就是胆大妄为、滥用公权,终将会被历史所忽视、轻视乃至鄙视,甚至可能沦为历史的罪人。自己的历史是由自己书写的。从这个角度讲,领导干部要自觉敬畏历史,想让自己的人生多一点辉煌,少一些阴暗;多一点光彩,少一些污点,就要尽职尽责为人民用好权、执好政。

4.要敬畏人生,将来回首往事的时候不会感到后悔

草木可以再长,人生不能重来。生命是真实的存在,一天就是一天,一年就是一年,我们不能把一年浓缩为一天,也不能把一天扩张为一年。在我们一生之中,每一天、每一月、每一年,都有我们想做的事、应做的事。身为领导干部,位高权重,必须认真做人做事,如果游戏人生,甚至拿权力和人生当赌注,以权谋私,忘记了自律,忘记了责任,最终必定是抱憾终生,甚至不堪回首。职位就是岗位,权力就是责任。常言道,"责任重于泰山"。权力,既能更好地成就事业、造福于民,也可能贻害百姓、遗祸自身。

5.要敬畏法纪,做遵纪守法之人

德国哲学家康德曾经说,有两种东西,对它们的思考越是深沉和持久,它们在其心灵中唤起的惊奇和敬畏就会越来越历久弥新,它们一个是我们头上浩瀚的星空,另一个是我们心中的道德律令。当今社会,能否敬畏法纪,对于党员领导干部来说不是个小问题,它是我们践行党性、永葆先进性的重要保证,因为纪律严明和党性坚强密不可分,党性坚强的人必定是模范遵守纪律的人。那种认为在纪律上放松一点、随便一点无关紧要、无伤大雅的想法是行不通的;那些"不是我一个""一次不要紧""不算大问题""一点小事无所谓"的做法是非常有害的。我们一定要深刻认识敬畏法纪的重要性,始终对法规制度心存敬畏,视国法如准绳,视纪律如水火,无论什么时候、什么情况下,都不碰党纪这条"高压线"、不逾越国法这条"红线"、不忘政治这条"生命线",不做有损党和人民利益之事、有悖良心之事、有愧亲人之事。

6.要敬畏责任,做为党分忧、为民解难的人

责任是一种高尚的品德,体现的是一种事业追求和思想境界,反映的是一种勤恳态度和精神风貌。大到国家民族,小到每一个家庭,我们每一个人都生活在责任之中,只有为人民、为国家、为单位多做些事,才能不负青春、不负人生;只有以如临深渊、如履薄冰

的心态对待工作,以诚惶诚恐、殚精竭虑的劲头看待事业,才能不负重托、不辱使命;只有把有限的时间都用在为人民、为国家做好事上,才是精彩的人生。责任还是一种崇高的使命,体现的是党员干部作为人民公仆的起码要求,我们只有义无反顾地担负起对党、对国家、对民族、对历史的责任,恪尽职守、认真履行,踏踏实实干事、兢兢业业工作,才能不负重托;倘若于工作无所用心、于事业无所追求、于人民无所贡献,就是愧对人民群众、不配担任党的干部。我们一定要牢记责任和使命,把党和人民的事业放在第一位,把岗位当作为党分忧、为民解难的平台。

我们还应敬畏科学、敬畏真理、敬畏舆论、敬畏生命……总之,要敬畏一切神圣的东西。有所敬畏,我们才能谨言慎行,走得正、行得端,跟上时代的节拍。

(四)领导干部如何做到有敬畏之心

敬畏之心,说起来容易做起来难。尤其是领导干部职位越高、权力越大时,"胆子"便会越来越大,有的人容易变得"天不怕、地不怕",其实这最可怕。

懂得敬畏,是理智与成熟的表现。领导干部只有时刻拥有一颗敬畏之心,才能牢记使命、不负重托;才能恪尽职守、奋进务实;才能时刻把人民的安危冷暖放在心头;才能保持清醒头脑,确保人生的正确航向。

敬畏之心不是天上掉下来的,是通过持之以恒的学习,努力改造主观世界,改造人生观得来的。

首先,要坚定理想信念,树立正确的世界观、人生观、价值观。理想信念淡薄,甚至缺乏,哪来的一丝敬畏之心?毛泽东就曾提出"世界观的转变是一个根本转变"的著名论断。古今中外的历史一再告诉我们,强国先要强民,强民先要强魂。而强魂的根本在于铸造起坚不可摧的精神脊梁。一批又一批领导干部的堕落,给了我们一个严重的警告,这些人早已失去了共产党人的信仰,信仰的危机已侵入了这些人的肌体。我们的党员领导干部应当时刻保持清醒的头脑,常怀敬畏之心,找准个人在党性党风上存在的主要问题,提高明辨是非、丑与美、真与伪的能力,增强抵御各种腐朽思想和生活方式侵蚀的能力。

其次,要时刻牢记党的宗旨,牢固树立"权为民所用、情为民所系、利为民所谋"的民本思想,全心全意为人民服务。我们的党来自人民,根植于人民,服务于人民,建设中国

特色社会主义全部工作的出发点和落脚点，就是全心全意为人民谋利益。尽管我们党内的主流是好的，但少数人在思想意识和精神生活方面，放松了对自己思想的改造，忘记了全心全意为人民服务的宗旨，缺少了对党和人民群众的敬畏之心，走向了腐化堕落。最后导致了在糖衣炮弹面前打了败仗，把人民赋予的权力当成了牟取私利的手段，一朝权在手，便把令来行，滥用人民赋予的权力，又伤害了人民群众的感情。我们每一个党员干部只有常怀敬畏之心，重新认真审视自己，时刻记住来自各方面的压力，正确使用手中的权力，牢记党的宗旨，才不至于成为千古罪人。

最后，要珍重自己的人格，珍惜自己的形象，努力培养强烈的自律意识。

领导干部要有高尚的精神境界和道德情操、遵纪守法、常怀敬畏之心，廉洁自律就会成为自觉的要求。而这一切都要依赖于个人所形成的强烈自律意识。一个人不能自律时，即使有强大的外力，也难奏效。不自律的人，必然放纵，走向堕落；自律的人，不断超越，最后走进人生的新境界。

唯物辩证法认为："外因是变化的条件，内因是变化的根据，外因通过内因而起作用。"同样是身握大权，为什么有的人能始终保持人民公仆的良好形象，而有的人却经不住考验？关键一点还是没有强烈的自我约束的能力。

世上最难的事，然而也是最管用最可靠的办法便是自己管住自己。人有各种各样的欲望：食欲、物欲、财欲、情欲……但是如果约束不住自己的这些欲望，越过法律的界限，势必走向人民的对立面。

要以行立德，在艰苦环境、危难时刻磨炼意志、砥砺品质，在践行党的宗旨、为群众排忧解难中增强为民意识、升华爱民情怀。要以律立德，自觉接受监督，始终以党性原则和道德规范严格要求自己，不断提高精神境界和道德情操。要多作自我批评，批评使人警醒，批评使人进步；自我批评是法宝，它让人有所敬畏，知道进退。

当然，心存敬畏，不是叫人在工作上缩手缩脚、当断不断，而是要领导干部在履行职责、行使权力时要"如临深渊、如履薄冰"，做到"有所为，有所不为"，头脑清醒，严格自律，成就事业，同时也成就自我。这不是怯懦，不是软弱，而是一种坚强，一种勇气，一种明智，也是一种高尚的节操。

领导干部常怀敬畏之心，是其清醒、明智的表现。须知，在历史的长河中，每个人的人生历程极其有限。在人生历程中，"当官"的历程又极其有限。为官一阵子，做人一辈子。就算为官是人生之旅的"得意"之时。古人早就说过："得意无非俄顷事。"做人才是一辈子。只有真正做到敬畏党、敬畏群众、敬畏人生、敬畏法纪、敬畏组织、敬畏自然、敬畏历史,做官讲官德,做人讲品德,恪守做官与做人的本分,人生之路才会更实在些,对社会才会更有作为些,这样的人生才是有意义的人生。

二、重视提高自身的科学素养和人文素养

政治路线确定之后,干部就是决定性因素。领导干部素质状况,事关党的执政能力、社会主义现代化建设、国家强盛和民族复兴的长远大局。新时期,面对艰巨的任务和严峻的挑战,迫切需要一大批高素质的领导干部。领导干部的素质是由许多方面要素构成,但其中科学素养和人文素养是其重要组成内容,是衡量领导干部综合素质的重要指标。不负重托,不辱使命,各级领导干部一定要重视提高自身的科学素养和人文素养。

(一)关于科学素养

何为科学素养?2006 年 3 月 20 日国务院颁布的《全民科学素质行动计划纲要》中指出:"科学素质是公民素质的重要组成部分。公民具备基本科学素质一般指了解必要的科学技术知识,掌握基本的科学方法,树立科学思想,崇尚科学精神,并具有一定的应用它们处理实际问题、参与公共事务的能力。"《纲要》中科学素质的概念与科学素养实为同一概念。科学素养不仅体现人们对科学知识的掌握,而且体现人们所具备的科学思想、科学方法和科学精神,体现人们应用它们处理实际问题和参与公共事务的能力。

科学知识是正确反映自然、社会、思维本质和规律的知识体系。科学知识一般包括科学理论、科学思想、科学规律、经验常识等。科学知识是人们认识客观事物及其规律的基础,也是培养一个人科学素养的基础。储备扎实的科学知识对领导干部尤为重要。首先,扎实的科学知识是领导干部形成正确判断能力的前提。其次,扎实的科学知识是领导干部形成科学决策能力的基础。领导干部只有勤奋学习现代领导科学、管理科学知识,懂得科学决策和科学管理的基本程序、有效机制和科学方法,储备丰富的科学知识,才能正确判断,科学决策,从而促进科学发展。

科学方法是人们在认识和改造客观世界中遵循和运用的、符合科学一般原则的各种措施、途径和手段。科学方法能有效地帮助人们分析问题、解决问题,更好地理解信息和了解社会,推进创新,实现目标。遵循科学方法开展工作,才能取得事半功倍的效果;反

之，则可能事倍功半，甚至劳民伤财。在现代复杂的社会形势条件下，讲究科学方法，提高领导水平，是各级领导干部适应和胜任领导工作的一项紧迫课题。掌握和运用科学方法，尤其要注重继承和发挥我们党在科学领导方法上的优势和长处，充分运用辩证唯物主义哲学方法和其他科学方法，使领导工作富有成效。

科学精神是人类在探索未知领域的科学活动过程中所体现出来的精神气质和状态，是人类探求真理必须具备的高尚品质，反映了人类崇高的精神追求。科学精神是科学知识、科学方法的积累和升华，它来源于实践，反过来又影响和制约人们实践活动的科学性。领导干部的科学精神是其个人素质的重要组成部分，也是其领导经济社会发展过程中的重要思想意识保障。科学精神的内涵极为丰富，核心内涵是实事求是的理性精神和勇于探索的创新精神。实事求是的理性精神是各项事业沿着正确道路发展的保证，而勇于探索的创新精神则是各项事业不断发展的动力。各级领导干部只有具备了科学精神，才能在思想认识和工作实践中求真务实，不断开拓进取，以科学的态度、方法去处理和解决好发展中的复杂问题。

(二) 关于人文素养

人文，即人类社会的各种文化现象。素养，即素质与教养。所谓人文素养，是指人文科学的研究能力、知识水平及所体现出来的以人为对象、以人为中心的精神—人的内在品质。人文素养既包含人文知识、人文技艺，也包含人文精神。

人文知识是知识体系的重要组成部分，主要包括文学、历史、哲学、艺术四个学科。历史知识是一面镜子，广泛涉猎历史知识，可以借古鉴今，反思得失成败；文学知识最能引起人的共鸣，丰富人的情感体验；哲学知识可以启迪智慧，扩通思路，帮助人们理性认识和把握事物发展规律；艺术可以陶冶人的情操，培养逸致，提升个人品位。领导干部储备较为充分的各类人文知识，不仅有助于增长见识，开阔视野，还有益于提升个人修养与魅力，进而推动各项工作顺利开展。

一个人掌握琴棋书画等人文技艺，不仅有利于人的身心健康，还能开阔人的视野，丰富人的知识，焕发人的精神，形成一股潜在的内在力量，激发人们最大限度地去发挥自身的创造性，从而为获得事业成功起到助推作用。人文技艺是一个人健康向上志趣的反映。在一定场合，领导干部巧用人文技艺可以在人民群众中增加亲和力，增添人格魅力，成为一种无形的领导艺术。

人文精神则是一种人类对于自身生活所处关系、条理和秩序进行普遍关怀的意识，表现为尊重人的主体性，发挥人的创造性，保障人的基本利益等方面。人文精神强调一切从人出发、一切以人为归宿，是一种以人为本的精神。人文精神概括并包容了科学精神、艺术精神和道德精神，是人文素养的最典型标志。具备人文精神是高素质现代领导干部的重要标志。

较为深厚的人文素养，是领导干部应该具备的基本素养，是提高领导干部领导水平、执政能力和综合素质的一个重要方面，也是衡量领导干部是否德才兼备的一个重要指标。

(三) 领导干部要不断提高自身的科学素养和人文素养

领导干部提高自身的科学素养和人文素养是渐进积累与内化的结果，不可能一蹴而就，必定要经历一个长期、执着而又艰辛的过程。

1.要提高认识，加强学习

领导干部自身科学素养和人文素养的高低不只是关乎个人素质问题，还直接影响到一个地区或部门的发展方式和方向。事实告诉我们，具备较高的科学素养和人文素养，有利于领导干部把握规律，正确判断社会发展的方向；有利于领导干部创新思维，推动社会全面科学发展，增强构建和谐社会的信心和能力。相反，缺乏应有的科学素养和人文素养，领导干部将无法应对当今社会的各种复杂挑战，难以担负起科学决策的重任。而领导干部要提高科学素养和人文素养，必须加强科学和人文知识的学习，因为知识是素养的基础。要培养和提高科学素养和人文素养，最主要的办法就是要勤奋读书，不断地积累知识，触发感悟，增加科学和人文底蕴。阅读有字之书之外，向实践学习、向广大的干部群众学习，也是提高科学和人文素养的一个重要途径。温家宝多次答记者问时都能恰如其分地旁征博引，并对中国古文学语言信手拈来，自然贴切，表现出良好的人文素养和引导能力，这无疑是他勤于学习的结果。领导干部只有自觉站在"代表先进文化"的最前列，不仅努力学习自然科学，而且努力学习社会科学；不仅努力学习世界前沿的科学技术，而且努力学习各民族的文化知识，才能不断提高自身的科学素养和人文素养，提升综合素质，更好地担负起党和人民赋予的重任。

2.要勤于思考,善于总结

孔子曰:"学而不思则罔,思而不学则殆。"所谓尽信书则不如无书。学习是一种获取,思考则是一种加工,一种提升。学习获取的知识只有通过思考消化,才能变成一个人认识、分析、解决现实问题的立场、观点、方法和能力。总结是一种反思,也是一种工作方法。古人云:"一日三省吾身。"把经常性反思作为一种修身的方法,就能避免重犯错误,健康成长。毛泽东也曾说过:"我是靠总结经验吃饭的。"领导干部更要学会并善于结合自己的工作不断总结,以总结促提高,在总结中求进步,在总结中谋发展。要坚持实事求是的科学精神,始终尊重群众的首创精神,深入群众,依靠和集中群众的智慧,善于总结和提炼人民群众在实践中创造的经验,因为人民群众才是创造历史的主体,是领导干部学习实践经验的重要源泉,是我们一切事业的根基与沃土。领导干部只有把勤于学习科学、人文知识与善于思考、反思结合起来,才能学以致用,不断提高自身科学素养和人文素养,从而在工作实践中真正做到"立党为公,执政为民",推动经济社会科学发展。

3.要立足实践,积极转化

"纸上得来终觉浅,绝知此事要躬行"。获取了知识不等于掌握了方法,更不等于就养成了精神,关键在于转化。领导干部只有将科学知识转化为科学方法,运用于工作实际,准确把握事物发展规律,才能将各方面的关系与利益统筹、协调起来,正确处理好经济社会发展中的诸多矛盾,按照科学发展观所提出的"全面发展"和"统筹发展"的要求推进各项事业有序发展。领导干部在学习人文知识的同时,一定要努力将它们内化转变为人文精神,升华为人文素养,转化为自己的意识、思想、情感乃至行为,真正做到知行合一。人文知识的学习,并不能代替人文素养的锤炼。现实中有的人学了不少人文知识,却并不具有相应的人文精神;有的人或许根本就不知道人文精神的概念,却往往表现出真诚、正直、公道、正义、善良、利他等人文精神。原因在于,前者没有将学到的书本知识内化为自己的意识、思想和情感,没有转化为良好的品德和善行;后者则可能经过长期的熏陶感染、潜移默化,具有了体现人文精神的思想、情感和行为。由此可见,实践是提高科学素养和人文素养的有效途径,科学素养和人文素养只有在实践中才能得到锻炼和提高。领导干部要注重将所学知识运用到领导工作的实践中去,在实践中加深理解,在实践中升华,真正实现知识向素养的转化,做一个具有丰富科学人文底蕴和素养的现代领导干部。

妲己害政

商紂王

妲己

帝鉴图说

妲己害政

妲己害政①

【历史背景】

武丁是商朝的一位很有作为的君王,他在世的时候,开创了太平盛世的繁荣景象,但是在他死后,这样的景象却没有得到多久的维护,就很快消失了。祖庚、祖甲以后的各代君王,特别是帝乙帝辛时期,国内矛盾极其尖锐,全国各地的诸侯也都起来反叛他们的统治。

商王帝辛(即商纣)不但不思考改变的办法,反而不听忠诚的谏议,一味追求骄奢淫逸的生活,这样,国内的矛盾就进一步激化了。同时,他对战争似乎情有独钟,曾经大举调集军队征伐东夷,拖垮国家的经济,加重了民众的负担,也使国内兵力空虚。

他宠爱妲己,穷奢极欲,老百姓的负担就加倍地重了,就是各诸侯也往往受不了压榨,纷纷起兵。这时候,周武王率军讨伐。而纣王与妲己仍在鹿台上饮酒,听到消息后才匆忙征集军队迎击;但是,他们的军队本来就对商纣积怨很深,一到前线就纷纷反叛,与周军联合反商。纣知道自己大势已去,便逃到鹿台,决定自杀。这商纣王本来是"闻见甚敏""材力过人"的人,他倘若能亲近贤臣、容纳忠言,就不会有如此结局。这正是掌有天下的人应该深深警戒的!

【原文】

商史纪:纣伐有苏,获妲己②。妲己有宠,其言是从,作奇技淫巧以悦之。使师延③作朝歌④北鄙之音⑤、北里之舞⑥、靡靡之乐。造鹿台⑦,为琼室玉门。厚赋敛,以实鹿台之财,盈钜桥⑧之粟。以酒为池,悬肉为林。使男女裸而相逐。宫中九市,为长夜之饮。百姓怨望,诸侯有叛者,妲己以为罚轻,威不立。纣乃为铜柱,以膏塗之,加于炭火之上,令有罪者行焉。辄堕炭中,以取妲己笑。名曰:炮烙之刑。

【张居正解】

商史上记,纣无道,恃强用兵,征伐有苏氏之国。有苏氏畏其威力,进献个美女,叫作妲己。纣得了妲己,甚是宠爱她。但是她说的就听,造作奇巧的服饰、器物,以悦其心。使乐官师延作朝歌、北鄙之音、北里之舞、靡靡之乐,大率都是淫声。又穷极土木之工,造鹿台一座。以琼瑶为室,以玉石为门。厚敛百姓的财物以为私积。那鹿台之内,钱财充实,钜桥之仓,粟米盈满,又凿个大池盛酒,悬鸟兽之肉为林,使男女裸体驰逐于其间。宫中又开设九处店市,与外人交易买卖。君臣酣饮,从夜达旦。竭民膏血,极欲穷奢。所以,当时的百姓们,都兴嗟含怨,困苦无聊。诸侯有背叛者,妲己说诸侯之叛,都因罚轻诛薄,主威不立所致。纣听其言,使人铸铜为柱,柱上塗上脂油,下面烧起炭火,将铜柱加于炭火之上,使有罪的人,在柱上行走。那铜柱既热又滑,人如何行得,就都堕在炭火里烧死。妲己看见,以为笑乐。这个叫作炮烙之刑。

尝考之于史,说商纣闻见甚敏,材力过人。使其有此才智而能亲近贤臣,容纳忠言,则其恶岂至于此哉?乃醢鄂侯⑨、剖比干⑩,而唯妇言是用。欲不亡得乎?万世之下,言大恶者,必曰桀纣。女祸之列,一至于此;有天下者,可不戒哉!

【注释】

①此篇出自《史记·殷本纪》,叙述商代末世帝王纣,因宠信妲己而亡国的故事。

②妲己:有苏氏的美女,姓己,名妲。

③师延:商纣王时的宫廷乐官。作靡靡之乐,以供商纣王淫乐。《史记·殷本纪》作师涓。

④朝歌:一、地名,商朝都城,武乙所建。纣王在那里纵欲享乐。二、宫廷乐歌。本文应为后者之意。

⑤北鄙之音:鄙,是边境;北鄙,是国家北部边境地区。这一地区生活着蛮族,他们的音乐歌舞放纵地表现情欲,也被视为有害身心健康的。

⑥北里之舞:北里是古代舞曲的名字。晋代阮籍《咏怀诗》:"北里多奇舞,濮上有微言。"

⑦鹿台:是商纣王所筑,故址在今河南汤阴县朝歌镇南。刘向《新序·刺奢》:"纣为

鹿台七年而成,其大三里,高千尺,临望云雨。"周武王攻进朝歌,商纣登鹿台自焚而死。

⑧钜桥:商代粮仓所在地。在今河北曲周县东北。商纣王向百姓多征赋税,使钜桥的粮仓充盈。

⑨鄂侯:商纣时的诸侯国王、朝中大臣。由于和纣王争辩,被施以重刑杀死。

⑩剖比干:剖,用刀破开。比干,是商末纣王的叔伯父(一说是纣的庶兄)。纣王淫乱,比干犯颜强谏,纣王发怒,说:"我听说圣人的心有心窍。"便剖开比干的胸膛,看他的心。

【译文】

商史上记载:商纣王攻打有苏氏国,得到了有苏氏的美女妲己。妲己受到纣王的宠爱,只要是她说的话,没有不听从的。还制作各种奇异精巧的玩物,以供妲己玩乐。让乐师师延作朝中乐歌,其中有北方蛮族的音乐、歌舞等,全都是纵情声色,使人精神萎靡不振的乐舞。他还建造储存财物的鹿台,装有昂贵的美玉做成的门的琼室,向百姓增收赋税聚敛财物,以充实鹿台,装满钜桥仓库中的粟米。他在朝歌造了酒池,到处悬挂着烤肉,让男女裸体在这酒池肉林中相互追逐戏闹。宫中有多种买卖的商市,以供那些长夜豪饮的王公大臣之需。百姓们愤愤不平,诸侯中也有人叛乱,妲己认为这是由于处罚太轻,纣王的淫威显示得不够。于是纣王便让制造一个铜柱,上面涂满了光滑的膏油,然后放在火上烧烤,命令那些被叛有罪的人,在这灼烫而光滑的铜柱上行走。他们纷纷堕入燃烧的炭火中,纣王以此博取妲己欢笑,这就叫作炮烙之刑。

【评议】

纣王宠信妲己,为了取悦她,竟然以百姓为牲畜、任意宰杀,即使是对自己忠心耿耿的大臣也丝毫不放过。商纣王和妲己在一起行乐,总是要拿人的性命来玩弄,残害无辜,手段极其残忍,所以历史上才有他是最残暴君主的说法。因为他的无德,致使残酷刑罚胡乱使用,导致了天下人对他的唾弃。从这个故事来看,作为君主如果不能实行仁德,甚至缺乏最基本的德行最终还是会失去自己的统治,可以说商纣王就是这个方面最有力的证明。从商纣王的故事当中后代的君主们得出了启示,那就是身为君王要实施德政,不可以将百姓的性命看作草芥,更不能奢侈淫逸,祸害和摧残百姓与臣下。

【拓展阅读】

酒池肉林——商纣

人物档案

所在朝代:商朝

生卒年月:? ~公元前 1046 年

在位时间:公元前 1075~前 1046 年

人物简介:商纣,亦称帝辛,商代最后的国君。商纣为人聪颖,膂力过人。

酒池肉林

商朝末年,统治黑暗,内外交困,危机四伏。商纣王性情残暴,是历史上典型的暴君,他的暴虐统治,也是我国历史上前所未闻的。

商纣王不仅天资聪明,办事利落,而且力气超人,能空手与猛兽格斗。但他非常自负,总是向群臣夸耀自己,以为天下没有人能比得上他。

商纣王贪图享乐,荒淫无度,喜好饮酒,沉迷于女色,常常彻夜嗜酒寻欢。他尤其宠爱妲己,对妲己的话言听计从,逐渐疏远了大臣。妲己是中国历史上有名的既漂亮又狠毒的女人,整日缠着商纣王变着法子玩乐。

为了讨妲己的欢心,商纣王下令从各地收集各种奇珍异宝,不断扩建宫廷园林楼台。他还常常在宫廷里举行大型宴会,让宫女表演各种音乐、舞蹈、游戏供他们取乐。

纣王还让人挖了许多大池子,池子里灌满酒,可以供数千人饮用;他还让人把熟肉悬挂在游玩的园林里,人们可以随时伸手摘取食用,这就是所谓的"酒池肉林"。

为满足自己的淫乐,纣王让成群的男男女女赤身露体在"酒池肉林"中追逐戏耍,彻夜狂欢。

残暴之君

妲己喜欢"炮烙之刑",将铜柱涂油,下用炭火加热,令犯人行其上,脚板被烧伤,不时

发出惨叫声,跌落大红的炭中被烧死。妲己听到犯人的惨叫,就像听到刺激感官的音乐一样发笑。纣王为了博妲己一笑,也纵容她滥用这种酷刑。

商纣王的大臣九侯有一个美丽的女儿,九侯把她献给了商纣王。后来九侯的女儿看不惯商纣的荒淫无耻,商纣一怒之下杀了她,并把九侯也杀了,然后剁成肉酱,分赏给诸侯们吃。大臣鄂侯来劝阻,商纣把鄂侯也做成了肉干。

再没有大臣敢来劝谏了,商纣王更加淫乱。这时,商纣的叔父比干说:"做大臣的,如果不能冒死劝谏国君,那还算什么忠臣!"于是,比干态度强硬地劝谏商纣。商纣大怒说:"你这样做是想当圣人吧?我听说圣人的心脏有 7 个孔穴,我倒要看看你有没有。"说罢下令剖开比干的胸膛,取出他的心脏来看。

投火自焚

商纣王的拒谏饰非、残害忠良,使得朝中大臣、贵族以及诸侯和周边方国都离心离德。此时,地处商朝西边的一个诸侯国周日益强盛,最后终于在牧野之战中大败商军。商纣王在鹿台穿上他的宝玉衣,然后投火自焚而死。残暴的商纣王自取灭亡,周朝正式取代了商朝。

【镜鉴】

见色不迷

2007 年 7 月 9 日,山东省济南市人大常委会原主任段义和(副省级)因不满情妇柳海平对钱财的不断追逐和多次提出要与他正大光明地结婚,让他感到了真正的威胁,便指使他人以爆炸方法将柳海平炸死,并致使现场多名行人受伤,两辆汽车报废。杀人偿命,段义和被依法判处死刑。一位副省级领导干部"导演"震惊全国的济南"7·9"爆炸案是一个负面典型,有剖析的价值和警示的意义。

近年来,还发生了数起领导干部包养情妇后,因不堪情人索求无度,均将情人杀死灭口的案件。贪官和情妇之间,看似情投意合,卿卿我我,实则不然。贪官是占有情妇的青春美貌,而情妇则是指望贪官的权势,互相利用,权色交易,岂有真情实意可言?情妇对贪官,情得之不足则生怨,财得之不足则勒索,名分得不到则强逼。双方无不背信弃义,反目成仇。这样,情妇被遗弃、被痛打、被威吓、被惨杀,就不足为奇了。虽然自古以来"红颜薄命",但是贪官利用职权玩弄女色、包养情妇,也同样玩火自焚、身败名裂!

从近年来查处的领导干部违纪违法案件看,无论是大贪官还是小贪官,无论是高层贪官还是低级贪官,大多数贪官都是栽倒在好色之中,栽倒在女人的"石榴裙"之下的。据统计,在被查处的贪官中,养情妇的占95%;贪官"落马"与"包二奶"有关的占60%以上。2005年,最高人民检察院副检察长赵登举在一次研讨会上说:最高人民检察院查办的省部级干部大要案中,几乎每人都有情妇,目前在行贿犯罪案件中,性贿赂已相当普遍。

自古色情诱人堕落,贪色有害。令人垂涎欲滴的美色是一把把杀人不见血的利刀;权色交易具有持久的杀伤力。金屋藏娇,养情妇、"包二奶",玩弄女色必然玩火自焚、身败名裂。然而,从政为官者对这些沉痛的教训,为什么不引起警惕?为什么"前仆后继"地往色情的陷阱里跳?!究其主要原因,一是理想信念的"总开关"失灵。领导干部如果理想信念动摇了,各种腐朽思想便乘虚而入,就必然抵挡不住色情的诱惑。胡锦涛总书记在中央纪委第五次全会上指出:"放松世界观的改造,背弃理想信念,思想蜕化变质,是一些人堕落为腐败分子的根本原因。"中共中央政治局常委、原人大委员长张德江说得好:"理想信念是总开关。理想的动摇是最根本的动摇,信念的滑坡是最致命的滑坡。"在同样面临各种诱惑的生活环境下,大多数党员领导干部都始终保持高尚的精神追求和健康的生活情趣,能自觉节制色欲,有理智地见色不迷。只有那些失去人生坐标的贪婪者,才堕落成为色鬼。领导干部只有始终保持高尚的气节和情操,切实过好生活关,生活正派、情趣健康,讲操守,重品行,切实做到慎独、慎欲、慎微,才能真正做到"心不动于微利之诱,目不眩于五色之惑"。二是温饱思淫欲,贪财必然带来贪色。女人的美貌比金钱更容易勾引男人。俗话说,"英雄难过美女关","自古贪官多好色"。一个"贪绩"卓著的贪官身后,必然藏着一个或多个贪婪成性的艳丽女人。当一个女人征服了一个地位显赫的男人,她就征服了这个男人管辖的范围。巨贪李真与新华社记者谈话时悔悟地说:"女人像绳索,入了这个圈套,休想再挣脱。应了古人说的话,'一个男子虽英勇可御十万雄师,然敌不住一个纤弱的女子。床头间势力之大,常出乎我们的意料⋯⋯纵然他是一个刚毅的男子,但一夜的缠绵,没有不把他所有的决心都驱散的'。还有'男子纵能统率百万健儿,出入于枪林弹雨之间,然而落在他所爱的女人手里,就像一团软泥,任凭她玩弄而已！'"一名领导干部如果在生活上堕落为色鬼，玩弄女色、包养情妇，他往往也会在政治上、经济上沦落为贪官，以权谋私、疯狂敛财。贪官和情妇看起来柔情蜜意，实质上是一种冷冰冰的权色交换关系：贪官用权力换取美色，美色换取贪官手中的权，再用权去敛财。美色可以变成权力，权力再可以化作金钱。贪官搞权钱交易，就有了强大的"经济后盾"养情人、"包二奶"，并义无反顾地把大把的金钱用在情妇身上，或买车，或送房。因为仅仅靠公务员的工资，是不可能承担得了如此高昂的"买色"费用的。权色交易和权钱交易之间，必然会发生一定的联系，这种联系的实质就是领导干部滥用手中权力满足自己"色"和"钱"的欲望——或者为色而敛钱，或者敛钱去"买色"。巨贪李真在说到"情人"问题时说："现在的贪官们，不仅给阿娇们置别墅，还要给她们买名车，让她们抛头露面，给她们牵线搭桥，让她们打着自己的牌子经商挣钱，代自己受贿。甚至还有给她们弄个一官半职的呢。说到底，就是贪官好色，情人搂钱，百姓埋单。"但不论"为色"与"敛财"孰先孰后，色鬼型贪官的结局都是一样的：玩火自焚、身败名裂！三是存在侥幸心理。《中国共产党纪律处分条例》第一百五十条明确规定，重婚或者包养情妇的，给予开除党籍处分。《行政机关公务员处分条例》第二十九条规定，包养情人的，给予撤职或者开除处分。对这种违纪行为，给予的纪律处分是十分严厉的。一些领导干部却"色"令智昏，胆大妄为，沉湎于声色犬马而"前腐后继"，就因为存在侥幸心理，缺乏纪律观念。他们认为养情人、"包二奶"的行为比较隐蔽，没有第三者在场，如果不是"临床抓奸"，就只是"一比一"，难于认定。"色"令智昏者将"搞女人"作为"安全腐败项目"。也有些人以个人生活作风、生活小节、个人隐私来宽慰自己，认为只要不影响工作，有女子相好可调节一下情绪，有点舆论不要紧。因此，他们色胆包天，恣意妄为，把党纪国法当儿戏，最终以身试法，受到纪律的惩处。

为官者好色，带给国家的只能是灾难！腐蚀的是国家的肌体，摧毁的是人们的道德防线，败坏的是社会风气，损害的是家庭及自己，造成权财两空，身败名裂。纵观古今，贪财又贪色的人，都没有好下场。商代末代君主纣王沉迷美色，修起酒池肉林，好酒淫乐，"深宫长夜恣荒淫"，嬖于妇人，百姓怨望，诸侯离叛，于是周武王起兵讨纣，大败纣军，纣王全身装满珍宝自焚于鹿台。1851年1月，为推翻腐败无能的清政府，以农民领袖洪秀全为首的太平天国从广西金田起义，一路过关斩将，于1853年3月攻克古都南京城，改南京为天京，洪秀全为天王。洪秀全生活在娇娘美女中，生活更加颓废。当时即有人写诗讽刺："三千怨女如花貌，百八佳人堕溷愁。"由于太平天国领导集团滋生了严重的享乐思想,寻欢作乐,生活腐化,争权夺利,引发内讧,导致天京沦陷,太平天国革命悲壮失败。杜牧的《阿房宫赋》中描写:"妃嫔媵嫱……有不得见者三十六年。"那些县令、宰相在各地为封建皇帝选美女"进贡",有"三宫六院""七十二嫔妃""三千佳丽"之称。正如《戒淫诗》中所写:"妻妾之外非己色,淫人妻女败己身,寿夭折祸殃儿孙,皆有显明来报应。"这就说明许多皇帝因沉迷美色、乱淫无度而导致短命。新中国成立后,毛泽东主席曾说过:"治国就是治吏,礼、义、廉、耻,国之四维。四维不张,国将不国。如果臣下一个个都寡廉鲜耻,贪污无度,胡作非为,而我们国家还没有办法治理他们,那么天下一定大乱,老百姓一定要当李自成。国民党是这样,共产党也是这样。"党员领导干部的生活情趣低下,并非小事。党员领导干部如果精神空虚,思想颓废,以权谋色,权色交易,腐化堕落,就会带来很大危害和负面影响,既严重损害党的事业,动摇党的执政之基,破坏党和政府的形象,导致社会风气败坏,又导致家破人亡,妻离子散,身败名裂。陕西省政协原副主席庞家钰淫欲膨胀,包养多名情妇。2002年冬,庞家钰在任陕西省宝鸡市市委书记位置上时,率领6名情妇到南非'考察招商',其胆量之大,其情妇之多,其行为之卑劣,恐怕是前无古人,后无来者了。庞家钰因霸占人妻,最终被11名情妇联名告倒"落马"。从近年来查处的领导干部违纪违法案件看,贪官与情妇、"二奶"都没有好下场。有的因情妇、"二奶""知道太多",被杀人灭口,贪官为此付出"杀人偿命"的代价;有的权色交易,贪官满足了色欲,情妇、"二奶"利用贪官权力出租搂钱,双双以身试法,牵手身陷囹圄;有的喜新厌旧,因私情败露,或案发牵连,导致家庭破裂,妻离子散,亲友鄙视,社会不屑,耻辱加身,终生痛苦。

要见色不迷,必须加强党性修养,保持情趣健康。古人云:"以修身自名则配尧禹。""修身、齐家、治国、平天下。"古人把修身做人放在首位。邓小平同志曾告诫全党:"党员领导干部要身体力行共产主义道德和修养,保持清醒的头脑,坚决抵制外来思想的侵蚀。"2007年1月9日,胡锦涛总书记在中央纪律检查委员会第七次全体会议上发表重要讲话强调:"各级领导干部要生活正派、情趣健康,讲操守,重品行,注重培养健康的生活情趣,保持高尚的精神追求。"胡锦涛总书记的这一重要论述,旗帜鲜明地对领导干部的生活情趣、品行操守等提出了明确要求。这对于当前的反腐倡廉工作和干部队伍作风建设有着极强的指导意义。生活情趣,是检验一名领导干部世界观、人生观、价值观是否正确的重要标尺。要注重培养健康的生活情趣,保持高尚的精神追求,关键还在教育,加强干部的思想道德修养。领导干部始终保持党性修养,有道德的生活,是抵御色情诱惑的盾牌,是守身如玉的保证,是保持高尚情操的内在动力。腐败分子走上违法犯罪的道路,大都是从道德品质上出问题开始的,而道德品质上的问题又是从不健康的生活情趣开始的。玩乐奢靡成风极易销蚀一个人的理想信念和进取心,使人变得精神空虚、意志消沉、思想颓废、行为猥琐,并可能同时引发权钱交易和权色交易。领导干部讲修养、讲道德、讲廉耻,培养健康的生活情趣,保持高尚的精神追求,最根本的是要坚定马克思主义信念和共产主义理想,不断加强党性锻炼,加强思想政治修养,树立马克思主义的世界观、人生观和价值观,牢固构筑起拒腐防变的思想道德防线,注重培养健康的生活情趣,保持高尚的精神追求,正确选择个人爱好,明辨是非、克己慎行,严格操守,在灯红酒绿的侵蚀影响面前,始终保持高尚的气节和情操,永葆共产党人的优秀的品格、高尚的行动和良好的形象。

要见色不迷,必须牢固树立社会主义荣辱观。古人云:"人不可以无耻,无耻之耻,无耻也。""羞恶之心,义之端也","无羞恶之心,非人也"。人都要有自尊、自爱之心,不要做出令自己感到羞耻的事情。黑格尔说:具有羞耻之心是人与动物的区别。羞耻之心是人之为人的人性底线,是真正学会做人的开始。没有一点羞耻之心的人,必然会沦为禽兽无异的无耻之徒。一位哲人说:"羞耻心是一种重要的道德情感","是一种为善而斗争的精神力量","是对于卑鄙无耻的事物的一种强有力的抗毒剂,是义务感和责任心的道德情绪的支柱。"也正如马克思所指出的,"羞耻就是一种内向的愤怒","是一种革命","如果,整个国家真正感到了耻辱,那它就像一头蜷伏下来的狮子,准备向前扑去"。欧阳修曾讲过:"廉耻,是立人之大节。"意思是说,自我修养,应该从知耻开始,做人有小节大节之分,知道什么是羞耻是做人的"大节",万不可轻视。康有为讲过,"人之有所不为,皆赖有耻心","风俗之美,在养民知耻"。佛教中说:人身上都缠着三条毒蛇,这就是好女色、想权位、爱金钱,导致贪色、贪权、贪财。一些人就是被这三条毒蛇"缠死"的。怎样才能从三条毒蛇的缠绕中解救出来呢?就是需要有自我救赎的勇气,而这勇气正是来源于"知耻心"。这也是说纠正不好的风俗,要从知耻做起,让社会上每一个人有羞耻之心,社会就会有希望。人一旦不知羞耻,丧失了耻辱心,做人便难以做好人、办事便难以办好事、从政就难以当好官。权力一旦与色情结合起来,就从神圣的殿堂堕落到了不知廉耻的地步,贪官们就会变成"沉迷的色鬼",无耻地发泄淫欲,不再有进取精神,有着对社会不可估量的危害。2006年3月,胡锦涛总书记提出的以"八荣八耻"为主要内容的社会主义荣辱观,就有"以艰苦奋斗为荣、以骄奢淫逸为耻"的要求。"以艰苦奋斗为荣、以骄奢淫逸为耻"，是对中华民族优秀道德文化的直接传承，并成为社会主义思想道德体系的基本内容，也是我们每个共产党员和每个公民应遵循的道德准则，更是各级领导干部为官从政的是非标准、行为规范和价值尺度。但在一些人的意识中，出现了一些是非不明、荣辱颠倒的现象。在人们的心目中，对那些沉迷美色、养情妇、"包二奶"的领导干部视为"色鬼""花花公子"，受公众鄙视。但有人沉迷骄奢淫逸却不知羞耻，还认为自己"不同凡响"，显示自己威风、仪态、荣耀。甚至有人说："结婚是失误，独身是觉悟，离婚是醒悟，再婚是执迷不悟，没有情人是废物。"所谓喜新不厌旧，只不过是那些婚外恋者一边放纵自己的情欲，一边又想逃脱心灵的愧疚和谴责而寻找的一种自欺欺人的借口而已。这些人把骄奢淫逸作为"潇洒、荣耀"，混淆了是非。荣辱非小事，是做人的最低线；不知羞耻是罪恶之源。明是非，辨善恶，知荣辱，不但是人之为人的基础，而且是人之为情趣健康之人的前提。因此，党员领导干部要树立社会主义荣辱观，洁身自好，不喜新厌旧，"糟糠之妻不可丢"，维护家庭和睦、和谐，争当净化社会和树立良好道德风尚的表率。对许多夫妻而言，和对方一起成熟，一起老去，就是一种幸福。对方是不是最好的，根本不重要；外面是不是有更好的，他们也根本"看不到"。这正是婚姻的庄严和美妙。婚姻不是条件的比较而是选择的艺术。婚姻是彼此在适合结婚的季节里，潇洒地做独一无二的选择。人人需要爱情，恋爱的产生与发展，婚姻的美满与破裂，靠的是理智。爱情是火，理智是柴，要想爱情之火温暖如春，不因"轻率"之水熄灭而寒噤，不因"盲目"之风点燃而灼伤，就得用理智来控制。要懂得，爱情是一生一世的责任，是无悔的付出和携手未来的信心。周恩来和邓颖超同志的婚姻是两情相悦、志同道合、同甘共苦、忠贞不渝的时代楷模，是爱情与事业的完美结合，表现了老一辈无产阶级革命家特有的、将革命事业和个人幸福完美结合的精神风貌。周恩来和邓颖超同志永远是我们共产党人学习的典范。作为党员领导干部，要从周恩来同志的伟大爱情中感受他的人格魅力，获取精神力量，提升精神境界。

要见色不迷，必须严于律己，自觉遵纪守法。古人云："正直者顺道而行，顺理而言，公平无私，不为安肆志，不为危易行。"党员领导干部要增强纪律观念，严于律己，自觉地置身于党组织的管理约束和群众的监督之下，在任何情况下，都不可忘记党的教育、制度和纪律。党的纪律是党组织和党员必须遵守的行为准则，是维护党的统一、确保党的路线、方针、政策贯彻落实的重要保证。在反腐倡廉方面，为确保党员领导干部廉洁自律，党中央先后出台了许多党纪条规，以规范党组织和党员行为。作为党员领导干部要明确

"有所为、有所不为"，不做出格的事，不做违心的事，不做违反纪律的事。对违反纪律的事，要有一种畏惧心理，违纪违法的"地雷区"踩不得。一个人如果无视党纪国法，恣意妄为，就终将以身试法，受到惩处，身陷囹圄，失去自由，甚至走上一条不归之路。治国必先治党，治党务必从严。古人云："乱世宜用重典。"因为不用重典，不足以儆效尤，不足以阻止腐败颓势，反腐败"防火墙"就不足以实现高压电式的威慑效应！毛泽东主席说："杀张子善、刘青山时我讲过，杀他们两个，就是救了二百个、二千个、二万个啊。我说过的，杀人不是割韭菜，要慎之又慎。但是事出无奈，不得已啊。问题若是成了堆，就是积重难返了啊。崇祯皇帝是个好皇帝，可他面对那样一个烂摊子，只好哭天抹泪了哟。我们共产党不是明朝的崇祯，我们绝不会腐败到那种程度。不过，谁要是搞腐败那一套，我毛泽东就割谁的脑袋。我毛泽东若是腐败，人民就割我毛泽东的脑袋。"历史经验和现实实践昭示，一个伟大的执政党及她的党员，尤须敬畏法律，遵从绳墨，明镜高悬，激浊扬清。领导干部要懂得，如果存在侥幸心理，肆无忌惮，突破党纪国法防线，最终会以身试法，受到法律严惩；如果愈恣意妄为，就会愈加堕落。权力关、金钱关、美色关是横在为官从政者面前的三道"关卡"，每个从政为官者都应该知道，过不了这三道"关卡"，就可能要过调查、逮捕、判刑这三道"关卡"。权力、金钱、美色只能换取一时享乐，清正廉洁、情趣健康方可获得一生幸福。因此，党员领导干部必须自觉接受党的纪律的约束，严格遵守党的纪律。明白"疾小不加理、浸淫将遍身"的道理，勿以善小而不为，勿以恶小而为之。同时，党的组织要加强对党员领导干部的考核和监督，"八小时以内"的"工作圈"要管、要监督，"八小时之外"的"生活圈""社交圈"也要管，也要监督。党员领导干部的权力活动到哪里，监督就延伸到哪里。监督管理需要由软变硬，由粗变细，由虚变实，由"宽变严"，更有效地纠正和防止坏作风的产生。对个人生活作风有"绯闻"的领导干部决不"宽容""迁就"，该处分的要给予处分。要注重把那些理想坚定、人格高尚、志趣纯洁、品行端正、群众口碑好的干部选拔到领导岗位上来，形成重视和加强领导干部作风建设、保持高尚和健康生活情趣的良好氛围。

"珠莹则尘埃不能附，性明而情欲不能染"。党员领导干部只要筑牢思想道德防线和党纪国法防线，始终保持生活正派、情趣健康，讲操守，重品行，注重培养健康的生活情趣，保持高尚的精神追求，就能在任何情况下，顶得住歪风，经得起诱惑，做到见权不争，见钱不贪，见色不迷，一身正气，两袖清风，始终保持共产党员的政治本色。

八駿巡遊

周穆王

帝鉴图说

八骏巡游

八骏巡游①

【历史背景】

周穆王即位时,也是个有为的君主,西击犬戎,东征夷人之国,拓展基业,国内安宁。但他却因此居功自傲,巡游无度,不思朝政,乐而不归,导致诸侯作乱,国家衰落,由一个有为之君堕落为历史的罪人。这个历史教训,值得后人借鉴。

【原文】

周史纪:穆王②臣造父③善御,得八骏马④。王使造父御之,西巡乐而忘返。东方徐夷⑤,乘间作乱,周乃中衰。

【张居正解】

周史上记,穆王时,有个臣叫作造父,善能御车驾马。是时穆王得了八匹极善走的骏马,使造父驾着,往西方去巡幸。当时天下太平,穆王驾着那骏马,任意遨游,不思返国,把朝廷政事都废了,民心离叛。东方有个徐夷,因此乘空造反,僭称⑥为徐偃王。近徐的诸侯,多有往朝于徐者。周家的王业到此中衰。夫穆王初年,亦是个英明之主。后来,只为用了造父,耽于游幸,遂致政乱国衰。然则,人君之举动,可不慎哉!

【注释】

①本篇出自《穆天子传》《史记·赵世家》,叙述周穆王只顾巡游、导致内乱而使王业中衰的故事。

②穆王:即周穆王,昭王之子,名满。他西击犬戎,东征徐夷。《穆天子传》演述其乘八骏西行见西王母的故事。

③造父：周代善于驯马驾车的人。他曾取骏马献给周穆王，得赐赵城，由此为赵氏。事见《史记·赵世家》。

④八骏马：相传周穆王有八匹骏马，名目记载不一。《穆天子传》上记为：赤骥、盗骊、逾轮、山子、渠黄、华骝、绿耳。

⑤徐夷：周代东方夷人中的一个诸侯国。周穆王时，徐夷的国君是徐偃王。当周穆王西游时，诸侯只尊偃王。后来，穆王令楚出兵灭掉徐夷。

⑥僭：超越本分。僭称：未得允许而自称。

【译文】

周朝史书上记载，穆王有个叫造父的大臣善于驯马驾车，得到八匹骏马献给穆王。穆王便让造父为他驾车，向西巡游玩，以至于都忘记了回来。东方夷人的徐国，乘机作乱，周朝便从此衰落。

【评议】

周穆王即位之初，也是个有为的君主，西击犬戎，东征夷人，拓展基业，国内安宁。随着社会日益安定，国势逐渐强盛，自身功劳的加大，使他开始巡游无度，不思朝政，乐而不归，导致诸侯作乱，国家衰落。他也由一个有为之君堕落为历史的罪人。这个历史教训，值得后人记取。一个执政者有了功业，更应该再接再厉，切不能居功自傲，追求享乐，以致前功尽弃。

【镜鉴】

一、强化组织观念和纪律意识

(一) 强化党员领导干部的组织观念和纪律意识十分必要

党的十七届四中全会指出，全党同志要"始终同党中央在思想上政治上行动上保持高度一致,坚持把发挥地方积极性同维护中央权威性结合起来,把局部利益同全局利益统一起来,严守党的纪律特别是政治纪律,保证中央政令畅通"。坚定而严格的组织纪律性,不仅是工人阶级政党在革命年代夺取胜利的保证,也是改革开放和社会主义市场经济健康发展的必然要求。作为一名共产党员特别是党员领导干部,要不断强化组织观念和纪律意识,始终同党中央在思想上政治上行动上保持高度一致,严格遵守党的纪律,听从党的指挥,服从党的安排。

党的纪律是根据党的性质、纲领,实现党的路线、方针、政策的需要,确立的各种规章、制度、条例和决定的总称。党的纪律是规范党员言行的准绳,是党的利益的集中体现,是党的事业取得胜利的保证。严明党的纪律,保持全党在指导思想、路线方针政策和重大原则问题上高度一致,是维护党的团结统一、维护中央权威的重要保证,是贯彻落实党的路线方针政策和各项决策部署、确保政令畅通的必要前提,是巩固党与群众密切联系的重要条件,也是实现党的奋斗目标的内在要求。毛泽东说过:"加强纪律性,革命无不胜。"邓小平也强调:"中国要坚持社会主义制度,要发展社会主义经济,要实现四个现代化,没有理想是不行的,没有纪律也是不行的。"

我们党从成立之日起就十分重视组织纪律性,要求每个党员和每个要求入党的人都必须"承认党的纲领和章程",拥护党的政治主张。在革命战争年代,正是因为有铁的纪律,我们党才能够从小到大,从弱到强,赢得执政地位。党的十一届三中全会后,党的历次代表大会都强调遵守党的组织纪律问题。2007年,党的十七大报告再次明确指出:"全党同志要坚决维护党的集中统一,自觉遵守党的政治纪律,始终同党中央保持一致,坚决维护中央权威,切实保证政令畅通。"可见,具有严密的组织性和铁的纪律,是我们党历来取得胜利的一个重要优势。而这个优势,又是实现全党的统一意志、统一行动,使其他各方面优势充分发挥作用的一个重要保证。面对新时期的新任务,面对新形势下的各种前所未遇的严峻考验和巨大挑战,我们尤其需要充分发挥这个优势。全党纪律严明,朝气蓬勃,我们就能无往而不胜。

随着改革开放的不断深入,经济社会飞速发展,各种社会矛盾错综复杂,不同思想观念相互激荡。在这种背景下,少数党员干部存在组织观念淡泊、纪律意识松懈的不良倾向:有的党员和干部对党的路线方针政策公开发表反对意见,任意散布不信任情绪;有的被海外反动舆论牵着鼻子跑,传播政治谣言,当人家的传声筒;有的对上级指示精神采取阳奉阴违的态度,合意的就执行,不合意的就在贯彻执行中打折扣,甚至不执行;有的党员和干部喜欢按照自己的好恶拉拢一些人,排挤另外一些人,搞危害党的团结和涣散党的组织的"团团伙伙";有的把党委会讨论工作特别是组织人事工作方面的情况,透露给当事人,通风报信;有的凭借手中的权力,吃拿卡要,侵犯群众利益,甚至胡作非为,称霸一方。这些严重违反组织纪律的行为和现象,尽管发生在少数党员和干部身上,但在一些地方、一些部门,已严重损害党的团结统一和行动一致,严重妨碍党的路线方针政策的贯彻执行,严重削弱了党的凝聚力和战斗力,必须引起高度重视,坚决予以纠正。我们党是一个有统一意志和行动的执政大党,如果容许和听任党组织或党员无视组织纪律,各行其是,为所欲为,那么,我们党就不成其为马克思主义的政党,就会成为一盘散沙,丧失战斗力,甚至瓦解。

党的纪律是党的生命所系,党员干部必须充分认识党的纪律的重要性,自觉强化党的组织观念和纪律意识,做遵守党的纪律的模范。要严格遵守党的政治纪律,自觉地同党中央保持高度一致;要严格遵守党的组织纪律,坚持民主集中制;要严格遵守党的财经纪律,为党和人民清廉工作;要严格遵守党的群众纪律,全心全意为人民服务。要加强对党员干部的教育管理,建立健全符合实际、行之有效的长效机制,不断提高党员干部的组织观念和纪律意识,维护党的纪律严肃性。

(二)党员领导干部强化组织观念和纪律意识应从三方面着手

1.必须加强党性修养,锤炼坚强的党性

党性决定党纪,党性是制定和执行党的纪律的根本依据;党纪体现党性,党纪是广大党员践行党性的重要保证。坚强的党性和严明的党纪相互促进、共生共长。现实生活中的许多事例证明,一个党员干部有了坚强的党性,就能够模范地遵守党的纪律;一个党员干部模范地遵守党的纪律,就能进一步增强党性。如果一个党员干部党性不强,就必然在实践中违反党纪;一个党员干部之所以受到党纪处分,其根本原因就在于党性上存在严重缺陷。这方面的经验教训,每个党员干部一定要认真汲取。对于党员干部来说,加强党性修养,最重要的是必须坚持努力学习,用科学理论武装头脑。只有加强理论修养,加强理论学习,用马克思列宁主义、毛泽东思想、中国特色社会主义理论武装头脑,善于运用马克思主义的立场、观点、方法去观察世界、认识世界、改造世界,才能正确认识共产党执政规律、社会主义建设规律和人类社会发展规律,牢固树立共产主义理想,坚定社会

主义信念;才能提高认识世界和改造世界的能力,更好地为人民服务;才能坚持马克思主义,发展马克思主义。理论上清醒是政治上清醒的前提,理论上坚定是政治上坚定的保证。没有正确的理论指导,就不可能有坚定的理想信念,不可能有正确的政治观点,不可能有良好的作风和坚强的党性。

一些党员干部对理论学习认识不足,理论素养和水平不高,不能运用科学的世界观和方法论观察、分析和解决实际问题,以致出现种种偏差和错误,无法在思想上政治上与党中央保持高度一致。理论上的贫乏必然导致思想上的落伍,进而造成行动上的自由化倾向。领导干部要把学习和掌握科学理论作为人生的不懈追求,真正做到系统地而不是零碎地、深刻地而不是肤浅地、全面地而不是片面地学习理论。通过学习和教育提高思想政治素质,是增强组织观念和纪律意识,保证全党统一意志、统一行动的最根本、最重要的前提。

2.必须加强党纪教育,提高遵守党纪的自觉性

要使党的纪律通过党的各级组织和全体党员的行动真正得到贯彻落实,成为党的组织和每个党员的行为准则,关键的条件就是要使严格遵守和执行党的纪律成为全党的自觉行动。而对于绝大多数党员来说,能否自觉地遵守和执行党的纪律,在很大程度上同他们自身所具备的组织观念、纪律意识存在着十分密切的关系。因此,加强党纪教育,提高党员干部的纪律观念,是从严治党、加强党的纪律建设和正确执行党的纪律的必要条件。

要重点加强党纪基本原则教育。党的纪律的基本原则,是根据马克思主义关于党的纪律的基本理论以及无产阶级政党的性质和历史使命而确定的,它是党的纪律体系中最基本的要求,反映着党的纪律的本质和特点。由于党的纪律的具体规范不可能包容党在各个不同时期对党员的所有要求,所以,通过教育使党员干部掌握党的纪律的基本原则,就能使党员干部在各种复杂的环境中有一个比较稳定的判断是非的标准。

要加强党纪具体规范教育,让广大党员干部了解和掌握党的纪律的具体规范,形成明确的稳固的纪律观念,把全体党员用党规党纪武装起来,使每个党员自觉遵守党的纪律,正确执行党的纪律。同时,还要加强党的宗旨教育、社会主义核心价值体系教育、科学发展观教育,牢固树立马克思主义的世界观、人生观、价值观和正确的权力观、地位观、利益观、政绩观,进一步增强政治意识、大局意识、责任意识、安全意识。要充分利用红色革命教育基地等教育资源,开展优良革命传统教育。

要把继承和发扬优良革命传统同培育和树立新风正气结合起来,大力宣传当代楷模和优秀领导干部先进事迹,从时代精神如伟大的抗震救灾精神中汲取养分,在领导干部中弘扬科学求实、亲民为民、清正廉明等适应科学发展观要求的新风尚。还要利用反面典型开展警示教育,使各级领导干部引以为戒,警钟长鸣,未雨绸缪,防微杜渐,做到自重、自省、自警、自励,保持优良的作风和高尚的品质。

3.必须加强监督,形成促进纪律建设的长效机制

各级党组织要始终自觉地把维护和执行党的纪律融入党的政治生活之中,经常分析研究本单位本部门执行党的政治纪律的状况,对容易出现问题的重要时段要防患于未然;对违反纪律的苗头性、倾向性问题要及时制止;对突出问题、重点问题要采取解决的措施。要严格执行领导干部个人重大事项报告、述职述廉、民主评议、诫勉谈话、民主生活会、经济责任审计和质询制、问责制等制度,切实加强对党员干部特别是领导干部执行纪律情况的监督。要推进党务公开、政务公开,积极拓宽监督渠道,发挥党内监督、专门机关监督与人民群众监督、民主监督、舆论监督的合力。

要坚持严格执行党纪,对违反党的纪律的党员干部予以严肃的惩处,促使违纪者改正错误,教育广大党员干部按照党的章程和党内法规行事,严格遵守党的纪律,特别是警示党员干部要做到自重、自省、自警、自励,始终保持强烈的组织观念和纪律意识。要正确处理维护纪律和发展党内民主的关系,一方面要加强党内监督,用严格的政治纪律约束和规范党员干部特别是领导干部的政治行为,另一方面要保护党员行使党章赋予的权利,同时要坚决维护党的民主集中制,决策讲民主,执行讲集中,努力营造有集中又有民主,有纪律又有自由,有统一意志又有个人心情舒畅、生动活泼的政治局面。

二、树立正确的政绩观、权力观、利益观

(一)努力创造经得起实践检验的业绩

通常所说的政绩,是指各级领导班子和领导干部履行职责所取得的工作实绩。对领导干部来说,政绩是德才素质在实践中的综合反映,是组织和群众评价、使用领导干部的重要依据。所谓"为官一任,造福一方",体现的就是对为政者的政绩要求。而政绩观是对政绩的总的看法,包括对什么是政绩、为谁创造政绩、如何创造政绩和怎样衡量政绩等

问题的认识和态度。政绩观直接反映领导干部从政的价值取向。追求什么样的政绩,是衡量一名领导干部能否正确对待群众、正确对待组织、正确对待自己的试金石。政绩观也是领导干部创造政绩的思想基础,有什么样的政绩观,就有什么样的工作追求和施政行为,同时也在很大程度上决定着能取得什么样的政绩、创造多大的政绩。领导干部的政绩观正确与否,不仅影响着领导干部的健康成长,更关系到党和国家的事业发展,关系到党在人民群众中的威信和形象。

当前,少数领导干部中仍然存在片面追求 GDP 增长、无视群众的利益和愿望诉求的问题。有的抓工作只抓那些容易出成果的"显绩"而不啃"硬骨头",只关注局部利益而不顾及全局得失;有的搞主观臆断、违背客观规律的"拍脑袋"决策,热衷于沽名钓誉的"政绩工程"和脱离实际的"形象工程"。这样的"政绩",不仅对百姓没有益处,还会妨碍经济社会发展大局;这样的干部,不仅干不好事业,还损害了党和政府的形象。

媒体点击

某国家级贫困县,投入 2400 万元用于一条主要街道的"亮化工程"建设,安装流星雨灯饰、频闪灯、泛光灯、太阳能星星灯 1 万多盏,七色灯带 8000 多米,LED 护栏管 2600 套。据不完全统计,每年仅此项电费开支就逾百万元。而该县其他几条街,甚至需要打着手电才能看清楚道路。该县的一些县级公路发生塌陷,迟迟得不到修复,老百姓对此意见很大。

正确的政绩观要以科学发展观为指导。科学发展观体现了我们党对经济发展规律、社会发展规律和自然规律认识的深化,是我们全面建设小康社会必须长期坚持的指导方针。它明确地指出了领导干部创造政绩的价值目标、深刻内涵和基本途径,是树立正确政绩观的具体指引。树立正确的政绩观,首先要树立科学发展观,不坚持科学的发展观,就不可能落实正确的政绩观。科学发展观引导着正确的政绩观,正确的政绩观体现着科学发展观。在发展观上出现盲区,往往会在政绩观上陷入误区;缺乏正确的政绩观,往往会在实践中偏离科学发展观。领导干部要提高领导水平和执政能力,就必须真正树立与科学发展观相适应的政绩观。

树立和坚持正确的政绩观,就是要努力创造经得起实践、群众和历史检验的业绩。衡量政绩的最终标准是人民拥护不拥护、赞成不赞成、高兴不高兴、答应不答应。以实践、群众和历史来衡量政绩是马克思主义实践观、群众观和历史观的生动运用,是党的政治路线、思想路线和工作路线的具体体现。要始终坚持一切从实际出发,实事求是,察实情、讲实话,鼓实劲、出实招,办实事、求实效,不追求表面政绩,不追求脱离实际的盲目攀比,不提哗众取宠的空洞口号,不搞虚报浮夸和报喜不报忧。要坚持发展为了人民、发展依靠人民、发展成果由人民共享,充分发挥人民群众的首创精神,切实保障和改善民生,维护人民群众根本利益,不搞劳民伤财的"形象工程""面子工程"。要尊重客观规律,提高领导水平,立足当前、着眼长远,积极进取、量力而行,多做打基础利长远的事,努力推动经济社会又好又快、持续协调发展。

先进示范

山西最西北的边陲小县右玉曾被外国专家断言为"不适合人类居住的地方",2010年,右玉却当选为"联合国最佳宜居生态县"。右玉18任县委书记牢记全心全意为人民服务的宗旨,带领勤劳的右玉人民将这个曾是风沙肆虐、不宜人居的"不毛之地"改造成了山清水秀、满目葱茏的"塞上绿洲",在黄土高原上创造了"人定胜天、绿染山川"的生态奇迹,孕育出"执政为民、尊重科学、百折不挠、艰苦奋斗"的右玉精神。

(二)正确看待和运用手中的权力

权力是一把"双刃剑",用好了可以造福于民,用不好则可能祸害百姓。作为领导干部,能否正确看待和运用权力,不仅关乎领导干部个人的前途命运,更关乎党的事业发展。在不同的社会、不同的政党,对权力观有着不同的认识。马克思主义认为,在权力的性质上,权为民所有,人民是国家的主人,是一切权力的所有者;在权力的授受关系上,确立了权为民所赋的原则,国家的一切权力都是人民赋予的;在权力的目的上,主张权为民所用,要求掌权者必须运用人民赋予的权力为人民谋利益。历史上,一切剥削阶级为了维护其阶级统治,在权力的来源问题上,否认权力来自人民。中世纪欧洲封建主推崇神主权力观,认为权力来自神的赐予,封建贵族代表神和上帝统治人民;中国封建君主推崇君权神授权力观,认为皇帝是"天之骄子",是人民群众天然的主宰;资产阶级信奉金钱权力观,认为资本和金钱具有无穷的"魔力"。只有马克思主义站在无产阶级党性和人民群众根本利益的立场上,从唯物史观的高度科学揭示了权力的来源、权力的社会性和阶级性、权力的构成与运行机制、权力的功能,为共产党人树立和坚持正确的权力观提供了科学的理论指导。

正确认识和看待权力,必须树立马克思主义权力观。领导干部要从理论上弄清楚权力的性质和来源,把握权力的属性:一是我们社会主义国家的一切权力,都是我们党领导全国各族人民经过新民主主义革命和社会主义革命取得和实现的,都是属于人民的;二是我们党作为执政党,代表工人阶级和全体人民在全国执掌政权,党员领导干部手中的权力都是人民赋予的;三是我们所有党员领导干部手中的权力,都只能用来为人民谋利益,而绝不允许搞任何形式的以权谋私。在长期执政条件下,我们党的执政环境、执政方式都发生了重大变化,现在确有一些领导干部不能正确对待和使用权力,导致了滥用权力行为的发生。这是廉洁从政的一个严重隐患,必须引起领导干部高度重视。

正确认识和看待权力,必须坚持秉公用权。当前,绝大多数领导干部都能把人民赋予的权力视作为人民服务的手段,牢记党的宗旨,殚精竭虑,一心为民;但也有少数领导干部不能正确运用自己手中的权力,有的把权力当作获得金钱、美色的工具;有的把权力当作个人飞黄腾达、光宗耀祖的途径;有的把权力视为个人"私恩"的产物,甚至把权力作为对个别人效忠的工具;还有的把权力当儿戏,对人民赋予的权力极不负责,敷衍塞责、得过且过,甚至胡作非为、草菅人命,给人民群众的生命财产造成难以弥补的损失。这些权力"错位"现象,虽然发生在少数领导干部身上,却引起了群众的强烈不满,损害了党群、干群关系,降低了党和政府的公信力。各级领导干部都要牢记,我们手中的权力是人民赋予的,只能用来为人民谋利益。行使权力就必须为人民服务、对人民负责并自觉接受人民监督,绝不能把权力变成谋取个人或少数人私利的工具。

正确认识和看待权力,必须破除"官本位"意识,肃清封建主义残余思想。有的领导干部没有确立正确的权力观,一个重要原因是"官本位"的封建残余思想在作怪。有的领导干部慢慢忘记了自己入党时的誓言,脑子里个人升官发财的思想滋长,把党和人民的利益抛到了脑后。在这种观念的驱使下,有的到处拉关系、找靠山、跑官要官、买官卖官、造假骗官,有的官僚主义、形式主义、家长制习气严重,有的贪图享乐、花天酒地、贪赃枉法,有的拉帮结派、任人唯亲、搞裙带关系,等等。这些观点和现象都是错误的和十分有害的。各级领导干部必须明白,我们是共产党人,要立志做大事,不要立志当大官,千万不要把升官发财作为自己的人生目的。

典型案例

河北省国税局原局长李真,曾是组织上很信任、很有前途的年轻干部。令人惋惜的是,他却把权力大小作为衡量自身地位高低的标准,把追求升官发财作为人生价值的唯一取向,最终蜕变为腐败分子,被判处死刑。李真在死前忏悔时说:"人,一旦迷上权力,不要说信念,就连自己有时也迷失了……现在细细想来,我的问题的发生就是从贪权开始的。给副省长做秘书时感觉不如给省长做秘书好,给省长做秘书时感觉不如给省委书记做秘书风光、神气。等真的给省委书记做了秘书后,又感觉不如有实权好。等到了省国税局做了局长,感觉弄个省部级干部干干更好。我给自己设想的是,45 岁前,要弄成封疆大吏或政府阁员……唉,我毁在了官'迷'上。人一旦迷上权力,信念就容易发生动摇,腐败就开始了。"

(三) 坚持党和人民利益高于一切

马克思说:"人们奋斗所争取的一切,都同他们的利益有关。"在人的思想动机背后是人的利益,特别是物质利益。人们改造自然、改造社会的一切活动,都是直接或间接地为了谋取某种利益,取得并改善自己生存和发展的条件。利益追求既是推动社会进步的强大杠杆,又是引发社会矛盾的最终根源。追求什么样的利益,怎样谋取利益,为什么人谋取利益,是判断利益观正确与否的"试金石"。在当今利益主体日趋多元、利益矛盾复杂多样的条件下,领导干部要永葆先进性和纯洁性,担负起时代和人民赋予的神圣使命,就必须理性地面对各种利益关系,牢固树立正确的利益观,时刻把人民的利益、党和国家的利益放在首位,让正确的利益观在思想上扎根,在实践中践行,在奉献中升华。

我们党除了人民的利益,没有自己的特殊利益。不断实现最广大人民的根本利益,是我们党全部奋斗的最高目标。毛泽东同志曾在《为人民服务》这篇文章里,开宗明义地指出:"我们的共产党和共产党所领导的八路军、新四军,是革命的队伍。我们这个队伍完全是为着解放人民的,是彻底地为人民的利益工作的。"现在,面对发展社会主义市场经济过程中出现的各种利益诱惑,面对社会上存在的各种腐朽落后观念影响,能不能坚持正确的利益观,对领导干部是一个非常现实的考验。共产党人是历史唯物论者,不讳言利益,不否认社会成员有个人利益、个人抱负、个人追求。领导干部也有制度和政策规定范围内的正当利益。但是,作为领导干部,不能一味追求个人利益,更不能将个人利益凌驾于人民利益之上,而是要全心全意为人民谋利益。这是共产党员对待利益问题的根本原则,也是领导干部加强党性修养的基本要求。

坚持党和人民的利益高于一切,就是要坚持尊重社会发展规律与尊重人民群众历史主体地位的一致性,坚持为崇高理想而奋斗与为广大人民谋利益的一致性,坚持完成党的各项工作与实现人民利益的一致性。坚持党和人民的利益高于一切,就能激发人民群众的首创精神,凝聚人民群众的智慧和力量,推动党和国家各项事业的发展。各级领导干部要把实现个人追求融入实现党的奋斗目标、人民利益之中,正确看待个人利益,正确看待个人得失,正确把握利益关系,真正做到不为私心所扰,不为名利所累,不为物欲所惑,淡泊名利,克己奉公。要坚持群众利益无小事,人民利益大于天,自觉从身边做起,从小事做起,从群众最需要、最迫切、最难解决的事情做起,真正给群众以看得见、摸得着的利益。只有这样,才能赢得民心,才能巩固党的执政地位,也才能使我们党永远立于不败之地。

先进示范

内蒙古自治区原党委常委、呼和浩特市原市委书记牛玉儒在30多年的工作中,忠诚于党和人民的事业,忠实地为内蒙古各族人民谋利益,把"人民的利益高于天"作为自己的座右铭。他总是告诫干部,"我们是人民的政府,要执政为民,把群众需要当作第一选择,把群众满意当作第一标准。"他关注弱势群体,把百姓的安危冷暖挂在心上,坚持为老百姓办实事、办好事;他在城市建设中坚持以人为本,多上"民心工程"。1000万元市长预备金,他拿出一半搞社保;黄金地段,他拿来建绿地和市民休闲广场;他深入大街小巷调查摸底,装上街灯,照亮黑巷……牛玉儒常说,百姓是我们的"衣食父母",我们把百姓的安危冷暖挂在心上,就是为党树碑,为政府积德。他在病重住院期间,仍忘我工作,通过电话询问、指导和督促重点工程进展情况。牛玉儒去世前不到一个月,仍以顽强的毅力,主持召开市委九届六次全会,作了催人奋进的工作报告。他把毕生精力都奉献给了他所热爱的事业和人民,直到生命的最后一息。

戲舉烽火

周幽王

褒姒

戲舉烽火

戏举烽火①

【历史背景】

　　中国西周末代君主。姬姓，名宫涅（涅一作湦、湟）。在位时，各种社会矛盾急剧尖锐化，政局不稳，地震、旱灾屡次发生。周幽王变本加厉地加重剥削，任用贪财好利善于逢迎的虢石父主持朝政，引起国人怨愤。又听信宠妃褒姒的谗言，废掉王后申后及太子宜臼（申后之子），立褒姒为后，立褒姒之子伯服为太子。申后与宜臼逃回申国。公元前772年，申侯联合缯国和犬戎举兵入攻西周，各地诸侯拒不救援，幽王惨败，带着褒姒、伯服等人和王室珍宝逃至骊山，后被杀。犬戎攻破镐京，西周遂亡。

　　周幽王在位的时候，国家本来就动荡不安，他不想着稳定局面，治理好国家，而是荒淫豪奢，甚至为了博取褒姒的笑容，下令凡是能够让褒姒一笑的人，就赏赐他一千两金子。那个善于逢迎的奸臣虢石父就献上了烽火戏诸侯的计策，在骊山上把烽火点了起来。大臣郑伯友立即劝阻，但是周幽王拒不听从。当烽火台上起了狼烟，诸侯赶快带领兵马来救援，只听到山上一阵阵奏乐和唱歌的声音，这才知道自己被戏弄了。幽王见褒姒露出了笑容，就赏给虢石父一千两金子。

　　关于褒姒有这样的一个传说：在周宣王的时候，朝政混乱，京畿街衢流传着一个歌谣："月将升，日将浸，檿弧箕服，实亡周国！"后来太史令伯阳父观测天象说弓矢之祸将出现在宫中，但是与弓矢无关，后世必有女子乱国！当时宫内的一个嫔妃卢氏怀孕八年，才生下一个女儿。据说当年夏桀王时，褒城有个人化为两条龙，降在了王庭当中，桀很害怕，就杀了二龙，并且将其龙涎藏在木椟中，后世的人们都不敢打开木椟看。周厉王曾经打开木椟，于是龙浆流入了宫廷，变成了元龟，卢氏因为踏到了龟迹而有了身孕。周宣王认为很不吉利，就要看看这个女孩，但是女孩已经被卢氏扔到御河中，怎么都找不到了，后来这个女孩被褒姒城捡到并抚养，长大后美貌绝伦，就是褒姒。周幽王好色，后来就有人把这个褒姒进献给了幽王。

【原文】

周史记:幽王②嬖爱褒姒③,褒姒不好笑,王说之万方,故不笑。王与诸侯约,有寇至,举烽火为信,则举兵来援。王欲褒姒笑,乃无故举火,诸侯悉至,至而无寇,褒姒大笑。后犬戎伐王,王举火征兵,兵莫至。戎遂杀王于骊山下,掳褒姒。

【张居正解】

周史上记:幽王宠爱美女褒姒,褒姒性不好笑。王只要得她一笑,设了万般的方法,引褒姒笑。褒姒故意只是不笑。先是,王与诸侯相约,若有贼寇兵至,就烟墩上举起烽火为信,则列国举兵来救援。至是,王念无可动褒姒笑者,遂无故举烽火。诸侯望见,只说有贼兵到城下,却不见有贼兵。褒姒见哄得众诸侯空来这一遭,乃不觉大笑。然诸侯由此不信幽王。后犬戎调兵伐王,王复举火召兵。诸侯见前次哄了他,这遭一个也不来。王遂被犬戎杀害于骊山之下,连褒姒也掳去了。

夫女色可远不可近,近则为其所迷,而举动不知谨,患害不知虑。

幽王只为要褒姒欢喜,至无故征天下之兵,以供其一笑,卒致身弑国亡。其昏暗甚矣。谥之曰幽,不亦宜乎。

【注释】

①本篇出自《国语·晋语一》《史记·周本纪》。记述周幽王为博得宠妃褒姒一笑,而以烽火戏诸侯,导致国破身亡的故事。烽火:是古代报警的信号。

②幽王:周幽王(？~前771年)。宣王子,名宫涅。宠爱褒姒,生伯服。废申后及太子宜臼,立褒姒为后,以伯服为太子。申侯怒,联合犬戎攻幽王,杀之于骊山下。西周因此而亡。

③褒姒:周朝褒国的美女,姓姒。周幽王伐褒,褒侯被迫把褒姒献给幽王。

【译文】

周代史书记载,周幽王宠爱褒姒,褒姒不爱笑,幽王想尽各种办法想逗她笑,褒姒还是故意不笑。本来周王与诸侯约定,一旦有敌寇入侵,便点燃烽火作为信号,大家就立刻带兵前来援救。幽王为了博得褒姒一笑,便无缘无故地点燃烽火,诸侯全都带兵前来救援,来到之后才知道并无敌寇,褒姒大笑不止。后来,犬戎攻打幽王,他再举烽火却没有救兵前来。犬戎在骊山脚下杀死了幽王,把褒姒也掳走了。

【评议】

周幽王因为宠爱女色而亡国。他为了显示自己对褒姒的喜爱,首先废掉了申皇后和太子,而封褒姒和她的儿子为皇后和太子,引起了当时朝政的骚乱。为了取悦褒姒,他采用了奸臣的办法烽火戏诸侯,虽然博得了褒姒的笑容,但同时也失去了诸侯对他的信任,随后当敌国进兵的时候,他点起烽火,却没人再相信他,最终国家灭亡,自己也被杀死。之所以产生这样的结果完全是因为周幽王的昏庸,失去了臣属对他的信任,而他任用奸佞小人,才最后毁掉了自己也毁掉了自己的国家。周幽王的悲惨结果是他自己一手造成的,纯属于自作自受。其实在现实生活中,这样的人很多,他们为了戏弄别人给自己带来暂时的愉快,但却不知道这样做失去的是别人对自己的信任与尊重,他们也和周幽王差不多,只是得到了短暂的开心却造成了极其严重的后果。所以,一个人,首先要讲究信用,如果失去了这个做人最基本的原则,那么他最终也会因为这个缘故遭到报应的。

【拓展阅读】

周幽王

幽王,名姬宫湦(公元前？～前771年)。宣王子,被立为太子。宣王死后继位,在位十一年。国亡,被犬戎追杀于骊山(今陕西省西安市临潼区城东南)下,葬于骊山脚下。

幽王暴政

姬宫湦继位时,关中一带发生大地震,加以连年旱灾,使民众饥寒交迫、流离失所,社会动荡不安。政局不稳,生产凋敝,国力衰竭,姬宫湦不思挽救周朝于危亡,奋发图强,反而重用佞臣虢石父,盘剥百姓,激化了阶级矛盾;又对外攻伐西戎而大败。

姬宫涅是个荒淫无道的昏君。他宠幸妃子褒姒，一味地过着荒淫奢侈的生活。褒姒虽然生得艳如桃李，却冷若冰霜，自进宫以来从来没有笑过一次，姬宫涅竟然悬赏求计，谁能引得褒姒一笑，赏金千两，而褒姒却始终吝啬笑容。后来佞臣虢石父献上了"烽火戏诸侯"这一计。

烽火戏诸侯

西周为了防备犬戎的侵扰，在镐京附近的骊山一带修筑了二十多座烽火台。一旦犬戎进袭，首先发现的哨兵立刻在台上点燃烽火，邻近烽火台也相继点火，向附近的诸侯报警。诸侯见了烽火，知道京城告急，天子有难，必须起兵勤王，赶来救驾。虢石父献计令烽火台平白无故点起烽火，招引诸侯前来白跑一趟，以此逗引褒姒发笑。昏庸的姬宫涅采纳了虢石父的建议，马上带着褒姒登上骊山烽火台，命令守兵点燃烽火。诸侯一见有警报，果然带领本部兵马急速赶来。到了骊山脚下，却不见有半个犬戎兵，只见姬宫涅和褒姒高坐台上饮酒作乐。姬宫涅派人对诸侯说没有什么事，要大家回去。诸侯们始知被戏弄，怀怨而回。褒姒见千军万马召之即来，挥之即去，好玩得很，禁不住嫣然一笑。姬宫涅大喜，立刻赏虢石父千金。不久，姬宫涅干脆废黜王后申氏和太子宜臼，改立褒姒为后，褒姒生的儿子伯服为太子；下令废去宜臼舅舅申侯的爵位，还准备出兵攻伐他。申侯被逼联合西方的犬戎，先发制人，大举进攻镐京。姬宫涅急忙命令烽火台点燃烽火。诸侯们因上次受了愚弄，这次都不再带兵前来救驾了。犬戎兵见姬宫涅穿戴着天子的服饰，知道他就是周天子，就当场将他砍死。又从褒姒手中抢过太子伯服，一刀将他杀死，只留下褒姒一人做了俘虏。至此，西周宣告灭亡。

【镜鉴】

权力威信可断兴亡

当我们考察国家政权存亡的时候，发现有一个现象，即国家权力正常运转，那么政权就会存在；如果权力异常运转，那么意味着这个政权要垮塌了。权，本身意味着均衡，善用权者就会使各种力量保持平衡，这样权就有力量；而失去平衡，权就无能为力了。从另

一个方面来讲,权的力量来自人民群众,因为政权的本质是为民众的生存而出现和存在的,因而权为民用,就会得到民众的支持和拥护,就会使得政权产生力量来实现自己的职能;而一旦权不为民用,而用于自我牟利,权就会失去力量,无法实现均衡的作用,必然会倾覆。所以,国家政权运行依赖威信,威信包括两个方面:即威和信。威是靠国家强大的管理机器来实现的,但是,这个"威"是建立在"信"的基础上的。信是使各种力量保持均衡的基础,取信于民,权就能够生威,威才能实现震慑各种力量的作用,无信则无威,失信于民,即使权力再大也无法改变灭亡的命运。

(一) 树立威信姬昌兴周　戏弄诸侯幽王丧命

西周原来只是商朝的一个封地小国,到了姬昌继位,他胸怀大志,决心推翻商纣王的统治。开始他没有什么实力,就先收买人心。为了树立自己的威信,他做了一系列的工作。当时有一种刑罚叫炮烙之刑,也就是命犯人走在涂满润滑油的铜柱上,一滑倒就会倒在火坑里,顿时皮焦肉烂。但是商纣的宠妃妲己看见此惨状笑个不停,所以商纣就一直让犯人这样做,以博得妲己一笑。姬昌很是气愤,当他来到朝歌后,愿意献上周国西岸的一块土地,以此要求纣王答应一件事,就是废除炮烙之刑,但纣王不但不听,反而对姬昌施加了炮烙之刑,这更加激起了人民对纣王的仇恨。而姬昌为天下人请求废除炮烙之刑而受罪赢得了人们的尊敬和信任,天下诸侯多归从。

《史记·周本纪》载,姬昌仿效祖父和父亲季历制定的法度,实行仁政,敬老爱幼,礼贤下士,治理岐山下的周族根据地。在治岐期间,对内奉行德治,提倡"怀保小民",大力发展农业生产。并采用"九一而助",即划分田地,让农民助耕公田,纳九分之一的税,往来不收关税。这样让农民有所积蓄,以刺激劳动兴趣。对外,许多外部落的人才以及从商纣王朝来投奔的贤士,他都予以任用。如太颠、闳夭、辛甲等人,都先后归附在姬昌部下。姬昌自己生活勤俭,穿普通人衣服,还到田间劳动,兢兢业业治理自己的国家。岐周在他的治理下,国力日渐强大。

正是由于周文王在位期间为民谋利,取信于诸侯,树立了自己的威信,西周才走向兴盛,并渐渐有了取代商纣的基础和条件,到了最后就可以达到振臂一呼天下响应的效果。

周幽王是西周的末代天子。西周末年,天灾人祸频繁发生,百姓饥寒交迫。在这种情况下,周幽王不但不设法安定民心,反而过着更加荒唐的日子。

周幽王曾娶了申侯的女儿做皇后,立儿子宜臼为太子。可他后来又爱上一个叫褒姒的女人。褒姒生了儿子后,周幽王不但想废掉宜臼,还想把他让老虎咬死。亏得宜臼胆子大,大吼一声吓退了老虎。宜臼从此存了戒心,就偷偷逃出王宫,躲到外祖父家。

褒姒很怪,从来不笑,即使她的儿子被立为太子,也没丝毫欢乐的表示。为此周幽王想出了无数条妙计,还悬赏千金,但这些都没用。

有个叫虢石父的大臣给周幽王出了一个计策:点燃烽火以博褒姒一笑。原来,西周时为了防备西边犬戎部族的侵略,在镐京附近的骊山一带修了许多烽火台。烽火台就是修筑得很高很高的平台。如果发现犬戎来犯,晚上就在烽火台烧起大火,白天就在烽火台上烧狼粪使它冒烟,向诸侯发出警报。远方的诸侯看到烟或火光,知道京城告急,天子有难,就赶快带着军队前来救援。这天,周幽王带着褒姒来到城楼上,派人在烽火台上烧起了熊熊大火。诸侯们看到火光,以为天子有难,急忙派出大军赶来救援。当他们赶到镐京城下,却看不到一个犬戎的兵,见到的是周幽王和褒姒坐在城楼上喝酒看热闹的情景。不过诸侯的一路奔忙还真把褒姒逗笑了,褒姒的嫣然一笑可把周幽王高兴坏了,马上给虢石父千金的奖赏,而那些被愚弄的诸侯可是气坏了,都骂骂咧咧地带兵回去了。

宜臼的外祖父听说周幽王废掉了申后和太子宜臼,非常生气,于是他联合犬戎发兵来攻打镐京。周幽王看到犬戎真的来了,赶紧派人去点燃烽火,向诸侯求救,可这次,诸侯们以为又是周幽王拿他们取乐,所以没人派兵。镐京很快被犬戎攻破了,周幽王逃到骊山脚下被杀,褒姒被掳走了,周王室积存的宝物被洗劫一空。等诸侯们弄清真的是犬戎来犯,急忙派兵救援,但是已经晚了。周朝从此便走向了衰落。

(二) 季札挂剑列国称贤　州吁篡权天下共诛

季札是周朝吴国人,因受封于延陵一代,又称"延陵季子"。公元前544年,季札奉命出使鲁、齐、郑、卫、晋五国。在这次外交活动中,他同齐国的晏婴,郑国的子产及鲁、卫、晋等国的重臣举行会晤,高谈政事,评论时势,使中原国家了解并通好吴国。

有一次,季札出使鲁国时经过了徐国,于是就去拜会徐君。徐君一见到季札,就被他的气质涵养所打动,内心感到非常的亲切。突然,徐君被季札腰间的一把祥光闪动的佩剑深深地吸引住了。季札的这柄剑铸造得很有气魄,它的构思精审,造型温厚,几颗宝石镶嵌其中,瑰丽而又不失庄重。只有像延陵季子这般气质的人,才配得上这把剑。徐君虽然喜欢在心里，却不好意思表达出来，只是目光奕奕，不住地朝它观望。季札看在眼里，内心暗暗想道："等我办完事情之后，一定要回来将这把佩剑送给徐君。"为了完成出使的使命，季札暂时还无法送他。

怎料世事无常，等到季札出使返回的时候，徐君却已经过世了。季子来到徐君的墓旁，内心有说不出的悲戚与感伤。他望着苍凉的天空，把那把长长的剑挂在了树上，心中默默地祈祷着："您虽然已经走了，我内心那曾有的许诺却常在。希望您的在天之灵，在向着这棵树遥遥而望之时，还会记得我佩着的这把长长的剑。"他默默地对着墓碑躬身而拜，然后返身离去。

季札的随从非常疑惑地问他："徐君已经过世了，您将这把剑悬在这里，又有什么用呢？"季子说："虽然他已经走了，但我的内心对他曾经有过承诺。徐君非常喜欢这把剑，我心里想，回来之后，一定要将剑送给他。君子讲求的是诚信与道义，怎么能够因为他的过世，而背弃为人应有的信与义，违弃原本的初衷呢？"

季札，他并没有因为徐君的过世，而违背做人应有的诚信，何况他的允诺只是生发于内心之中。这种"信"到极处的行为，令后人无比地崇敬与感动。也正是因为季札讲究信义，虽然没有王权，但是他却有一种无形的力量，可以使得诸侯国信服。

卫桓公有两个兄弟，一个就是公子晋，一个叫州吁。州吁有些武艺，喜欢打仗。州吁瞧见哥哥卫桓公是个老实人，软弱无能，不像是做大事的，就瞧不起他。他和他的心腹石厚就密谋取而代之。公元前719年(周桓王元年)，卫桓公动身上洛阳去朝见周天子，州吁在西门外摆下酒席，给他送行。他端着一杯酒，对卫桓公说："今天哥哥出门，兄弟敬您一杯。"卫桓公说："我去去就来，兄弟何必这么费心？"说着也斟了一杯回敬。州吁双手去接，成心装作接不着，那酒盅就掉在地下了。他赶紧捡起来，转到卫桓公背后，拿出匕首从背后扎过去，卫桓公就这么被弟弟杀了。

州吁杀了国君，拜石厚为大夫，只说卫桓公是得急病死的，就这么去向诸侯报丧。可是卫国的人都说国君是给州吁和石厚害死的。古时候的国君也明白，要是国内的老百姓和国外的诸侯不服，君位就保不住。州吁和石厚就挺担心，总得想法子叫人家佩服才好哇。他们认为最能哄人佩服的事就是打个胜仗，趁机会还可以掳掠些粮食来。要打仗也得有个名义才说得过去，他们就在小国里挑对象。石厚晃着脑袋，说："有了！郑伯寤生杀了他兄弟，赶走他母亲，不该受责备吗？"州吁直点头，挺正经地说："对！咱们得讲道理。像寤生那么不孝顺母亲，不爱护兄弟的家伙，非重重地治他一治不可！"

周围小国迫于州吁的残暴以及各国内的矛盾，都按着州吁规定的日子，出兵帮卫国来了。五国的兵马把郑国荥阳的东门围了个结实。郑国的大臣急得没法子，有的要讲和，有的要反击。郑庄公说："这五国里头，除了宋国为着公子冯那件事以外，哪一国跟咱们也没有仇。州吁夺了君位，不得民心，要打个胜仗，好叫老百姓服他。只要稍微给他一点面子，就能退兵。"

于是，郑庄公就派公子吕去跟卫国人交战，嘱咐他："你寻机给他们留点面子。"公子吕领着一队人马出去应战，石厚就上来招架，另外四国的将士全都抱着胳臂肘在旁边看热闹。公子吕应付一下石厚，就往西门跑去。石厚带着人马追到西门。公子吕的军队进了城，关上城门，不出来了。石厚叫士兵们把西门外的谷子全割下来，运到卫国去，大模大样地总算打了胜仗。五国的兵马就这么散了。

州吁、石厚"得胜回朝"，满以为给卫国争了脸面，国内的人都该服他们了。哪儿知道老百姓背地里全都说开了，恨他们无缘无故地发动战争，害得人们不能好好地过日子。有的甚至就要派人上洛阳告诉周天子去。州吁知道石厚的父亲在朝里很有威望，也想着有个德高望重的老大臣出来支持他，说不定比打郑国更有影响，他就叫石厚去求他父亲。

石厚见了父亲石碏，就问："新君怕人心不安，君位不定，想问您有什么好主意?"石碏说："诸侯即位应该得着天王的许可。只要天王答应了，还有什么说的?"石厚点了点头，说："话是不错。可就怕天王不答应。总得有人从旁说个情才好哇。"石碏说："给你们说情的人总少不了吧，等我想想。"他一边摸着胡子，一边说："陈侯跟天王挺亲密，跟咱们也有交情。你们先上陈国去，请陈侯在周天子跟前说说，过后你们再去朝见，还怕不行吗?"

石厚把他父的好主意告诉了州吁。两个人高兴得拍手叫好，就带了些礼物，君臣俩亲自跑到陈国去。石碏也写了一封信，暗地里打发人送给他的好朋友陈侯求他帮忙。

州吁和石厚到了陈国，陈侯看了石碏的信，心里明白了几分，叫部下招待他们，请他们在太庙里相见。陈侯早把太庙摆设得整整齐齐，还安排了好些武士预备伺候这两位贵宾。两位贵宾由子鍼招待着到了太庙门口，只见门外搁着一块牌子，上头写着："不忠不孝的人不许进去。"州吁和石厚倒抽了一口凉气，进去也不好，不进去也不好。石厚问陈侯部下："这牌子搁在这儿是什么意思?"部下说："这是敝国的规矩，没有什么别的意思。"他们才放下心，大胆地进去了。到了庙堂上，州吁和石厚刚要向陈侯行礼，就听见陈侯大声地说："天王有令:逮住杀害卫侯的乱臣州吁和石厚!"他刚说了这一句，旁边的武士早把州吁、石厚抓住，很快就把二人处死了。

州吁和石厚虽然谋得了王位，但是，不能取信于民，就连石厚的父亲也要诛灭他们，原来，石碏表面上给他们出主意，实际上写信让陈国君王除掉这两个不忠不孝的祸害，可见篡了权而无威信是要受到天下人的讨伐的。

（三）商鞅变法取信于民　赵高弄权身败名裂

在战国七雄中，秦是比较落后的国家，"六国卑秦，不与之盟"，当时秦被称为西戎。公元前361年，新国君秦孝公即位。他感到秦国外受强邻的欺压，内有贵族的专横，决心奋发图强，改变国家的落后面貌。秦孝公为了寻求改革贤才，上任伊始，就下令："宾客群臣有能出奇计强秦者，吾且尊官，与之分土。"当时在魏国得不到重用的商鞅"闻是令下"，西入秦国求见孝公，得到重用。因此，秦孝公的发愤图强是商鞅变法的前提。可以说，没有秦孝公的图强图变，就不可能有后来的商鞅变法。

商鞅（约前390～前338），战国时期政治家，著名法家代表人物。卫国国君的后裔，故称为卫鞅，又称公孙鞅，因其变法成功而收复河西之地被秦孝公封于秦国商郡，后人称之商鞅。在位执政十九年，秦国大治，史称商鞅变法。

商鞅到了秦国之后，很快得到了秦孝公的接见。但他并不了解秦孝公的真实意图。一见孝公，说了些"帝道"之类不实在的空话，以致孝公"时时睡，弗听"。二见孝公，说得更多，但也是"王道"之类的大话，均不中孝公之意。三见孝公，因言及"霸道"，孝公终于感到"可与语矣"。四见孝公，"以强国之术说君"，孝公"不自知膝之前于席也""语数日不厌"。孝公四见商鞅，表现了他求贤若渴的心态，也表现了他的宽容和耐心。同时还可以看出，秦孝公是一个讲究实际的人，不喜欢那种空洞无物的大道理。

改革必然要触及既得利益，必然会遭到方方面面的反对。秦孝公没有采取强制压迫的办法，而是把大臣们召集在一起辩论，以理服人。既让主张改革的商鞅说话，也让反对改革的甘龙、杜挚说话，各自把自己要说的东西都讲出来，看看谁更有道理。直至商鞅以无可辩驳的事实，使反对派哑口无言，才称之为"善"，才任命商鞅为左庶长，"卒定变法之令"。这说明，秦孝公是民主的，是善于听取不同意见的，也是善于统一思想的。

商鞅变法的法令已经准备就绪，但没有公布。他担心百姓不相信自己，就在国都集市的南门外竖起一根三丈高的木头，告示：有谁能把这根木头搬到集市北门，就给他十斤黄金。百姓们感到奇怪，没有人敢来搬动。商鞅又出示布告说：有能搬动的给他五十斤黄金。有个人壮着胆子把木头搬到了集市北门,商鞅立刻命令给他五十斤黄金,以表明他说到做到,诚信不欺。接着商鞅下令变法,新法很快在全国推行。这一立木取信的做法,终于使老百姓确信新法是可信的,从而使新法顺利地推行实施。《战国策》对此事的评论是:"商君治秦,法令至行,公平无私,罚不讳强大,赏不私亲近,法及太子,黥劓其傅。期年之后,道不拾遗,民不妄取,兵革大强,诸侯畏惧。"商鞅执法敢于不避权贵皇戚,在秦国震动颇大,这是上下都能奉公守法的重要原因。

商鞅变法是战国时期一次较为彻底的改革运动。通过改革,秦国废除了旧的制度,创立了适应社会经济发展的新制度。改革推动了秦国社会的进步,促进了经济的发展。同时,壮大了国力,实现了富国强兵,为以后秦统一全国奠定了基础,对中国历史的发展起到了重要的作用。

赵高,秦朝宦官、权臣。原为赵国宗族远支。赵高为内官厮役时,因精明强干,通晓法律,被秦王政提拔为中车府令。他私侍公子胡亥,教以法律。后因犯罪,秦王命蒙毅审理,被蒙毅依法判以死罪。秦王惜其才干,下令赦免,并恢复其原来官爵。后以中车府令兼行符玺事。始皇三十七年(前210年),赵高和胡亥随秦始皇出游会稽。还至平原津,始皇病危,乃为玺书赐长子扶苏,命其将兵权交给蒙恬,返咸阳主持丧葬。赵高得幸于胡亥,又考虑到蒙氏兄弟掌权对自己不利,遂与秦二世胡亥、李斯合谋,秘不发丧,诈受始皇遗诏,立胡亥为太子,又更为书赐扶苏和蒙恬死。还至咸阳,赵高立胡亥为二世皇帝,自己任郎中令,常居宫中参与决策。他指使胡亥更改法律,诛戮宗室、大臣。其他群臣、诸公子凡触犯秦二世意旨的,都交赵高审治。蒙恬、蒙毅兄弟等秦始皇所亲近的大臣和诸公子、公主皆被处死,相连坐者不可胜数。赵高唯恐大臣入朝奏事告发他,又劝二世深居禁中,不朝见大臣,以此进一步专擅朝政。

秦二世元年(前209年)七月陈胜、吴广起义后,秦朝统治集团内部矛盾进一步加剧。右丞相冯去疾、将军冯劫因谏说二世停止修造阿房宫,减省徭役赋税,结果被迫自杀。左丞相李斯则被赵高诬以谋反罪,腰斩于咸阳市。章邯也因受到猜忌,在巨鹿一战失败后投降项羽。此后赵高被拜为中丞相,事无大小皆取决于其意旨。赵高野心勃勃,日夜盘算着要篡夺皇位。可朝中大臣有多少人能听他摆布,有多少人反对他,他心中没底。于是,他就采取"指鹿为马"的办法,准备试一试自己的威信,同时也可以摸清敢于反对他的人。之后,赵高通过各种手段把那些不顺从自己的正直大臣纷纷治罪,甚至满门抄斩。秦二世三年(前207年)八月,刘邦攻下武关后,赵高恐诛罚及身,与其婿阎乐等人密谋,乘二世在望夷宫斋戒之机,诈诏发兵围宫,逼令二世自杀。赵高企图篡位自立,但因左右百官不从,只好立二世兄子子婴为秦王。九月,赵高被子婴用计杀于宫中,夷三族。

(四)诚信守义赵武弭兵　欺天害民康王绝路

春秋时期的争霸战争,给中原人民带来了沉重灾难。为此,饱受其苦的弱小国家竭力反对战争,呼吁能有一个和平发展的空间。最后,连晋、楚、齐、秦等大国也久厌战事,皆有意弭兵停战。在这种情况下,地处中原的宋国发起了以"弭兵"为主题的和平活动,深刻地影响了春秋后期的中原格局。

公元前546年,在宋国的大力协调下,多年的争霸对手晋国和楚国会同各个诸侯,一起参加在宋国举行的缔结停战合约的弭兵大会。

赵武担任当时的晋国正卿,他主张减轻诸侯对霸主的贡纳,要求各国遵循礼度行事,所以他在任期间,晋国联盟维持了一个时期的稳定局面。这一次,他代表晋国出席宋国召开的弭兵大会。

楚国方面由令尹子木参加,大会本来的目的是平息战争,子木却心怀鬼胎,阴谋在大会期间偷袭赵武与参会的晋军。他在出发之前就与楚国将领商量说:"如果能在大会上将赵武击杀,那么,晋国的威信就会因此被削弱许多!"

世上没有不透风的墙,楚国的阴谋不知怎么走漏了风声。事情传开,赵武也知道了这件事。各个诸侯一致要求停战,若是这个时候与楚国发生冲突,势必产生恶劣影响;但倘若对楚国的阴谋听之任之,他们真的动起手来,岂不是陷自己于被动?赵武遂与副手叔向一起商量。

叔向对楚国的阴谋也有所耳闻,得知赵武的疑虑,他回答说:"这有什么好担心的?叔向听说,足够赤诚,就不会受到侵暴;讲求信义,就无须惧怕别人侵犯。如果忠诚发于内心,信义出于自身,那么这就是个德行高尚的人,他的根基也就会变得牢固,不会受到外来影响而发生动摇。现在,您带着一片诚心前来,为了平息战争而主持这次弭兵大会,要用奉守信义来证明自己的忠诚,会见诸侯时,楚国也是这么说的,计议中的阴谋能不能实施还是一回事,现在何必理会?如果楚国不守忠信,真的派兵偷袭,这事自绝承诺。如此作为,诸侯必定不会听从于他们。退一万步讲,如果他们真的侥幸得逞,可以以死使晋国的地位得到巩固,又有什么可怕的呢?"

"以死来巩固晋国的地位,又何必依恋生命!"听了这话,赵武豪情涌起,颔首称是。

最后,叔向又说:"您不需要太担心,真的到了那个时候,楚国未必有那个胆量动手。再说,如果不讲求信义而号令诸侯,这样结盟还有什么意义?楚国也不是傻子,恐怕也不会冒天下之大不韪而悍然出手吧?"

结果,晋、楚、齐、秦、鲁、卫、陈、蔡、郑、许等14个诸侯国会盟于宋国西门之外。正如叔向所分析的,子木在会盟中看到各个诸侯认真地执行晋国发布的号令,根本就不敢轻举妄动。击杀赵武的行动,更是无从谈起。

赵武听从叔向的建议,在会盟中坚守信义,广施仁德,成功地组织了这次弭兵会盟。尽管如此,晋、楚双方仍然在盟会期间明争暗斗,暗流汹涌,气氛一度很紧张。歃盟仪式上,双方都想先于对方歃血,为此楚国人甚至在布衣之内穿上铠甲准备刀兵相见。面对种种一触即发的危险,又是叔向劝赵武"子务德,无争先",最后晋国顾全大局做出让步,子木如愿首先进行了歃血盟誓(先歃血者为盟主),这才化解了一场可能迸发的流血冲突。

第二年的夏天,齐、陈、蔡、北燕、杞、胡、沈、白狄等国国君朝见晋国;当年冬天,鲁、宋、陈、郑、许等国国君又前去朝见楚国。西门之盟的认真执行,标志着这次弭兵之会的成功。由于以赵武为首的晋国政治集团诚心立信,立威于诸侯,所以直到晋平公死去,楚国再也没有敢进犯晋国。

宋康王,或称宋王偃,宋国第三十五任国君,原名戴偃,宋剔成君之弟,史载戴偃堂堂仪表,"面有神光,力能屈伸铁钩"。公元前329年,戴偃以武力取得宋国君主之位,宋剔成君逃至齐国。

宋康王知道自己的王位得来并不光彩,本身没有什么实力,但是,穷兵黩武,企图靠武力建立霸业,毫无威信而暴虐无道,人称"桀宋"。宋康王问相国唐鞅:"我杀的人已经够多了,但是臣民还是不怕我,这是为什么?"唐鞅说:"主公杀的人,都是有罪的人。只杀有罪的人,没罪的人当然不必害怕。主公想让臣民害怕,就要不管有罪没罪,时不时地滥杀无辜。那样臣民就会人人自危,对主公非常害怕了。"康王觉得有理。过了不久,就把唐鞅杀了。

宋康王即位后的第一件事,便是举行称王大典。并把自己的称王大典变成了向"天地神鬼"的宣战!

本来是祭天的高台,宋康王却派人将一只盛满猪牛羊三牲鲜血的皮囊挂了上去。他挽起硬弓,搭上长箭,口中大骂:"上天瞽聋无察,当射杀!"一箭射去,皮囊迸裂,鲜血喷溅! 宋偃大吼:"射天功成! 再扑地!"本来是祭地的礼坛,宋康王却挥舞起两丈长鞭捶扑地面,咒骂"大地淫逸无行,孳生妖孽,该当鞭杀!"

在国人目瞪口呆的注视下,宋康王又操起铁耒,向祭祀祖先的祭坛(社稷)猛铲,高喊:"鬼神为剐成张目,给本王毁了!"狂热的追随者们高喊着"万岁! 宋王!"便蜂拥上去将宋国社稷拆成了废墟。宋康王踩在天地鬼神的废墟上,向前来瞻仰大典的国人大喊:"本王苍鹰,高飞万里! 国人须呼本王为万岁! 宋国霸业,天地鬼神不能挡!"于是,灭了滕国,进攻薛邑,又夺取淮北之地。他于是更加自信,希望霸王之业马上成功。

宋康王不仅好大喜功,而且好色,他强夺封丘舍人韩凭之妻息露,导致韩凭自杀,息露女士亦死。齐人听说后,出兵讨伐宋康王,于是百姓逃散,无人守城。宋康王只得逃到倪侯之馆,后被抓获杀死。

遣使求仙

秦始皇

帝鉴图说

遣使求仙

一九六三

遣使求仙①

【历史背景】

秦始皇建立了统一的中央集权的国家以后,采取了一系列有利于国家"长治久安"的措施,比如在全国实行郡县制,在中央设立三公九卿制,统一度量衡、货币和文字,等等,这些都促进了生产的发展和国力的增强。

作为一个取得了极大成功的统治者,如何使自己"长生不死",在王位上坐得长久,这一问题就出现了。那时候,原从齐国、燕国等滨海地区发展来的"方士"——他们以求仙、炼丹为手段,自言能长生不死——逐渐向西侵入,到秦始皇时期正在热头上。有个叫徐市的方士,闻名遐迩。他上书秦始皇,说东边的浩瀚大海之中,有蓬莱、方丈、瀛洲三座神山,为仙人所居,他们有让人长生不死的灵丹妙药。秦始皇一听,极为高兴,就把徐市招到身边,仔细盘问。徐市说得神乎其神,说他常在海边上远远地望见那三座神山,山中有仙人不死之药,若到那里,便可取回不死之药……于是秦始皇下令,调集了三千童男童女,并且配置了种田、做工等工匠,由徐市率领着乘上巨大的船队向海中进发。徐市漂洋过海,寻了个地方住下来。其实那里根本没有仙人和不死之药,所以他根本找不到,也就无法向秦始皇交代了,于是,他就在所住地方称了王,不再理秦始皇的事了……史书上说,这是徐市把秦始皇"诳"了。

秦始皇平定六国,所向无敌,"平生志欲,无不遂者",而这次为徐市等所诳,"何其愚哉"!

徐市,在中国相关的一些古籍当中记载是一个头脑聪明、胆大心细、专门行骗的人,因为他当过方士,所以秦始皇在完成了自己统一天下的大业开始幻想寻找不老不死神药的时候,就找到了徐市这个人。于是徐市就在公元前219年在这位皇帝的宫廷之中见到了秦始皇,对皇帝进谏说《山海经》上面记载的蓬莱、方丈、瀛洲三座仙岛就在东方的海上,他愿意亲自为皇帝去寻找长生不死的神药。按照日本相关记载,徐市所说的这三座

仙山就是日本的本州、四国、九州三岛。而传说中的徐市带去的那三千重男童女,中国的史料记载当中显示,当时秦始皇无法即刻凑齐,那时候,秦军刚巧征服了西南夷,于是秦始皇就下令把这个部落的童男童女都派给徐市。据后来的考证,西南夷就是现代云南各民族的共同祖先。

【原文】

秦史纪:始皇帝东巡海上,遣方士齐人徐市②等,入海求蓬莱、方丈、瀛洲三神山③,及仙人不死之药。市等诳始皇,言未能至,望见之焉。请得斋戒④,与童男女,及百工⑤之事求之,即得之矣。始皇从其言,使童男女三千人,与百工之事偕往。徐市止,王,不来。

【张居正解】

秦史上记,始皇帝好神仙,说海中有三座山,一名蓬莱,一名方丈,一名瀛洲,这三座山,都是神仙所居。始皇东巡至海上,遣方士齐人徐市等,入海访求此三山,及仙人长生不死之药。这神仙之说,本是妄诞,徐市因始皇好之,遂哄他说,海中实有三神山,臣等虽不曾到,常在海上望见之焉。请得斋戒,与童男童女,及百工技艺之人,入海求之,则三山可到,不死之药可得也。

始皇不知其诈,遂发童男童女三千人,及百工技艺之事,使徐市等泛海求之。徐市得了这许多人,走在海外寻个地方,就在那里做了王,不回来。而仙药终不可得也。

尝观秦始皇既平六国,平生志欲,无不遂者,所不可必得者寿耳。于是,信方士之言,觅不死之药,竟为徐市等所诳。何其愚哉!至汉武帝,亦遣方士入海,求蓬莱、安期生⑥之属,终不可得,迨其末年,始悔为方士所欺。乃曰:天下岂有仙人!尽妖妄耳!吁,亦晚矣!宜史臣表而出之,以戒后世人主之惑于方士者。

【注释】

①本篇出自《史记·秦始皇本纪》,参见《史记·淮南王传》。记述秦始皇听信方士徐市的诳骗,求不死之药的故事。
②徐市:即徐芾,又叫徐福。秦朝的方士,齐人。曾上书秦始皇,说海上有三神山,有

仙人居住。于是,秦始皇派他入海求仙。

③蓬莱、方丈、瀛洲:古代传说渤海中的三座仙山。

④斋戒:本文指供奉神佛的食品、礼品。

⑤百工:指各种工匠。

⑥安期生:先秦时的著名方士。后来有关他的传说很多,逐渐演变成为道家仙人。

【译文】

秦史载:秦始皇向东巡游到海上,成仙的欲望十分强烈,于是就派遣方士徐福等人,入海寻求传说中的蓬莱、方丈、瀛洲三座神山,以及仙人所用的长生不死之药。徐福等人诳骗秦始皇,说他们虽然未能到达三神山,却曾经望见了这三座神山。徐福向秦始皇请得供奉神仙用的各种珍贵的供品、礼物和童男、童女,以及各种有技艺的工匠,称如此方可求得长生不死之药。秦始皇听从了他们各种的谎言,召集了三千童男、童女和具备各种技艺的工匠,随同徐福前去。徐福停在那里,自称为王,不再回来。

【评议】

长生不老或者长生不死始终都是人们追求的目标,因为人类有太多的欲望想要满足,所以都希望自己能够亲眼见证这个世界的变化。秦始皇原来是以统一天下为自己伟大的目标,后来经过自己的努力,也实现了这个愿望,然而也正是因为他拥有了天下,成了天下的主宰,所以他就不愿意死去,他希望能够得到长生之术让自己看到他的帝国长存,日益兴旺。这些都是人们普通的愿望,但是有些愿望即使是普通的,却也不一定就是现实的,愿望只是人们的理想而已,如果一个愿望是不能实现的理想,那么我们就应该清楚地知道这一真相,不要再浪费自己的精力与时间去追求不能实现的梦想,否则只能得到一个虚幻的结果,只能是遭受失败。一旦愿望超过了自身的限度就会转化为我们通常所说的欲望,故事中的秦始皇虽然英武一生,但是在这个欲望的追求上却误入歧途,受到了欺骗,而且也因为这件事情,让后人评价为愚蠢。在欲望的驱使之下,人往往会丧失明智的理性,所以,从这个故事当中我们也要吸取一些教训,那就是在欲望的面前要时刻保持头脑的清醒。

秦始皇嬴政

秦始皇名叫嬴政,是秦庄襄王嬴子楚的儿子,秦王朝的开国皇帝。他结束了多年的战国混战,开创了中国的统一时代。他以锐意进取的精神、统一天下的气魄、改革创新的胆识,创建了中国历史上的第一个封建王朝,这对中国乃至世界历史都产生了深远而厚重的影响,他被明代思想家李贽誉为"千古一帝"。然而,他的骄奢淫逸、贪婪残暴又为世人所痛恨。自古以来,嬴政一直是一个备受争议的皇帝。

传奇人生的开始

作为一位开创历史的伟大君王,嬴政的童年也引起了无数人的好奇。很多人都想知道,什么样的环境造就了他的传奇。

嬴政的父亲名叫子楚,又名异人,是秦昭王的孙子、秦太子安国君的儿子。不过这个尊贵的身份并没有给他带来什么好处,因为安国君妻妾众多,生下的儿子共有 20 多个,子楚排行居中,根本不受宠。战国七雄争霸,七国为了各自的利益,时而结盟,时而攻占,瞬息即变。就在短暂的结盟时期,子楚被送到赵国邯郸作为质子。即使当时秦国在七雄中实力最强,可是作为人质的子楚生活得很窘迫,衣食都难以维持。他身边只有一个叫赵升的仆人,这就是后来那个"指鹿为马"的赵高的父亲。

任何时代都有投机者,动乱的战国时期自然也少不了。其中有一个卫国人叫吕不韦,他是个既有头脑又有野心的人。他做投机生意发了财,就想怎么样在政治上捞一笔。他常年往来各国都市,熟悉各国形势,即使宫闱秘闻也了如指掌。他认真研究了天下形势,认为统一是大势所趋。而最有能力统一天下的,就是最强大的秦国。秦昭王这时已疾病缠身、日薄西山了,太子安同君很快就会继位。安国君虽儿子不少,他的正妻华阳夫人却无子。经过一番筹划,吕不韦把眼光投向了此时穷困潦倒的质子子楚,认为奇货可居。他想在子楚身上实现自己成为"定国立君"大功臣的政治梦想。

吕不韦先前往赵国结交了子楚,并送给他大量金钱珠宝。在他的资助下,子楚不仅

锦衣玉食，而且很快就与各国公子结交，成为邯郸有影响的人物。接着，吕不韦就来到秦国，拜访了华阳夫人。因为无子，华阳夫人时刻都在担心着自己的地位不保。吕不韦就在这一点上做文章，劝说华阳夫人在安国君的儿子中选一位孝顺的，过继到自己名下，并正式立其为继承人，这样她的地位就有保证了。这番话说到了华阳夫人的心坎上。见她心动，吕不韦又谈到子楚在赵国的作为，说他是个有能力的人，而且子楚时时感念着华阳夫人以前对他的照顾。华阳夫人听得心花怒放，当即就下决心要立子楚为嗣。华阳夫人先与安国君商量此事，但安国君不为所动。于是，她就联合秦昭王的王后一起给秦昭王吹耳边风，从而顺利获得了昭王的首肯。这样，立子楚为嗣的大事最终确定了下来。

吕不韦为子楚争取到王位继承权后，就返回邯郸，终日与他为伴，并支持他广交天下英豪，为继位做好准备。嬴政的母亲赵姬就是这个时候吕不韦送给子楚的。

赵姬本是街头卖唱女，后来做了吕不韦的小妾。吕不韦认为君王身边要有一个自己掌控的人，以后自己的从政大计才好实施，就决定把自己宠爱的赵姬送过去。赵姬本不情愿，但吕不韦巧言劝导，说她嫁给了子楚，以后就是王后，天下最有权势的女人就是她了。赵姬这才勉强同意了。而子楚当了多年的落魄质子，如今20多岁了，还没婚配。此时吕不韦送来年轻貌美的赵姬，他自然如获珍宝，对赵姬十分宠爱，对吕不韦则更是感恩戴德，言听计从了。

赵姬不久生下了一个儿子，就是嬴政。按当时的习俗，孩子在哪里出生，就采用当地的姓氏。嬴政生于赵国，又是正月出生，所以子楚为他起名赵政，谐音为正。后来秦灭了赵国，他才从秦姓，改名为嬴政。就这样，千古一帝秦始皇，在一位投机商人的策划中来到了人间。

此时秦赵两国失和，又打起来了。在嬴政9个月大和1岁多时，秦军两次进攻邯郸。在他3岁时，秦将王龁又指挥重兵进攻邯郸，破城只在旦夕间。已经穷途末路的赵国，就打算杀了子楚来泄愤。子楚得到消息，就和吕不韦商议对策，后来他向守城官吏重金行贿，才逃出邯郸，去投奔围城的秦军，接着就顺利返回了秦国。子楚逃走后，嬴政母子就成了赵国杀戮的对象。他们在吕不韦的帮助下，四处躲藏，最终幸运地逃过劫难，但是也开始了多年的流浪生活。

嬴政8岁时，秦国的政局发生了变化。秦昭王去世，太子安国君即位，称秦孝文王。华阳夫人为王后，子楚为太子。这时秦赵两国在赵国割地求和后，也息兵休战。两国关系缓和了，赵国就把嬴政母子送回了秦国。

安国君做了几十年太子，终于等到继位，可他做王的时间太短了。为秦昭王服丧一年后，他正式称王，仅过 3 天就死了。接着子楚继位，称为秦庄襄王。不过他也只坐了 3 年的王位，就归天了。这样，年仅 13 岁的嬴政就登上王位，开始了他的称霸之路。

清君侧　灭六国

嬴政即位后，并未掌握实权。王政由母亲赵太后和相国吕不韦把持。子楚为王时，吕不韦就做了相国，并被封为文信侯。到了嬴政做秦王，他的势力也进一步扩大了。赵太后诏令吕不韦做嬴政的"仲父"，并代嬴政执政。

赵太后就是赵姬，还不到 30 岁就成了太后。她原本就与吕不韦关系匪浅，现在年轻守寡，很快就与他旧情复炽。虽然两人极力隐瞒奸情，但宫闱丑闻总有传出去的一天，何况嬴政已经逐渐长大，对母亲的私情也有所察觉。精明的吕不韦为了避免大祸临头，就找了个替身嫪毐冒充宦官，送进王宫，侍奉赵太后。嫪毐深得太后的宠爱，很快就身居要职了，也成了朝中官员争相结交的对象。这样，吕不韦和嫪毐两大政治集团，就成了嬴政亲政的主要障碍。

嬴政从小就被人嘲笑为"私生子"，他个性倔强，不甘受气，经常与人打架，带着一身伤痕回家。因此，他一直对送母亲赵姬给父亲子楚的人——吕不韦，特别痛恨。嬴政做了秦王却没有实权，权力都被吕不韦掌控不说，还要称他"仲父"，自己的母亲还与他关系暧昧。嬴政更觉得这是奇耻大辱，对吕不韦恨到骨子里。现在又多了一个太后的情夫嫪毐，他自然也容不下。

此时的吕不韦权势滔天，野心自然也越来越大。他召集三千门客，让这些人著录见闻，然后以自己的名义结集成书，命名为《吕氏春秋》。这样，秦国吕氏之书就可以包罗万象，压倒诸子百家了，其狂妄可见一斑。而嫪毐自做了太后的情夫，就列土封侯，气焰更是嚣张，他以为可以掌控天下了。此时的嫪毐已不满足于高官厚禄，竟然企图谋害嬴政，好让太后与自己的私生子做秦王。

秦王八年（公元前 239 年），此时嬴政已经 21 岁了，按祖制他再等一年就可以亲政。但是多年的磨砺养成了他坚韧好强的性格，他君王的尊严不容亵渎，加上严峻的政治形势，他再也没有耐心等待下去了。

秦王九年（公元前 238 年），嬴政前往雍州举行加冠仪式，嫪毐趁机盗用了秦王玺和太后玺,妄图杀王夺政。早就等待多时的嬴政果断反击,成功镇压了暴乱,活捉了嫪毐。最后他车裂了嫪毐,诛其三族,并处决了乱党。嬴政还杀死了太后与嫪毐的两个私生子,同时把太后幽禁于雍城宫。后经群臣多次劝谏,他才把母亲迎回咸阳。

铁血夺权走出了成功的第一步后,年轻气盛的嬴政并没有被这小小的胜利冲昏头脑。对为相多年、势力盘根错节的吕不韦,他并没有贸然清除。直到秦王十年(公元前237年),嬴政已经牢掌大权,才开始行动。他先免去吕不韦相国的职务,命其迁居封邑洛阳,然后以其勾结山东六国叛乱为名,派人给吕不韦送去一封质问书。信中强烈谴责吕不韦于秦无功却封土洛阳,食邑十万,与秦无亲却妄尊仲父,最后表示要吕不韦迁居西蜀。吕不韦是个聪明人,知道嬴政对自己已经动了杀机,就干脆服毒自杀了。吕不韦一死,嬴政彻底摧毁了他经营多年的政治集团。

这样,年仅24岁的嬴政运用他睿智的头脑和冷酷的手腕,终于肃清了政治上的全部障碍,开始了统一天下的宏图伟略。

嬴政的大半生几乎都是在战争中度过。他是天生的将才,是天才的领袖。为了早日一统天下,他一边铁血清君侧,一边时刻关注山东六国的局势。他慧眼识才,提拔了一大批文武名臣,其中包括一代名将王翦、蒙恬、社交家顿弱、姚贾和谋士尉缭与李斯等人。在众人的辅佐下,嬴政的灭六国之战进展十分顺利。他先与实力强大的楚国和齐国交好,然后就讨伐国力较弱的韩国、赵国、燕国和魏国。这样楚国和齐国坐看几个小国灭亡,不仅不相助,还趁火打劫,分一杯羹。不过秦军的矛头很快就指向了他们。这样楚、齐两国也孤立无援,很快就被灭掉了。从秦王十七年(公元前230年)灭韩开始,到始皇二十六年(公元前221年),嬴政用10年的时间,终于完成了统一中国的大业。

全面革新　创立帝国

俗话说,创业难守业更难。嬴政征战多年才实现了中国的大一统。不过他武力统一的只是政权,现在他要面对的是多年战乱后满目疮痍的土地、流离失所的百姓,还有长期割据所形成的地域差异。于是,嬴政以秦国制度为基础,对秦王朝的所有方面都做了改革。中国历史上第一个庞大而统一的封建王朝,就从这里开始起步。

为了确立秦作为王朝的至高无上地位,嬴政先到泰山封禅,祭告天地,宣布秦为秦王朝,定咸阳(今陕西咸阳市秦都区)为首都。接着嬴政又把"王"的称号改了,他认为自己功业空前,远超五帝。"王"根本无法彰显自己的功德和权威,就取了"三皇"与"五帝"中的"皇"和"帝",国君就称为"皇帝"。他又自称"朕",并把"朕""制""诏"作为皇帝的专用语,其他人不得使用。嬴政自称秦始皇,他说:"朕为始皇帝。后世以计数,二世三世至于万世,传之无穷。"

为了处理好中央与地方的关系,掌控所有权力,秦始皇采用李斯的建议,废除分封制,采用郡县制,把天下分为 36 郡,并建立了一套有利于中央集权和皇帝专权的行政机构。朝中以皇帝为首,下设三公九卿。三公协助皇帝处理军政大事,九卿则处理各方面的具体事务。地方上设有从郡县到乡里的各级官员。这套行政制度,层层控制,有利于权力的向上集中,形成了一张庞大的统治网,这样,秦始皇就把军政大权都牢牢握在自己手中。

为了维护王朝统治,秦始皇统一了全国的法律,从而结束了战同时代各国法律条文不一致的混乱状况。接着他又统一了货币、度量衡,简化和统一了汉字,这些在历史上被称为"车同轨,书同文"。这些措施都对秦王朝的巩固和发展起到了巨大作用。

七国一统后,秦始皇又派大将蒙恬北伐匈奴,并在那里设置 34 个县,移民垦荒,还征发几十万人大规模修筑长城作为秦王朝的北疆防御。秦长城绵延万里,堪称世界的奇迹。除此之外,他还南戍五岭,征服了"南越"居住的岭南广大地区。这样,秦王朝的疆域在中国的历史上空前辽阔。

荒淫暴君　焚书坑儒

秦始皇在政治上的励精图治,确实使中国大地发生了巨大的变化。他的很多革新创举都对后来的王朝产生了深远的影响。然而,戎马半生的始皇并不是一个贤明的帝王,在宫闱的云谲波诡中长大的他也根本没有仁爱之心。

秦始皇性格残暴,以严刑峻法治国,他对百姓或朝臣,动则杀戮,以致杀人如麻。同时他又贪婪奢侈,认为自己是无上的帝王,就该享受天下所有最好的东西。为此,他广修宫室别馆,搜罗奇珍美人。他营建的阿房宫中就有房屋万千,美人无数,珍宝如瓦砾般堆积如山。他还在骊山为自己修建了巨大的陵墓,规模庞大,堪称天下第一陵。

皇帝的荒淫带给百姓的就是巨大的灾难。秦始皇统一天下时,中国的人口有 3000多万。仅修阿房宫和骊山墓,就征用精壮劳力 140 多万人。再加上修长城、造官道、建离宫等,秦王朝长年动用民力在 300 万人以上。如此沉重的兵役徭役,压得人民无法喘息。

秦始皇的荒淫残暴,很快就激起了所有人的反抗。那些幸存的六国贵族,一直对他恨之入骨,就多次派人行刺;而广大百姓刚脱离了割据的战乱,又陷入了暴政的深渊,他们苦不堪言,都诅咒秦始皇早点死,秦王朝快点亡。秦始皇生性多疑,总害怕有人图谋他的性命和江山,所以不愿相信任何人,还时常捕风捉影,滥杀无辜。在他的朝堂上,任何人都不能靠近他,连带刀的护卫都离他远远的。

始皇专制,那些士人无法施展抱负,也对秦王朝的统治政策强烈不满。面对士人的指责,秦始皇采用了丞相李斯的建议,在全国开展了一场大规模的"焚书"活动。他下令将《秦记》以外的史书统统烧毁,把除博士官掌管收藏外的天下所有《诗》《书》和诸子百家书籍全部烧毁,只准保留医药、卜筮和农书。

不过焚书也没堵住士人的嘴,他的残暴专制反而激起了更大的民愤,士人的议论也有增无减。秦始皇怒不可遏,派出御史去调查,结果查出"犯禁者"460 多人。这些人全被拖到骊山深谷中活埋了,因为其中儒生很多,所以此事史称"坑儒"。

焚书坑儒,用残暴手段镇压百姓,这样就引起了百姓更大的怨恨。当时楚地流传着"楚虽三户,亡秦必楚"的歌谣。还有人在一块陨石上刻写"始皇死而地分"的字样。这些事又引来秦始皇更凶残的杀戮。在他的暴政下,百姓的反抗也更强烈了,秦王朝的覆灭之路就这样开始了。

妄求长生　身死异乡

秦始皇享受了人间所有的奢侈生活后,现在最怕的就是死。如果死了,所有的一切就没有了。所以虽然他一直在修骊山墓,营建死后的极乐世界,但他更现实的做法则是寻访仙山,希求长生。为此,他四次大规模的巡游,足迹几乎遍及全国各地。他在考察民情、巡视边防的同时,也到过很多传说中的仙山。他总认为神仙在东海,因而每次出游都到沿海地区。他还派出大量的方士去寻找神仙,求取长生的仙药。为此,他多次被骗子捉弄,成为千古笑柄。其中一个叫徐福的方士,骗过秦始皇一次后,又来行骗。徐福说:"上次没有为皇上求得仙药,是因为海上有大蛟龙阻挠。"秦始皇信以为真,又给他准备了很多大船和财物、随从,命他继续出海找神仙,徐福自然又带着财物跑得远远的。

始皇三十七年(公元前 210 年)七月,秦始皇第五次出游。他从咸阳出发,先后到达云梦、钱塘，到会稽山祭过大禹后，就北上琅琊，寻访仙踪。这次自然又无功而返，在回来的路上，秦始皇就病倒了，当巡游队伍走到沙丘(今河北广宗西北)时，秦始皇已经生命垂危了。这时他才明白长生不可得，只好开始考虑身后事，确定皇位继承人。他的随同人员有李斯和赵高，还有他的小儿子胡亥。秦始皇留下玺书，诏令在北边监军的长子扶苏急回咸阳主持丧事，并明确传位给扶苏。他让赵高去办这件事，可还没等到回音，秦始皇就死了。而赵高早有不轨之心，他不但不把遗诏公布发出，还秘不发丧，把始皇的遗体依旧放在豪华的巡游车里，按原路回咸阳。因为当时天气炎热，回京途中尸体就已经发臭。为了掩盖臭味，赵高命人在车上装了大量的鲍鱼。就这样，秦始皇与鲍鱼一起臭气熏天地回到咸阳，完成了他人生中的最后一次巡游。秦始皇在位 36 年，其中称王 25 年，称帝 11 年，终年 50 岁。

回到咸阳后，赵高勾结李斯篡改了秦始皇的遗诏，扶持胡亥称帝，又逼死扶苏。胡亥就是秦二世，当年九月，他为秦始皇举行了隆重的葬礼，安葬于骊山。这座耗费无数人力、物力、财力的帝陵，奢华庞大得让人无法想象。司马迁在《史记》中对它有过生动的描述："始皇初即位，穿治郦山，及并天下，天下徒送诣七十余万人，穿三泉，下铜而致椁，宫观百官奇器珍怪徙藏满之。令匠作机弩矢，有所穿近者辄射之。以水银为百川江河大海，机相灌输，上具天文，下具地理。以人鱼膏为烛，度不灭者久之。"从这精密奢华庞大的布局中，可见死后的始皇仍然希望掌控天下。地宫到底是什么样子，已经成为埋藏在地下千年的秘密。而如今发掘出的兵马俑、车马坑，再现了秦始皇庞大的地下军团，令世人震惊。秦始皇陵是世界上最大的地下皇陵。

秦始皇是中国的第一位皇帝，也是皇帝尊号的创立者，还是中国皇帝制度的开创者。他使中国第一次实现了政治上的统一，为之后的各朝谋求统一奠定了基础。秦始皇开启了一个时代，从他开始，中国进入了长达几千年的封建社会。在他的统治下创立的一套政治体制，沿用了几千年，这对整个中国历史都产生了深远的影响。而他的残暴贪婪，又给人民带来了深重的灾难，也最终导致了秦王朝的灭亡。他的功过是非，只能由历史来评说。

【镜鉴】

一、克制私欲

湖南省纪委原副书记杜湘成,曾因为查办常德市纪委原书记彭晋镛巨额贪污案(因犯贪污罪、巨额财产来源不明罪被依法判处有期徒刑 16 年)而闻名,并以"反腐斗士"姿态出现。2006 年 12 月底,这位"反腐斗士"在北京一家五星级酒店与一名白俄罗斯女子嫖娼被当场抓获,并受到了纪律处分。曾被称为"告不倒、查不倒、管不倒"即"三不倒"的湖南省郴州市纪委原书记曾锦春,利用职务之便,收受或者索取贿赂折合人民币 3123.82 万元,其中索贿数额计人民币 329 万元。并曾尚有折合人民币共计 952.72 万的财产不能说明来源。2010 年 12 月 30 日,长沙市中级人民法院遵照最高人民法院死刑核准裁定和下达的死刑执行命令,对这位被称为"中国第一贪纪委书记"验明正身,执行枪决。

应该肯定,全国纪检监察干部队伍的思想政治素质是比较好的。纪委书记在人们的心目中都是一身正气、两袖清风的,是反腐倡廉、惩治贪官的"忠诚卫士"。但现实很残酷,在反腐败斗争的前沿阵地,纪检监察干部队伍中也有一些"叛徒",执纪者违纪,执法者违法,由"包公"沦为"囚犯"。这些"囚犯",严重影响了纪委书记这一"党内包公"的良好形象,实在可悲可叹!也让人醒悟和反思,是什么东西让这些曾经严于律己、秉公执纪的纪委书记财迷心窍、色胆包天?!据悉,杜湘成荣获"反腐斗士"而闻名后,曾接受新华社记者专访,他说:"纪检干部和领导干部也是人,也有各种欲望。作为纪检监察部门的领导干部,必须经受得住考验。"其意思是说,纪检监察干部和其他领导干部一样,同样面临着各种各样的诱惑。因为纪检监察机关是履行党纪政纪监督职能的专门机构,纪检监察干部掌握着对党政干部的监督权和查处权,是惩治贪官的"包公"。在反腐败斗争中,为了设置"保护伞",腐败分子就要利用"关系网""说情风"来严防死守,或利用钱物、美色来诱惑腐蚀纪检监察干部,让其大事化小、小事化了、逍遥法外。纪检监察干部往往成为腐败分子拉拢、腐蚀的重点对象。因此,纪检监察干部如果不严于律己,克制私欲,而让私欲膨胀,利用监督权力和查处权力之便谋取私利,甚至肆无忌惮地贪权、贪财、贪色,就终将由"包公"沦为"囚犯"。杜湘成是说到而没有做到,同样克制不住私欲,并由"反腐斗士"沦为色胆包天的腐败分子。其教训是深刻的。

古人云："人从欲中生,孰能无欲?"江泽民同志说："古往今来,一切有志有识有为之士,都能够把握自己,以不沉醉于金钱、美女和权力为戒,而凡是沉迷于声色犬马,没有不玩物丧志的。"我们不能否认,人不是神仙,都是有着七情六欲的血肉之躯;人的欲望总超脱不了感情羁绊。英国历史学家泰勒说："文明史就是人的欲望和人用来控制它的禁制之间长期斗争的历史。"人类社会的产生与发展,其动力主要来自人们对物质和文化的需求。人们的需求欲望是无止境的。明朝宗室朱载曾做过一首劝人不要贪得无厌的规劝诗："逐日奔忙只为饥,才得有食又思衣。置下绫罗身上穿,抬头又嫌房屋低。盖下高楼并大厦,床前缺乏美貌妻。娇妻美妾都娶下,又虑出门无马骑。将钱买下高头马,马前马后少跟随。家人招下十数个,有钱没势被人欺。一铨铨到知县位,又说官小势位卑。一攀攀到阁老位,每日思量要登基。一日南面坐天下,想与神仙下象棋。玉皇与他把棋下,又问哪是上天梯? 上天梯子未做好,阎王发牌鬼来催。若非此人大限到,到了天上还嫌低。"这首诗被人们称为"十不足",广为流传,发人深省。人的欲望多多,获取欲望的"道"也多多,正道取之,可谓"人间正道是沧桑";邪道取之,可谓"多行不义必自毙"。古往今来,人们总是回避不了这个游戏规则。因为,贪婪的欲望一旦洞开,就如同打开了潘多拉魔盒一发而不可收。古人云："邪生于无禁,欲生于无度";"祸生于欲得,福生于自禁";"贪似火,无制则燎原;欲如水,不遏必自溺。"富兰克林说："我们之所以不能自我克制,关键是欲望太强了。"他还指出："不能自我克制,就不会是真正的人。"佛教中有"最危险的烈火,莫大于贪欲之火"的经文,而拯救滑向罪恶的灵魂莫过于及时地将这把"贪欲之火"扑灭,一旦恶习成火,就很难将它遏制于未然之时。欲望是潜在心底的毒蛇,在它冬眠冻僵时,它不会伤害你,但当它苏醒时,它就会放出毒素。正当的欲望与入邪的诱惑的区别有时仅一箭之遥:前者像春天辛勤播种时向往着累累硕果;后者如迷蒙中见到了魔鬼撒下的澄澄黄金。抵不住诱惑,抗不住私欲,禁不住贪婪,手握重权就危险;忍不住清苦,耐不住寂寞,守不住名节,身居高位是绝境。"苍蝇不叮无缝的蛋"。一些贪官的"落马",都是不能自我克制私欲而蜕化变质的。掌权者如果丧失警惕,放纵私欲,恣意妄为,就在危害党、国家和人民的同时,也在为自己营造"囚牢"。在震撼全国的赖昌星厦门远华集团特大走私案件中,从 1996 年至 1999 年,赖昌星在厦门地区大肆走私进口成品油、植物油、汽车、香烟等货物,价值人民币 530 亿元,偷逃税款人民币 300 亿元。赖昌星公开说："我不怕干部讲原则,只怕干部没爱好。"为了打开走私的通道,赖昌星不惜用车子、房子、票子、女色等最原始、陈旧的"银弹和肉弹"满足贪官的私欲。贪财的,他给你送

上大把"票子";好色的,他花钱请美貌的小姐,满足你的色欲;追求权力的,他帮忙你跑官要官;你想购置房产、安排子女出国或是喜欢读书的,他都分别尽力满足你的需求。吃人家的东西"嘴软",拿人家的东西"手软",这些领导干部成了赖昌星的"俘虏"。赖昌星腐蚀拉拢干部的手法之多可谓空前,被赖昌星腐蚀倒下的干部数量之多也可谓空前。厦门远华集团特大走私大案涉及党政机关、行政执法机关、司法机关、经济管理部门以及金融单位的领导干部及走私罪犯共600余人,其中省部级干部3人、厅局级领导干部26人、县处级干部86人(涉及厦门市委副书记2人、市委常委1人,副市长3人,政法委副书记1人)。巨贪李真在临刑前翻然醒悟地对采访的记者说:"让我儿子知道,爸爸是被贪权、贪钱、贪色毁掉的,那威力无比的权力是一把闪着寒光的'双刃剑',令人心旌摇曳的金钱是一沓沓送你上西天的纸钱,令人垂涎欲滴的美色是一把把杀人不见血的利刀。"然而,共产党人不能像古代印度的苦行僧那样,排斥一切物质生活,睡在沙砾和荆棘上,也有正常的家庭生活,生活条件也要随着经济发展而逐步改善。但是,要懂得好的欲望可以激励人奋发向上,有所作为。高尚的人追求的是无私奉献,虽然失去了很多属于自己的东西,却得到了社会的认可和赞赏。自古以来,许多志士仁人,为国为民,一身正气,鞠躬尽瘁,死而后已,千古传颂,流芳百世。许多优秀党员领导干部牢记党的宗旨,立党为公,执政为民,清正廉明,无私奉献,成为时代的楷模,受到广大人民群众的敬佩和赞誉。相反,不好的欲望使人腐化堕落,给人带来灾难,政治上身败名裂,思想上后悔莫及,经济上倾家荡产。因此,领导干部要时刻牢记:"从善如登,从恶如崩","叶腐成泥,谷腐成酿,豆腐成豉,人腐成因。"

自我克制私欲,必须筑牢思想道德防线。古人云:"不矜细行,终累大德";"俭,德之共也;侈,恶之大也。"治国先治腐,治腐先治人,治人先治心,治心先治欲。欲而有节,犹如清茶一杯,其味虽淡,却能滋润心田、滋养生命;而过度的贪欲则是一杯咸水,其味虽浓,却只会越喝越渴、越渴越喝,即使给你一个太平洋,也无法消解那心头之渴。人人都有欲望,欲望的萌芽、膨胀、减退、消失,靠的是理智。欲望是海,理智是海图,要想人生之舟乘风破浪,不搁浅不淹没,就得靠理智来导航。而理智靠的是道德高尚和保持清醒。保持清醒是廉政的良方,节制欲望是防变的闸门,练好内功是抗拒诱惑的根本。对欲望适度节制并保持道德上的自律,将感性的欲望导入理性的轨道,就可以使它保持一个进步和向善的方向。从贪官"落马"的人生轨迹中可以看出,人的私欲膨胀,是从思想道德防线失守开始的;一些人走上腐化堕落、违法犯罪的道路,往往是从贪图安逸、追求享乐开始的。当权者的欲望过于旺盛而意志过于薄弱时,他们就会成为欲望的俘虏,就会公私不分,就会情不自禁地将手伸向他本不应该得到的东西,就会挡不住贪权、贪财、贪色的诱惑。领导干部要懂得,只有自重、自省、自警、自励,才能保持公仆本色;只有慎独、慎权、慎欲、慎初,才能抵制各种诱惑,真正做到"常在河边走,就是不湿鞋"和"近钱财而不贪,近酒色而不迷"。《中共中央关于加强和改进党的作风建设的决定》指出:"要树立革命的人生观,养成良好的生活作风,始终保持共产党人的高尚情操和革命气节。党员干部要加强思想道德修养,培养积极向上的生活情趣,做到自重、自省、自警、自励。要自觉抵御拜金主义、享乐主义和极端个人主义的侵蚀,做到一身正气,一尘不染,以共产党人的高风亮节和人格力量影响和带动群众。"为此,领导干部一定要加强学习,加强道德修养,加强党性锻炼,坚定正确的理想信念,牢固树立马克思主义的世界观、人生观、价值观、权力观、荣辱观,筑牢思想道德防线,严于律己,克制贪欲,在拜金主义、享乐主义、极端个人主义和灯红酒绿的诱惑面前,一尘不染,一身正气,真正做到"心不动于微利之诱,目不眩于五色之惑",始终经受住执政和改革开放的考验。

自我克制私欲,必须筑牢党纪国法防线。古人云:"用赏贵信,用刑贵正。""将帅能严纪律,赏罚明信,则人人自奋。"人有天生的奴役性,自律意识先天不足。一般来说,人们处于受监督之下往往能够循规蹈矩,但在没有监督的时候,则容易放纵自己,出现越轨,甚至全然不顾道德、公德、制度、纪律和法律的约束,利令智昏,肆无忌惮,穷奢极欲,贪赃枉法。特别是纪检监察干部作为纪律监督者,更应该受到有效的监督和制约。《礼记·中庸》称"莫见乎隐,莫见乎微,故君子慎其独也",意思是讲不要因为没人看见,就放纵自己。要明白"疾小不加理、浸淫将遍身"的道理,勿以善小而不为,勿以恶小而为之。一个在小事小节上过不了关的领导干部,也很难在大事大节上过得硬。领导干部只有在小事小节上加强自身修养,从生活中的一点一滴改造世界观、人生观,从小处培养自己的为官之德,保持共产党人的政治本色,才能抵住诱惑,才能干大事、成大业。冰冻三尺,非一日之寒,腐败分子也不是突然间就走向堕落的。许多贪官的沉痛教训是由最初欲望缺口,发展到最后欲壑难填。他们都是一步一步地自挖陷阱,一笔一笔地写就了对自己的判决书。"从善如登,从恶如崩",只要缺口已被打开,哪怕当初仅小如"蚁穴",如果不及时察觉和修补,最后就难免导致"千里之堤,溃于蚁穴"。实践证明,量变引起质变。禁不住诱惑,再高的"精神防线"也会悄然失守,再牢的"道德堤坝"也会逐渐崩溃,欲望无限膨胀导致枷锁上身。然而,"要想人不知,除非己莫为";"法网恢恢,疏而不漏";"多行不

遣使求仙

义必自毙"。党员干部讲慎独，就要在"隐"上加强"自克"，无论在何时何地何种情况下，都要一丝不苟地按照道德公德、法律法规、党纪政纪来规范行为，坚守自己一尘不染的思想阵地，自己管好自己，努力在那些不为人知的事情上做到固本守节、清正廉明。只有"慎终如始"，"防欲力善"，诚惶诚恐，如履薄冰，才能防止欲望在自己的身上膨胀为贪欲，才能保证将善念化为长久的行动，使自己在纷繁复杂的社会生活中做到慎独、慎微、慎权、慎欲、慎终，自重、自省、自警、自励，用党纪国法来规范自己的言行，始终保持高尚的气节和情操。因此，领导干部无论从事什么工作，无论职务高低，资历深浅，功劳大小，都要增强自律意识，自觉遵纪守法，自觉用党纪、党规、政纪、国法来规范自己的行为，不做出格事，不做违心事。特别是在独处之境，亦即无人监督的"稳处"，仍然按共产党员标准、行政干部行为规范来制约自己，做到人前人后一个样，顺境逆境一个样，明人不做暗事，怕人知道的事就不要去做，约束自己无人知晓的行为，维护领导干部为民、务实、清廉的良好形象。

自我克制私欲，必须保持健康正常的心态，知足常乐，勤俭崇廉。古人云："知足不辱，知止不殆，可以长久。""欲而不知止，失其所以欲；有而不知足，失其所以有。"知足是最灵的慰藉，知足是最大的财富，知足是最高的境界，知足是最美的享受。"非淡泊无以明志，非宁静无以致远"。所谓淡泊，就是清简素朴，少一点私欲。对名利、金钱、官位，应当看得开一些，看得淡一些，千万不要放纵自己的私欲。不论处于何时何地，对那些"身外之物"，都不要低下高贵的头颅。人的一生，既是赤裸裸地来，又是赤裸裸地去，各种欲望及其财富是带不进坟墓的。功名利益皆为身外之物，品格事业才是立身之本。领导干部要始终做到：面对物质享受的考验，要有不攀、不比、眼不红的心态；面对监督不到位的考验，要有不伸、不抓、手不痒的坚决心态；面对行贿送礼的考验，要有不沾、不占、心不动的坚强心态；面对勤政廉政漫长时间的考验，要有不漂、不浮、志不移的坚定心态。这样，谋私的心就不像火焰一样燃烧，浪花一样翻滚，酒醉一样燥热，而像镜子被擦拭干净，像池水被沉淀透明，高远纯洁的志向也就自然浮现。方志敏同志在《清贫》一文中写道："清贫、洁白朴素的生活，正是我们革命者能够战胜许多困难的地方。"领导干部只有心安无欲、以勤为本、勤俭崇廉、清淡俭朴、知足常乐，始终保持平常心态，才能无欲则刚，受得住清贫、耐得住寂寞、挡得住诱惑、管得住自己，一身正气，两袖清风，做到面对名利不羡慕，遇到诱惑不动心，拒绝腐败不后悔。要懂得，享受人生不是无聊的放纵、简单的潇洒、惺忪的醉态、刻意的雕琢，而是达到了那种有理想、有干劲、有情趣、会工作、会生活、会休息的水乳交融境界的综合反映。为此,领导干部一定要注意培养健康的生活情趣,保持高尚的精神追求,提高文化素养,摆脱低级趣味,决不能沉溺于灯红酒绿、流连于声色犬马,时刻检点自己生活的方方面面,始终保持共产党员的政治本色,以良好的人品官德和高尚无私的品格赢得人民群众的公认和赞誉。

古往今来,私欲不知毁掉了多少人的功名事业,不知使多少人身败名裂。不仅是纪检监察干部,还是其他岗位的领导干部,都要严于律己,克制私欲,真正做到铮铮铁骨一身正气,忠心耿耿两袖清风。

二、雷曼兄弟破产:被贪婪拖垮的金融巨人

2008 年 9 月 15 日,著名的美国五大投行之一雷曼兄弟公司宣布破产。这个曾经风光无限的金融巨人,褪尽了所有的光环,轰然倒地。这成了 2008 年金融危机升级的标志性事件,在全世界掀起了轩然大波。

雷曼兄弟公司是一家为全球各个公司、机构和投资者提供金融服务的投资银行,长期以来,一直推行"全方位、多元化"的经营。作为世界上历史最悠久的投资银行,雷曼拥有 158 年的光辉历程。自 1850 年,雷曼兄弟公司于美国亚拉巴马州的蒙哥马利市成立后,便开始了横跨 3 个世纪的发展和扩张。

在 19 世纪,雷曼的公司业务主要集中在美国本土。1858 年,雷曼在纽约设立了办事处。在 1870 年,雷曼兄弟公司参与创办了纽约棉花交易所,这是其在商品期货交易方面所做的第一次尝试。到了 1887 年,雷曼在纽约证券交易所赢得了交易席位,并于两年后第一次承销股票发售。此后,雷曼的业务迅速扩展。

对于雷曼来说,20 世纪是一个辉煌的世纪,尤其是第二次世界大战以后,雷曼的经营遍布世界。在 20 世纪 70 年代,雷曼先后在中国香港、东京和新加坡设立了办事处,并为亚洲开发银行承销第一笔美元债券,还成了印度尼西亚的政府顾问。在接下来的 80 年代,雷曼又在曼谷和汉城相继建立办事处。20 世纪 90 年代,雷曼与改革开放的中国建立了业务往来。1993 年,雷曼的北京办事处正式开业,为中国建设银行承销债券,此举开创了中国公司海外债券私募发行的先河。此后,中国财政部发行海外的首笔美元龙债、中国公司最早在海外的首笔大额融资、中国政策性银行的首次美元债券发行均有雷曼协助参与。2000 年适逢雷曼兄弟公司成立 150 周年,而雷曼在 20 世纪的辉煌也达到顶点。

其设立在全球48座城市的办事处组成了一个紧密的金融网络,其总部设在纽约华尔街,下属伦敦、东京和中国香港三个地区总部,借助这个网络进行统筹管理,雷曼快速而高效地参与着全球资本市场的经营。

长期以来,雷曼兄弟公司以"创造新颖金融产品、探索最新融资方式、提供最佳优质服务"赢得了世界声誉,公司担任过全球多家跨国公司和政府的重要财务顾问,并拥有大批业界公认的金融精英。在2007年度《财富》杂志评选的全球500强中,排名第132位。雷曼是全球最具实力的股票和债券的承销交易商之一,在全球金融领域居于领导地位。由于得到世界的广泛认可,雷曼拥有庞大的客户群,其中不乏众多世界知名公司,如阿尔卡特、华纳、戴尔、富士、IBM、英特尔、美国强生、乐金电子、默沙东医药、摩托罗拉、NEC、百事可乐、飞利浦莫里斯、壳牌石油、住友银行及沃尔玛等。

在华尔街,雷曼兄弟一直被视为最成功的投行之一。从1996~2005年,它每年的股价增长达到29%。1994年雷曼独立上市时,其利润只有7500万美元,但在2003~2007年的5年间,其利润累计达到160亿美元,比高盛、摩根士丹利的股市表现都要好。

然而,世人可能无论如何都不会想到,在2007年还风光无限的雷曼兄弟,会在2008年的世界金融风暴中轰然倒塌,而158年的历史也就此戛然而止。2008年9月15日,对闻名遐迩的华尔街而言是一个具有历史意义的日子。在严重的金融危机面前,在苦苦寻找买家却始终没有结果的情况下,雷曼公司董事会不得不做出申请破产保护的决定。有着158年悠久历史、在美国抵押贷款债券业连续40年独占鳌头的第四大投资银行——雷曼兄弟公司正式宣布申请破产保护。与此同时,面对6130亿美元的负债和一夜之间轰然倒塌的公司,两万多名员工除了离去,别无选择。

如果在一年前有人说雷曼兄弟公司会破产,那么他一定会被认为是个疯子。然而一年后的今天,这座金融大厦却轰然坍塌。

其实,早在2006年时,时任雷曼兄弟公司首席行政官的戴维·戈德法布就曾经说过:"我们经营的是一个每时每刻都处在风险之中的产业。"对于金融业来说,风险经营就像走钢丝,稍有不慎就可能导致巨额损失,甚至是灭顶之灾。

在1999年之前,美国的投资银行和商业银行一直是分开经营的,因此美国金融投资领域的"大蛋糕"得以被投行们独享。投行们如鱼得水,被称作"华尔街五巨人"的五大投行更是凭借超凡实力,迅速崛起。但是,后来由于美国银行面临外国银行的竞争——后者没有相应限制,可以做经纪业务,开设或获得新的业务范围,美国国会不得不在1999

年颁布了《格拉姆—利奇—布利利法》。这样，商业银行大规模进入投资银行的传统地盘，在某些情况下甚至能直接购买投资银行，比如 2000 年摩根公司收购美国大通银行就是最典型的一例。这样，在银行界里，投资银行的竞争对手越来越多，而且越来越强，再加上电子网络交易的普及，这两个因素早已使得银行的利润率下降。华尔街的许多大银行已经不能再依赖传统的银行业务（主要是保险、股票和债券）支撑，它们甚至面临着生存危机。华尔街当然不会就此坐以待毙，它们有的是智慧和能量，于是，它们开始下大赌注，努力寻找赚钱的机会。投资银行在传统业务领域面临更激烈的竞争，于是不得不用借来的钱支持自己的命脉，同时为获取利润和扩张，它们选择了冒险，把赌注压在风险越来越高的证券和衍生产品上。

偏好高风险的投资银行看中了这些金融衍生品的高收益。它们先是纷纷买下这些金融衍生证券，并承诺卖家在未来还本付息。接下来，投行开始了新一轮的冒险与创新，它们雇用了一批金融精英，让这些人与评级机构一起，使用"金融创新"的手段，把这些信用等级偏低的证券进行剥离，又经过一系列的操作手法，使原本具有高风险的次级债，有一部分被评为 AAA 级。最后，投行开始实行其从生产到收益的跨越——将这些包装后的看上去信用等级较好的金融产品，转手卖给商业银行。

然而，这套运作模式明显低估了市场的风险，与此同时，美国的金融体系和金融监管也在产生越来越多的严重问题，以至于当美国次贷危机爆发后，它所引起的连锁反应超过了以往的任何一次危机，一切开始变得无法收拾。而投资银行不得不为自己的冒险埋单。就这样，雷曼陷入了复杂的、难以估计的证券化产品的泥潭之中，这些证券的规模超过了其净资产的 2.5 倍，这让它消化亏损的能力降到很低的程度。

在雷曼任职长达几十年的总裁富尔德曾经宣称："每一天都是一场战斗。你要时刻想着公司，做该做的事，保护你的客户，保护你的公司。"即便在这场前所未有的金融危机面前，富尔德仍然相信，曾经历过多次逆境的雷曼依然可以渡过这一难关，然而，这一次他没有赢得自己最后的机会。宣布破产前的那个周末，富尔德从周六早上 7 点一直待到周日，不停地给监管者、潜在买家和自己的团队打电话。到 2008 年 9 月 13 日周日晚，得知美联储将扩大银行申报担保品的种类后，他试图游说监管当局，坚信这可以拯救雷曼。然而他得到的回复却是：这些措施将用于雷曼清算之后稳定市场，而不是阻止雷曼的清算。

于是，2008 年 9 月 15 日，拥有 158 年历史的美国第四大投行雷曼兄弟控股公司宣布申请破产保护，同一天，美国银行正式宣布，以 500 亿美元、全股票的交易形式收购美国第三大投行美林集团。

美国金融巨头雷曼兄弟的轰然倒塌，迅即引发了全球金融市场的剧烈动荡。2008 年 9 月 15 日，华尔街迎来名副其实的"黑色星期一"，美股暴跌，道琼斯指数创"9·11"事件以来单日最大下跌点数与跌幅，全球股市也随之一泻千里。亚太股市 9 月 16 日大幅下跌，其中日本、中国香港、中国台湾、韩国跌幅都超过了 5%，恒指跌幅超过 6%；澳大利亚股市也遭遇地震，澳元 16 日开始走弱，股市收市已经跌了超过 1.5%……然而，从长远看，雷曼兄弟的破产对世界影响最大的地方，在于它进一步挫伤了人们对市场和未来的信心。2007 年在美国爆发的次贷危机，不仅给美国，也给全球经济带来重创，而雷曼兄弟的破产，预示着危机将进一步升级，将有更多的大型金融机构在这场危机中倒下，次贷危机已全面升级为整个美国的金融危机，并演化为一场全球性的金融危机和经济衰退，一场更大规模的全球性"金融海啸"已经由此开始。

作为一家经历过无数次严峻考验、创下百年辉煌的公司，雷曼为什么会在 2008 年的金融风暴中成为牺牲者？

从微观上讲，这与雷曼总裁富尔德的冒险策略有着直接关系。为了追求高利润，富尔德让雷曼以高杠杆与对手们竞争，从而一直处于巨大的风险之中。他彻底摒弃了早年坚持的不以公司资本进行投资的原则。而在美国次贷危机蔓延开来，整个华尔街为了获得资金到海外融资时，雷曼却几度拖延筹资计划，因为富尔德对从市场筹集资金充满自信，却对最坏的情况缺乏足够准备。市场好的时候当然不缺稳定的资金来源。一旦市场不好了，所有的资金大门便可能都会关上。

仅 2004 年以来，雷曼兄弟在地产领域的投资不计其数，而这些激进的投资逐渐成为雷曼财务上的沉重负担。在次贷危机爆发前，雷曼几乎已经成为美国房地产泡沫中投资最多的公司之一。然而，次贷危机已经使得美国地产的价格严重缩水，当房价下滑、违约率飞涨，雷曼以高杠杆购买的资产在很短的时间里就变得不再值钱。这正是它遇到的偿债危机。

在次贷危机中，华尔街纷纷自救，然而雷曼的举动要比其他银行慢了许多。美国房地产已经大幅贬值，在这种情况下，在申请破产保护的前一个星期，雷曼兄弟仍计划将房地产资产剥离成一家独立的公司，而非彻底将其出售。终于，等到危机降临到头上时，雷曼已经回天无力。

从宏观上讲，雷曼的破产也折射出华尔街的激进与冒险。华尔街的精英们利用美元在全世界的优势地位和"唯一超级大国"的势力，大力推动所谓"金融创新"，创造了一系列"金融衍生产品"。他们给本无还款能力的人提供了次级住房贷款，又聪明地将之证券化，打包卖给追求利差的同行。到了后来，这些金融精英们的举动就像是"抢钱行动"。他们想尽花招弄出许多产品，常常是连专业人士对着说明书也看不懂。这些金融家们故弄玄虚，设置了各种迷雾，意图把大量的金钱卷入自己的腰包，而雷曼就是制造这个混乱局面的公司之一。以前的华尔街产品非常单纯，资金也远没有现在这么庞大，银行和证券业务泾渭分明。但现在发明的一些产品，不仅别人弄不明白，连他们自己似乎也说不清楚，简直乱成一团。以至于后来面对危机造成的灾难，有人曾这样愤怒地指责："这些人最好去卖牛肉面、卖咖啡、卖三明治，好好赎罪。"

"逐利性"是资本的天性，而投资银行更是倾向于投资那些风险大的产品或项目，并且，金融家们往往通过提高债务资本杠杆来完成这一目的。为追求高额利润，他们不断地放大杠杆，雷曼兄弟，以及贝尔斯登、美林等投行的杠杆比率都超过 30 倍。但是，当市场出现不利形势时，资本市场会要求更好的回报才愿意借款，现有的债权人也会担心投行能否偿还款项而抽走资金，这样一进一出会造成投行流动资金的困难，而它们又缺乏充足的储备金，于是投行的业务就会陷入僵局，这就是雷曼兄弟，以及其他投行无法继续营运的重要原因。

另外，美国政府监管的缺失，也是雷曼兄弟倒闭的因素之一。在次贷发行过程中，政府监管部门没有有效地行使其监管职能，忽略了对次级抵押贷款借款人的还款能力及其信用风险的评估，放松了对次贷及其产品发展规模及其信用评级的监管，使信用风险不断扩大，失去了对金融风险的控制，最终引发风险共振，产生连锁反应，爆发了次贷危机。最终，雷曼兄弟公司成了次贷危机的牺牲品。

纵观在金融风暴中华尔街的崩溃，包括雷曼兄弟等在内的投行，其溃败从本质上讲，都是毁于无节制的贪婪。华尔街之所以那么喜欢冒险，是因为其逐利性，其对利益和享受的过分贪婪。贪婪使他们全然忘却了风险，更不用说那些客户利益、债权人利益和股东利益了。

冒险确实给雷曼等投行带来了一时的繁荣，但是冒险不可能总是成功。尤其是当一个群体长期着迷于冒险时，危机爆发往往就为期不远了。2008 年的华尔街风暴就鲜明地印证了这一点。到 2008 年 9 月底，华尔街的五大投资银行全部沦陷，华尔街的脆弱结构以及冒着巨大风险进行投资的错误也随之暴露无遗。

贪婪是人性的一部分。贪婪过度，人往往会陷入疯狂。为了追求高额利润，华尔街热衷于采取激进的策略，而其表现就是过度的投机，这终于使得投资银行走上了一条不归路。在高利润的诱惑和激烈竞争的压力下，它们大量从事次贷市场和复杂产品的投资，传统上以服务为主、靠赚取佣金的业务模式转向以资金交易为主的经营模式。这样一来，投资银行的经营风险不断上涨，而相对应的监管制度却存在着严重的漏洞，这一切最终导致了系统性崩溃的爆发。

华尔街金融系统的崩溃，暴露了美国这十几年来经济繁荣的"虚华表现"。金融危机发生在美国，但受伤的绝不仅仅是美国一家。可以说，美国流血不止，全球元气大伤。这一点从雷曼兄弟2008年9月15日破产后各国股市的表现就能完全看出来。这场金融危机将把全世界的金融、经济乃至国际政治格局带向何方，至今仍无定论。

"秋后算账"，闻名于世的华尔街文化将何去何从，引人深思。在金融风暴的重创下，华尔街的冒险行为肯定将会减少。然而，当华尔街重生之后，是否依然会选择冒险，是否可能在经历最初的几年自律之后，又会重新走向放纵，仍然是一个变数。但其由于贪婪和冒险而产生严重后果的教训永远值得人们谨记。

坑儒焚书①

【历史背景】

秦始皇批准了李斯的建议,下令在全国实行。于是,从首都咸阳到边远的市镇,一车一车的简册、一捆一捆的缣帛,被投入到烈焰腾腾的火堆里燃化成灰烬,大火数十天不熄;犯了这样或那样罪行的人和他的家属,被一连串砍了头,街边的鲜血流成了小渠……

"焚书"之后,儒生们一时被压下去了,但他们心中蓄积着不满的情绪。

在焚书开始的第二年,即公元前212年,秦始皇为了进一步排除不同的政治思想和见解,在当时秦首都咸阳将四百六十余名儒士和方士坑杀,史称"坑儒"。另有一说,这件事是由几个方士的畏罪逃亡引起的。原来,秦始皇十分迷信方术和方术之士,以为他们可以为自己找到神仙真人,求得长生不老之药。他甚至宣称:"吾慕真人,自谓'真人',不称'朕'。"而一些方士,如侯生、卢生之徒,也投其所好,极力诈称自己与神相通,可得奇药妙方。但时间一长,他们的许诺和种种奇谈总是毫无效验,骗局即将戳穿。而秦法规定:"不得兼方,不验,辄死。"因此,侯生、卢生密谋逃亡,在逃亡之前,还说秦始皇"刚戾自用","专任狱吏","贪於权势",未可为之求仙药。始皇知道后大怒道:"卢生等吾尊赐之甚厚,今乃诽谤我,以重吾不德也。诸生在咸阳者,吾使人廉问,或为妖言以乱黔首。"遂下令拷问咸阳四百多名书生,欲寻侯生、卢生。事后,将相关四百六十名书生以巨石掩埋。

秦始皇焚书坑儒,意在维护统一的集权政治,反对是古非今,打击方士荒诞不经的怪谈异说,但并未收到预期的效果。这一点和秦始皇采用的其他措施有所不同,是秦始皇、李斯所始料不及的。

秦始皇统一天下之后,为了巩固自己手中的政权,加强了对百姓的控制,制定了许多的严刑峻法,如所谓的连坐,就是一家犯法,这家的邻里都会受到株连;还有灭族,就是一个人犯了死罪诛及三族;百姓要是违犯了法律,就会被罚充苦役或惨遭酷刑。秦始皇给自己修建豪华宫殿——阿房宫，最多时用工七十二万人。据估计，当时服兵役的人数远远超过二百万，占壮年男子三分之一以上。为了建造大型的工程调动大批的人力作为苦役，重税苦役的压迫，令天下百姓民不聊生。百姓对秦始皇的统治越来越不满。

【原文】

秦史纪：始皇三十四年，用李斯之言②，烧《诗》《书》、百家语。有敢偶语《诗》《书》者弃市③，以古非今者族④，吏见知不举者与同罪。所不去者，惟医药、卜筮、种树之书。侯生、卢生相与讥议始皇，因亡去。始皇闻之大怒曰：诸生为妖言以乱黔首⑤。使御史案问，诸生转相告引，犯禁者四百六十余人，皆坑⑥之。

【张居正解】

秦史上记，始皇帝三十四年，从丞相李斯之言，天下人但有私藏《诗》《书》及百家言语、文字者，都着送官，尽行烧毁，再不许天下人读书。有两人成偶，口谈《诗》《书》者，就戮之于市。有援引古事，非毁当今者，全家处死。官吏有见知不举发者，与之同罪。所存留不毁者，只是医药与卜筮、种树这几种小书而已。时有儒士侯生、卢生，两个人相与讥议始皇所为不合道理，又恐得罪，因逃去躲避。始皇闻之大怒说：这儒生每造为妖言，煽惑人心，不可不诛。乃使御史访察、案问之。诸生互相讦⑦告，攀扯连累，凡犯诽谤之禁者，四百六十余人，皆坑杀于咸阳地方。

夫自古帝王欲治天下，未有不以崇儒重道为先务者。而始皇乃独反其道，致使典籍尽为煨烬，衣冠咸被屠戮，其罪可胜言哉！至汉高帝过鲁，以大牢祀孔子，文帝除挟书之律，武帝表章六经，公孙弘以儒生为宰相，而孔氏之教乃复兴。

夫观秦之所以亡，与汉之所以兴者，得失之效，昭然可睹矣！

【注释】

①本篇出自《史记·秦始皇本纪》。叙述秦始皇焚书坑儒的故事。

②李斯（？~前208）：楚上蔡人。入秦，官至廷尉。统一六国后，任丞相。反对分封制，主张禁私学，焚毁《诗》《书》。秦始皇死后，他与赵高合谋，伪造遗诏，迫使长子扶苏

自杀,立少子胡亥为秦二世。后为赵高所忌,被杀。

③弃市:处以死刑。《礼记·王制》:"刑人于市,与众弃之。"

④族:"灭族",即诛杀全家。

⑤黔首:战国及秦朝称百姓为黔首。《史记·秦本纪》:"二十六年……更名民曰黔首。"黔,意思是黑。黔首,指面目黧黑的民众。

⑥坑:活埋。

⑦讦:揭发检举。

【译文】

秦代史书上记载:秦始皇三十四年采纳丞相李斯的建议,烧毁了《诗经》《尚书》及诸子百家的各种典籍。并且下令:如果有人胆敢与别人谈论《诗经》《尚书》等焚毁的书籍,就要被处以死刑;对那些以古非今的人,不仅处死本人,还要诛杀他的全家;如果官吏看到、知道而不举报的,也处以同样的罪行。只有医药、占卜算卦、种树的书,不烧毁。侯生、卢生这两个儒生在一起讥讽、议论始皇,因为害怕就逃亡了。始皇听说这件事后大怒,说:这些儒生妖言惑众。他命令御史抓起部分儒生拷问,儒生们相互揭发、连累,结果有四百六十多人,犯有违背上述禁令的行为,始皇下令把他们全都活埋了。

【评议】

秦始皇是历史上的暴君,其中证据最为确凿的就是著名的焚书坑儒事件,这不仅给他的统治带来了极大的负面影响,而且给中国的文化造成了巨大的损失,先秦以前的一大批历史文化资料都在这次暴政之后化为了灰烬,这是我们中华民族文化史上的巨大悲剧。秦始皇也因为这个成为历史上的文化罪人。只有深刻地反省曾经发生在历史上的诸多的文化禁毁事件对中国文化造成的损失,才能让我们在面对诸如此类的事情的时候做到冷静地分析与鉴别,免得重蹈覆辙。文化史料是一个民族积累的结晶,是一个民族发展过程的见证,我们要学会尊重文化,珍惜已有的文化资源,只有这样才能立足于民族文化之林。

【镜鉴】

一、为人要浑厚

(一)才智英敏者,宜加浑厚学问

"浑"是什么?浑含、内敛、包容、大度。"浑"字所着眼的是领导者的为人之道、修养之道、处世之道和沟通之道。

曾国藩认为,好锋芒毕露而不能浑含,这不是智者的行为,连上天都会厌恶。一个人有才华是好事,但是到了锋芒毕露、咄咄逼人、棱角分明的地步,既容易伤人,也容易伤己。

在曾国藩看来,做人当然要精明,但精明的见解一定要以浑厚的形式表现出来:

精明也要十分,只需藏在浑厚里作用。古人得祸,精明人十居其九,未有浑厚而得祸者。今之人唯恐精明不至,所以为愚也。

如果说精明是领导力的第一层级,那么浑厚就是领导力的第二层级。古人遇到灾祸的,十成中有九成是精明之人,从来没有听说过浑厚之人得祸的。现在的人唯恐自己精明得不到极致,这恰恰是真正的愚蠢。

聪明人的优点往往是眼光犀利、反应敏捷、辩才无碍,但他们也往往因此而抢尽风头,占尽便宜,不给人留有情面、留有余地,甚至恃才傲物,看到的都是自己的优点和别人的缺点,进而自以为是,从而伤人、树敌于无意、无形之中,自己却浑然不觉。在曾国藩看来,这是领导者的大忌。真正的领导者,需要的是一种包容胸怀。曾国藩说:

自家的优点,要掩藏几分,这是涵育以养深;别人的缺点,要掩藏几分,这是浑厚以养大。

自己有优点,到处去张扬,唯恐别人不知道,别人一定非常反感,反而不认为这是优点。有了优点,自己去掩藏几分,这是提高自己修为境界的重要途径。而真正的优点是藏不住的,别人反而会觉得你非常地有涵养。

别人有了缺点,你看得很明白,但你到处给人张扬,别人一定非常忌恨。如果能有一种包容的胸怀，替别人掩藏几分，替别人保全面子，别人就会非常感激，这样的人，才有大的境界、大的格局，才能成就大的事业。

由此可见，对于领导者来说，发现别人的毛病是本事，褒扬别人的优点是境界，包容别人的缺点则是胸怀。所以曾国藩说："才智英敏者，宜加浑厚学问。"才智英敏的绝顶聪明之人，一定要加一层浑厚的学问。才智英敏只是聪明，浑厚学问才是智慧。

（二）扬善于公庭，规过于私室

曾国藩手下有很多聪明人，曾围藩给他们写信时往往会教给他们这个"浑"字。

丁日昌，字雨生，广东才子，20岁就中了秀才，被世人称为"不世之才"。丁日昌做过曾国藩的幕僚，是洋务运动的骨干成员，他的许多主张非常精辟，尤其在海防方面有很多远见卓识。但丁日昌作风强硬，为人耿直，不恤人言，因此而引起了很大争议。曾国藩非常欣赏丁日昌的才华，专门写信教他沟通之道：

阁下志迈识正，不难力追古人。但愿于众醉独醒之际，仍以"浑"字出之；于效验迟缓之时，更以"耐"字贞之。

你的志向很高远，见识很端正，以后一定可以成就像古人那样伟大的功业。众人都糊里糊涂，唯独你一个人看得清楚，你这时候哪怕只是存着一点点的乘机炫耀之心、洋洋自得之意，都会引起别人本能的反感。你的精辟见解要以宽厚、温和的方式讲出来，这样才是考虑到了别人的感受和面子，才会更容易被别人所接受、所认可。下属老是跟不上你的期望、思路和步伐，做的事情老是无法让你满意，你就会很烦躁，就很容易会训斥、讽刺他们，不给他们留面子，从而在你和下属之间产生怨恨，造成隔阂，形成离心，导致管理失败，这时一定要学会一个"耐"字。以"耐"字控制好自己的心态，用一种善意的耐心帮助下属理解、执行，从而把事做好。

前文提到的曾国荃，个性倔强，心中常常有不平之气而又不加掩饰，因而招致了许多物议。曾国藩在给曾国荃的信中对比了同为湘年名将的李续宾和彭玉麟的不同做法。他说：

与官场交接，吾兄弟患在略识世态而又怀一肚皮不合时宜，既不能硬，又不能软，所以到处寡合。迪安妙在全不识世态，其腹中虽也怀些不合时宜，却一味浑含，永不发露。我兄弟则时时发露，终非载福之道。雪琴与我兄弟最相似，亦所遇寡合也。弟当以我为戒，一味浑厚，绝不发露。

在官场上与人打交道，我们兄弟的问题就在于略懂一点世故，而又一肚子不合时宜。既无法硬，也无法软，所以与人相处，很少有合得来的时候。李续宾的妙处则在于对人情世故完全不懂。他的肚子里虽然也有些不合时宜，但却一味地浑含，从来不露出来。我们兄弟则时时表露出来，终究不是承受福惠之道。彭玉麟与我们兄弟相似，所以也很少有合得来的人。老弟你应当以我为戒，一心一意在"浑厚"上做工夫，绝对不要表现出来。

吴竹庄，又名吴坤修，江西人，与曾国藩有二十年的相知相交，曾国藩与他经常一聊就是很长时间。吴坤修人很聪明，曾国藩也很了解他，针对他的缺点专门写信劝诫：

阁下昔年短处在尖语快论，机锋四出，以是招谤取尤。今位望日隆，务须尊贤容众，取长舍短，扬善于公庭，而规过于私室，庶几人服其明而感其宽。

你很聪明，但你以往的短处，就在于尖语快论，机锋四出，咄咄逼人，全无顾忌。只图自己一时痛快，却丝毫不给人留情面。这正是招谤取尤之道。现在你的地位越来越高，声望越来越大，一定要学会尊重别人、包容别人，眼中要看到人的长处，不要光盯着人的短处。你与人相处，一定要学会"扬善于公庭，而规过于私室"。

什么叫"扬善于公庭，而规过于私室"？别人有了优点，有了成就，有了好处，你要在公开的场合里表扬他；别人有了过失，有了缺点，有了错误，你要在私下的场合里提醒他。

人都是需要肯定的，哪怕是最高层的人也是如此。人都是需要面子的，哪怕是最卑微的人也是如此。你在公开的场合表扬他，给足了他面子；你在私下的场合提醒他，保全了他的面子。这样一来才能"人服其明，而感其宽"，别人才会佩服你的明白，更关键的是，他会非常感激你的宽厚、你的善意，才会真心实意地认可你。

斯坦福大学组织行为学教授杰弗瑞·菲佛在谈到人性时说："绝大多数人都希望拥有良好的自我感觉，而不仅是那些具有不安全感的人才有这样的想法。尽管从客观的角度来说，人们可以从错误中了解他们做错了什么，从而学到更多东西，但人们还是喜欢'自我增强（seIf-enhance）'，即寻求积极的信息，避免负面的反馈。"领导的见解应该正确，领导的心意应该真诚，但正确的见解与真诚的心意在很多情况下也需要使用委婉的方式表达出来，才能更容易被人所接受。违背了这一条，智商再高、地位再高的人，也会出问题。

(三)以才自足,以能自矜,则为小人所忌,亦为君子所薄

这里要提到一个与曾国藩同时代的著名人物,恭亲王奕䜣。奕䜣是道光皇帝的第六个儿子,咸丰皇帝的六弟。奕䜣这个人冰雪聪明,据说当年道光皇帝在世时非常喜爱奕䜣,本来有意让奕䜣继位,但阴差阳错,皇位传给了咸丰皇帝。

1860年第二次鸦片战争期间,英法联军打进了北京城,咸丰皇帝带着慈禧、慈安两宫太后以及六岁的儿子,也就是后来的同治皇帝,逃往了热河,留下奕䜣与英法联军交涉。其后咸丰皇帝死在了热河,临死前遗命肃顺等八人为顾命八大臣,辅佐新即位的同治皇帝。由此大权就落入了肃顺等人之手。

慈禧太后是一个权力欲很强的人,她不可能允许权力落在肃顺等人之手,于是便联合同样被排斥在外的小叔子恭亲王奕䜣发动了政变,就是所谓的"辛酉政变",也叫"祺祥政变",干掉了肃顺等人,由此把权力夺了过来。但当时慈禧太后非常年轻,没有治理国家的经验,因此只能倚重恭亲王奕䜣,于是给他加了一个封号"议政王",所有的国家大事,都交给奕䜣来定夺。

曾国藩在此之前并没有跟恭亲王奕䜣打过交道。当时在上海,有洋人办的报纸登了恭亲王奕䜣的照片。一些在北京的朋友也给曾国藩讲过奕䜣的为人情况。曾国藩很快就得出结论,这个人执政时间长了恐怕不行。为什么呢? 曾国藩说:

举止轻浮,聪明太露,多谋多改。恐日久亦难惬人意。

举止轻浮,违背了曾国藩反复强调的"重"字;聪明太露,说的是这个人很聪明,但是他的聪明是外露的。因为他很聪明,所以他的想法特别多,但变得也特别快,所以叫"多谋多改"。恐怕执政时间长了会难惬人意。

曾国藩对奕䜣的判断是非常准确的。奕䜣确实很聪明,思想也很敏锐。晚清搞洋务运动,地方靠的是曾国藩、李鸿章,朝廷则主要靠奕䜣。但是因为他非常聪明,今天有了一个好主意,刚刚布置下去,明天就会又有了一个更好的主意,于是便改变了自己头一天的决策。当时大清王朝许多官员的思想其实是很保守的,对奕䜣的某些想法根本不能理解,于是奕䜣就不断训斥这些人,不假颜色,甚至公开羞辱这些人。这些人因为奕䜣是议政王,权力很大,对他是敢怒不敢言,但是一股对他不满的力量却在暗暗地集聚着。

慈禧太后的权力欲是很强的,她绝对不会让奕䜣长期掌握大权。等到她认为时机已

经成熟，就要把奕䜣踢到一边。很多人本来就对奕䜣不满，慈禧太后一个眼色下去，这些人就纷纷上折弹劾奕䜣，说他多么狂妄，多么傲慢，甚至连皇帝和皇太后都不放在眼里，完全失去了做臣子应有的礼仪。慈禧太后借机以"目无君上、诸多挟制、暗使离间、不可细问"等罪名，拿去了奕䜣议政王的封号，并免去了他所有的权力。后来虽然经过一些大臣求情，奕䜣复任了军机大臣、总理各国事务衙门大臣等职，但"议政王"的封号并没有恢复。关键是，经过这番打击以后，奕䜣从此心灰意冷，再也没有大的作为。

曾国藩曾经说过一句很精彩的话：

以才自足，以能自矜，则为小人所忌，亦为君子所薄。

一个人有才能是好事，但如果才能变成了炫耀自己、压倒别人的工具，那么小人会嫉妒你，君子也会瞧不起你，这样的人，事业的发展是很难顺利的。

(四)"浑"则无往不宜

同治三年，曾国藩在日记中写了一段话：

"浑"则无往不宜。大约与人忿争，不可自求万全处；白人是非。不可过于武断。此"浑"字之最切于实用者耳。

"浑"这个字如果你悟透了、用好了，做什么事情都会非常的妥当。曾国藩在这里举了两个例子：

一是"与人忿争，不可自求万全处"。跟人争论一个问题，不要把道理都争到自己这里来。你非要别人承认你百分之百是对的，他百分之百是错的。你非要把人家逼到墙角，人家一定会反弹。你为什么非得百分之百是对的呢？你百分之七十是对的，给别人留三成的余地，留三成的面子，留三成的尊严，别人不是更容易下台阶，更容易接受你的意见吗？

二是"白人是非，不可过于武断"。判断一个人是对是错、是好是坏、是黑是白，不要过于绝对。这个世界上哪有那么多绝对的事情？

世界的本质是复杂的，就像人性本身就是复杂的一样。中国文化中的太极图，阴中有阳，阳中有阴。无非是阴多一些，还是阳多一些而已。这就是这个世界的本来面目。"水至清则无鱼，人至察则无徒。"在很多情况下，领导者所能做的，就是把握住大局、把握住本质而已。领导者一定要明白一个道理：没有完美的世界，也没有完美的人性。做事

之人,更高尚的动机与相对低俗一些的动机是混杂在一起的。为此领导者一定要有一颗包容的心态,不要太绝对,所谓"事不要做绝,话不要说绝,人不要看绝"。

汉高祖刘邦手下有一个谋士叫陈平。陈平原来是在项羽手下,后来投奔了刘邦。很快就有人在刘邦面前告陈平的状,说陈平这个人道德败坏:在家里的时候和他的嫂子通奸,在项羽那边项羽根本瞧不起他,到你这儿来又收受贿赂,跟下属要钱。这样的人你怎么能用他呀?

刘邦就找到陈平,问人家说的对不对?陈平说,对呀,我在家里的时候,我哥哥去世了,我侄子没人养,我娶了我嫂子,这有什么问题吗?我在项羽手下,项羽是个糊涂蛋,根本不知道我的价值,所以我才跑到你这儿来了;我到你这儿来你又不给我发工资,我不收点钱,怎么养家糊口呢?陈平反过来问刘邦:我问你,你到底要用什么人?你要用圣人,也就是一点毛病都没有的道德完美之人,还是能帮你打天下的人?你要用圣人的话,我不是,我走人。你要是想用能帮你打天下的人,那我可以做到。

刘邦是一个非常明白的人,听了以后,立即将陈平留了下来。果然,在帮助刘邦打败项羽的过程中,陈平起了很大的作用,许多大的战略决策都是他跟张良提出来的。刘邦去世之后,太后吕氏的家族要把刘家的天下变成吕家的天下,后来恢复刘家天下的一个关键人物,就是陈平。

曾国藩在给曾国荃的信中曾经说过一段话:

大抵天下无完全无间之人才,亦无完全无隙之交情。大者得:正,而小者包荒,斯可耳。

一般说来,天底下没有完全没有缺点的人才,也没有完全没有缝隙的交情。再优秀的人才也会有自己的问题,再亲密的交情也会有你我之分。领导者所能做的,就是要在大的方面把握住基本的原则,在小的方面则要学会用一种包容的心态看问题,这样才是可以的。

因此,曾国藩所说的"浑",并非意味着没有是非,没有原则。"浑"是一种内方外圆的境界,是一种包容、一种胸怀、一种大的格局。这是做大事的人必须具备的一种素质。"海纳百川,有容乃大",大海是因为宽广的胸怀而成为大海。如果这个水也不能要,那个水也不能要,是不可能成为大海的。天地之大,离不开一个"天覆地载"。什么是天地的境界?这个世界的什么东西都可以包容在内,才能成就天地之大。现代管理学也认为:

"增加宽容度也是提升领导力的一个重要因素，一个真正的领军人物必须能够团结多数人，跟差异很大的形形色色的人一块儿工作。"君子以厚德载物。善于包容别人，才能成就自己。曾国藩所说的这个"浑"字，恰恰是在人性方面有着成熟心智的表现。

二、波音公司总裁颓然"下岗"：孤傲的偏见

"商场如战场"，而这两者的共同点就在于：它们均以成败论英雄。波音公司总裁罗纳德·伍达德在激烈的市场竞争中，成为波音危机的牺牲者，于1998年9月4日黯然离职。他以自己的亲身经历再现了历史定论："成者为王败者寇"。而我们透过他的荣辱沉浮，也可以目睹当今世界商业竞争的残酷与无情，从中领悟出经营管理之道。

大名鼎鼎的波音飞机公司，全世界几乎无人不知，无人不晓。1997年美国商界所列出的25个行业最著名的企业中，波音公司在航空制造业名列榜首。同时，该公司也是美国最大的出口商。但是，人们对该公司总裁罗纳德·伍达德却知之甚少。其实，伍达德在美国工商管理和营销经理圈内享有盛名。罗纳德·伍达德1943年出生在美国的奥里根，他曾获得美国普里桑大学化学学士学位和南加州大学工商管理学硕士学位。大学毕业后直接进入波音公司工作，几十年来忠心耿耿、兢兢业业。伍达德不是那种在商界有靠山和深厚根基的富家子弟，他在波音公司从最底层的普通职员干起。起先他做化学研究员，后来从事商业营销，他依靠自己所学以及敬业精神，逐渐获得了上司的赏识。从一名普通职员升任公司材料部主管、总经理，并成为公司董事会成员。1993年3月，伍达德出任波音飞机公司副总裁，1993年12月被任命为该公司总裁。这一年他刚满50周岁。到此，他已在波音公司干了整整30年。

就在1993年，当伍达德出任波音公司总裁时，国际航空运输业面临一片萧条，世界飞机制造业中的"巨无霸"波音公司首当其冲。由于大量订单突然遭遇退货，致使波音公司多种型号的民用客机被迫大幅缩减生产。无奈之下，波音公司采取断然措施，甚至不惜一刀切，大量裁减公司人员。继1992年裁减13000名员工后，1993年又裁减了23000名员工。同时公司的主要客户仅剩下32家，股票也下跌了18%。世界舆论普遍认为，波音公司正面临战后最严重的危机。面对如此严峻的局势，受命于危难之时的伍达德，一上任便展示了他高超的营销技巧。他抓住亚太经合组织在波音公司大本营西雅图召开非正式首脑会议的机会，不失时机地大甩"亚太牌"，因为他意识到，至21世纪初亚太地

区将会超过欧洲成为波音公司最大的客户。为此,波音公司出资 50 万美元赞助此次会议,并邀请与会的各国高官政要及各国记者参观波音公司总部。虽然这次会议并未涉及飞机买卖,但在伍达德亲自主持下,波音公司的金钱外交和热情款待,也达到了预期的目的:"让客人们感觉到西雅图的确是个做买卖的好地方,波音公司的热情和诚意也给来宾们留下了深刻印象"。在伍达德的努力下,随着世界航空业的逐步复苏,波音公司又迎来了新的发展机遇。

然而,世事难料,天有不测风云。国际航空市场的莫测变化,也为伍达德所始料不及。正当波音公司最辉煌的时刻,欧洲四大工业国英、法、德及西班牙的航空公司联合组建了空中客车公司。这家横空出世的超级航空公司生产的 A300 型系列空中客车,刚一亮相,便赢得了许多客户的欢迎,由此迅速抢滩占领了世界市场的很大份额,这对波音公司在世界飞机制造业及航空领域的霸主地位构成了极大威胁与挑战。1997 年,波音公司与美国另一家航空业巨头麦道飞机公司携手并举,冲破了美国国内的《反垄断法》及欧盟的阻挠,实现了世界航空业巨头间的"联姻"。从实力上讲,新组建的合并公司在全球飞机制造市场上所占份额达 77%,这一空前的垄断优势,使世界航空界普遍认为,这艘新的航空业巨轮,无疑将成为该行业中的"巨无霸",并且在今后若干年内将继续称霸于这一领域,甚至有可能挤垮刚刚组建的空中客车公司,进而独霸天下。然而,一年后,欧洲空中客车集团的订单却首次超过了波音公司的货单。显然,波音公司遭遇到了多年来最强大的竞争对手。波音公司公布的 1997 年财政年度报告显示,该公司 50 年来首次出现了经营赤字,亏损额达 1.78 亿美元;1998 年第一季度,波音公司利润额再次下降了 90%。这种极为不利的状况也更多地反映在公司股票的市场波动中。波音公司的股票价格从 1997 年的每股 60.5 美元跌到了 44 美元,一年多时间跌去了 26%。虽然许多业内人士以及波音公司高层决策者都预测世界飞机业将会再度繁荣,但谁也未料到繁荣与增长会来得如此迅猛,波音公司的订单曾一度由 1994 年的 124 架,一跃猛增至 1996 年的 754 架。但是供不应求的欣喜,很快就变成了因难以及无法及时交货而造成的苦恼。于是许多波音公司的老客户因迫不及待,转而投向空中客车公司。因为空中客车公司在产品质量和交货方面更有保证。当时,英国航空公司就与空中客车公司签订了一笔总额为 38 亿美元的订单。另有一家美国的航空公司也因波音未能及时交货而转向空中客车,使波音公司不仅失去了一大批客户,仅赔付未能按时交货的违约金就高达 5.31 亿美元。情况对波音公司越来越不利。

波音公司经营上出现的这些严重问题，从深层次上来说，有其历史和体制上的原因。

在20世纪90年代初，当美国经济和世界航空业处于萧条时期，波音公司削减了大量员工和部分承包商，试图以此来减少公司经营中的中间环节，降低成本，提高市场竞争力。然而，情况似乎一夜间发生了极大变化，波音公司始料不及。许多熟练的员工被解雇了，公司生产受到严重影响。承包商也难以适应，缺乏零部件的飞机只能躺在生产线上干着急。一边解雇员工，另外却为应付生产而临时招来许多新员工，他们缺乏经验和生产技术，在生产任务重的压力下加班加点极易发生质量问题。波音公司新推出的NG777型客机，被国际市场普遍看好，但生产质量却有问题。1998年7月，两架欧洲航空公司使用的该型客机，在飞行途中发动机突然熄火，后启动紧急备用系统后，才避免了重大事故的发生。为此，美国联邦航空局命令美国各家航空公司立即更换所有该型飞机的动力系统。检查中发现，甚至有些已投入运行的飞机的洗手间竟未安装电灯。这对当年6月以来订单和产量刚有较大幅度增加的波音公司来说，不啻为当头一棒。此外，培训新员工所耗费的巨额资金，也使其生产成本大大增加。

多年来，波音公司的产品成本一直是困扰其生产的"瓶颈"问题。即使在伍达德上任以后，也未能有效地解决这个难题。显然，这不是一个简单的命令或决策就可以见效的。在公司经营不景气的时候，波音为了与空中客车及麦道公司争夺客户，不惜以低价格、高回扣大打"价格战"。在1995年争夺斯堪的纳维亚航空公司55架合同的角逐中，波音虽然最终赢得了这场争斗，但同时也付出了非常大的代价。波音公司不仅付给对方高达38%的回扣，而且形成了一条不成文的规矩，只要是大宗订货，售价可优惠5%。波音公司总裁伍达德也很了解当时的形势，他开始从降低成本入手，计划将生产成本降低25%。在对"波音777"宽体客机的设计过程中，全部采用计算机设计，去掉了许多烦琐的构图和大模型，并抛弃了那些过多的配置选择。为了增加产量，消除内部生产管理结构的混乱，1997年10月，波音公司甚至暂停了它的"波音737"和"波音747"生产线的生产。这一举措招致了许多指责。他们认为，这样做将会使本已延期交货的局面更为严峻。而在1996年，空中客车公司正是利用这一时机，抢走了波音公司的一大批市场份额。但是，波音公司已无可奈何，只能顺势而为，正所谓"船大难掉头"。面对如此纷杂的混乱局面，波音公司要想轻易改变已形成多年的经营模式，又谈何容易，眼看前面就是巨大的冰山，它也只能迎头撞上去。罗纳德·伍达德作为波音这艘巨轮的船长,对于公司所面临的危机和惨淡局面,显然负有不可推卸的责任,这包括他所倡导的"我们能做到"的企业文化。

伍达德本身是个讲究井然有序的人,他的办公室里一尘不染,他还喜欢古典音乐,他对莫扎特和巴哈的音乐尤为爱好,他在与人谈话时经常使用诸如"接近理论上的完善"一类工作科学术语。他认为,整个世界是一个理性的架构,人们只要有足够多的策划、工具、计算和解决的方法,就能够克服许多困难。而他在波音公司30年的工作经验,更加深了他的认识。他知道波音公司多年来正是靠大胆创新而步步发展到今天的规模。多少年来历经磨难,甚至为了开发一种新产品几乎濒临破产,后来,"波音747"终于飞上了天空,公司也获得了新的生机。波音747更成为该公司骄傲的标志。由此,伍达德已开始不把欧洲竞争对手放在眼里,他认为,空中客车公司只不过是靠打折和拉关系而获得一些蝇头小利的。这种孤傲的偏见恰恰使伍达德错误地估计了形势的发展和对手的能力。长期以来,波音公司赖以自豪的是出自本公司的世界最大的"波音747"巨型客机,波音称之为"6万个零件在飞行中融为一体的完美结合"。波音为客户们提供的各种优良设计和精美装潢并未感动每一位客户,诸如美国政府和一些有特殊"品位"的航空公司对此无动于衷,它们只会把这些费用转嫁到消费者身上。如今,这种过于奢华的设计已耗费了波音公司大量的生产时间,且大大增加了生产成本,而且并未使买家感到高兴。显然,世界航空业的激烈竞争,迫使各国航空公司竭尽全力以求降低成本,客户们并不要求过分的配置,关键是质量优异,交货及时。而波音公司近年来恰恰在这一点上未能满足客户的要求,使许多新老客户不能及时开辟新航线,坐失良机,使这些公司眼睁睁地望着滚滚流失的金钱而捶胸顿足。

其实,这一严重隐患早在1996年就已经开始暴露。但波音公司传统的强烈自尊和过分的自信,使伍达德和波音公司高层管理者认为,只要人员充足,加班、加点、合理安排、灵活调度,完全可以应付眼前的生产需要。伍达德采取了一系列措施增加产量,但他把重点仍然放在重新设计基本生产流程上,试图以此来降低生产成本,加快生产速度。但一厢情愿往往难以奏效,革新工作方式,培训新的管理人员,并使员工完全适应这种新的生产方式都需要相当长的时间,可是波音公司又有多少时间可以利用?它耗得起吗?直到1998年2月,伍达德才意识到问题的严重性,即刻全力投入增产,但为时已晚。庞大的波音公司终于在它的"创新疗法"还未及奏效前便失败了。

就在 1998 年 8 月 25 日，英国航空公司购买了空中客车总价为 38 亿美元的 100 架飞机后，首席执行官康迪特似乎再也坐不住了。9 月 4 日，波音集团董事会决定，撤销伍达德波音公司总裁的职务，伍达德也只好黯然"下岗"。

波音公司一直发展比较顺利，从未陷入这样的困境。伍达德，这位有着 30 年工龄的老"波音人"心中不服。他曾经有过辉煌，更为波音的发展做出过重要贡献，而且他的经营方略堪称老到。但商场即战场。失去利润就意味着失败。总得有人为此负责，即使你有丰功伟业、宏图大志，也终究难逃厄运。

长期以来，波音公司赖以自豪的是出自本公司的世界最大的"波音 747"巨型客机。然而，这种过于奢华的设计已耗费了波音公司大量的生产时间，且大大增加了生产成本。世界航空业的激烈竞争，迫使各国航空公司竭尽全力以求降低成本，客户们并不要求过分的配置，关键是质量优异，交货及时。而波音公司由于其传统的强烈自尊和过分的自信，使得它恰恰在这一点上未能满足客户的要求，从而丢掉了大量的客户，导致危机的发生。由此可见，任何孤傲的偏见都能使企业的领导人对市场形势的发展和竞争对手的能力做出错误的估计。

三、爱立信的败退：故步自封的教训

自 20 世纪 60 年代开始，爱立信便跻身于国际一流电信供货商之列。到了 20 世纪 70 年代，凭借着 AXE 系统，爱立信终于脱颖而出。在 20 世纪 80 年代中期，当移动通信系统业务开始出现时，爱立信再一次充分发挥了在新技术研发上的能力，紧紧把握住数字移动的历史潮流，终于成了这一领域的世界领先者。

1976 年，爱立信公司适逢百年华诞。这一年，一部洋洋三卷的爱立信发展史应时而出，追溯了爱立信公司从拉什·马格纳斯·爱立信作坊时代开始历经沧桑的创业过程。与此同时，爱立信公司还为这次百年纪念制作了电影，名为《将人与人联结起来》。当时的首席技术官，也就是后来的首席执行官比约恩·伦德海尔在节目中做了 25 分钟的评论，给予 AXE 系统相当高的评价。实际上，一家全新的爱立信公司即将因为 AXE 而诞生。

从 20 世纪 80 年代初开始，爱立信的 AXE 系统获得了巨大成功，同时，整个信息管理和电信业都开始关注一种新的工作方式——数字通信方式，而"数字方式"也终将促使通

信行业发生一次革命性的转型。

作为通信行业的领袖，爱立信公司早已预见到电信业和计算机二者之间的融合，对这一转型及早做出了计划。在爱立信公司的每一次产业分析和每一份管理咨询报告中，"技术转型"一词开始频频出现，而且再也没有消失过。终于，在1983年1月1日，一个已技术转型的爱立信公司，向世界展示了其全新的面貌，完成了重大的结构重组。整个集团开始以简单的"爱立信"为标识，并且有了新的标志——一个美术体的开头字母E（正式名称还是LM爱立信电话公司，即Telefonaktiebo Laget LM Ericsson）。与更改标识相对应的，爱立信重新塑造了全新的组织结构以适应变革，其业务范围涉及公共电信（BX）、信息系统（BI）、电缆（BC）、国防系统（BD）、无线电通信（BR）、网络工程和建设（BN）以及电子元件和电力设备等配件产品等商业领域。

伴随着一次次的重大转型，在经历种种阵痛的同时，爱立信走过了一条"一路鲜花，一路成功"的道路。但是，对于不断追求完美的爱立信来说，组织结构永远不会尽善尽美，他们总是总结上一时期的经验教训，坚持"面向市场、面向用户、面向未来"的原则，继续推进公司改革。

在进入20世纪90年代后，通信领域正在经历技术、服务和市场相融合的趋势。面对这样一个全新的大环境，为了跟上市场的变化，爱立信在1990年又一次进行了重新规划，在经过一系列的调整和改进后，于1999年完成重组，建立起了一种现代化的新型公司。在这一过程中，爱立信遇到的最大的挑战是改变"爱立信人"的观念，即让员工理解当今商业流程的变化，培养创造新的商业环境而不只是创造新技术的能力，这要求围绕商业观念进行新产品的研发。不过，爱立信都取得了成功，并成为世界通信业叱咤风云的强者。以中国市场为例，在其辉煌时期，爱立信曾经占据中国手机市场的半壁江山。

世人曾经惊叹GF768C的小巧，T28的轻薄，以及T39的超强功能，然而，人们可能始料不及的是，曾经告诉人们什么样的手机才叫经典的爱立信，却在时间的推移中，逐渐不能再屹立于各大品牌当中，不再能展现昨日辉煌，那句著名的广告语——"一切尽在掌握"，变成了"一切不再掌握"。与爱立信的光辉岁月相比，它的没落更令人感叹。

T28是爱立信失去大部分市场的开始，也是爱立信走向没落的转折点。对于广大的中国市场而言，爱立信犯下了严重错误。当时，面对已经成功占据中国手机市场半壁江山的大好局面，爱立信却认为，T28手机之所以会失利，仅仅是由于一些小部件的问题，一些细节的东西可以忽略，而且中国消费者还没有成熟的消费理念，并不那么值得重视。实际上，当初松下也有类似的想法，而结局大家都已经看到了，松下现在也只能去花更多的时间从诺基亚、摩托罗拉的手中抢回原本自己已经牢牢掌握的市场份额。

事实上，T28 在中国的失利，并不仅仅因为质量问题。细分析，爱立信的失败归其原因，可以分为以下几点：

1.盲目的炒作高科技，反而忽视了用户的实际需求

爱立信在科技方面的优势世界公认，但是与此同时，却疏忽了消费者最基本的需求。试想，如果有两部手机摆在消费者的面前，一部拥有最新的技术，一部能提供丰富的使用功能，你会选择哪一部呢？毫无疑问，绝大多数消费者会选择后者，这是一个很理性的选择。然而，非常奇怪的是，爱立信的高层管理人员和技术官员们却偏向生产拥有最新技术的手机。正是这种意识，使得爱立信超前倡导蓝牙、MMS、和弦等技术。尽管这些技术在今天——被广泛采用，然而，在当时，热衷于这些功能的消费者占手机用户的百分比并不算多，更多的用户对手机功能的要求只是实用。在消费者的眼中，支持 MMS 还不如显示屏同时显示的字/行多一些，支持 JAVA 还不如菜单人性化一些，支持蓝牙还不如待机时间久一些。实际上，即使在今天，低端手机市场仍然是众多商家的争抢领域，这一事实就充分印证了这一点。手机的确需要拥有更多的新科技，需要新科技带来更多的应用空间，但是人们不能否认，新功能、新技术对于一个普通用户来说，还不如一个关机闹钟或者手机震动来得更切实际。爱立信在大举进攻高科技的同时，却忽略了普通用户的需求，从而失去了手机市场上的大好河山。

2.手机产品的更新速度偏慢，跟不上市场的节奏

这一问题给爱立信带来了致命打击。爱立信确实创立了众多的手机经典，如 GF768C 的小巧之经典，T28 的轻薄之经典，T39 的超强功能之经典，但是，从 GF768C 到 T68，爱立信用了整整 4 年，其间，爱立信发布的新机型寥寥无几。在索尼和爱立信合并后发布的 P802 仍然耗时良多。在从 GF768C 到 T68 的 4 年时间里，爱立信推出了不到 20 款新机，这样的速度是无法和其他竞争对手抗衡的。在讲究效率和潮流的今天，已经不能指望用某款机型来长期吸引消费者。与诺基亚 7650 同期发布的 P802，在 7650 上市大半年后才带着天价姗姗来迟，而在这个时候还有多少人会耐心等待呢？大多数的消费者恐怕已经投向 7650 的怀抱了。蓝牙技术，在 1994 年就由爱立信倡导提出，并立志要成

为一种无线电技术的全球规范。然而,当时支持蓝牙的外设却发展非常缓慢,这严重地制约了爱立信宏图的实现。索尼·爱立信(索爱)的产品从发布到推出的时间已经大大超过正常所需的时间,而这,正是对市场反应的迟钝所致,正是研发能力太低所致!在如此缓慢的速度下,即使再经典的手机,上市时也已经是明日黄花,其竞争力要大打折扣。

3.爱立信手机缺乏时尚气息和有效的市场推广

手机发展至今,其通信功能依然占据首要地位,但是已经不仅仅只是为了通信,尤其对于年轻人来说,手机也成为一种装饰,如同时装、运动鞋一般。青年人张扬的个性使他们不会接受千篇一律的事物,然而,爱立信在这方面非常失败——从T18、T28到T39,清一色的屏幕,单一的外壳,恒久不变的外型……现在,对于一款手机而言,要引起人们的购买欲望,还需要时尚气息。对比三星的A-288、X319和诺基亚的8250、7250,还有MOTO的V70,爱立信(索爱)的错误显而易见。与此同时,爱立信手机没有针对不同的用户使用不同销售策略,这样的市场策划同样是非常失败的。不同的用户对手机的要求不同,有人需要时尚,有人需要实用,不同的市场定位会取得更好的成绩。而在这方面,诺基亚的成功是爱立信不可比拟的。诺基亚有着高端的8系列,时尚的7系列,精巧的6系列,运动的5系列,实用的3系列,无一不站在细分市场的基础上。对于今天的手机而言,时尚科技主义和科技前沿主义同等重要,爱立信(索爱)缺乏的恰恰就是这样理念的改革。如果爱立信能解决自身的问题,重新打开市场,也就不会再出现需要诺基亚帮忙推广蓝牙技术的尴尬了。

大浪淘沙,爱立信的没落引起了世人深刻的反思。一个原本拥有大量市场的手机品牌,却因为缺乏市场前瞻能力,由一些错误的人为因素而改变了一切。即使是在爱立信和索尼合并后,其手机市场份额还是不断下降。对于索爱来说,要看到希望的曙光,让广大手机用户再度听见那熟悉的"一切尽在掌握"的声音,还需要相当的时间和努力。

在世界通信市场,爱立信可谓身经百战,经历了一次次的重大变革。而其最为关键,也最为艰难的一次变革可谓发生在移动通信领域。在1983年,世界对于移动电话的关注还少之又少,然而,就在15年后,手机却已成为爱立信的第二大业务。立足变革,紧紧站在时代潮流的前端,这是需要付出代价的,爱立信也概莫如此。当每一次变革发生的时候,许多与之相关的员工对于如何重新开始不甚了了,而与之无关的员工,却又因为"手机一夜之间成为市场和公司的新贵"而顿生怨意。许多人发现,在这一重大变革面前，爱立信曾经令大部分人引以为荣的"勤奋、忍耐、不懈"的价值观，以及长达数十年的系统研发，突然间显得无关紧要。从某种意义上讲，这种变化的意义要远远大于"从模拟系统到数字系统"的转变。然而，爱立信却跨越了这一关口，与之相应的就是，一个成功的爱立信在移动通信市场上叱咤风云，引领世界。

可是，世人却很难想象，在进入 21 世纪之后，爱立信却出人意料地走上了下坡路，并且在困境中越陷越深。而与之相对，诺基亚的业绩却突飞猛进。在 2000 年，爱立信的手机业务大幅度下跌，全球市场占有率锐减。专家们分析，导致爱立信在全球手机市场败北的主要原因在于其产品种类单一以及市场反应较慢，由此出现了亏损。

就实际情况而言，在 2000 年 3 月 17 日，同时为诺基亚和爱立信生产芯片的飞利浦公司的生产车间发生大火，并且需要几个星期的时间才能恢复生产。在这种情况下，诺基亚马上找到了日本和美国的供给商，让他们分担生产芯片。与此同时，诺基亚一方面要求飞利浦公司改变生产计划、见缝插针生产芯片，另一方面迅速地改变了芯片的设计，以便寻找其他的芯片制造厂进行生产。然而，爱立信对于这次火灾的危害，却认识不足。等他们发现问题的严重性时——市场需求最旺盛的时候，爱立信公司由于芯片短缺，无法及时推出新型手机，从而只能眼睁睁地看着市场被诺基亚以及其他竞争对手夺走。

同是一场火灾，有人因祸得福，有人却一蹶不振。在火灾之后，诺基亚的全球市场份额不降反升，一举超过 30%，而在一年以前还只是 27%。而由于反应缓慢，爱立信市场份额则由 12% 跌为 9%，将 3% 市场份额拱手相让。

说起来令人难以置信，一贯追逐高科技，以引领科技潮流自居的爱立信，其手机竟然也会出现诸多质量不过关的问题。比如以爱立信的 T28 款式为例，其外观非常不错，然而，它却有着话筒无音、不启动、自动关机的毛病，这令广大的消费者敢爱却不敢买。爱立信手机除了在这些硬件上存在的一些问题外，在手机软件的稳定性和菜单的人性化上也存在不足。爱立信一向以功能强、技术新、性价比高自居，然而，在强大的功能背后，爱立信手机却时常发生死机现象，同时，菜单的设计缺乏人性化，尤其是刚刚接触爱立信的用户，会有无从下手的感觉，而一些老用户想得起有某项功能，却在菜单里面难以寻找。相反，对于人们使用手机的习惯和期望的理解，诺基亚已经达到了相当的水平。诺基亚的菜单真正做到了了解用户，知道这些人需要什么。与此同时，在售后服务方面，爱立信（索爱）相比之下，也是落后于人。

对于 T18、T28 等手机剧增的维修量和投诉,爱立信给出的解释在于——由于爱立信手机的型号较少,一旦出现故障就会非常集中,不像一些品种多的厂家可以分摊一下。实际上,爱立信手机不断滑坡,除了种类单调外,还有另一重要原因,即手机的推出周期过长。然而,得出这种结论已经为时已晚,爱立信在激烈的市场竞争中陷入了举步维艰的境地。

仔细回想,爱立信推出的新手机给消费者留下印象的,确实局限于两款老出毛病的 T28 和 T18。正是由于零件供给短缺,错误的产品组合以及营销方面的问题,爱立信手机部门损失惨重,节节败退的爱立信不得不在 2001 年宣布退出手机生产。

通信巨人爱立信的败退,固然有着其在技术操作上的众多失误,但如果深究其原因,则可以归结为 8 个字,那就是"故步自封,自以为是"。

人们可以看到,从 GF768C 到 T39,爱立信手机的屏幕都是小拇指那么大的一块,虽然在屏幕照明上使用的是当时比较先进的 EL 照明,但是这样的屏幕有着两个严重缺陷,一是在显示短信时不够方便;二是费眼睛。然而,令人难以理解的是,爱立信却依然故我,不理会市场的反应,坚持自己的做法。市场调查显示,大量消费者在 T28 之后就不再使用爱立信的手机,因为他们不能再忍受看条稍微长一点信息就要翻页多次的麻烦。除此之外,还有一个让人啼笑皆非的问题是 T39 的单色、如小拇指大的屏幕,居然可以支持外接摄像头。虽然这一技术构思是好的,然而,消费者又能用这个摄像头来做什么呢?

这些问题都在不同程度上说明爱立信仍沉浸在美好回忆当中,还没有走出来面对日新月异的手机市场。正是这种故步自封的陋习,使它所推出的几款手机在消费者看来,就像是在怀旧一般。另外,爱立信手机的按键菜单反应速度偏慢,容易误操作的问题已经存在多年,几乎已经成了遗传性痼疾,然而,爱立信却从来没有认真地对之予以解决。坚持信念是好事,但是坚持错误的信念就是偏执了,而它的后果只有一种——让消费者远离。

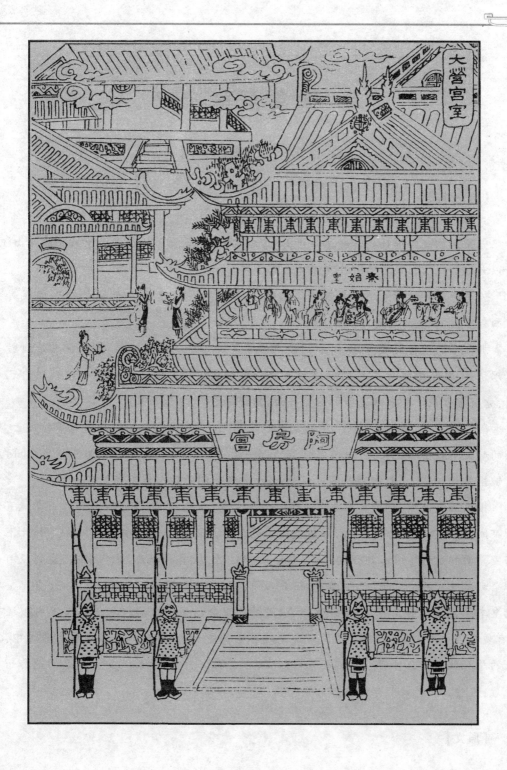

大營宮室

大营宫室①

【历史背景】

因为秦始皇所设计的宫殿工程庞大,很难一时建成,准备待全部完工后再隆重命名,所以大家暂把这宫殿称为阿房宫了。

为了每日每时所见的宫殿都不尽相同,秦始皇在关内建了三百多座离宫,在关外建了四百多座,以供自己随时游幸。

那么多的巨宫大殿,每一间都铺设有绫罗绸缎等华美的丝织品,每一间都有钟鼓等舞乐用具,其花费之巨是人们难以想象的。秦始皇还从各地收罗来美女佳人供自己享用,竟有宫女几十年来都见不到始皇一面,其数量之多,可想而知。

阿房宫虽美,但还没建成,秦始皇没能享受上几年,就病死了。而随着秦的灭亡,项羽的起义军放了一把大火,把阿房宫烧成了一片焦土。如果我们只会为秦始皇、为阿房宫惋惜哀伤,却不以之作为借鉴教训,那么也要使我们的后人来为我们哀伤了。

根据历史记载,秦始皇在还没有统一六国之前,就已经拥有很多的宫殿,而在统一六国期间,他每消灭一个国家,就会在咸阳附近仿造该国的宫殿重新建造一所。如此下来宫室总面积达到了惊人的程度,几乎整个关中地区,从渭河以北,雍门以东,直到泾河一带全部都是宫殿群。据《三辅旧事》记载:秦国有"表中外殿观百四十五"。据《史记·秦始皇本纪》记载:秦国有"关中计宫三百,关外四百余",另外,"咸阳之旁二百里内",还有"宫观二百七十"。宫殿中是从天下各地掳掠来的美女,全都安排在了这些宫殿之中,宫女的总人数,据《三辅旧事》记载:"后宫列女万余人,气上冲于天。"更为残忍的是秦始皇死后,这些宫女绝大部分都被作为了殉葬品。

【原文】

秦史纪:始皇以先王宫廷小,乃营朝宫渭南上林苑②中。先作前殿阿房宫③,东西五百步,南北五十丈。上可以坐万人,下可以建五丈旗。周驰为阁道,自殿下直抵南山,表山巅以为关。复道渡渭,属之咸阳。计宫三百,帷帐、钟鼓、美人充之,各案署不移徙。

【张居正解】

秦史上记,始皇建都咸阳,以先王所住的宫殿狭小,不足以容,乃营建朝宫于渭南上林苑中,先起前面一座殿,叫作阿房殿。这殿的规制,自东至西,横阔五百步;自南至北,入深五十丈。上面坐得一万人。下面竖立得五丈高的旗。只这一座殿,其高大深阔如此,其他可知矣。周围四边,俱做可驰走的高阁道,自殿下直至南山,就南山顶上竖立阙门。其北首砌一条复道,直跨过渭水如桥梁一般,接着咸阳都城。计建立的离宫有三百所。一一都有铺设的帷帐等物。作乐的钟鼓等器,及四方美女充实其中,以待始皇游幸。但所到之处,百事具备,不用挪移。

夫自古帝王皆以民力为重,不忍轻用。知民心之向背,乃天命去留所系也。始皇竭天之力,以营宫室,极其壮丽,自谓可乐矣。而民心离叛,覆灭随之,竟为项羽所焚,悉成煨烬。吁!可鉴哉。

【注释】

①本篇出自《史记·秦始皇本纪》,记述秦始皇穷奢极欲,大造宫室的故事。

②上林苑:秦都咸阳时始建,始皇三十五年(前212年)营建朝宫于苑中,阿房宫即其前殿。汉初荒废,武帝时,又收为宫苑,周围至二百多里,苑内放养禽兽,供皇帝游玩射猎。故址在今陕西西安市西及周至、户县界。

③阿房宫:秦代著名的大建筑。是秦始皇朝宫的前殿。始筑于始皇三十五年(前212年),遗址在西安市西阿房村(俗名郿鄔岭)。

【译文】

秦朝史书上记载:秦始皇认为秦国先代的宫室太小,就在渭河南岸上林苑中营建朝宫。先动工修建前殿阿房宫。东西五百步,南北五十丈。上面能够坐一万人,下面可以建立五丈旗。周围都开辟了可供驰走的阁道,从前殿下一直抵达南山,在南山顶上竖立起高大的阀门,卫护着朝宫。又修一条复道跨越渭水,接连都城咸阳。宫殿共有三百,里面陈设着帐幔帷幕,钟鼓器乐,住满天下的美人。为此设置专门的官署登记在案,不得随便挪移。

【评议】

中国的古代建筑不仅体现了中华民族的智慧,而且也蕴含着具体的文化与历史意义。秦始皇是中国历史上的第一位统一天下的皇帝,结束了当时的纷乱,可以说给中国当时的社会带来了好处,但是秦始皇也因为自己的功劳忘乎所以,在他掌握天下大权之后就大造工程,可谓劳民伤财。其中最有名的就是阿房宫,在历史上相关的资料里,我们可以看出阿房宫辉煌与宏伟的程度非一般的建筑可以与之媲美。但是后来被项羽付之一炬,原因就是这座建筑是秦始皇骄奢淫逸的象征,同时也是统治者不惜民力、奴役人民的罪证。在中国的诸多历史建筑当中都显示着我们的民族精神,但是这样的建筑即使今天仍旧存在,也只是显示当时的皇帝对民众的剥削压迫之强烈而已。秦始皇的时期也修建了历史上著名的长城,作为抵御外族入侵、加固国家政治统治的防御工事,在这个工程当中也同样耗费了大量的人力和物力,但是直至今天长城之所以还是我们这个民族精神的象征,就是因为长城是中华民族共同抵御外敌入侵的、稳固国家的象征。

【镜鉴】

一、大兴艰苦奋斗之风

(一) 艰苦奋斗是我们党的优良传统

艰苦奋斗精神既是我们党团结和带领全国人民进行革命、建设和改革,实现国家富强和民族振兴的强大精神力量,又是我们党在新形势新任务面前克服享乐主义给党带来的巨大威胁的制胜法宝。在不同的历史时期、不同的历史环境中,艰苦奋斗虽然有不同的表现形式,但其内涵是相同的,本质是一样的。这就是知难而进、奋发向上、勇往直前的工作作风；不畏艰险、顽强拼搏、百折不挠的坚强意志；自强不息、埋头苦干、开拓进取的革命风格；励精图治、克勤克俭、公而忘私的奉献精神。在新的历史条件下，大兴艰苦奋斗之风，对于全党、全社会自觉抵御各种腐朽思想侵蚀、保持党和国家政权永不变质、全面推进中国特色社会主义伟大事业，具有十分重大的意义。

中华民族历来就有艰苦奋斗的传统美德。具有悠久历史的中华民族，自古以吃苦耐劳著称于世，以百折不挠的奋斗精神自强不息，创造了令世人惊叹的华夏文明。在我国文明的史册上，有许多耳熟能详的格言警句，像"艰难困苦，玉汝于成"，"忧劳兴国，逸豫亡身"，"居安思危，戒奢以俭"等。有许多艰苦奋斗的神话和典故，像夸父追日、精卫填海、愚公移山、卧薪尝胆等。有许多艰苦奋斗的历史见证，像万里长城、京杭大运河、都江堰等宏大工程。有许多艰苦奋斗的动人事迹，像大禹治水，短衣草鞋，昼夜不息；张骞通西域，不畏艰险、含辛茹苦；郑和七下西洋，历时三十载、纵横十万海里；李时珍写《本草纲目》，遍尝百草、九死一生，等等。正是中华民族长期积淀的艰苦奋斗精神，激励着广大人民群众，克服各种艰难险阻，创造着美好的生活和光明的未来。

中国共产党人继承并发展了中华民族的传统美德。我们党靠艰苦奋斗起家创业，靠艰苦奋斗发展壮大，靠艰苦奋斗创造辉煌。在革命战争年代，面对艰苦险恶的战争环境，我们党发扬艰苦奋斗的精神，团结和率领广大军民，克服各种艰难险阻，使革命力量星火燎原，最终战胜敌人，取得了新民主主义革命的胜利。新中国成立后，面对长年战乱后的满目疮痍和帝国主义的重重封锁，我们党领导全国人民，继续发扬艰苦奋斗的作风，迅速医治了战争创伤，恢复和发展了国民经济，历经艰难曲折，初步改变了我国一穷二白的面貌。党的十一届三中全会以来，我们党坚持以经济建设为中心，坚持四项基本原则，坚持改革开放，团结和带领广大人民群众，积极投身于社会主义现代化建设，解放思想、实事求是，改革创新、锐意进取，顽强拼搏、奋发图强，实现了我国经济社会发展的历史性跨越，取得了举世瞩目的伟大成就。

历史和现实都表明，一个没有艰苦奋斗精神作支撑的民族，是难以自立自强的；一个没有艰苦奋斗精神作支撑的国家，是难以发展进步的；一个没有艰苦奋斗精神作支撑的政党，是难以兴旺发达的。越是改革开放和发展社会主义市场经济，越要弘扬艰苦奋斗的精神。党员干部在任何时候、任何情况下都要保持艰苦奋斗的作风，坚持厉行节约、反对浪费的方针，保持勇于开拓、奋发进取的精神状态，不断战胜前进中的艰难险阻。

崇高风范

延安时期,毛泽东同志和中央领导人的伙食费,每人每月仅2元9角钱。据在毛泽东身边工作十几年的卫士李家骥回忆,毛泽东在新中国成立后,还穿着一件重庆谈判时裁制的白地蓝条的衬衣,因时间太久,蓝色已看不清了。从1953年到1962年,毛泽东没有做过一件新衣服。20世纪60年代,我国经济遇到暂时困难,毛泽东向身边的同志郑重地重申了两个"传家宝":自力更生和艰苦奋斗。他说:"我吃饭有米有青菜就行,肉和鸡蛋要出口换机器。"

周恩来同志穿衣常常是"整洁其外,俭朴其中"。他的衣服穿破了补,补了再穿。其中一件睡衣一直穿到临终,补上去的既有口罩纱布,也有旧毛巾等,从外边能数出来的补丁有204个。他所住的西花厅,设施非常简陋,办公室连个沙发都没有,笔筒就是个普通玻璃杯。他日夜批阅文件,连台灯也不让买,后来还是中南海的工人用铁棒、铁皮给他制作了一个。西花厅有养鱼池、水榭,但是周总理生前没有让放过水,他说这是浪费。

(二)做勤奋敬业的模范

当前,我们正在万众一心地建设中国特色社会主义。一方面,中国特色社会主义是一项前无古人的开创性伟业,没有现成的经验可资借鉴,没有现成的道路可供选择,前进中难免会遇到许多可以预料和难以预料的困难和问题。另一方面,我国经济建设、政治建设、文化建设、社会建设以及生态文明建设全面推进,工业化、信息化、城镇化、市场化、国际化深入发展,在我们这个有十几亿人口的发展中大国,党在推进改革开放和社会主义现代化建设中肩负任务的艰巨性、复杂性、繁重性世所罕见。党员干部必须充分认识社会主义初级阶段的基本国情,继承和发扬艰苦创业的精神,与人民一道,脚踏实地、埋头苦干,努力拼搏、开拓进取,推动中国特色社会主义事业不断前进。

要坚持勤奋工作。古人云,"天道酬勤"。翻开中华民族的历史,我们的祖先靠着勤劳勇敢创造出了光辉灿烂的文化。"闻鸡起舞""悬梁刺股"等故事就是中国人民勤劳勇敢品质的真实写照。爱迪生说过,成功就是百分之一的灵感加上百分之九十九的汗水。领导干部要想实现自己的人生理想或者追求事业上的进步,必须付出艰辛的努力。我们所处的时代是中华民族近代以来少有的稳定发展时期,特别是本世纪头 20 年是我国全面建设小康社会、为实现中华民族伟大复兴奠定坚实基础的重要战略机遇期,历史为我们发挥聪明才智、施展才华提供了广阔舞台。领导干部一定要珍惜机会、珍惜岗位、珍惜年华,埋头苦干、勤奋工作,在全面建设小康社会的进程中创造无愧于时代的业绩。

要坚持爱岗敬业。敬业是成就事业的前提。作为领导干部,没有敬业精神就干不成事业,有敬业精神才能凝聚人气、汇聚力量,团结带领干部群众开创更大的事业。领导干部的个人成长是同党和国家的事业紧密联系在一起的,只有切实增强责任感和使命感,以对党和人民高度负责的精神,全身心地投入工作,真正做到干一行、爱一行、钻一行、精一行,认真履行职责,积极完成任务,才能实现自己的人生价值。在工作中要任劳任怨、无私奉献,一切以事业为重、大局为重、工作为重,正确处理个人与集体、小家与大家、失与得、苦与乐的关系,守得住清贫,耐得住寂寞,经得起考验,在埋头苦干中实现崇高理想,在拼搏奉献中绽放生命光彩。要始终保持奋发向上、一往无前的精神状态,刻苦钻研、勇于攀登的坚强意志,开拓进取、蓬勃向上的崭新风貌,以更大的勇气,更足的信心,更强的魄力,投入到经济社会发展各项工作之中。要培育忘我的献身精神,克己奉公、无私奉献,在工作岗位上顽强拼搏,努力开拓新天地,不负党和人民的期望和重托。

要坚持自强不息。"天行健,君子以自强不息。"自强不息,是中华民族永无止境的精神追求,是激励中国共产党人变革创新、不懈奋斗、战胜各种风险、经受各种考验的制胜法宝。千百年来,中华民族在自己的发展过程中,曾经历过许多大风大浪,遇到过无数艰难险阻。正是凭着自强不息的精神,在爱国主义旗帜下熔铸而成的凝聚力和向心力,中国人民和中华民族才得以经受住了各种难以想象的困难和风险的考验。伟大的时代呼唤伟大的精神。自强才能自立,自立才能更强。在科学技术突飞猛进、综合国力竞争日趋激烈的当今世界,困难和挫折不可避免,党员干部要继承和发扬自强不息、勇往直前的民族精神,安不懈、险不惧、胜不骄、败不馁,锐意进取,与时俱进,改革创新,经受住各种各样的考验,为实现中华民族伟大复兴建功立业。

先进示范

四川省南江县原县委常委、纪委书记王瑛始终牢记党的宗旨,忠于职守、热情为民、清正廉洁、吃苦在先,在身患绝症的情况下仍坚持工作直到生命最后一刻。王瑛不止一次地说过:"我知道我得罪了很多人,但谁叫我是纪委书记。我对得起党和人民的是:我从没得罪纪委书记这个称号!"多年来,王瑛直接牵头办理疑难案件、典型案件50多起,为国家挽回经济损失近1000万元。在王瑛的带领下,南江县纪委、监察局先后荣获省、市纪检监察系统先进集体、四川省办案工作先进集体。2007年,王瑛被评为"全国纪检监察系统先进工作者标兵"。2008年汶川特大地震,到重庆新桥医院接受化疗还不到一个星期的王瑛,不顾医生劝阻,提前出院,第二天一路颠簸500多公里赶回南江,立刻带领县纪委的干部奔赴救灾一线。这期间,王瑛直接批示处理有关抗震救灾信访举报36起,解决群众具体问题14起,确保了国家发放给南江县的上亿元资金和成千吨救灾物资及时发放到受灾群众手中。王瑛始终牵挂人民群众的冷暖疾苦。在南江工作11年,她先后资助了12名贫困学生,为住房与耕地被一条大河隔在东西两岸、只能赤脚过河的洋滩村村民建成了一座横跨东西两岸的铁索桥,当地农民称之为"连心桥",这座桥圆了几代人的梦。王瑛在县委的支持下,办起了"背二哥"公寓,又办起了一家专供"背二哥"吃饭的餐厅,憨厚的"背二哥"为餐厅起了一个直抒胸臆的名字——"感恩餐厅"。2008年11月27日,王瑛因劳累过度、病情恶化,不幸去世,年仅47岁,被中央组织部追授为"全国优秀共产党员"。

二、柯维特连锁折扣商店的衰败:扩张要适度

柯维特连锁折扣商店是美国成功历史的象征。它的发迹史就是尤金·费考夫的奋斗史。1965年7月,美国《时代周刊》的首篇文章以"奇迹"为题,由哈佛大学著名经济学教授麦克耐尔撰写,把费考夫列入美国六大商人之中。但是,由于费考夫不能控制公司规模的膨胀,公司开始走下坡路,几年后麦克耐尔收回了对费考夫的评价。

尤金·费考夫小时候一直在父亲的零售店里工作。其父的经营方针跟大多数零售商一样,通过较高定价,以使每一次交易获得较高利润。费考夫对此却不以为然。他觉得如果每次交易都只赚少量的利润,通过扩大销售量,反而会使总利润增加。于是,他自立门户,把自己的想法付诸实践。

他以销售行李箱起家,逐渐发展到钢笔和照相器材。他将批发来的货品仅加价10元后出售,比市场上同类商品便宜许多,自然迎合了大众的购物需求。一传十,十传百,

许多人都知道有一家叫"柯维特"的平价百货店。这家巷子里的小店一下子变得门庭若市，当年销售额就达百万美元之巨。

费考夫从中尝到了甜头，找到了发家致富的敲门砖。他开始不断扩大投资，将原来的零售店迁到临街的房子，接着又开了一家分店，开始连锁经营。从此他的生意一发不可收拾，1960 年初期，几乎每隔 7 个星期就成立一家大的分店。从 1950~1960 年的 10 年间，公司销售额由 5500 万元急剧增加到 7.5 亿元，其增长速度之快，创下了零售业的世界纪录！

之所以会有如此之快的增长速度，其根本在于费考夫的经营之术。

首先，他认为应该在某一大都市开设一系列的店面以使该地区达到饱和，而不是将店面单线向全国扩展。这是因为，当同一大都市内有 3~4 家分店时，其广告费、仓储、服务及其他的费用支持既可以共享，亦可以形成声势，从而收到事半功倍的效果。据此观念，到 1966 年时，柯维特公司在纽约就有 10 家分店，费城有 5 家，华盛顿有 4 家，底特律有 3 家，圣路易有 2 家。

其次，他坚持各连锁店设备要简单，要开架经营，既方便顾客，也可以减少售货员的数量，降低人力成本。在降低商品售价的同时，为增加存货周转率及投资报酬率，他要求各店提供少数销路最好的产品样式及尺寸，作为营销策略的参考。

这两条措施使柯维特迅速成长起来，进而得到了麦克耐尔教授的极力推崇。他这样赞叹费考夫的经营成绩："奇迹，奇迹，这简直是奇迹。"接着，麦克耐尔推崇他为全美最伟大的六个企业家之一，与杜邦、洛克菲勒齐名。

但是，谁能想到，就在这一评价做出一年之后，柯维特公司就接连遇到麻烦，很快陷入绝境，并于同年 9 月 25 日，被比自身规模小得多的斯巴坦斯产业兼并。柯维特一下子从巅峰跌进深谷，令麦克耐尔教授大跌眼镜。在震惊之余，他对柯维特进行了一番调查，得出了"发展过快、消化不良"导致柯维特一下子沦落到此番田地的结论。

以从 1962~1966 年的这 4 年为例，柯维特公司的店面空间以及销售量成长了 3 倍以上，如此快速的增长，在给柯维特带来更大的市场、更多的利润的同时，也产生了管理上的问题。

随着分店数目的急剧增加，所需分店经理也越来越多，但公司的管理部门却没有足够的时间去选择最适当的人选。尤其是当公司开始在西部发展后，由于路途遥远，费考夫实在难于亲自给予指导和控制。正是由于缺乏足够的管理人才,使得纽约以外的其他各区的柯维特连锁店利润一直下降!

规模的过分扩展是问题的一个方面,而经营品种的过快扩展又是问题的另一个方面。

柯维特原先以经营货物箱、照相器材等硬性货物为主,而且强调降低库存,加快周转速度。但为迎合市场潮流,柯维特也开始进入服装、食品等软性货物市场。虽然此类货物可以获得较高毛利,但流行性及季节性的存货却使柯维特担上了极大的风险。特别是食品,为了避免缺货就得准备较多的存货,而这与柯维特的一贯经营作风极不协调,各商店根本就没考虑到仓储。

另外,最初柯维特的折扣政策曾给予消费者以好印象,但是,当公司踏入软性商品行业后,费考夫的经营理念却发生了改变。他不再将柯维特视为折扣店,而将之视为促销店,经由此他开始着力提高产品品质,但是其价格加成也由原先的8%升至1965年的33%。

由上可以看出,费考夫没有注意到软性货物与硬性货物在销售上的区别,更没有注意到自己已丢掉了柯维特的经营特点,从而铸成了大错。

在1964年,仅食品部的损失就达到了1200万美元!而令柯维特公司雪上加霜的则是其家具部。该家具部虽在柯维特名下,却租给克兰公司经营。克兰公司的服务极其糟糕,送货过程中屡出问题,顾客怨声载道。因为送货问题,有一次一位顾客一气之下就取消了价值200万美元的订单。这些情况使得公司的声誉受到很大影响,利润大幅下降。

"扩张过快,无法消化",企业膨胀所产生的一系列问题,终于使柯维特陷入困境。1965年下半年,公司的销售额虽比去年同期增加10%,但盈余却由1663.4万美元降到1387.7万美元。公司的赤字则由1965年的112.4万美元陡然增至1966年的445.2万美元。事实上,柯维特公司直到60年代中期还没有形成一套有效齐全的管理及控制系统,其运营一直处于一种不正常的状态之下。

"欲速则不达",急速的扩张造成难以控制的局面。而无控制的增长,盲目乐观,使柯维特公司终于吞下了苦果。

具体分析柯维特公司的衰落有内外两方面的原因:

从内部原因来看,在柯维特案例中,其赖以扩张的基础是几个成功的商店。但是客观而论,它们的实力并不雄厚。在这种条件下,商店规模一下子扩大至25家,在这之前还能进行的面对面监督控制,在扩大之后就不可能做到了。到20世纪60年代中期,柯维特对其业务的控制能力与其业务规模的大小已经很不相称。以前的控制方式是反复研究制订政策，对各个方面的活动（包括价格上涨下跌，商品周转次数和其他各种费用）进行目标管理和计划管理。每当公司不能正常有效地运行时，还能进行计划和协调，因此公司的经营活动开展得井井有条。但是后来，它的发展速度太快，以至于没有足够的时间对业务进行消化，又来不及制定坚定扎实的措施来应对这种变化。

公司的各级执行人员都缺乏足够的培训，从本部的采购人员、商店经理一直到部、处经理都是这样。促销活动也总是让那些没有经过很好培训的人，有时甚至是外行人来做。本来，公司在 20 世纪 60 年代就应该为本部办公室的几个高级职位积极物色合适的人选，但却一直没有这样做。与此同时，中层和低层折扣商店又常因地位不高和名声不好而难以吸引高级的管理人才。

在聘请高级管理人员方面出现的问题，有很大一部分应归咎于费考夫的组织原则。它的特点是管理相当集中，本部几乎控制了所有的市场、营销政策和其他策略，而商店经理及其他执行人员则没有一点权力。如果放松一些控制，把权力和责任分散给商店执行人员，这将会更有利于公司的发展。当然，这样做必须给商店执行人员多发点报酬，同时执行人员也必须经过更仔细地挑选。

每隔六七个星期就新开一个商店，这种迅速扩张的做法使每一个管理人员不得不把自己的精力全部投入到新开的商店里去，根本无暇顾及那些老店铺。可是，等到那些老店出了问题时，再想有效地予以解决，几乎已经不可能了。

此外，管理策略虽然源源不断从本部发出，但是由于商店执行人员的权限很小，使得商店向本部传递的信息很少，而且也没有系统地建立起这种信息反馈程序。结果出现了这样一种情景：当众多商店的经营形势已经恶化时，公司本部还蒙在鼓里。

当公司试图进一步扩大规模的时候，在管理上频频出现问题。柯维特是从经营硬性商品发迹的，然而，费考夫及其助手都没有经营软性商品以及时装的经验，他们在招聘有经验的工作人员时又面临许多困难。当公司增加软商品和时装的经营业务时，公司的经营开始变得和百货商店一样，而柯维特对那些原本为促销而特别廉价的商品按标准提高价格。由于商品涨价，新开商店的经营变得更加辛苦，开始出现赊销之类的服务。但是最终的结果却令人失望：商店费用上升，失去了其独特的吸引力，以前一直被商店吸引的那部分固定顾客群也开始失去。渐渐地，柯维特的商店与那些传统的零售商店趋于一致,但是可惜的是,在时装销售以及质量控制方面,柯维特并不具有传统的百货商店和专门商店所拥有的经营水平。

在分析完柯维特公司失败的内部原因后,再来看其外部原因。外部环境的竞争和变化对于公司是有着重大影响的。在 20 世纪五六十年代初,由柯维特带头,折扣商们在零售场合亏本出售商品,使传统的零售商大伤元气,此举被有些人称为"零售行业的革命"。但是到了 60 年代中期,在经受了差不多 10 年时间的折扣竞争之后,许多人开始反对这种折扣形式,有的甚至还采取强硬的措施与之对抗。百货商店与折扣商经营相同的商品,卖出同样的价格。这样,折扣商最初显出的优势已经丧失了。折扣商的最大优势就是依靠较低的商品标价加快商品的周转,从而提高投资回收率。但是现在,这种做法已在某种程度上被其他零售商仿效过去了。结果,顾客可能再也不会到折扣商品店购买商品了。

折扣连锁店本是零售业的创举,时至今日,连锁经营已成为零售业中的翘楚。然而,作为开此先河的柯维特折扣连锁商店却最终被人兼并,实在令人惋惜。

连锁经营赢利的关键,是其管理的标准化和统一化,只有这样才能够有效地以规模经济的方式降低经营成本。柯维特连锁经营规模的扩大,本来是获得规模经济的基础,但是由于过度的扩张,使其在管理上难以适应,而且偏离了原来的经营宗旨。由于未能建立统一标准的管理规范和控制系统,其成本随着规模的扩大反而呈现递增趋势,再加上经营策略的失误,最终公司陷入了全面的财政困难。前功尽弃,给人留下的是不尽的遗憾与思考。

从柯维特以及其他的一些折扣商店上得到的教训说明,企业要取得发展,必须坚持"有控制地发展"。这意味着企业要有一个全面的发展计划,必须明确目标、政策、管理以及财务控制,必须细致规定权力和成绩的考核。简言之,就是谁负责什么,成绩又怎样考核? 只有当公司的发展得到有效控制的时候,公司才有可能形成一支富有效率的管理队伍,并和销售、采购、发送、会计部门等形成默契配合。另外,在开拓新的业务之时,公司通常需要进行某些试验,以便能进行必要的调整。一家公司需要花一定的时间坐下来回顾和分析过去的经验教训,以便及时觉察和纠正错误,能够确认潜在的市场和利润,做出有效的反应,只有这样,才能避免盲目的发展。

女巫出入①

　　汉武帝晚年多病，相信巫术，所以在这时期，天下的方士、巫婆大多聚集京城。这些巫师，几乎全是旁门左道、妖言惑众之徒。

　　巫蛊之乱中的太子刘据在七岁的时候受封，是皇后卫子夫的儿子。后来武帝为成年的太子修建了"博望苑"，并让太子在那里学习。太子性格仁恕温谨，武帝认为他"嫌其材能少"不像自己。随着武帝的其他宠妃生下儿子后，太子渐渐失去了父亲的宠爱。太子曾经多次劝谏武帝减少对外族的战事，武帝对此很不满意。太子宽厚仁爱得到了民心的支持，但一些主张严刑峻法的官员对太子十分不满。舅舅卫青死后，朝臣对太子的攻击日益增多。武帝晚年，卫皇后失宠，江充受到武帝重用。江充与太子及卫皇后不和，恐怕将来太子继位后会诛杀他，便想出了利用"巫蛊之事"加害太子的阴谋。晚年的武帝性情变得多疑，当时宫廷中盛行所谓的"蛊道祝诅"能够谋害人的性命，于是武帝就认为有人在加害自己，为了这事杀了很多人。江充当时负责处理有关巫蛊的案件，这就给他谋害太子创造了机会，江充利用武帝去了别处避暑的时机诬陷太子。当时因为武帝不在宫中，太子向自己的少傅石德求教如何处理，石德害怕自己因为这件事情受到株连，就建议太子越权行事，拘捕江充等人并追查他们的阴谋。太子年轻，在情急之下听从了石德的建议，于是就拿出了朝廷兵库中的武器诛杀了江充，江充的一个手下苏文逃到武帝那里，向武帝控诉太子造反。武帝派使者召太子，但使者非但没去，反而回报武帝说："太子反已成，欲斩臣，臣逃归。"于是武帝大怒，下令丞相刘屈氂率兵平太子的"叛乱"。长安民众也误会太子谋反，所以大多数人不支持他，最后太子失败被杀，皇后自杀，太子的宾客多人被捕杀。

【原文】

汉史纪：武帝时，女巫往来宫中，教美人度厄②，每屋辄埋木人祭之。因妒忌恚骂，更相告讦以为诅咒。上怒，多所击杀。上心既疑，尝梦木人数千，持杖欲击上。因是体不平。江充自知为太子所恶，因言上疾，祟在巫蛊③。于是使江充治巫蛊狱④。充云：于太子宫得木人⑤尤多。太子愤恨，无以自明。于是发武库兵捕江充诛之。武帝怒，使人捕太子。太子自缢。

【张居正解】

西汉史上记，武帝纵容民间女巫出入宫中（女巫，如今师婆之类）。教宫人们祈祷解厄，刻木为神道形象，埋在屋里，时常祷祀以祈福。于是宫人们，有彼此妒忌怨骂者，就告讦于武帝，说他们在背地里雕刻人形，魇镇咒诅主上。武帝发怒，打死宫人甚多。武帝心中既疑，尝梦木人数千，持杖要来打他。因此身体欠安。有奸臣江充，自知太子恶他。见帝年老，恐日后为太子所诛，因奏说：主上这疾，由巫蛊魇镇所致。武帝信之，就着江充穷治巫蛊之狱，遍宫中掘地蒐寻木人。江充就借此倾陷太子，说臣到太子宫中，掘得木人尤多。武帝怒，太子负屈，无以自明，不胜愤恨之心，遂擅发武库兵仗，捕得江充诛之。武帝愈怒，说太子谋反，使人捉拿太子。太子惶怯，走出湖县，自缢而死。大抵妇人妒宠相谗，乃其常态。但使宫禁严密，不许外人擅自出入。嫔妃近幸之人，不许彼此无事往来，则闺闼自然清肃，谗害不生。至于女巫邪术，尤不可近。

俗语云：三婆不入门，便是好人家（谓师婆、卦婆、卖婆也）。况于天子之宫禁，而可容此辈出入乎？

武帝只因不能禁绝于初，故致自生疑惑，而奸人乘间构祸，骨肉伤残，后虽追悔，亦何及哉！此万世所当览戒也。

【注释】

①本篇出自《汉书·武五子传戾太子据》，并见《江充传》。记述汉武帝允许女巫出入宫中引起戾太子被杀的"巫蛊之狱"。

②厄:灾难。

③巫蛊:古人的一种迷信。认为巫师使用邪术会嫁祸于人。

④江充(? ~前91年):汉代邯郸人。本名齐,因畏罪逃亡,改名为充。被武帝任为直指绣衣使者,负责镇压三辅盗贼,禁察贵贱奢僭,取得信任。因与太子据有嫌隙,而诬陷,被其斩杀。

⑤太子:又称戾太子。名据(前128~前91),汉武帝第六子,卫皇后所生。元狩元年(前122)年七岁时立为皇太子。武帝末年,卫皇后失宠。因巫蛊之狱,被江充陷害,发兵杀害江充后,自杀。

【译文】

汉史载:汉武帝时有女巫往来出入宫中,她们以法术教宫中美女免灾。宫女们常常在屋里埋上木制人像祈祷祭祈。她们由于妒忌而生气谩骂,进而相互攻击、揭短、咒骂。汉武帝发怒,杀死了很多宫人,但这种巫术也迷惑了武帝。他曾经梦见数千个木制的偶人,乎持棍棒,前来打他。为此武帝身体欠安。直指绣衣使者江充趁机编造谎言,说皇上病重是由于那些女巫师加害于皇上。江充又因与太子有嫌隙,恐日后太子报复,便伺机报告说,在皇太子的宫中,掘得的木头人最多。太子知道后,非常痛恨江充,又无法向武帝说明真相。于是,便分发武库中的兵器,擅自发兵逮捕了江充,并把他杀死。汉武帝大怒,派人去抓捕太子,太子被迫自杀。

【评议】

巫蛊之乱是指汉武帝时期因为信奉巫术,导致太子刘据被奸臣江充陷害,武帝派去的使者没有尽到自己的义务,反而诬陷造谣,最终使得太子被杀的历事事件。在汉代的时候巫术盛行,不但在民间很是兴盛,就连皇宫当中也受到了巫术影响,因为这个致使宫中的秩序混乱,妃嫔之间失和。如果武帝能够清醒地认识到巫术的害处、及时制止,就不会发生后来为奸人挑拨杀死自己亲生骨肉的悲剧了,但任何事情已经发生,后悔都是无用的。尤其是对于死者来说,后悔都是于事无补的。自古,巫术就在社会生活中发挥着它特殊的作用,但多数情况下都会带来极其恶劣的后果。巫蛊事件在中国的宫廷事变中可能是最经常发生的,历代的皇帝虽然都对这样的事情心知肚明,但一旦自己的宫廷之中遇到还是要大开杀戒。在这个故事里的戾太子就是一个最可悲的牺牲品。另外从戾太子的不幸遭遇中,还可以看到其中起到最大的负面作用的就是那个奸臣江充,当然武帝派去召见太子的使者也有不可推卸的责任,所以在用人的时候一定要注意善于识人与用人,如果任用了奸诈的小人,就会损害到自己。

【镜鉴】

一、科学执政

　　面对国际局势、国内形势和党内建设的新挑战,胡锦涛同志在党的十七大报告中提出:"继续加强党的执政能力建设,着力建设高素质领导班子。党的执政能力建设关系党的建设和中国特色社会主义事业的全局,必须把提高领导水平和执政能力作为各级领导班子建设的核心内容抓紧抓好。要按照科学执政、民主执政、依法执政的要求,改进领导班子思想作风,提高领导干部执政本领,改善领导方式和执政方式,健全领导体制,完善地方党委领导班子配备改革后的工作机制,把各级领导班子建设成为坚定贯彻党的理论和路线方针政策、善于领导科学发展的坚强领导集体。"已执政不等于会执政,能执政不等于会执好政。只有增强科学执政、民主执政、依法执政的理念,改善领导方式和执政方式,不断提高党的执政能力,才能保证党领导人民有效治理国家。作为执政党只有按照执政规律、社会主义建设规律、人类社会发展规律办事,才能够战胜各种困难和经受各种风险考验,从而使党始终成为中国特色社会主义事业的坚强领导核心,始终符合时代要求和人民期待,始终站在时代前列带领人民不断开创事业发展新局面,加快发展中国特色社会主义,完成时代赋予的崇高使命。

　　要科学执政,必须用最新科学理论武装头脑、指导实践、解决问题、推动工作。思想是行动的先导,理论是实践的指南。理论素质是领导干部思想政治素质的核心。一个重视学习的党,是充满希望、富有生命力的党;一个善于学习的党,是能够与时俱进、永葆先进性的党。1978 年 12 月,党中央决定把全党工作重点转移到经济建设上来,邓小平同志明确指出:"全党必须再重新进行一次学习","学习好,才可能领导好高速度、高水平的社会主义现代化建设。"他还提醒全党同志:"我们许多同志犯错误就是缺乏理论学习之故。"胡锦涛总书记在党的十七大报告中指出:"深入学习贯彻中国特色社会主义理论体系,着力用马克思主义中国化最新成果武装全党。思想理论建设是党的根本建设,党的理论创新引领各方面创新。要按照建设学习型政党的要求,紧密结合改革开放和现代化建设的生动实践,深入学习马克思列宁主义、毛泽东思想、邓小平理论和'三个代表'重要思想,在全党开展深入学习实践科学发展观活动,坚持用发展着的马克思主义指导客观世界和主观世界的改造,进一步把握共产党执政规律、社会主义建设规律、人类社会发展规律,提高运用科学理论分析和解决实际问题能力。"除了自学以外,中央政治局还要进行集体学习。党的十六大以来,中央政治局已进行了 44 次集体学习。5 年间,有 89 位专家学者相继走进中南海怀仁堂,就经济、政治、法律、文化、科技、历史、国际问题、社会、军事、党建等方面的重大问题进行专题讲解,使我们党的理论创新和理论武装卓有成效。在繁忙、日理万机的情况下,中央领导同志还能坚持学习,确实是一个很好的示范。各级领导干部要坚持理论学习,深入学习中国特色社会主义理论体系,深入学习马克思列宁主义、毛泽东思想、邓小平理论和"三个代表"重要思想,用马克思主义中国化最新成果武装头脑、指导实践、解决问题、推动工作。特别是要认真抓好科学发展观的学习,坚持深入持久地学,全面系统地学,真正学深学透、学懂弄通。只有做到理论不断创新,思想与时俱进,才能在应对危机、迅速扭转局面的过程中,对人与自然的关系和执政能力这个重大课题都有了更清醒的认识,努力成为自觉坚持科学发展、善于领导科学发展的坚强领导集体。各级领导干部要坚持理论联系实际,积极投身经济社会发展实践,在实践中认识和把握发展规律,增强运用科学规律推动发展的自觉性。要加强对实际问题的理论思考,把工作的过程变为学习提高的过程,做到"打一仗进一步"。要深入开展调查研究,虚心向基层和群众学习,自觉汲取群众的智慧和力量,不断丰富和提高自己。要勇于开拓创新,积极探索推动经济社会发展的新思路、新办法,特别是紧紧抓住制约本地发展的重点、难点问题,深入研究,奋力攻关,在破解难题、勇闯新路中增长才干。要坚持对实践经验进行及时总结,注意分析总结工作中的失误和教训,把实践中探索的成功经验和行之有效的工作方法积累起来、坚持下去,做到边实践边总结边提高,不断提高领导科学发展的能力、驾驭社会主义市场经济的能力、应对复杂局面的能力和总揽全局的能力。

要科学执政,必须全面贯彻落实科学发展观,推动经济社会又好又快发展。马克思指出:"一定物质财富是一切人类生存的第一个前提,即一切社会历史的第一个前提。"全面提高领导班子的领导水平和执政能力,是深入贯彻落实科学发展观的必然要求。科学发展观,是我国经济社会发展的重要指导方针,是发展中国特色社会主义必须坚持和贯彻的重大战略思想。坚持用发展的办法解决前进中的问题,是新中国成立以来特别是新时期以来我国的一条基本经验。毛泽东同志指出:"社会主义革命的目的是为了解放生产力。"邓小平同志指出:"中国解决所有问题的关键是要靠自己的发展。""发展才是硬道理。"江泽民同志也指出:"党要承担起推动中国社会进步的历史责任,必须始终紧紧抓住发展这个执政兴国的第一要务,把坚持党的先进性和发挥社会主义制度的优越性,落实到发展先进生产力、发展先进文化、实现最广大人民的根本利益上来,推动社会全面进步,促进人的全面发展。"发展始终是党执政兴国的第一要务,是硬道理,是解决一切问题的关键。不发展就没有出路,就无法巩固社会主义。科学发展观继承了发展是硬道理的思想,把为什么发展和实现什么样的发展统一起来,在鼓励发展的同时,又赋予发展以更科学的内涵,强调又好又快的发展。胡锦涛总书记在党的十七大报告中指出:"科学发展观,是对党的三代中央领导集体关于发展的重要思想的继承和发展,是马克思主义关于发展的世界观和方法论的集中体现,是同马克思列宁主义、毛泽东思想、邓小平理论和'三个代表'重要思想既一脉相承又与时俱进的科学理论,是我国经济社会发展的重要指导方针,是发展中国特色社会主义必须坚持和贯彻的重大战略思想。"我们要站在完成党执政兴国使命的高度,把提高党的执政能力、保持和发展党的先进性,体现到领导科学发展、促进社会和谐上来,落实到引领中国发展进步、更好代表和实现最广大人民的根本利益上来,使党的工作和党的建设更加符合科学发展观的要求,为科学发展提供可靠的政治和组织保障。当前,我国经济社会进入了一个新的发展阶段,在经济连续多年高速增长的同时,也积累了一些矛盾和问题,特别是能源、资源短缺问题突出,环境压力增加,城乡、区域发展和居民收入差距拉大,社会事业发展相对滞后。在这种情况下,坚持和实现科学发展观至关重要。科学发展观,第一要义是发展,核心是以人为本,基本要求是全面协调可持续,根本方法是统筹兼顾。以人为本是科学发展观的核心,是马克思主义历史唯物论的基本原理,是我们党全心全意为人民服务根本宗旨的集中体现,是解决发展中一切问题的思想前提和物质基础。坚持以人为本,就是要从人民群众的根本利益出发谋发展、促发展,不断满足人民群众日益增长的物质文化需要;就是要正确反映和兼顾不同地区、不同方面群众的利益,让发展的成果惠及全体人民;就是要在坚持全体人民根本利益一致的基础上,关心人民的具体利益要求,切实保障人民群众的经济、政治和文化权益;就是要尊重人、关心人、理解人,尊重人民主体地位,尊重和保障人权,体现社会主义的人文关怀,促进社会的公平正义,发挥人民首创精神,最终实现人的全面发展的目标。当前要更加重视民生、关注民生、改善民生、保障民生,着力解决人民群众最关心、最直接、最现实的利益问题,努力让人民群众共享改革发展成果,努力使全体人民学有所教、劳有所得、病有所医、老有所养、住有所居。同时,必须坚持全面的、联系的、发展的观点,坚持"五个统筹",坚持自主创新,推动经济社会发展切实转入科学发展的轨道。要切实处理好经济发展与社会发展的关系,处理好城乡发展、地区发展的关系,处理好不同利益群体的关系,处理好经济增长与资源、环境保护的关系,处理好改革、发展、稳定的关系,使科学发展与社会和谐、科学发展观与政绩观、求好与求快真正做到相互协调、相互促进,推动经济社会全面协调可持续发展。另外,要建立健全保障科学发展观贯彻落实的体制机制,建立体现科学发展观和正确政绩观的社会发展评价体系和干部考核、评价、激励机制,切实把我国经济社会发展转入科学发展的轨道。总之,各级领导干部要不辱使命、不负重托,严格按照科学发展观的要求,把树立和落实科学发展观与坚持正确的政绩观紧密结合起来,着力把握发展规律、创新发展理念、转变发展方式、破解发展难题,在提高发展质量和效益、实现又好又快发展上取得了显著成绩,真正经得起实践、人民、历史的检验。

要科学执政,必须以科学的思想、科学的制度、科学的方法配置和运用权力,使权力运行符合科学发展观的要求,保证人民赋予的权力始终用来为人民谋利益。党的各级领导干部,是党的事业的骨干,是人民公仆。党政领导干部身负重任,手握重权,地位突出,责任重大,影响广泛。党的各级领导班子起着总揽全局、协调各方的核心领导作用。要按照建立健全决策权、执行权、监督权既相互制约又相互协调的权力结构和运行机制的要求,通过适当分解决策权、执行权、监督权,使决策职能、执行职能、监督职能由不同部门相对独立行使,努力形成不同性质的权力既相互制约、相互把关,又分工负责、相互协调的权力结构,做到决策更加科学,执行更加高效,监督更加有力,从而保证权力依法运行,最大限度地防止权力滥用现象的发生。同时,要按照科学执政、民主执政、依法执政的要求,改进领导班子思想作风,提高领导干部执政本领,改善领导方式和执政方式,健全领导体制,完善地方党委领导班子的工作机制。特别是要重点加强对领导干部特别是主要领导干部、人财物管理使用、关键岗位的监督,规范领导干部从政行为,把权力运行置于有效的监督之下,防止权力失控、决策失误、行为失范。要抓好领导干部任前、任中、任后的谈话和诫勉、述职述廉、重要情况报告、考察测评和巡视等预警监督机制。要实行政务公开透明制度,接受群众监督。"阳光是最好的防腐剂",让权力在阳光下运行,就要有保证权力公开、透明行使的机制和强有力制度。要大力推行党务公开和政务公开、厂务公开、村务公开以及各项办事公开制度,让权力在阳光下运行,遏制权力"暗箱操作"。要进一步加强和改进巡视工作,完善纪检监察机构的统一管理,拓宽监督渠道。要建立健全结构合理、功能互补、体系完备、制约有效的监督网络,把党内的党组织的监督、党的专门机关的监督、党员的民主监督与党外的司法监督、人大对"一府两院"的监督、政协和民主党派的监督、群众监督、舆论监督结合起来,功能互补、协调配合,形成对权力运行进行监督的整体合力,增强监督实效,保证人民赋予的权力始终用来为人民谋利益。

总之,在中国改革发展的关键时期,领导干部一定要坚持以马克思主义的科学理论为指导,不断探索和遵循共产党执政规律、社会主义建设规律、人类社会发展规律,提高自己的组织领导能力和科学执政水平,努力做到在领导方式上有新转变,在发展思路上有新谋划,在实现途径上有新手段,在破解难题上有新举措,以新作风、新思路、新闯劲,研究新问题、解决新矛盾、创造新业绩。

二、民主决策

北宋著名政治家、文学家范仲淹在《奏上时务书》一文中说:"圣人至明也,临万几之事,而不敢独断;圣人之至聪也,纳群臣之言,而不敢偏听。独断则千虑或失,偏听则众心必离。"《资治通鉴》记载,唐太宗问大臣魏征:"人主何为则明,何为则暗?"魏征答道:"兼听则明,偏听则暗。"古代官员们都懂得民主决策的重要性和必要性,当今的共产党人要从科学执政、巩固执政之基的高度认识执行党的民主集中制的重要性和必要性。2007年1月9日,胡锦涛总书记在中央纪委第七次全会上发表重要讲话强调,要在各级领导干部中大力倡导八个方面的良好风气。他在讲到发扬党内民主作风时指出:"要发扬民主、团结共事,严格执行民主集中制的各项制度规定,自觉接受党组织、党员和群众的监督,共同推动形成心齐气顺、风正劲足的局面。"严格执行民主集中制,实行民主决策,集体决策,不仅是一种科学的工作方法和领导方法,提高科学执政水平,而且对于增强党的团结统一、发挥党的凝聚力和创造力、确保高效执政和廉洁从政,减少和预防腐败,遏制权力失控、决策失误、行为失范,具有不可替代的重要作用。

民主集中制既是我们党和国家的根本组织制度和领导制度,又是规范党内政治生活,处理党内各种关系的基本准则。民主集中制贯彻得好不好,关系党的事业的兴衰成败。"文化大革命"十年内乱的主要原因是民主集中制遭到严重破坏,给党和国家造成巨大灾难,其教训是沉痛的。无论是在一个地区、一个部门,还是一个单位,其主要领导干部都肩负着工作和事业发展的重要责任,关系事业的成败和好坏。主要领导干部责任重大,工作繁忙,摆在领导干部面前的问题和矛盾时时处处都有。虽然一个人的力量不能完全决定发展的方向和命运、事业的成败和好坏,但作为党政主要领导者能否贯彻执行党的民主集中制,提高自己的领导水平和执政水平,充分发挥集体领导和民主决策功能,增强领导班子的凝聚力和战斗力,推动领导成员团结一心干事业、齐心协力谋发展、群策群力促和谐的良好局面将起到不可替代的作用。

要民主决策,必须正确处理领导者个人与党委集体领导的关系。党委书记与党委成员虽然不是领导与被领导关系,但任何一个领导集体都要有一个核心,没有核心的领导集体是软弱涣散的集体。我们党的规矩是实行首长负责制,党委一班人,党委书记负总责。党委书记是掌握公共权力的核心者,也是集体决策的"拍板"者。在民主决策中,充分发扬民主,既是对"主人"的尊重,也是体现民意的最好表现形式。在领导班子中,主要领导干部要真心实意地把领导与被领导看作是一种互补的关系,即互相承认,互相支持,互相尊重,互相信任,互相谅解,互相学习。在党委领导班子中,党委书记与常委或委员之间又是平等的同志关系、战友关系。主要领导干部作为领导班子中的领导者,要发扬民主,实行民主决策,就必须增强民主观念和自觉接受民主监督的意识,营造上下级之间、同事之间融洽和谐的同志式关系,为形成心齐气顺、风正劲足的党内和谐局面而积极工作。要懂得,在领导班子中,大家走到一起,既是工作需要,也是一种缘分。作为党政主要领导者要知道个人的才能是有限的,千万不要以为在这个世界上,自己是最聪明的,每个人都有误区和盲点,自作聪明,只能会更显得愚蠢。一个善于把别人的长处变成自己的长处的人,是一个明智的领导。因为别人只有他身上的一种长处,而他一个人身上却具备了别人的许多长处。领导者的关键在于发扬民主,集思广益,凝聚各方面的智慧和力量,让大家想干事、会干事、干成事。由于一些地方党政主要领导者的行为常常显露出一种唯我独尊的霸气。在他们管辖的地方和部门,民主监督、民主决策的良好传统被弃之一旁,民主集中制的组织原则被破坏,领导班子内部成了只要集中、不要民主的一言堂。把自己变为凌驾于众人之上、一言九鼎的"土皇帝",主观独断、强迫命令,从而导致重大决策失误,给国家和人民的利益造成严重损失,成为人民的罪人。正如浙江省委原常委、宁波市委原书记许运鸿(因犯滥用职权罪被依法判处有期徒刑10年)在忏悔中自白的:"党内的民主集中制是个'法宝',没有执行好民主集中制,是我的又一条重要教训。对于一个'班子',特别是对于'一把手',健全民主集中制,正常的党内批评和自我批评,营造一个严肃、团结、安全的工作环境,是少犯错误的重要保证。对我来讲,至少会清醒许多。然而在宁波的后两年,自己过分轻信秘书和身边的几个人,以致民主作风不如以往。班子内部、上下之间、同志之间,不同意见听不到了,不少人不愿向我直言,使我失去监督,同时也就失去了许多提醒和发现问题的机会。"领导干部应引以为戒。因此,党政主要领导者在对一些问题的解决和重大事项的决策方面,要多渠道倾听不同的反映和意见,不主观武断,不自视清高,不固执己见,更不能搞"一言堂"和独断专行,不要以"家长、老板、父母官"自居,认为自己高明,而主观独断、发号施令。

要民主决策,必须正确处理民主与集中的关系。我们实行的民主集中制,是在民主基础上的集中和集中指导下的民主相结合。民主集中制的基础是民主,民主强调的是共同参与。如果没有民主,就没有正确的集中,如果大家的意见不统一,各持己见,就很难在民主的基础上集中正确的意见。如果没有集中指导下的民主,就没有真正的民主。如果没有"四个服从",即党员个人服从党的组织,少数服从多数,下级组织服从上级组织,全党各个组织和全体党员服从党的全国代表大会和中央委员会,就容易出现极端民主化的无政府主义的现象。也就是说,通过民主集中制,努力造成又有集中又有民主,又有纪律又有自由,又有统一意志又有个人心情舒畅、生动活泼的政治局面。只有坚持和实行民主集中制,按照集体领导、民主集中、个别酝酿、会议决策的原则,才能充分发挥集体领导和民主决策功能,防止主要领导独断专行、个人拍板说了算。要正确处理民主与集中的关系,首先要充分发扬党内民主,广泛听取各方意见和建议。作为主要领导者,要增强民主意识,尊重党员的民主权利,拓宽党内民主的渠道,进一步增强广大党员的参与意识,畅通党内下情上达和上情下达的渠道,营造广开言路、群策群力的宽松环境。既要坚持从群众中来、到群众中去、集中起来、坚持下去的群众路线,广泛征求意见,虚心听取不同意见;又要多方论证,集思广益,权衡利弊。特别是要健全科学民主决策制度。进一步健全民主集中制、专家咨询、集体决策,完善社会公示与听证、决策评估、合法性审查等制度,涉及重大公共利益和人民群众切身利益的决策要向社会公开征求意见。建立健全决策后评价、反馈纠偏和决策责任追究等制度,坚决制止和纠正超越法定权限、违反法定程序的决策行为。要注重决策的民主化和科学化,善于听取方方面面的意见和建议,特别是注意听取与自己不同的意见,择善而从,从善如流。在遇到错综复杂矛盾的时候,坚持从实际出发,不讲面子,不摆架子,在虚心听取方方面面意见的基础上,科学分析,采纳正确的意见和建议。俗话讲,兼听则明,偏听则暗。主要领导干部要有一种宽广的胸怀和气度,鼓励别人讲真话,讲实情,讲心里话,提批评、提建议,努力营造畅所欲言、集思广益的良好氛围。领导者高人的智慧莫过于善于博采下属们的智慧,最高的才能莫过于善于运用下属们的才能。其次要坚持集体讨论,充分酝酿,在民主的基础上集中正确的意见。集体决策是民主集中制的具体表现,也是科学决策的重要方式。一个人的能力、知识、经验和精力都是有限的,集体决策可以把众人的力量、智慧集中起来,集思广益,取长补短,使决策更加科学、更加全面、更加准确,从而最大限度地减少决策失误的发生。我们党将重大事项由集体决策作为一项基本的工作方法和领导方法,意义正在于此。领导干部的高明之处,就在于坚持民主集中制,善于调动大家的积极性,广泛征求意见,发挥集体智慧,集思广益,拿出主见,正确集中,科学决策,尽可能地避免失误和偏差,尽可能地消除隐患。有些主要领导干部强调"集中",实际上是不要民主的。这种主要领导干部所在单位党的民主集中制原则、党的群众路线的优良传统,必然遭到严重破坏。由于权力过分集中,"三拍"干部屡见不鲜:个人主观决策"拍胸脯",决策失误"拍大腿",造成损失"拍屁股(走人)"。为此,必须坚持在民主基础上的集中,特别是当大家意见不统一、对问题把握不准时,不要急于表决、"拍板",可暂缓一缓,再放下去征求意见,反复论证,然后再由领导班子集体讨论,进行民主决策,决不能自以为是,一意孤行,靠拍脑袋武断决策。这样做的结果是既违反群众意愿,又违背经济社会发展规律。

要民主决策,必须正确处理自律与他律的关系。党的十六大以来,党中央制定了一系列发展党内民主的新规章,完善了党的民主集中制的套配制度。如《党的代表大会制度》《党委常委会议制度》《党委集体领导与分工负责制》和《中国共产党党内监督条例(试行)》

等配套制度,形成了党组织和党员的行为规范。由于制度带有根本性、全局性、稳定性和长期性,这对于充分发扬党内民主,尊重党员的民主权利,拓宽党内民主的渠道,实行民主集中制,实现科学决策,将起到重要的作用。要实行民主决策,就必须通过这些党纪条规、制度的制约和外部监督的约束。但是,只依靠这些他律措施进行严格管理、严格监督还是不行的,还要依靠自律。自律是严于律己、自我约束,做到自重、自省、自警、自励。自律是他律的前提和基础,他律是促进自律的关键和保证。规章制度要依靠人去执行,大家都要按规矩办事。胡锦涛总书记在中央纪委第三次全会上讲话指出:"再好的法规制度,如果不去执行,也会形同虚设。许多法规制度之所以没有发挥应有的效力,一个重要的原因是执行不力。"特别是党政主要领导干部处于主要领导地位,常常要代表一级组织发表意见或宣布决定,久而久之就容易把自己当成组织的化身,而忘记自己只是组织中的一员,违反个人必须服从组织的基本原则,甚至把自己放在党组织之上,习惯于个人专断、个别酝酿、个人"拍板"。加之,党内监督仍然存在缺位的问题,"上级监督下级太远,同级监督同级太软,下级监督上级太难,组织监督时间太短,纪委监督为时太晚"。说白了,就是监督制约权力乏力,监督工作不到位,致使一些主要领导干部不执行民主集中制得不到有效的监督制约。因此,要坚持民主集中制,实行民主决策,既要加大他律的力度,对违反法规制度的,要追究其纪律责任,又要重视自律因素,注重提高主要领导民主执政意识和执行民主集中制的自觉性。主要领导干部要正确对待自己,正确对待别人,正确对待组织,自觉执行民主集中制原则,完善议事规则,规范决策程序,重大事项坚持集体讨论,广泛接受民主监督。作为党政主要领导者应该懂得,一个成功的领导,他之所以成功,百分之九十九是因为其个人的卓越领导能力和高尚无私的人格魅力,只有百分之一是他有权发号施令。只有执掌发号施令和倡导遵纪守法的人以身作则,才能营造良好的遵纪守法环境。权高人敬一时,德高人敬永久。修养与威信是领导干部的软实力,缺少软实力而仅靠硬实力,不可能取得满意的施政效果。领导者所依靠的并不是命令和服从,而是协调、确定目的和鼓励人们对形势规律做出反应的技能。因此,作为党政主要领导干部,既要在其位、谋其政,又要有所为、有所作为,就必须加强党性修养,提高思想政治素质,增强执政能力和领导水平,严于律己,率先垂范,带头遵守民主集中制的各项规定,维护大局,发扬民主,防止个人专断和各自为政,反对"有令不行、有禁不止",以自己卓越领导能力和高尚无私的人格魅力,发挥领导班子的战斗力、凝聚力和创新力。

五侯擅权①

【历史背景】

王政君是汉成帝的母亲,在她被尊为皇太后之后,王氏家族从此就荣华富贵了。自此,以太后王政君为首的王氏家族控制了汉朝的政权,可以说王氏家族的兴衰与西汉晚期的历史紧密联系在一起。历史上记载,王政君的荣耀使得家族当中的多数人都得到了益处,就连王政君的堂兄弟王音也被封为安阳侯,王政君姐姐的儿子淳天长也被封为定陵侯。

汉成帝刘骜这个人,耽于酒色,溺于玩乐。他一即位,就尊母后王政君为皇太后,以母舅阳平侯王凤为掌管全国军队的大司马、大将军,还曾在一天之内,把他的五个舅舅王谭、王商、王立、王根、王逢时都封为侯爵,称为"五侯"。就在这封侯之时,黄色的尘雾冲天弥漫,以致有识之士、忠贤臣子都明白这是上天在设警报信——汉家的天下不长了。刘骜却对贤士的上谏不以为然,仍旧一意孤行,依然对王氏十分信任。

借着刘骜的厚待,王氏家族竞相摆阔,奢侈无极。他们大起宅第,把每一间房屋都装饰得豪华富贵。他们甚至敢把台阶染成红色,敢在门户上镂刻出连环的图案,模仿汉朝皇宫的样式。他们在花园中堆起土山,在厅堂外建起高台,做得就同宫中的白虎殿一模一样。他们还私自凿开都城长安的城墙,把城外的沣水引到城里,让这沣水注入凿好的沟渠之内,作为他们家里的池塘。

最后,正直的大臣们和百姓们都不能再容忍外戚这么胡作非为了,他们把雪片般的上谏表送给汉成帝,一心等待着圣旨一下,臣民共逐王氏,诛杀罪大恶极的外戚。然而汉成帝只是一味地袒护母家,一点儿也听不进忠言。于是,王氏的横暴愈演愈烈。

其实汉室早已立有不许宠信外戚的规矩。像汉文帝时,就疏远外戚,决不给他们大官做。文帝的妻兄薄昭犯了法,一样被砍了头,文帝一点儿也不偏袒。这样,才成就了以后汉室的兴旺发达。而汉成帝刘骜,过分地亲近母家,授外戚以大权,还不闻不问王氏一族所犯下的罪孽。王氏自成帝时执政，一直利欲熏天。后来，王氏经过三四十年的准备，新都侯王莽毒死了年幼的平帝刘衎，代汉自立。西汉政权的统治时代就结束了。

【原文】

汉史纪：成帝初立，以元舅阳平侯王凤②为大司马大将军辅政。诸舅谭、商、立、根、逢时同日封侯，世谓之五侯③。是日，黄雾四塞。商、根又相继秉政。王氏一门，乘朱轮华毂者二十五人。分据势要，朝士皆出其门，赂遗四面而至。五侯争为奢侈，大治第室，至为赤墀青锁，起土山渐台④。像白虎殿。穿城引沣水注第中。群臣及吏民多上书，言王氏威权太盛。上皆不听。于是王氏益横。其后新都侯王莽⑤遂篡汉自立。

【张居正解】

西汉史上记，成帝初即位，待太后家王氏过厚，用长舅阳平侯王凤作大司马、大将军，专执朝政，诸舅王谭、王商、王立、王根、王逢时，五人同日都封为列侯。当时人号他做五侯。受封之日，黄雾四塞，天戒甚明如此；而成帝不悟。后来王商、王根，又继王凤秉政。王氏一门贵盛，乘朱轮华毂之车者，多至二十五人，都分占势要之官。朝中仕宦，个个是他门下私人。馈送财宝者，四面而至。五侯争以奢侈相尚，大起宅第，穷极壮丽，至用赤土为墀，门户上刻成连锁，而以青色塗之，僭拟朝廷宫殿制度。园中起土山渐台，恰似白虎殿一般。又径自凿开长安城墙，引城外的沣水到他宅里为池。其侈僭如此。那时群臣及官民人等，多上书说王氏权威太盛，恐不可制。成帝只为溺爱母家，都不听其说。因此，王氏越发横恣，无所忌惮。其后平帝以幼年继立，新都侯王莽专政，权威尽归其手，遂毒杀平帝，篡汉自立。

夫人君之于外戚，固当推恩，但不当假以权柄，不幸而有罪，亦宜以法裁之。汉文帝知后弟窦广国之贤而不肯用，诛其舅薄昭之罪而不少贷。后世称明焉。成帝不思祖宗贻谋之意，乃使诸舅更执国政。子弟分处要官，至于骄纵不法，一切置而不问，养成篡杀之祸。岂非千古之鉴戒哉。人主欲保全外家，惟厚其恩赉，而毋使之干预朝政，则富贵可以长守矣。

【注释】

①本篇出自《汉书·元后传》。并见《资治通鉴》卷30汉纪二十二,叙述成帝时,纵容母舅擅权、骄奢,终于导致王莽篡汉的故事。

②王凤(?~前22)字孝卿,东平陵(今山东济南)人。元帝皇后王政君之兄。嗣父爵为阳平侯。成帝即位,王凤以元舅任大司马、大将军,领尚书事。最后促成了王莽代汉。

③五侯:汉成帝河平二年(前23),封王凤诸弟五人同日为侯。封舅王谭平阿侯、王商成都侯、王立红阳侯、王根曲阳侯、王逢时高平侯。时人谓之"五侯"。

④渐台:汉武帝作建章宫,太液池中有渐台,高二十余丈,台址在水中,故名。这是王氏模仿汉武所造之渐台,是僭越行为。

⑤王莽(前45~23):字巨君。元帝后王政君之侄。永始元年(前16),封新都侯。平帝即位,王莽复任大司马,总揽朝政。元始五年毒死平帝,自称假皇帝。初始元年,自立为帝,改国号为"新"。托古改制。更始元年农民起义军入长安,被商人杜吴所杀。

【译文】

汉史载:汉成帝即位后,任用他的舅舅阳平侯王凤为大司马、大将军辅佐政事。后来又在同一日封王谭为平阿侯、王商为成都侯、王立为红阳侯、王根为曲阳侯、王逢时为高平侯,当时人称"五侯"。在封五侯的那天,天气突变,到处弥漫着黄雾。以后,王商、王根又相继执掌朝中大权。王家一族中,坐着红漆车轮、彩绘车毂的高官,共25人之多,这些人身居要职,分别把持着势大而重要的岗位,朝中的重要官员几乎都出自他们的门下,那些贿赂送礼的人,从四面八方赶到王家。五侯争相比奢侈,大肆建宅第,甚至也像皇宫那样,把台阶涂成朱红色,把门上镂刻的连环花纹涂成青色,还模仿汉武帝筑起土山渐台,如皇帝的白虎殿一般。他们还打穿城墙,把澧水引入他们自家的宅第。群臣及吏民多次上书,说王家的权势太盛,而成帝充耳不闻。就这样,王氏一家变本加厉,更加骄纵、蛮横。在这之后,新都侯王莽便篡夺了汉朝的江山,自立为皇帝。

【评议】

中国历史上最为腐败的政治现象之一就是外戚专权。造成这种现象的原因大多是由于皇帝年少不能处理政事，需要自己亲近并且可以信任的人来辅佐，这时候就是外戚进入政权统治的最好时机。或者由于皇帝无能，太后相对强硬，政权自然就最容易落到外戚的手中。其实，主要还是因为大多数的皇帝在任用大臣的时候，不是任人唯才，而是任人唯亲导致的。这样的皇帝往往在处理事情的时候不能依据事实的真相，而是感情用事。遇到外戚的违法或者其他负面性事件的时候，不能秉公执法，只知道偏袒自己的亲属。汉成帝就是这样的皇帝的代表。在我们这个时代这样的情况也不少见，所以我们就要从历史故事当中吸取相关的教训，在人事任用的问题上，避免任人唯亲，尽量做到公平，不偏袒。

【拓展阅读】

成帝刘骜

汉成帝名叫刘骜，字太孙，是汉元帝刘奭的长子，西汉王朝的第九位皇帝。他是历史上著名的酒色皇帝，荒淫无道，不理朝政，最终死在"温柔乡"中。

刘骜的母亲叫王政君，本是一个普通的小官吏之女，因为貌美被选入宫中。她入宫后正巧赶上太子刘奭心爱的女子司马良娣病亡，刘奭伤心之余，竟然不再近女色。宣帝为了子嗣，十分着急，就将几个美人送到刘奭跟前，命他挑选一个。刘奭不敢忤逆父亲，就随手指了一个，这个幸运的女子就是王政君。不过尽管王政君美貌动人，刘奭也没有动心，只宠幸了她一次，就再不理会。没想到王政君就有了身孕。宣帝甘露二年（公元前52年），王政君生下了大汉王朝的嫡皇孙。宣帝见王朝后继有人，十分高兴，亲自给这个孙子起名为"骜"，意思是希望他能做西汉王朝的千里马，可惜后来刘骜辜负了老祖父的厚望。

刘骜聪明伶俐，宣帝十分喜爱，经常把这个孙子带在身边。而王政君母凭子贵，也坐上了太子妃之位。后来宣帝去世，刘奭继位，即汉元帝，王政君就做了皇后，3岁的刘骜被封为太子。元帝为人优柔寡断，没有什么治国之才，到了后期又沉溺于酒色，对太子刘骜的教育也做得不好。元帝本来还是很喜欢这个长子的，他还特命驸马都尉、侍中史丹专门照顾太子。刘骜本来就很聪慧，为人也很谨慎，他接受了良好的教育，可惜没有养成良好的品行。刘骜长大后生活安逸，喜好酒色，比父亲元帝更甚。元帝虽然自己享乐，但也认为皇储不该如此，于是就逐渐不喜欢他了。而刘骜的异母兄弟——傅昭仪所生的定陶王刘康，则人品端正，并且多才多艺，元帝很欣赏。加上元帝本就不喜王皇后，对傅昭仪却比较宠爱，所以就有了废太子另立的想法。而专门照顾太子的驸马都尉、侍中史丹是个很有谋略的人，他就积极地帮刘骜想办法来保住岌岌可危的太子之位。史丹借着贴身内宠的身份，经常在元帝身边打转，为刘骜说尽了好话。元帝本就是个优柔寡断的人，听了这些话就一直没下决心。到了竟宁元年（公元前33年），元帝病重，史丹又借着自己内宠的身份入寝殿探病，他再次为太子求情，说得请辞恳切，声泪俱下，听得病榻上的元帝都感动了，终于表示不会再废太子。不久，元帝病逝，刘骜就继位称帝了，即汉成帝。

刘骜20岁当上皇帝，母亲王政君被尊为皇太后。刘骜借鉴前几代皇帝在位时权臣霍光和宦官石显专权的教训，认为还是自己母党亲舅家的人最放心，于是任命王太后的同母弟弟王凤做了大司马大将军领尚书事，总领朝政大权；而王太后的5个异母兄弟王谭、王商、王立、王根、王逢时都封了侯，世人称之为"五侯"。从此，王氏一族权倾朝野，成帝一朝就陷入了外戚专权的深渊。

刘骜其实还是有一点作为的，他在位期间曾下诏减轻赋钱，禁止奢侈和强化皇权。他将原本人算120的赋钱，减为人算40。永始四年（公元前13年），统治集团内部日益腐朽，以王家五侯等为首，骄奢淫逸，竞相攀比，西汉王朝日渐衰落。为了挽救王朝危机，刘骜下诏禁止奢侈，虽然当时没起什么作用，但也很有积极意义。刘骜为了把权力抓在自己手中，阻止外戚专权，他创立了"三公制度"。朝堂上设立了三个品级相同的职位，即丞相、大司马和大司空，合称"三公"。这样做实际上是分散丞相的权力，三人互相牵制，从而达到加强皇权的作用。这一制度一直被后世王朝沿用了下来。

刘骜在文化上做出了很大的成绩，这主要体现在几部重要著作的编订上。著名农书《氾胜之书》就出现在这个时期，这本书总结了北方农业生产技术，体现了我国古代农业的发展进步。刘骜还亲自倡导，并由大学者刘向主持编纂了一本规模宏大的书——《七略》。这是我国第一部综合类图书分类目录，它收录图书13269卷，分为7类，所以叫"七

五侯擅权

略"。《七略》尚未完成刘向就去世了,他的儿子刘歆继续编辑完成。这部书在中国历史上具有划时代的意义。

不过刘骜能让后人称道的也仅此而已,而让后人印象深刻的还是酒色皇帝的大名。刘骜虽然曾下诏禁止奢侈,其实他自己纵情声色,奢靡无度。刘骜的后宫,出了三个名留历史的女子:班婕妤、赵飞燕和赵合德。

刘骜最早的皇后是许皇后,她是汉宣帝的皇后许平君的娘家人。许皇后既美丽又聪慧,很有才气,她曾为刘骜生下一子一女,不过都夭折了。刘骜曾经很宠爱许皇后,不过皇后无子,加上王太后不喜欢她,刘骜也就渐渐冷落了她,把眼光转移到班婕妤身上。班婕妤是《汉书》的作者班固的祖姑,她是我国文学史上都有名的才女。她文学造诣极高,又熟悉史事,对音律也十分精通,加上品行贤德,实在是刘骜的知音。可惜刘骜并没有在她的影响下成为明君,刘骜宠爱了班婕妤一阵子,就又开始物色新欢了。这一次,他遇上了绝代美人赵飞燕。她本是阳阿公主家的舞女,因身轻善舞,号称"飞燕"。刘骜微服出游时,来到阳阿公主府,被飞燕的舞姿吸引,就将她讨来带回宫,赐住昭阳殿。赵飞燕很会讨刘骜的欢心,刘骜对她宠爱非常,一刻也离不得。后来听说飞燕的妹妹赵合德性情温柔,国色天香,是个天生的尤物,就立刻接进宫来。从此赵氏姐妹将刘骜迷得神魂颠倒,忘乎所以。刘骜还称赵合德的怀抱是"温柔乡",并感叹说:"吾老是乡,不能效武帝求白云乡也(喻指武帝好神仙)。"

赵飞燕二人得宠后,就开始不择手段地打压其他妃嫔。首先,失宠的许皇后因为家人诅咒后宫怀孕妃子而受牵连被废,赵飞燕当上了皇后。接着,班婕妤又在赵氏姐妹的排挤下,自请前往长信宫侍奉王太后。飞燕姐妹扳倒了最有力的两个对手,从此在后宫横行霸道,专宠10多年。不想姐妹二人都没有子嗣,而自古后宫之中"母以子贵",为了保住自己的地位,两人对后宫怀孕生子的妃嫔残酷摧残,以致后宫"生子者死,堕胎者无数"。成帝很花心,赵飞燕虽然受宠,也难忍深宫的寂寞,于是,她就趁成帝宠幸妹妹赵合德时,与其他男子私通,想借此怀孕,可惜这个愿望始终没有实现。

可叹刘骜一生好色,阅女无数,却无一子。由于常年纵欲,他自己也渐渐感到体力不支,子嗣无望。绥和元年(公元前8年),刘骜立侄子定陶王刘欣为太子。第二年三月,酒色过度的成帝刘骜就死在赵合德的床上,实现了他死在"温柔乡"的梦想。他在位26年,终年46岁,谥号"孝成皇帝",葬于延陵。他一生平庸,留下了"赵氏乱内,外家擅朝"的烂摊子,为王莽篡汉埋下了祸根。

【镜鉴】

防用人不当:用对人,顺风顺水

(一)企业任人唯亲,人才"四面楚歌"

许多私营公司都是按照家族模式来发展的,因此这些私营公司或多或少会出现任人唯亲的现象。在公司发展初期,规模不大,任人唯亲固然有一定的好处,但是当公司发展起来了,有了一定的规模,任人唯亲对公司其他人才来说就非常不公平。

大凡私营公司初创,资金通常紧张、产品初现市场、技术尚未成熟、管理尚未健全、市场尚未打开,这个时期,公司最需要的是为了公司的明天而不计今天得失的创业动力,任人唯亲的方式可以极大地降低创业成本,而且,如果这个时候有人暴露了公司开拓市场的要领、泄露了公司的技术秘诀,那么公司赖以立足的基础顷刻间就会荡然无存。知道公司的弱点而不去泄露和张扬,反而极力维护公司的形象并努力克服这些缺点,这往往也需要超越经济利益关系才能做到,所以任人唯亲在此时有一定的合理性。

没有哪个公司不想发展壮大,一个公司规模发展起来了,有限的"亲人"已经无法满足公司发展的要求,必须培养或者引进大量人才,这个时候,如果任人唯亲,外来人才得不到发展,所有的好处全部由"亲人"占了,那么还有谁愿意给公司创造利益? 在公司走向成熟和完善的过程中,需要规范化的人力资源管理,需要有能力的人才为公司提供发展的动力,这样公司才能长远发展。

文森应聘到一家私营公司当营销部经理,他的上司是CEO的妻子。这位女上司没上过什么大学,也没什么营销经验,但她对市场部所有的人都进行着"微观管理"。

文森听说,在自己进来前不久,就有好几位员工因为不满这位女上司的管理而辞职了。开始的时候,文森以为只要自己尽职尽责,就不会和她发生什么冲突,毕竟她又不是公司的一把手,但文森错了,这位女上司仗着自己是公司CEO的妻子,在公司里飞扬跋扈,颐指气使,谁稍有不同意她的意见,她就"修理"谁,而且居然不顾她的丈夫阻止她,听

说CEO是个极怕老婆的主儿。文森觉得很迷茫，不知道该如何搞好关系，于是干脆辞职了事。

任人唯亲，是一部分私营公司最大的特点，也是私营公司人才流失的根本原因之一，正是因为任人唯亲，所以人才备感能力发挥无望，不得不被"逼下梁山"，一走而解脱。在任人唯亲的私营公司任职的人才，即使担任公司管理层职务，工作也很难展开，理由是：

第一，没有言论自由。员工身边到处都是和公司老板"有关系"的人，自己的一举一动基本上都处于被监控的状态，甚至连使用的办公电话都可能是串线或被"窃听"，使人"噤若寒蝉"，有意见也不敢说，有想法也不敢提，备受压抑。

第二，行为受限。所有的人才都想在新的公司、新的环境有一番作为，能够"建功立业"，而要想实现这一切，就必须对公司的不足之处大动"手术"，也就必然要触及一些部门及人员的利益，而任人唯亲的私营公司由于各部门都是亲戚连亲戚，就会有"牵一发而动全身"的效果，一旦他们感觉有人破坏了他们的利益，便会联合起来，纠集一处，或向老板打小报告、说坏话，或对其加大威胁和恐吓，让这个管理者孤立无援，工作无法开展，最后不得不离开公司。

冠耀集团有限公司是福建省十大私营企业之一，该公司净资产达8500多万元，累计上交国家税收千万元。公司总裁严拱耀是一位被人誉为"石材大王"的智能型私营企业家，一直以来，严拱耀都坚持任人唯贤的原则，给所有的员工最公平的待遇。

1982年，21岁的严拱耀从厦门大学经济系毕业后，进入省建设银行工作。他由于工作努力，几年后就成为业务骨干。1993年，随着市场经济大潮的冲击，严拱耀毅然辞掉工作，创办了福州冠耀石材开发有限公司。公司开办之初，严拱耀摒弃在私营企业中常有的"家族式"管理，不安插亲戚朋友，而是任人唯贤，对有能力者大开方便之门，只要有能力的人就委以重任。

经过几年的发展，公司的300多员工中有大中专以上学历的占八成，每个分公司的管理者都具有高中级技术职称，任人唯贤奠定了公司快速发展的基础。1996年，石材市场竞争日趋激烈。冠耀公司由于摊子铺得过大，一时陷入经营困境，公司甚至一连几个月发不出工资，然而，在他最困难的时候没有一人离开他，不少员工甚至从家中拿来资金替公司垫付日常开支。渐渐地，公司渡过难关，发展到1997年，冠耀公司迎来了创业发展的顶峰时期，公司注册了第一家境外企业香港天恒贸易公司，并组建深圳冠耀实业有限公司。

　　私营公司在用人上，要坚持"量才而用"的原则，这样公司才能拥有一支高素质、高忠诚度的员工队伍，为公司完成各项任务提供保障。在选拔人才的过程中，一是要考虑被起用的人才应当有好的道德素质，二是要考虑人才知识水平高、业务能力强，两者结合，就能选择最好的人才。让人才有更多的机会发展，那必然能够留住更多的人才。

（二）用人贵在扬长避短

　　金无足赤，人无完人，再有能力的人才也不可能面面俱到，把所有的工作都做好。作为私营公司管理者，用人要做到扬长避短，人尽其才。扬长避短的道理似乎谁都懂，但在用人上，真正懂得并善于扬长避短的管理者还是太少。能做到这一点，公司必然能够壮大。

　　一般来说，私营公司很多领导者都是从最低层一步一步走上来的，可能缺乏一些系统的管理经验和用人经验，很容易出现用人不当的情况。如果把一个人才放在不适合他的岗位上，那么他肯定无法发挥出自己的才能，甚至难免出现错误。一个部门之所以总出现问题，一般都是用人不当，用其短而弃其长，结果，扬长避短成了扬短避长。在发挥人才的长处的同时，对他的短处有所抑制，防止他的短处造成负面影响，这是需要私营公司领导者时刻注意的一个重要问题。

　　中尾原来是由松下公司下属的一个承包厂雇用来的。一次，承包厂的老板对前去视察的松下幸之助说："这个家伙没用，尽发牢骚，我们这儿的工作，他一样也看不上眼，而且尽讲些怪话。"

　　松下却不这样看，他觉得像中尾这样的人，只要给他换个合适的环境，采取适当的使用方式，爱发牢骚爱挑剔的毛病有可能变成敢于坚持原则、勇于创新的优点，于是他当场就向这位老板表示，愿让中尾进松下公司。中尾进入松下公司后，在松下幸之助的任用下，果然弱点变成了优点，短处转化为长处，表现出旺盛的创造力，成为松下公司中出类拔萃的人才。

　　爱护人才，扬长避短，必须要知道什么是人才的长处，什么是人才的短处。对人才的长处与短处要能做出正确判断，否则把长处当作短处来抑制，把短处当作长处来使用，那就会起到相反的效果，不但影响公司事业发展，还会毁了人才。

作为私营公司的领导者,如何才能做到扬长避短地用人呢?

第一,正确认识人的"长"与"短",这是一个前提。长处和短处是客观存在于人身上的一对矛盾,例如谦虚者,往往自尊心差;谨慎者,往往多疑心强。奉行"完美"主义的领导者,往往对人才求全责备,用苛求的眼光审视人才,把一般性的缺点看得十分严重,最后却聚集着一批平庸之辈,因为他们的缺点一般都不太明显,同样的,也没有什么明显的优点。

一个高明的私营公司领导者,应该树立辩证唯物主义的人才观,按照客观事实来分辨人才的长处和短处,就像松下幸之助说的:"以四分去注意他的短处,以六分去注意他的长处。"避其所短,扬其所长,发挥其应有的作用。

第二,扬长避短,要辅之以适当的鼓励。比如有的员工在某一方面缺点非常明显,不少领导成员都不太认同他,但是只要他有一个长处,哪怕就是善于言谈,也可以让他发挥了这个特长,可以去担任对外交流的工作,当他做出成绩的时候,适时地给予肯定和鼓励。这样他不但会把工作做得很好,还会逐步改正自己的短处。

第三,要给予充分信任。公司领导者不能因为一个人有一个明显的缺点.就对其总是不信任,使他心理上产生很大压力,从而对工作交差应付,形成了破罐子破摔的局面。要善于根据他的专业特长,把他放到一个比较重要的位置。领导者对他的信任,就会使他干劲倍增,不但彻底改正过去的缺点,而且还会更加尽力地为公司工作。

第四,要顾及员工的面子。人一般都是爱面子要尊严的,在工作上避其"短"时,领导者要能够容其"短"。如果一边用其所长,那边斥其所短,那么他的长处也就很难发挥出来。不过容"短"不是护短,而是要在讲究方法的前提下,因人制宜地对待。比如,对于比较爱面子的人,要点到为止,留有余地,让其反思,促其反省,比直愣愣地捅到底要好得多。对进取心比较强的人,不但不能急风暴雨地批评,而且还要给予适当的安慰。

昔日的联邦德国最大的冷轧钢厂领导人霍尔曼曾被西方称为最优秀的女经理,她曾经说过:"作为一个经理,应该知人善任,了解每一个下级的工作能力和特长。在安排工作时,应将合适的人放在适合他能力和特长的岗位上。"私营公司管理者想要一步到位把人才放到最合适的地方是不可能的,管理者必须考察其工作状况,以便进行调整,如果经过考核发现人才不适合这个职位就要根据人才特点将其放到合适的岗位上,发挥其长处,避免其短处。

(三) 用人不疑，疑人不用

用人不疑，疑人不用，这是中国传统的用人方式，用在私营公司的管理上那就是要放手让下属去大胆尝试，不要什么都管。美国通用电气前CEO杰克·韦尔奇的经营最高原则是："管理得少就是管理得好"。这是管理的辩证法，也是管理的一种最理想境界。

私营公司发展到一定规模后，利益分配差距必然越来越大，老板对下属、包括当初一同打天下的合作伙伴也开始提防起来。有的公司把重要岗位换成自己的亲属，有的公司在生产区层层设岗，并安装了自动搜检仪器，防止员工夹带。随着信任的不断流失，怀疑的气氛遍布公司上下，久而久之，公司对员工的管理也就变成了防卫式的管理，冷了人心，这样，私营公司必然也就开始走上了下坡路。

私营公司在用人方面可以有许多做法，但要使人才充分发挥自己的聪明才智，信任才是最为重要的。信任往往比管理容易得多，公司领导者和员工之间有一种权力等级差距，权利是领导者的权威，但是不能盲目地使用这种权威去指挥员工工作，领导者无法兼顾公司的每个方面，因此，要秉承"用人不疑"的原则，给员工更多的信任，让员工尽量自由地支配自己的各项活动，这样才能让公司管理变得更加灵活和主动。并且，信任员工可以为管理者减少很多工作压力。

三星集团的创始人李秉哲会长对三星集团灌输了"疑则不用，用则不疑"的信条，主张对三星的员工实行"国内最高待遇"。为此，三星公司采用了公开招聘录用制度，新员工一旦被公司录用就要接受三星公司彻底的培训，目的是使之成为适合三星集团的人才，以实现公司成为一流企业的目标。三星公司在"企业即人"的创业精神指引下，彻底贯彻了"能力主义""适才适用""赏罚分明"等原则。为了挖掘企业员工的潜在能力，除了总公司建立有三星集团综合研修院外，各分公司也分别建立了自己的研修院，并通过海外研修等形式对员工进行有效的教育培训，对员工进行毫无保留地培养。

著名的松下集团，从来不对员工保守商业秘密，他们招收新员工的第一天，就对员工进行毫无保留的技术培训。有人担心，这样可能会泄露商业秘密，松下幸之助却说："如果为了保守商业秘密而对员工进行技术封锁，导致员工生产过程中不得要领，必然带来更多的残次品，加大企业的生产成本，这样的负面影响比泄露商业秘密带来的损失更大。"

无独有偶，在沃尔玛集团，每一个经理人都用上了镌有"我们信任我们的员工"字样的纽扣，沃尔玛集团内部，员工，包括最底层的店员都被称为合伙人，同事之间能相互信任地一起工作，企业领导人也放心的下放任务，而把沃尔玛推向一个又一个辉煌的，也正是这些受到信任的合伙人，信任所有的员工，这也是沃尔玛的管理秘诀之一。

虽然，完全的"用人不疑"也有一定的缺陷，但是公司管理必须是建立在信任的基础上，因为信任是人与人交往的保障，如果充满怀疑，公司上下就不可能存在有效沟通，公司领导人也就无法委派工作，最后也就不可能达成公司目标。对于公司的员工来说，领导者在很大程度上代表着公司，领导者的不信任，在员工的眼里就是公司的不信任，在一个不信任的环境里，员工很难找到归属感，更谈不上对公司产生忠诚。

"用人不疑"是私营公司用人的基本原则，同时应该是公司领导者发自内心的，而不是勉强装出来的，因为对员工是否信任，是员工可以在日常工作中通过各种具体的细节感觉和判断出来的。一个眼神，一句话，都能体现出公司领导者信任与否，因此刻意的掩盖是没有用的。所以"用人不疑"的基础是真诚，真诚是公司领导者的起码操守。只要各级管理人员能够充分信任手下的员工，营造一个信任的团队氛围，并通过共同遵守的行为规范去约束员工，那么公司必然能够高效运转。

松下幸之助说过："用人固然有很多技巧，但我觉得最重要的，就是信任和大胆委托工作。通常受一个上司信任，能放手去做的人，都会有较高的责任感。"随着私营公司规模的扩大，公司只有实行信任管理，形成管理者与员工之间的双向忠诚，才能有效地调动各方面的积极性。

首先，信任管理能弥补公司领导者自身的不足。再强势的领导者，总有照顾不到的角落，总有错过一些细节的时候，只有充分授权，把有能力的人充实到各个岗位上，让他们随时随地行使权力，才能弥补自己没有注意到的问题，做出符合市场规律和企业文化要求的正确决策，公司才能高效运转。尤其是在下属能力超过企业领导者时，尤其需要信任管理，只有给予他足够的信任，他才会将自己的一身本领贡献给公司。

其次，"用人不疑"能增强公司的团队精神。随着市场竞争的日趋加剧，私营公司要想立于不败之地，必须要有一个好的团队来支持公司发展。如果没有信任，公司中的人都各怀心思，不把自己的创意拿出来与其他人分享，那么会严重阻碍公司交流和发展，最后，受损失的都是公司。用人不疑才能帮助公司凝聚人心，想把众人的智慧和力量凝聚起来,需要高度的信任。

广告创意专家戴维·奥格威曾经告诫所有的企业家:"如果我们总是雇用那些不如我们的雇员,公司将逐渐成为侏儒,只有当雇用的员工总是超越我们,并让他们放手施展才华时,公司才会成为巨人。"公司用人,最重要的一点就是"不疑",信任下属、充分授权,让有能力的人得以施展。

(四)为优秀人才搭建大展拳脚的舞台

人才是私营公司发展的根本动力,那么公司用人就是要将人才的能量发挥出来,要给优秀的人才施展拳脚、发挥才能的机会。一个人才有优秀的能力,如果公司不提供舞台,那么他的能力也必然被埋没,这也是私营公司人才流失的重要原因。

相比国有企业而言,私营公司生存压力大,缺乏完善的保障,那么私营公司要想留住人才,就必须把握人才需要什么,并且给他们需要的东西,这样他们才会安心留下。发现人才的能力,并且给予其施展才华的机会,对于私营公司而言是一项非常重要的工作,让人才尽情地发挥自己的能力,这不仅仅是帮助公司创造价值,也是满足人才的一种方式。如果一个优秀的人才能够在公司中施展所长,那么他一定会尽心尽力地工作,从被动地为公司工作转化成主动地为自己工作。

联想公司的董事长柳传志说过:"人才的培养是一个动态的、不断实践的过程,即做事、能力增长、做更大的事。"给优秀人才提供大展拳脚的舞台也是让他们更加完善的过程,让他们不断进步,最后能够独当一面。同时,受到公司重用的人才会与公司联系的越来越紧密,感情越来越深厚。

1993 年,39 岁的吴纪侠从乐清财税退休回家,正泰集团的总裁南存辉立刻邀请他加盟正泰。南存辉告诉他,正泰集团非常需要人才,正泰集团非常希望他能够加盟,帮助正泰发展。吴纪侠拒绝了,他说:"人才?我可算不上什么人才,不过,我向你推荐一个人。"南存辉问是谁,吴纪侠说是他以前的上司,也就是财税局长周敬东,并且透露了周敬东即将退休的消息。但是南存辉非常坚持,坚决要将吴纪侠和周敬东都邀请到正泰集团。

吴纪侠加盟正泰集团后,主张建立自己的营销队伍,在全国甚至全世界铺设营销网络,南存辉非常赞同他的观点,并且支持他放手去施展。经过发展,正泰集团在全国各地设立销售公司和特约经销处将近 2000 家,形成了一个以省城和主要工业城市为中心,以地级城市为重点、县级城市为辐射的三级分销体系，并且在国外设立了30多个销售机构，为正泰集团构建了一个良好的销售网络。

吴纪侠在准备建立销售网络的时候也非常担心和顾虑，因为这必须有相当大的投入，如果影响集团的当前发展，那么可能将无法实施，但他坚定地相信这样一个销售网络是非常必要的，对正泰集团未来的发展有不可估量的作用。不过有了南存辉的支持，这种顾虑很快就被打消了，虽然随着资金的投入越来越大，吴纪侠也担心万一无法收回那该怎么办，但是南存辉表示："钱能否收回是我的事，不是你的事，你只管去建立你的销售网络。"于是吴纪侠才毫无顾忌地尽情地将自己的计划施展开来。

很多时候，一个公司并不缺乏人才，只是没有用好人才，没有给他们施展才能的机会。埋没人才的公司就是在浪费自己的生命力，长此以往，必然会出现无人可用的情况。当然，提供发展的舞台并不是仅仅针对优秀的人才，对于普通员工来说，舞台同样重要。把事情交给普通员工去做，尽量让更多的员工有施展自己才华的机会。也许他们一时无法做到最好，但只要多加锻炼，也可能成为公司的人才，这也是私营公司培养人才的必经之路。机会越多，那么员工们成长的就越快，公司人才资源就越丰富，公司领导者就能节约更多的精力放在公司主要战略的规划上。

基层员工队伍的稳定是公司持续发展的重要因素，也是公司的基础，所以，公司强调为员工提供舞台也是有必要的。从公司来说，公司为人才创造机会是双管齐下，一方面公司要不断扩大平台，让精英能够有更多的机会发挥，让公司不断壮大，留住精英。另一方面公司要为普通员工的发展创造机会，提拔有能力的员工，稳定员工队伍，真正做到从公司内部补充和培养人才。

法国米其林集团，是全球最大轮胎制造商之一。1889年，米其林集团发明了首条自行车可拆卸轮胎，1895年，发明了首条轿车用充气轮胎，可以说是全球轮胎科技领导者。米其林集团2003年占全球轮胎市场份额的20.1%，2004年全球的综合净销售额约为157亿欧元。

除了不断研发新产品和技术创新之外，为员工提供发展的舞台也是米其林公司重要的战略方向之一，因为米其林集团一直认为只有充分发掘每个员工的潜力和活力才能保证公司的持续成功。米其林集团人力资源部坚持"在员工为客户服务的同时，为员工提供成长和成功的机会"的标准，致力于将每一个员工都培养成人才，并且肩负着"不论何时何地,确保为公司的任何业务及时配备有热情的,有责任心的,有能力的人员"的使命。

人力资源部最重要的工作就是不断地了解员工的能力和优势,然后确定其发展方向,给予他们力所能及的任务,使员工为公司提供最佳服务的同时,自身不断成长和提高。可以说,从员工加入米其林公司的第一天起,管理者就已经开始考虑员工展示能力的舞台。每个员工,不论能力高低,在米其林的职业生涯中都会有合适的机会将自己的能力表现出来,并且这个优势也会也到培养。米其林集团希望员工在这里所得到的不仅仅是一份工作,而是一份事业,及个人发展和成功的机会。他们相信,将员工的能力全部发挥出来能够巩固公司的竞争优势,并能够带来商业成功。

不管是普通员工还是专业人才,需要的不仅仅是一份工作,而是一个展示自己的舞台。如果公司能够为他们提供一个大展拳脚的舞台,让他们尽情地发挥自己的能力,那么他们必然会尽自己最大的努力,将自己最优秀的一面表现出来,这也体现了公司管理的人性化。为所有的员工提供发展的舞台,不仅是私营公司人力资源的超前开发,也是留住人才的秘诀。

(五)适度的压力是使人努力工作的催化剂

作为一名合格的公司领导者,不时提醒员工。公司可能会倒闭,他们可能会失去工作,是非常必要的。给予员工适度的压力,可以激励他们尽其所能,不会怠慢公司的任务和工作。员工感受到压力,就能战胜他们面临的危机,为公司做出更大的贡献。

私营公司面临的竞争越来越激烈,那么公司内部的人员竞争必然需要变得激烈起来,如果一些员工却抱着无所谓的态度,认为工作稳定是员工的权利,于是不紧不慢地工作,甚至拖拖拉拉,就会给公司带来很大的损失。因此,公司创造工作中的危机感,给予员工一定的压力,对公司和员工都有好处。

很多功成名就的私营公司,经营业绩非常好,其领导者就容易乐于守成,容易满足于现状,渐渐淡化了风险,没有了压力。公司在不知不觉中犯了故步自封的毛病,安稳的日子也磨去了员工进取的锐气。而市场风云莫测,角逐于市场的每个公司无时无刻不处于经营的风险之中,随着环境的变迁和竞争条件的变化,满足现状、没有压力的私营公司难免会产生不易被众人察觉的潜在危机。

百事可乐公司作为世界软饮料行业的巨头,每年有几百亿美元的营业额,几十亿美元的纯利润。但是，公司总裁韦瑟鲁普预测未来几年汽水市场竞争形势将更加激烈，唯恐手下3万名满足于每年10%的收入增长的管理人员及员工，因过分自信而遭遇失败。为避免被市场打败的命运，韦瑟鲁普认为应该让自己的员工们感受到一定的压力，相信公司在时刻面临着危机。但百事公司一路凯歌高奏，让员工感觉到压力并不是一件容易的事。

为了令所有的员工产生压力，让他们了解到"需要拆散这部公司机器并重新把它组装起来"，韦瑟鲁普决定，在公司内制造一场危机，他连续召开若干次会议，向最终参加会议的公司所有雇员反复阐述，危机已迫在眉睫，每个管理人员都必须有紧迫感，要为公司大规模改组出谋划策，每个工作人员必须更加努力地工作，提高公司的效率，以使公司消除危机，踏上坦途。

韦瑟鲁普还找到了公司的销售部经理，让他重新设定了一项新的工作方法，并且将以前的工作任务大大提高，要求员工的销售额要比上年增长15%。韦瑟鲁普向员工们强调，这是经过客观的市场调查后做出的正确调整，因为市场调查表明，不能达到这个增长率公司的经营就会失败。这种人为制造出来的危机感马上带来了压力，化为了百事公司员工的奋斗动力，使公司处于一种紧张有序的竞争和工作状态中。正是韦瑟鲁普一直以来的危机管理，保证了百事公司能永远欣欣向荣地走向未来。

私营公司领导者要培养对市场的敏锐洞察力，进行超前思维，及时审视本公司未来竞争的薄弱点，发现存在各种潜在危机，并且让员工们感受到压力，这样才能激励起员工的上进心，改善公司的经营状况。当一个公司面临生死存亡的时候，要有勇气和魄力告诉所有的员工，公司已经到了最危险的时刻，每个员工都应该站出来，为公司做些力所能及的事情。在这种时候，压力和工作效率是成正比的。

当然，给员工施加压力并不是一定能够提高员工的工作效率，合理的压力可以给公司带来效率，而压力过大反而会给公司造成阻碍。当员工感到重压时，最受影响的还是公司自己。高负荷的工作对于不少私营企业，基本上是一种常见的状态，对"订单为王"的加工制造业更是如此。处于高压力状态的私营公司，随着员工的个性意识和自主意识逐渐增强，导致公司可持续性将大打折扣。这种接近崩溃边缘的高压工作，若疏于引导，便犹如一座积蓄待发的活火山，只要时机到来就会爆发，而一旦爆发，便会引起连锁性的效应，让公司上下人心惶惶。

不少企业开始重视员工的心理健康,有的甚至备有独立的员工心理咨询室,其中最重要的功能是帮助员工缓解压力,让他们在自己的工作岗位上发挥出最大的功效。

第一,缓解压力可以从员工的精神奖励入手,如果公司有提高物质奖励的能力,那自然皆大欢喜,但是对因实力不济而力不从心的中小型公司来说,提高精神奖励同样也能达到良好效果。对于很多员工而言,一句祝福的话语,一声亲切的问候都将使员工的情绪得到舒缓,并甘愿为公司付出自己的力量。

第二,让员工了解公司的发展方向。员工压力大而不满很可能是他无法看到公司和自己的前景造成的,公司要用不同的方式让员工看到自己美好的发展前景。从某种角度讲,职业计划应着重于实现员工心理上的满足,而不一定需要晋升。如果一个人的职业计划不能在企业组织内实现,那么这个人迟早会离开这家公司,因此,公司应在职业计划方面帮助员工,从而使双方的需要都能得到满足,让员工通过成功克服压力。

物极必反,虽然一定的压力能够催化员工更加努力的工作,但是每个人承受的压力都是有限的,压力过大不但动不起来,还会产生负面效果。一位聪明的公司领导人不会盲目地给公司员工增加压力,因为那是对员工的迫害,对公司的破坏。

(六)"刚"一阵,就要"柔"一次

私营公司用人,一般都要经过"由新到老"的过程,随着时间的推移,新员工逐渐成为老员工,成为老员工以后对公司的感情得到加深,就会稳定下来,这最少也需要一年到两年的时间,因此,公司能否用好人可以说关系着公司是否能够吸引新员工,稳定老员工。

一般来说,大部分私营公司在没有形成规模的时候缺少完善的激励制度,在公司进行组织管理的过程中,惩罚和奖励作为两种最简单、最直接的管理手段被广泛地采用,惩罚的目的在于向员工们表现出错误行为的危害,从而使员工们不在犯同样的错误,而奖励的目的则是鼓励员工再接再厉,继续努力工作。私营公司要注意到,为惩罚而惩罚或者为蓄意报复而惩罚,得到的必然都是被惩罚者的强烈排斥和反感。而奖励也要有技巧、有标准,不能太过频繁。

恩威并施,是私营公司在管理活动的一种非常好的手法,可是如何把握恩威的度,却是经验问题。《菜根谭》有这样一句话,"恩宜由薄到厚,威宜由严到宽"。把这句话用到公司管理实践中,就是恩威并重的标准。

在温州德兴商厦,总经理刘德林制定了重打重罚的政策,如果迟到一次罚款500元,迟到两次那么就扣发全月的奖金,迟到三次那就开除店籍,没有任何商量的余地。早在德兴商厦开业的时候,刘德林就提出了"谁砸大厦的牌子,大厦就砸谁的饭碗"的管理口号。而且,一直以来.他都严格执行,从来不讲人情,也不问原因。

曾经有一名销售员和顾客起了争吵,顾客恼羞成怒一封投诉信送到总经理办公室,刘德林看到之后,立刻招来了商场经理,让他马上带着销售员去给顾客赔礼道歉,而且为了严明纪律,给那个销售员一个开除店籍,留店察看一年的处分,扣除3个月的奖金。

另外还有一名采购员,在给商场采购货物的时候收了供货单位1000元的回扣,刘德林发现之后坚决开除,并且罚款1万元。大厦开张不到一年,原来总共有300名员工,而刘德林一共开除了68名,由于惩罚过于严格,大厦虽然没有人敢违反纪律,但是人人自危,诚惶诚恐,大厦的经营状况不仅没有上升,反而年年下滑。

随着经营状况不断恶化,大厦严格的消息不胫而走,于是,新员工招不到,老员工越来越少,甚至一名员工要负责好几间店铺。大厦董事经过决定,重新派了一名总经理上任,新上任的总经理将以往的惩罚制度全部废除,改用奖励制度,比如全勤连续一个月多少奖金,连续两个月多少奖金,并且增设了客户满意回馈,客户消费之后需要给出评价,按照每个员工得到的评价会有一定的奖励或者惩罚。如此一来.员工的惶恐解除了,招到了新员工,而且员工们总是能够尽力工作,大厦的业绩也逐渐好转。

惩罚和奖励都不是无原则而且能够随意进行的,它必须遵循其内在的规律性,如果不能做到适度惩罚,适度奖励,就不能发挥其本应有的积极作用。对员工进行奖惩必须注意三个基本原则:

第一,公平原则。对员工的错误行为进行惩罚,不能迁怒其他人。在管理工作中,惩罚犯了错误的员工要就事论事,对事不对人,同时惩罚必须适度,过度的惩罚是很多员工无法接受的,不但难以让人心服口服,更有甚者,还会引起反抗。惩罚的目的,不仅在于教育犯错误的人,还为了教育群众,因此在施惩前进行民主讨论,让群众参与是很有必要的。

奖励同样要公平,贡献大的人奖励多,贡献小的人奖励少。如果奖励全部一样,那么有些员工有关乎公司发展的见解而得到很小的奖励,就失去了奖励的激励作用。

第二,及时原则。无论是惩罚还是奖励,要讲究及时性,尤其在员工心理互动频繁,情绪感染极快的情况下,实施惩罚和奖励更要分秒必争。一个人犯错,如果不及时处理,那么就会有多个人跟随犯错,那么公司就会兵败如山倒。因此对于那些带头犯错的员工,公司领导者要及时批评,避免出现更加混乱的情况。奖励的及时,员工也会一起努力,反之会影响全体员工的积极性。

第三,惩教结合原则。惩罚和奖励都不是公司管理的目的,而是一种手段,只有在惩罚的同时对犯错的员工进行教育帮助,那么才能起到改正错误,警醒他人的作用。在奖励的时候不忘利用惩罚使员工警惕,才能做到防微杜渐。要达到"惩前毖后,治病救人"的目的,单纯的惩罚很难完全改变被罚者的不良行为和错误思想,甚至会适得其反,因此,要将奖功罚过两两结合,相辅相成才能对公司起到积极作用。

公司的"刚"就是做到"威宜由严到宽",就是在公司的各项规章制度,一旦颁布实施,从开始就必严格、严肃,对触犯者要不折不扣地按具体规定执行惩罚,稍有放松,以后这项规章制度就有可能形同虚设。一定要在最短的时间内养成员工自觉遵守公司规章制度的良好习惯,一旦遵守规章制度成为员工的自觉行为,规章制度本身就已经是宽松的了。

在把握对新老员工违反规章制度的"量刑"时,一定要注意宽严结合的原则,不论谁第一次触犯某一条规章制度,都必须处理,不过,对新员工、初犯者宜宽,对老员工、重犯者要从严。在执行惩罚上如果一时稀松,就是执法不公、不严,以后就无"法"了。

公司的"柔"也就是"恩宜由薄到厚",公司的正常工资和奖励制度也要分出一定的等级差别,按照工作时间和效果表现出一定的差别,这有利于培养员工的向上精神。奖励要渐进,不要轻易奖励,否则奖励的效果就减弱,人的进取心就会减弱,不利于公司发展。

(七)用人关键是要看人品

私营公司竞争激烈,有时候一次重大的损失就可能葬送掉一个公司,在讲究个人素质和品德的今天,私营公司必须重视引进人才的人品。

比尔·盖茨说过:"我把人品排在人才所有素质的第一,超过了智慧、创造、情商、激情等,我认为一个人的人品如果有了问题,这个人就不值得一个公司去考虑雇用他。"私营公司在选用人才和提拔员工的时候首先要把人品放在第一位,因为如果人品有问题,他的能力越大,就会给公司带来越大的损失,甚至威胁到公司的生存。

要想使公司更快更好地发展,公司员工队伍的人品才是关键的。在很多公司中,不乏有人钩心斗角、自私自利,他们从来没有站在公司的角度去做事情,每天算计着自己得到了什么,不会想到自己为公司付出了什么,这样的人,有再强的能力也不会给公司带来更好的未来和发展。

1987年4月,韩国泛洋集团的创始人兼董事长朴健硕跳楼自杀,泛洋集团拥有84艘大小船舶,资产高达5400万美元,朴健硕更是享有"韩国的奥纳西斯"之称。朴健硕从汉城大学毕业时,韩国进入了经济发展的启动时期,发展经济需要大量的石油,石油销售大有前途。于是,1966年,朴健硕成立了泛洋商船海运公司,专门从事运油的买卖。当时,韩国流传这样一句话:只要往返美国一次,就可以赚回半条船。

不过好景不长,集团内部的主要负责人韩相渊为谋私利,滥用职权,高层之间派系斗争激烈,泛洋集团跌入低谷。韩相渊非常聪明,而且能力过人,受到朴健硕的赏识,泛洋集团成立后,朴健硕就把韩相渊网罗进来,希望共同发展泛洋集团。韩相渊从基层干起,对企业的发展情况了如指掌,没多久,他就执掌了泛洋集团的经营大权。

1976年,他为了捞取一笔可观的回扣,不顾公司的财务状况订购了5艘货轮,造成公司资金困难,为此韩相渊躲到美国,但是朴健硕感觉需要他的辅助,几次致电将他召回。野心勃勃的韩相渊不仅没有受到处罚,反而得到重用。韩相渊不顾一切地为自己捞油水,让泛洋集团一片繁荣的背后漏洞百出。韩相渊还把手伸到套取外汇上,韩国政府的外汇管制是非常严格的,韩相渊便把朴健硕拉下水,以公司在过分发展事业需要美元为由,套取外汇。不久,东窗事发,而韩相渊抢先向官方税务当局揭示朴健硕逃税和向国外转移外汇的证据,朴健硕只能跳楼自杀,整个泛洋集团也毁于一旦。

一般来说,员工按照工作能力和人品可以分为四种类型:工作能力高,工作态度端正;工作能力高,工作态度不端正;工作能力低,工作态度端正;工作能力低,工作态度也不端正。公司在用人的时候可以参考几点:

第一,工作态度端正,工作能力高的员工。这样的员工通常是公司中最理想的员工,如果多次考察,发现某位员工确实属于这类人才,私营公司要做的只有一点:赋予权力,大胆使用,让他们将自己的能力完全发挥出来。

第二,工作态度端正,工作能力低的员工。对于这类员工,要充分肯定他们的工作态度,要保持他们的工作热情。同时,要让他们认识到自己的不足,在工作中对他们多多帮助,并且对他们提出提高工作能力的具体要求和具体方法,使他们早日成为工作能力强且工作态度端正的员工。

第三,工作态度不端正,工作能力高的员工。这类员工虽然个人能力上可能具有较强的一面,但是在职业道德上可能会因为自己的个人利益而出卖公司、欺上瞒下。这种人一旦发现就必须限制使用,控制在一定的比例里,逐渐淘汰。

第四,工作态度不端正,工作能力低的员工。对于这类员工,做法就有一个,那就是"坚决不用",早日将其扫地出门,以免给公司留下后患。

在阿里巴巴网,一名员工在和客户接触的时候,向客户承诺回扣。这让主管们大吃一惊:阿里巴巴是绝对不允许这类事情存在的!经过调查,终于真相大白:淘宝的一名业绩一向很优秀的业务员,为了这个季度自己的业绩能够达到"优秀"的标准,而想出这么一个"歪招"。

这位业务员一直都表现得很优秀,平时也很遵守阿里巴巴的各项规章制度,而且还在上个月刚被评为"销售之星"。他这个月的销售额马上就要达到"销售之星"的标准了,也许是求功心切,才想出了这个愚蠢的办法。阿里巴巴的负责人马云的决定没有任何讨价还价的余地,在这位员工"东窗事发"的当天,马云就给他办好了离职手续。阿里巴巴对于违反公司规定的事绝对没有讨价还价的余地,用马云的话说,"职业道德是阿里巴巴的天条,永远都不能够被侵犯。"

对于业绩不是特别突出的员工,也就是俗话说的"老好人",阿里巴巴不会放弃他们,会通过各种手段来提高他们的业务水平,争取让他们变成有能力的员工。但是,如果无论怎样努力,公司怎样帮扶,都无法改善,那么也只好逐渐地淘汰。对于业绩特别好,但是道德品质比较差的员工,无论业绩多么好,阿里巴巴都是坚决地"清除出门"。

道德败坏、利欲熏心的人即便都是身怀经营绝技的,但是他们自始至终想到的都是中饱私囊,不顾公司的利益,甚至利用公司为遮掩,大行其道,最后等到事发,给公司带来不可挽回的损失。因此,公司在任用人才和提升员工的时候,要注重考查其人品,如果人品不佳,有再好的能力也不能录用。

公司用人不能够对员工求全责备,要求人才尽善尽美,但是也必须警惕,对于那些有致命弱点的人,尤其是人品有问题的人,从公司的长远考虑.还是不用为好,否则有一天就会给公司带来麻烦。对于那些想要做大的私营公司来说，员工的品德永远是第一位的。

(八) 有什么样的领导就有什么样的员工

很多时候，公司领导者费尽心机思考如何用人、如何管人，其实远远没有以身作则来得简单有效。榜样的力量是巨大的，很多不良习惯都是从领导阶层传下来的，下面的员工只是有样学样，因此，任何规章制度，领导者以身作则比任何惩罚监督都要有效。

俗话说："强将手下无弱兵。"放在私营公司上面也是同样的道理，有什么样的领导者就有什么样的员工。最有效的管理并不是持续不断地控制，也不是强制，而是出发个人内在的自发控制。做好公司监督最好的方法就是身教重于言传，一名合格的公司管理者不会刻意地去规定员工需要做什么，不需要做什么，他们往往以身作则，要求别人做到的自己先做到，而要求别人不做的自己首先遵守。给员工树立一个好的榜样，比简单的发号施令要有用得多，久而久之，员工就会以管理者的言行举止为标准。

松下幸之助在谈经营管理时说："作为一个经营者，一定要有负起绝对责任的心理准备。不管员工有 100 人还是 200 人，甚至 1000 人、2000 人，责任还是由他一个人负。自己既然站在最高的立场，一切就都是自己的责任了，这个道理是亘古不变的。"公司出现问题，公司领导要主动承担责任，而不是把责任推卸给员工。如果领导敢于承担责任，那么员工自然就能主动反省自己的不足。

微软 CEO 鲍威尔，可以说是微软所有员工的榜样，被员工们成为"微软的行动家"，微软出台的任何制度，总能在鲍威尔的带领下严格地执行下去。而这无与伦比的执行力正是来自鲍威尔的自律，鲍威尔在工作上是一个非常严厉的人，但是他从来不会只严格要求别人，他深知律人必先律己的道理，因此他总是严格要求自己的工作，做到一丝不苟，是一个典型的工作狂，于是每当鲍威尔批评其他人工作不认真的时候，那些人总是心服口服并且认真反思自己的不足。

鲍威尔认为，如果一个执行官经常说空话，每次说出来的都是纸面上的理论，而不去执行，那就不可能得到员工的支持和尊重，也不是一个合格的执行官。要员工做到的事情，自己就必须先做到。所以，在微软的管理层，任何人都不是高高在上的，没有任何管理人员只分派员工去做事，而自己没有具体的事情可做。

鲍威尔要求微软的管理人员，对公司的事物必须了如指掌，而他自己也时时刻刻、孜孜不倦的关心着微软的每件事情、工作的每一个环节,成为员工的好榜样。鲍威尔提倡家庭式的管理,他要求所有的管理人员都关心员工,让员工有一种家的感觉。鲍威尔从来不忽视自己的责任,在生活上非常关心员工,他经常提醒员工不要过度工作而影响自己的健康,让人力资源部和各级主管人员制定可行的健康保障措施,保护员工健康工作。

鲍威尔认识每一个微软的员工,并且能够倾听每一个员工提出的意见,让微软形成了一种亲密无间的工作氛围。所有的管理人员在鲍威尔的影响下,都非常关注下属的生活,如果员工有什么困难,只要公司能够解决,就会马上帮助解决。

公司用人并不是颐指气使,而是要上行下效,就好比是带兵打仗,将领必须身先士卒,这样士兵才会勇往直前。如果带领士兵的将领首先退缩了,那么士兵就不可能发挥出真正的战斗力。鲍威尔说过:"总经理是引领团队前进、引导组织发展的人,是群龙之首,因此,成为一名称职的公司总经理,首要的条件就是以身作则,加强自我修养,成为众人的表率。"要求员工做什么,远远没有自己先做到效果好。

振臂一呼、应者云集的领导能力绝不是一个领导职位就能赋予的,领导者总是员工目光的焦点,因此,领导者必须以身作则,养成良好的工作习惯和道德修养,因为员工往往会模仿上司的工作习惯和修养。

联想集团在柳传志的带领下,由一个只有20万元的企业发展为今天有上百个亿的大企业,成了中国电子工业的龙头老大,而且已经走向全世界,而柳传志也被人们看作英雄,一个具有崇高威望的企业领导人。

联想有一条规则,开20人以上的会迟到者要罚站一分钟,并且不管迟到的是谁。第一个被罚的人是柳传志还没有担任联想集团总经理时的老领导,罚站的时候老领导紧张得不得了,一身是汗,柳传志本人也一身是汗。柳传志对他的老领导说,你先在这儿站一分钟,今天晚上我到你家里给你站一分钟。

柳传志本人也被罚过三次,其中有一次他被困在电梯里,电梯坏了,咚咚敲门,叫别人去给他请假,结果没找到人,还是被罚了站。柳传志有一段很有名的话:"第一,做人要正。虽然是老生常谈,但确确实实极为重要。一个组织里面,人怎么用呢? 我们是这么看的,人和人相当于一个个阿拉伯数字。比如说10000,前面的1是有效数字,带一个零就是10,带两个0就是100……其实1极其关键。很多企业请了很多有水平的大学生、研究生,甚至国外的人才,依然做得不好,是因为前面的有效数字不对,他也是个零。作为

'1'的你一定要正。"

在联想的规定里,就有一条是"不能有亲有疏",即领导的子女不能进公司,柳传志的儿子是北京邮电学院计算机专业毕业的,但是柳传志不让他到公司来,因为他怕子女们进了公司,其他人也效仿,将来想管也管不了。

公司领导人在用人管人的时候,首先要积极行动起来,率先垂范,加强公司制度的贯彻,从自身做起,公司领导人必须自觉接受群众监督,这样员工才会接受公司的要求。公司领导人必须做好榜样,从而提高员工服务的水平。俗话说:"喊破嗓子不如做出样子。"一个好的公司,领导者必然都是以身作则的。

在推动工作的过程中,出现扯后腿的人是在所难免的。公司领导者要想推动工作,要想激发下属的热情并促使他们努力工作,最好的办法就是用自己的"激情"去带动员工的工作热情,从而推动公司整体的发展。

市里微行①

【历史背景】

汉成帝把国家大权抛给了外戚王氏，自己则整日地玩乐。他最喜欢做的，就是换上平民百姓的衣服，到各处去游玩。

既然是偷着出去私服微行，成帝当然就不能暴露自己的天子身份。他不坐华贵的皇家车马，不要文武百官随行护驾，而是悄悄地溜出皇宫到外面去。

其实，微服出行，体恤民情，是一个当权者所应做的。只有经常了解下情，才能治理好国家。然而汉成帝到民间去，闭目不见老百姓无衣无食的悲惨生活，而一味放纵玩乐，所以汉室到他这时衰败，也是理所应当的了。

汉成帝刘骜不仅是一个喜好女色的皇帝，同时还有一个爱好就是宠爱男色。张放与汉成帝的关系在中国的历史上就如同董贤与汉哀帝的关系。虽然汉成帝后宫当中的佳丽已经很多了，但是奢侈淫逸的汉成帝似乎对此并不满足，而且将自己的爱好转移到了同性的身上。汉成帝的男宠就是张放，史称他"常与上卧起，但为微行出入"。张放，是汉代大臣张安世的曾孙，他的母亲就是敬武公主。历史上的张放是一个风度翩翩的美少年，英俊、聪敏，得到了不务正业的汉成帝的喜爱，还把皇后的侄女嫁给他，就连他的婚礼也是极尽铺张奢侈之能事，赏赐的钱物更是极其丰富，仅仅是金钱就有几千万。汉成帝经常和张放一起微行、出游，而且皇帝还封他为侍中中郎将，监平、乐屯兵，置幕府。因为皇帝对他的宠幸过多，遭到了大臣们的嫉妒与反对，于是就在太后的面前上奏了种种事情，太后就下令把张放逐出了宫廷，放逐到了很远的地方。皇帝几次想要召回张放，但是迫于太后和大臣们的压力而难以实现，于是就经常和张放通信，并且总是涕泗横流。后来汉成帝利用机会把张放复征为侍中光禄大夫，但是丞相方进再次上书表示反对，成帝没有办法再次将张放免官，遣送回到了原来的地方，只是赏赐了他五百万钱。后来直到汉成帝去世，张放也没有回到朝中，当他听到汉成帝去世的消息后竟然怵哭而死。

【原文】

汉史纪：成帝为微行。从期门郎②，或私奴、或乘小车、或皆骑，出入市里郊野，远至旁县，斗鸡走马，常自称富平侯家人。富平侯，张放也。宠幸无比，故假称之。

【张居正解】

西汉史上记，成帝好微行。微行，是私自出外行走，不使人知其为天子也。他既是私行，所以不乘辇辂，也不要百官扈驾。只悄悄地着几个禁卫的期门郎，或常侍的仆役跟随着，或时坐一小车，或混同随从人，都一概骑马，出入街市坊里、荒郊野外，远至邻京县邑，斗鸡走马，以为戏乐。此时，侍中张放封富平侯，得宠于上，贵幸无比。成帝乃假充做张放的家人，以震服人心，泯其形迹。

夫以天子之尊，出入警跸，前后法从，有和鸾鸣佩之节，凡以别等威，备非常，肃臣下之观望也。成帝自轻其身，遨游市里，又妄自贬损，称为富平家人，其玷辱宗社甚矣。何以君天下而临万国哉！

【注释】

①本篇出自《汉书·外戚传孝成赵皇后》，并见《资治通鉴》卷31汉纪二十三，成帝阳朔四年。记述汉成帝自甘堕落，微行市里以纵情玩乐。
②期门郎：又简称期门。西汉时皇帝身旁的武卫人员。

【译文】

汉成帝经常微服出行，有时带几个卫士或者自己的贴心奴仆，有时乘坐一辆不起眼儿的小车，有时和许多人一起骑马，到市井小人活动频繁的场所或者是荒郊野外，甚至最远还到过京城以外的邻县，参加一些不务正业之徒的斗鸡或走马的游戏活动。为了掩饰自己的身份常常自称是富平侯的家人。富平侯名叫张放，汉成帝对他可谓是宠爱有加，所以成帝才经常假称是他的家人。

中华传世藏书 帝鉴图说 市里微行

一〇五七

【评议】

古代的皇帝大多数都是身居皇宫,相对外面的大千世界来说,皇宫是一个与此绝缘的地方,所以古代每个朝代的皇帝出于各种目的都有微服出行的传奇故事。如果说作为一代君主想要了解百姓的生活,亲身感受百姓的不易,那么这种出行就是很有意义的,而且在历史上也会留下佳话与美名,但在我们这个故事里的汉成帝却不是这样的。他为了满足自己的玩乐之心,而不顾及自己的身份与地位,更不顾及自己身为百姓表率的天子的威严,到一些只有那些不务正业之徒才去的地方。作为一国之君,忘记了自己的职责已经是对百姓和国家社稷犯下了罪过,如果不能约束好自己的行为,任自己堕落下去,那就更是一种罪恶了。作为统治者不但要时刻坚守自己的职责,同时也应该时刻维护自己的德行,只有这样才能将自己分内的事情做好,也才能得到下属的尊重与敬爱。

【镜鉴】

以威望征服下属

——有威信,下属才会服你

想当好一名领导很难,这需要培养出个人的威信,让下属觉得你值得信任、值得学习,愿意跟着你干。

如果你总是能以身作则地为下属树立高标准的学习榜样,他们就会热切而认真地向你学习,为此你也赢得了极大的驾驭下属的能力。

(一)没有威望,领导能力就难以完美体现

缺乏优秀的品格和个性魅力,领导者的能力即便再出色,人们对他的印象也会大打折扣,他的威信和影响力也会受到负面影响。

现实生活中,我们常常会有这样的感觉:有些领导无论在什么情况下,本身所固有的组织指挥才能,都能散发出不可抗拒的感召力和影响力,让人们愿意接受他的领导;同

时,也有一些领导,靠行使手中的职权实施管理活动,下属慑于权势,才被动地接受领导。两者之间之所以出现这么大的差异,一个根本原因,就在于领导魅力的大小。

人格魅力是指由一个人的气质、性情、相貌、品行、才学等诸多因素体现出来的一种综合的人格凝聚力和感召力。有能力的人,不一定都有人格魅力。缺乏优秀的品格和个性魅力,领导者的能力即便再出色,人们对他的印象也会大打折扣,他的威信和影响力也会受到负面影响。

原一平在日本被尊为"推销之神"。而原一平的客观条件,却毫无"王者之相":身高1.45米,体重52公斤,又瘦又小,毫不引人注目。那么,他靠什么取得如此的辉煌成就呢?

下面是原一平的自述:

"我初入保险界时,只是靠着不屈不挠的拼搏精神有了一点儿成绩。那时我并没有认识到推销其实是一门很高深的艺术,它对推销者个人的魅力要求很高。促使我认识到这一点的是这样一件事:

"有一天,我到了一家佛教寺庙推销保险。我对一位老和尚口若悬河、滔滔不绝地讲了大半天保险的各种好处,可是末了,那个老和尚却心平气和地对我说:

"'听了你的介绍以后,丝毫引不起我投保的意愿。'接着,老和尚又说了一句让我惊愕许久、并品味了一生的话:'人与人之间,这样相对而坐的时候,一定要具备一种强烈的、吸引对方的魅力。如果你做不到这一点,将来就没有什么前途可言。'老和尚的语调虽然很沉缓,但在我耳中却如'狮子吼'一般。我呆呆地坐了很久,全身冷汗直流。"

人与人之间的相处是一种心理态势和心理氛围的形成过程,这种态势一旦形成就很难改变。由此可见,领导者只有把自己具备的素质、品格、作风、工作方式等个性化特征与领导活动有机地结合起来,才能较好地完成任务,体现领导能力;没有人格魅力,领导者的领导能力难以得到完美体现,其权力再大,工作也只能被动地进行。

香港一位著名企业家在总结他多年的管理经验时说:"如果你想做团队的老板,简单得多,你的权力主要来自地位,这可来自上天的缘分或倚仗你的努力和专业知识;如果你想做团队的领袖,则较为复杂,你的力量源自人格的魅力和号召力。"真正的领导能力来自让人钦佩的人格。增加亲民务实的人格魅力,是当前提高领导者领导能力的关键因素。

公元前49年，内战困扰着罗马。在形势最紧急的时刻，恺撒来到驻扎在卢比孔河岸的军营。恺撒和他的幕僚们，激烈地辩论着选择和平还是战争的问题。恺撒慷慨激昂地发表演说："让我们接受神的指示，追随他们的召唤，报复口是心非的敌人。骰子已经掷下了。不容收回！"

他的演说极富说服力，就像在念台词，他时时刻刻注重自己在群众面前的表现，牢牢掌控住自己的公众形象，一刻也没有掉以轻心。他清楚地知道将领并没有确定要支持他，然而他以雷霆万钧之力让那些将领屈服了，把自己的形象植根在人民心中。恺撒为所有领袖和权贵们树立了典范。

最后，将领们集结在他的旗帜下。在战争中，恺撒总是意气风发，身先士卒，他常常以最勇猛的姿态冲向战场，士兵们目睹了他在战火纷飞的战场上英勇战斗，这对士兵来说是一种很好的激励，士兵都以他为榜样，恺撒挥军渡过卢比孔河。第二年，他粉碎了敌人的势力。

领导，其实就是魅力的极致发挥，是通过领导魅力赢得他人合作和达成目标的一种历程。有人说："领导就是以身作则，来影响他人。"一个人之所以心悦诚服地为他的领导或组织卖力工作、奋斗，绝大多数的原因，是他们拥有一位"魅力"逼人的领导，就像磁铁般获得了大家的心，激励大家勇往直前。

会管理人的领导者，个人威信的力量远远超过权力。领导者是把威信发挥到极致，影响他人，从而实现目标的一种人。曾有一位员工这样推崇他的上司："和他在一起待上一分钟，就能感受到他浑身散发出来的光和热，我之所以努力工作，是因为他的威信深深吸引了我。"我们不得不承认，威信的力量远远胜过权力。做一位实权在手的领导者，不如做一位魅力服人的领导者。

领导魅力不是与生俱来的。作为领导者要想管理好手下的人，就必须主动修炼领导者的个人魅力，使自己获得令下属为之慑服的吸引力。

（二）能容天下的人才能为天下人所容

胸怀就是一股用天下之才、赢天下之利的气度，当然，还包括相当程度的包容，对异己的包容，对陌生人的包容，对不如己者的包容。

一个有志于事业成功的人，包容对他来说是一门人生必修课。包容是一种理性，体现了一个人的气度。古人说:"泰山不让土壤,故能成其大;河海不择细流,故能成其深。"能包容,就能发展壮大。曹操之所以能从仅有的几个子弟兵到剿灭北方群雄,占据中原,拥有百万大军,与他"山不厌高,水不厌深"的气度是分不开的。你想,连仇人都能容而后用,还有什么不能用的呢?

常言道"水至清则无鱼,人至察则无友",世间并无绝对的真理,而且正邪、善恶交错,所以我们立身处世的基本态度,必须有清浊并容的雅量。能容天下的人才能为天下人所容,一个能创大事业的人,就一定要有恢宏的气度。

有一句美国谚语说:"林肯般的真诚与宽容。"可以这样说,林肯的宽容和仁慈成就了他伟大的业绩。对任何人不怀恶意,对一切人抱宽容态度,这是林肯的做人原则,即使对待政敌也是如此。一回,一位议员不满地对林肯说:"你为什么试图让他们变成朋友呢?你应该想办法打击他们,消灭他们才对。""难道不是吗?当我们成为朋友时,政敌就不存在了。"林肯总统微笑着回答。

将敌人变成朋友,这需要何等的胸怀,何等的气度。

伯乐达董事长陆留伯说:"我从不与人为敌,即便是曾经与我为敌、坑害过我的人。他们生活上有困难,找到我,我还是会帮他们一把。有人说:'你怎么还对他们好?'我是这样想的:他们虽然不能成为我的朋友,但也没必要让他们做我的敌人。他们中有人毕竟在伯乐达干过,为伯乐达的发展也做过一些事,没有功劳有苦劳,没有苦劳有疲劳,多记着人好的一面吧。多交一个朋友多一条路,多树一个敌人多一分祸。"

纵观历史,如果没有"海纳百川"的胸怀,人们想开创事业只能是一句空话。胸怀就是一股用天下之才、赢天下之利的气度,当然,还包括相当程度的包容,对异己的包容,对陌生人的包容,对不如己者的包容。只有这样,你才会形成一种从广大处寻觅人生的态度,使生命的境界更高,把事业做大。

有些企业用人的一个标准就是心胸要宽广。因为一个缺少包容气度的人,他一生经历的艰难曲折会比正常人更多,痛苦和失望往往会整天陪伴着他。缺少了包容,会使正常的生活陷入斤斤计较的泥潭,导致生活暗淡无光。

走上社会,你难免会与别人产生摩擦、误会,甚至仇恨,但别忘了自己的心胸要宽广一点,那样你就会少一分阻碍,多一分成功的机遇。抱着与人为善的态度与同事共事,抱着相互学习的态度与竞争对手博弈,抱着共赢天下的态度与上下游伙伴合作,我们就会

市里微行

发现路路畅通、四处逢源，这不是冥冥之中的运气，而是胸怀的力量。一个人的胸怀决定了他人格的包容力和职业生涯的宽度。

1969年，袁隆平种植的杂交水稻试验田，正接受有关专家的验收。由于杂交水稻的研究正处在开始阶段，试验田的产量还不够理想，一位植物遗传学老教授看了试验田后，发笑说："水稻是自花传粉，杂交无优势。袁隆平搞杂交水稻试验，是对植物遗传学惊人的无知。"后来，袁隆平矢志不移，勇往直前，终于获得了成功，登上了国际领奖台。事后，那位老教授主动向袁隆平道歉，并表示祝贺。袁隆平说："无论现在和将来，您都是我的老师，您告诉我在不利与艰难的遭遇里要百折不挠。"袁隆平的一席话和那种包容气度，无疑让他获得了更多人的敬仰。

人们与老板、同事、下属在一起共事，既是事业的需要，也是难得的缘分。这要求每个人都要学会欣赏人、团结人、尊重人、理解人，这既是一种气度，也是一种责任。每个人的阅历、知识、能力、性格等各不相同，相处久了，难免有些磕磕碰碰，但只要是不违反原则，就应从维护大局利益出发，求同存异，坦诚相见，多一些包容，在合作中加深了解，在相互尊重中增进团结。

包容是一种最高的气度，没有人会穷困到无机会表达包容的地步，没有人能比施行包容的人更强大、更自豪。你可以地位低下，也可以能力平庸，但你不能没有容人之量。一个人的气度有多大，他就能赢得多少人喜爱，付出包容，你将收获无穷。

（三）以身作则，起到榜样的作用

身为领导，必须做出榜样，要言行一致。领导的行为值得模仿，下级就会做得好；反过来，领导的行为不良，下级也不会有好行为。

孔子曾经说过："己欲立而立人，己欲达而达人。"他的意思是说，只有自己愿意去做的事，你才能要求别人也去做，只有自己能够做到的事，才能要求别人也去做到。同样，作为现代领导者也必须以身作则，用无声的语言说服众人，才能形成亲和力，才能表现出高度的凝聚力。

美国一位副总统说："我们不应该一个人前进，而要吸引别人跟我们一起前进。这个试验人人都必须做。"榜样的力量是无穷的，领导者要处处为下属树立一个高标准的榜样。如果你总是能以身作则地为下属树立高标准的学习榜样，他们就会热切而认真地向你学习,为此你也赢得了极大的驾驭他人的能力。所以,身为领导,必须做出表率,要言行一致。领导的行为值得模仿,下级就会做得好;反过来,领导的行为不良,下级也不会有好行为。

古希腊哲学家色诺芬26岁就当选为希腊将军。在一次前有好战的土著人、后有波斯追兵的行军中,为了摆脱困境,他指挥军队加快速度抢占制高点。"士兵们!"他喊道,"想想你们现在是在为希腊而战,为你们的妻儿而战! 稍加努力,前方的路就会畅通无阻!"

这时,一个叫索特里达斯的士兵说:"色诺芬,我们不在一个水平上。你骑在马背上,而我却拿着盾牌,早已疲惫不堪。"

色诺芬本可以理直气壮地把他抓起来,稍后处罚他,但他没这么做,而是立即从马背上跳下来,把索特里达斯的盾牌取下来拿着,徒步前行。其他士兵开始打索特里达斯,向他扔石头、咒骂他,直到迫使他拿回自己的盾牌,让色诺芬重新骑上马指挥。他们终于先于敌人到达了制高点,成功地进入底格里斯河边肥沃的平原。

从色诺芬的故事中,我们看到了强大的榜样力量,尤其是当这个榜样就是领导人时,其力量更是无穷的。

身教重于言教。领导者的行为本身就是一把尺子,下属就是用这把尺子来度量自己的行为的。

要求下属做到的,领导者要首先做到;要求下属不做的,领导者要首先不做。只有以身作则的领导,才能调动其下属的自觉性,并影响他们朝着良性的方向发展。

员工的行为总是在下意识或者是潜意识中跟随着管理者,并把管理者的行为作为自己的规范来要求自己不断向更高层次靠拢,所以,只有管理者自身做得较好的情况下,员工的行为才会更加规范。所以从这个角度来说,企业的管理者由于自己的个人行动产生的魅力也是企业相当重要的一种资源,它对员工个人素质的提高是一种无形的、潜移默化的东西,它存在的价值是无法简单地用金钱来衡量的。

捷蓝航空公司的CEO大卫·尼莱曼以另一种方式引导着员工。他每周至少飞一次捷蓝航空的航班,分发登机证、装运行李、打扫卫生、收拾垃圾、倾听顾客和乘务员的建议和抱怨。当CEO就在自己身边辛勤工作时,乘务员怎么能对打扫飞机有怨言呢?

有人说:"无论你的公司有5名还是5000名员工,为组织中其他人设定基调的都是领导人。"这种基调就是公司的精神指南。缺乏精神指南,公司就犹如茫茫大海中航行的无舵之舟,终究会迷失方向,哪怕CEO聪明无比。

在大卫·尼莱曼的榜样领导下,捷蓝航空只用了一年时间就成长为全美国最具赢利能力的航空公司之一。

领导者把标杆树立起来之后,下属自然而然会向你看齐。通过身先士卒、以身作则,并在重要事情上倾注大量时间和精力,领导者便成为人们仿效的榜样。

古人云:"其身正,不令而行;其身不正,虽令而不从。"同样的道理,企业领导人的德才学识,必将关系到企业的成败。把个人生命价值与企业价值融为一体的团队,首先取决于企业领导者本身的品格、才能和形象。勤奋、正直、真诚待人、受人尊敬的领导者,本身就是一种动力,它能使员工心甘情愿地努力工作。那些全身心投入事业的企业领导人,其无私奉献精神和对公司的热爱,会使员工受到强烈感染,使整个企业充满朝气。即使是亏损企业,如果领导能与员工同甘共苦,也会激起员工的热情。

总之,想当好一名领导很难,这需要培养出个人的威信,让下属觉得你值得信任、值得学习,愿意跟着你干。一位知名企业的领导在一次管理层员工会议上强调:"管理者真正起到了榜样作用,那么,管理的目标也就容易实现了。"

(四)合理使用权力,才能使下属信服

如果领导用一种以上压下的态度来对待下属,即使性格温顺的人也会暴躁起来。所以领导不能借助权力压人,靠本身的威信使人信服才是明智之举。

领导者为完成任务,被赋予了一种强制别人的力量,这个力量就是权力。它可以用来指示、指导下属,也可以用来纠正下属的过失。

虽然如此,但如果太仰仗权力,采取强硬手段来压制下属,口口声声说"我说这么做就这么做",不厌其烦地一再向人们显示自己的权力,不但不能使下属信服,而且蛮横、高压地利用权力,还会引起下属的反对,虽然他们有时只是"敢怒而不敢言"。

《三国演义》第八十一回有这样一个故事:张飞生性脾气暴烈,动不动喝醉酒后就打骂士兵,士兵们敢怒而不敢言。

关羽败走麦城之后,被东吴所杀。张飞为替兄长报仇,凭借权力提出了不合理要求,限令军中三天以内置办白旗白甲,挂孝讨伐东吴。负责制造盔甲的范疆、张达因为期限

太紧,就向张飞乞求宽限几天,张飞不但不听,竟然把二人打得满口出血,并命令道:"一定要按期完成,若超过期限,就杀了你们示众。"

二人知道根本不可能按期完成,便商议:"与其他杀我们,不如我们杀了他。"于是便趁张飞酒醉卧于帐中之机,持短刀将其刺死,并割了首级投奔东吴去了。

张飞之所以被部下杀死,与他平时的高压、蛮横是分不开的。平常下属们就是"敢怒而不敢言",更何况在他急切报仇之时?

可见,领导下达命令要符合实际情况,指责下属应该有充分的理由,而不应因为被赋予了某种权力就滥加应用。如果领导用一种以上压下的态度来对待下属,即使性格温顺的人也会暴躁起来。所以领导不能借助权力压人,靠本身的威信使人信服才是明智之举。

美国一位总统就说过这个道理:"当一个人心中充满怨恨时,你不可能说服他依照你的想法行事,那些喜欢骂人的父母、爱挑剔的老板、喋喋不休的妻子……都该了解这个道理。你不能强迫别人同意你的意见,但却可以用引导的方式,温和而友善地使他们屈服。如果你想说服一个人,首先要让他认为你是他的挚友,然后再逐渐达到说服的目的。"

中村是日本德川幕府第三代将军德川家光的大臣,他生性温和、思密周到,为人处世极谙收买人心之道。当时,德川家族中有一位名叫德川秀息的将军,此人手握兵权,非常讨厌别人抽烟,于是,他在军中下了一道命令:凡是士兵抽烟者,一律斩首。

有一天晚上,几个负责守卫城门的士兵在站岗时,发觉天气寒冷,又无事可干,想到深更半夜的肯定没人前来巡查,便躲在阴暗处每人点了一支烟。哪知这一天,中村正好闲来无事,出来巡视。当士兵们发现中村时,掐灭烟头已经来不及了。士兵们心想:这下人赃俱获,看来性命难保,一个个惊恐不安,不知所措地站在那里。

中村若无其事地走上前去,先问了一下守卫的情况,然后对他们说:"你们刚才抽的烟让我也抽一口,怎么样?"士兵们谁也没想到中村会有这样的要求,疑惑不解地望着中村,但还是乖乖地拿出香烟交给中村。中村接过来,津津有味地抽了几口,便把香烟退还给他们。

"没想到烟这么可口,谢谢!"说罢,转身走了。刚走了几步,他又转回来对士兵们说:"今天的事,我也有份,希望今后再也不会有这种事情发生。要知道,你们的将军可是最讨厌抽烟的。"据说,自此之后,士兵们抽烟的风气居然完全消失。

市里微行

温和待人、和颜悦色适用于所有的人与人之间的关系。温和与友善不仅最容易缩短两颗敌视的心之间的距离,也能感染周围所有的人,给大家带来愉快。温和是一种力量,能引起精神的共鸣、心灵的沟通、情操的畅行。有时宽容引起的道德震动,会比惩罚的作用更加强烈。

美国的一位总统说过:"假如你握紧两个拳头来找我,我想我可以告诉你,我会把拳头握得更紧;但假如你来找我,说道:'让我们坐下商谈一番,假如我们的意见有不同之处,看看原因何在。'我们会觉得彼此的意见相去不远。我们只需彼此有耐性、诚意和愿望去接近,我们相处并不是十分困难的。"

如果你想让他人接受你和你的意见,首先你要让他认为你对他是非常友善的,是全心全意为他着想的。你不能强迫别人同意你的意见,但却可以用引导的方式,温和而友善地使他屈服。选择友善永远比选择强硬更有力量。

(五) 坚持惩处原则,确立当家人的地位

领导者要告诉自己的下属必须遵守哪些行为规则,并用这些标准来规范团队成员的行为。只有这样,才会使杂乱无章的工作变得井然有序。

领导者要记住,职位是你施展抱负的舞台,纪律是你维持舞台秩序的尚方宝剑。你必须时刻将它挂在腰间,打击那些敢违犯规则的人。当一个团队陷于无序状态,领导者的命令无法产生效果时,不妨抓住一个错误最严重的人员,把他的错误揭深揭透。此即"盯住细节过失,惩处个别人来拯救整体"的抓典型的做法。如果惩处整个团队,将会使大家产生每个人都有错误之感而分散责任;同样的,大家也有可能认为每个人都没有错。所以,只惩戒有严重过失者,大张旗鼓地把他的大过失和小过错都摆到桌面上来,可使其他人员心想,"幸亏我没有做错",进而约束自己尽量不犯错误。

《三国演义》中有记载:曹操20岁时就担任了都尉职务。他深知,如果要使下属和民众信服,必须树立权威,要树立权威,必须从"令出必行"着手,严格执行纪律。于是,他弄了一套五色棒,放在城内的四个门旁。凡是有人违犯禁令,不管亲疏远近,也不管高低贵贱,一律以五色棒痛打。不久,果真有人以身试法:一次曹操带兵巡夜时,发现一个身位不低的人——中常侍蹇硕的叔叔违犯军令,在晚上提着刀到处乱跑。曹操一声令下,将其拿下,以五色棒痛打一顿。从那以后,再也没有人敢作奸犯科,曹操的权威也就树立起来了。

古人云："劝一伯夷，而千万人立清风矣。"同样的道理，对众多不听话的下属，你不可能全部惩罚，抓住一个典型，开一开杀戒可使千万人为之警惧，这就是"杀一儆百"的道理所在。

领导者要告诉自己的下属必须遵守哪些行为规则，并用这些标准来规范团队成员的行为。只有这样，才会使杂乱无章的工作变得井然有序。

一代天骄成吉思汗就深明这个道理。正因为他有一支纪律严明的队伍，所以他才能战无不胜、称雄于世。他曾说过这样的话："万夫长、千夫长和百夫长们，每一个都应该使自己的军队保持秩序井然，随时做好准备，一旦诏令和指令下达时，就能在任何时刻出征。"

成吉思汗也为不遵守纪律的人制定了清楚的处罚条例："我们的兀鲁黑（亲属、后王之意）中若有人违犯已确立的札撒（即法律），初次违犯者，可口头教训。第二次违犯者，可按必里克（成吉思汗的训言）处罚。第三次违犯者，即将他流放到巴勒真——古勒术儿的遥远地方去。此后，当他回来时，他就觉悟过来了。如果他还是不改，那就判他带上镣铐到监狱里。如果他从狱中出来时学会了行为准则，那就最好，否则就让全体远近宗亲聚集起来开会，以做出决定来处理他。"

惩处措施是领导坚持原则、确立强有力的当家人形象的重要手段。能否采取必要的惩处措施，直接关系到领导者权威的确立。

对个别扰乱纪律、不服管教的害群之马，如果你采取果断措施惩处了他，那么你的威信很快便会树立起来。如果你优柔寡断、犹犹豫豫，那么你的形象大大贬值，会影响今后工作的进一步开展。

"杀一儆百"不能随便滥用，领导必须根据管理活动的需要，选择最适当的时机和方法。在这方面，领导应注意以下四点。

1.不要轻易放过第一个以身试法的人

为了维护法规、制度的严肃性，领导必须及时抓住第一个胆敢以身试法的人，坚决从严处置，以教育更多的人。

2.重点惩罚性质最劣的下属

有时候，领导会同时遇到好几个违反规章制度的员工。领导应从若干个违法的员工中,精心挑选性质最恶劣、影响最坏的一个予以重点惩处,同时对其他几个情节较轻、认错态度较好的人,给予适当的批评教育。这样做,一方面能教育多数人,另一方面也能使受到严惩的人陷于孤立的境地,从而真正地收到杀一儆百的良好效果。

3.惩处违法的员工应做到合情合理

在管理人的行为中,任何惩罚手段都是无情的。但是领导在运用这一无情的手段时,应该尽量做到合情合理。所谓合情,是指合乎人之常情,惩处方式不应该过火,也不要偏激,不应超过常人的心理承受能力,能被多数人的感情所接受;合理,是指惩之有理,符合有关法规、制度、条文的精神,把握分寸,使人口服心服。"杀一儆百",不怕严,也不怕刚,只要领导能做到言之有理、刚中有情,就一定能收到预期的良好效果。

(六)与下属保持距离,树立领导的权威

想让下属服从你,让下属尊重你,让下属心甘情愿地为你效力,就必须拉近与下属的距离,而且这种距离又必须恰到好处,既有利于行使权力,又能防止权力不被干扰。

提起上司、领导,多数人的感觉是"架子大""官气十足"。其实"架子"可以理解为一种"距离感"。许多领导正是通过有意识地保持与下属的距离,使下属认识到权力等级的存在,感受到领导的支配力和权威。而这种权威对于领导巩固自己的地位、推行自己的政策和主张是绝对必需的。如果领导过分随和,不注意树立对下属的权威,下属很可能就会因为轻慢领导的权威而怠慢、拖延工作,甚至是故意进行破坏。

一位著名的将军曾说:"伟大的人物,必会与人群保持一段距离。权威若没有威信即无法建立。威信若不与世俗有所隔离,也无法成立。"作为一名领导,要善于把握与下属之间的远近亲疏的关系,使自己的领导职能得以充分发挥其应有的作用,这一点是非常重要的。

肖军由普通员工被提拔当上了公司经理。由于他和大家太熟悉了,他也想给大伙一个好印象,不想让大伙说自己当上领导就换了一副面孔。同时,他也想树立起自己平易近人的领导形象。

他中午常常和大家一起吃盒饭,饭后一起下象棋、打扑克牌,可谓是一名联系群众的"好干部"。但是,时间久了,他发现自己说的话似乎不那么灵了。无论他下达什么命令,员工总是磨磨蹭蹭、嘻嘻哈哈地执行,结果什么也没抓起来,工作还是老样子。

后来,他逐渐远离了这个群体。中午,他自己在办公室里办公,不再与下属一起打闹。渐渐地,他与原来十分接近的人群有了一定的距离。不久,上级领导要求对公司进行人事改革,机会终于来了,他决定大刀阔斧地进行改革,一部分人回家了,一部分人留下来,并新招聘来一部分懂技术、懂销售的人员。这一次,他接受了上次的教训,始终与员工保持着不远不近的距离。员工们既能看到领导的笑容,又能感到领导严厉的目光。他的威信一点点建立了起来。三年后,肖军在所在城市里小有名气,不仅企业的效益好,领导的工作也是有目共睹。

从上面的事例我们可以看到,领导应当与下属保持一定的距离,既融入下属当中,又超脱其外、不即不离、亲疏有度才是最理想的效果。

领导者可以以"与群众打成一片"的形象出现。这样下属可以比较自由地向其汇报一些情况。但是,绝不允许他们没上下级观念,也不允许他们太过放肆。得让下属清楚,领导永远是领导,无论领导多么和蔼可亲、多么平易近人,他也是为了更方便地开展各种工作,实施各项措施。

在上下级之间,领导者大都十分珍视自己的尊严,有了尊严才有神秘感,才能吸引人。一旦上下级之间过于亲密,就会失去这种神秘感,领导者的吸引力也就会荡然无存。因为"亲近滋长轻视",任何人在他的贴身侍从眼里都成不了什么英雄。

通用电气公司的前总裁斯通在工作中就很注意遵循"距离法则",尤其在对待中高层管理者上更是如此。在工作场合和待遇问题上,斯通从不吝啬对管理者们的关爱,但在业余时间,他从不邀请管理人员到家做客,也从不接受他们的邀请。正是这种保持适度距离的管理,使得通用的各项业务能够顺利开展。

与员工保持一定的距离,既不会使你高高在上,也不会使你与员工互相混淆身份。这是管理的一种最佳状态。掌握了这个原则,也就掌握了成功管理的秘诀。

距离感是人际关系中最根本的法则之一,同时也是人际交往中最难把握的问题之一。想让下属服从你,让下属尊重你,让下属心甘情愿地为你效力,就必须拉近与下属的距离,而且这种距离又必须恰到好处,既有利于行使权力,又能防止权力不被干扰。

那么,领导者如何与下属保持适当的距离呢?一般说来,领导者至少要注意做好以下几点。

1.要注意与下属接触的"频率"

作为领导者,在与下属接触时,要注意把握好"频率"。即使对自己喜欢的下属,也不能整天在一起,甚至如胶似漆、不分彼此。如果接触太频繁,给人一种形影不离的感觉,那么就很难保持适当的距离。

2.要淡化"私交"

这里说的"私交",主要是指领导者与下属之间的个人私情。所谓淡化"私交",并非是说领导者不要与下属打成一片,不要对下属有感情,而是说个人的感情要服从工作的需要,要服从领导活动的客观规律和基本原则。

事实上,如果领导者与下属的个人私交比较深,就有可能影响领导者秉公办事,领导者也难以做到坚持原则。

因此,作为领导者要把下属的注意力引导到尽心尽力做好本职工作上来,而不要有意无意地把下属的注意力引导到与领导者建立私交上来。私交深了,就谈不上保持距离了。

(七)敢于承认自己的错误,才能获得尊重

一位管理学家这样说过:"即使傻瓜也会为自己的错误辩护,但能承认自己错误的人,更会获得他人的尊重,而且令人有一种高贵怡然的感觉。"

一个人做错了一件事,最好的办法就是老老实实地认错,而不是去为自己辩护和开脱。日本一位著名的首相的人生座右铭就是"永不向人讲'因为'"。这是一种做人的美德,也是一门为人处世的高深的学问。

人无完人,没有人会不犯错误,包括领导者在内。那么我们犯了错误之后该当如何呢?不认错或狡辩对自己的形象有强大的破坏性,因为不管你口才如何好,有多么善辩,你逃避错误换得的必是"敢做不敢当""没担当"之类的评语。之后,别人不敢信任你,于是抵制你、拒绝和你合作。而最重要的是,不敢承认错误会成为一种习惯,也使自己丧失面对错误、解决问题和培养解决问题能力的机会。所以,不认错在某种情况下是更大的错。

既然错误是不可避免的,那么可怕的并不是错误本身,而是怕知错不肯改过。一位管理学家这样说过:"即使傻瓜也会为自己的错误辩护,但能承认自己错误的人,更会获得他人的尊重,而且令人有一种高贵怡然的感觉。"

1946 年,51 岁的松下幸之助仍在精神饱满地全身心投入工作,他要求员工做到的自己首先一定做到。有一次松下幸之助对员工讲:

"新年一开始,我就下定决心以身作则,上班绝不迟到。那么,上班的第一天——~1月4日,我一大早就赶到梅田车站。原先说好是有汽车来接,不料等了又等,总是不见汽车的踪影。看看时间差不多了,我只好乘上电车,可是电车刚刚开动,又看见汽车了,我连忙下车改乘汽车。赶到公司一看:糟糕!还是迟到了10分钟!

"在这具有非常意义的复兴的第一天,我原本非常希望能以身作则,偏偏一开始就出现了差错。追究原因,发现并非不可抗拒的因素,而是人为的疏忽所造成的。于是我深切地感觉到:对于各位员工以及公司,我必须负起责任。现在我公布有关这件事的人员姓名,每人减薪一个月。而我自己,身为董事长,也难辞监督不严之责,因此,现在也将本月薪水如数奉还公司,以表示谢罪之意!"

松下责己,并不会降低自己的威信,反而赢得了公正的名声。松下幸之助说:"一个人偶尔犯了错误无可厚非,但从处理错误的态度上,我们可以看清楚一个人。"只有那些能够正确认识自己的错误,并及时改正错误以补救的人才会受到别人的尊敬和欢迎。

其实,如果能坦诚面对自己的弱点和错误,再拿出足够的勇气去承认它,面对它,不仅能弥补错误所带来的不良后果,在今后的工作中更加谨慎端正,而且能加深别人对你的良好印象,从而很痛快地原谅你的错误。

主动承认错误,本身就表现了你的勇气与责任感。对于自己的缺陷或者不足之处,首先就让对方了解,往往会收到意想不到的效果,会更能赢得对方的好感与信任。

纽约《太阳时报》主笔丹诺先生在读稿时,常常喜欢把自己认为重要的几段用红笔勾出,以提醒校对人员"切勿将它遗漏"。

但是有一天,一位年轻校对员偶然读到一段文字,也是被人用红笔勾出的,上面大致是说:"本报读者雷维特先生送给我们一个很大的苹果,在那通红美丽的皮上露出一排白色的字,仔细一看,原来是我们主笔的名字。这真是一个人工栽培的奇迹!我们在惊奇之余,多方猜测,始终不明白这些奇迹是怎样出现在苹果上的。"

那个年轻的校对员是一个常识丰富的人,他读了这段文字不禁好笑起来。因为他知道这些苹果皮上的字迹,只要趁苹果还呈青色时,用纸剪成字形贴在上面,等苹果发育红时,将纸揭去即可。

所以,这位年轻的校对员心想,这段文字如果登了出来,必将被人讥笑,因此,他便大胆地将这段文字删掉了。

第二天一早,主笔丹诺先生看了报纸,立刻气呼呼地走来,向他问道:"昨天原稿中有一篇我用红笔勾出的关于'奇异苹果'的文章,为何不见登出?"

那住校对员诚惶诚恐地把他的理由说明后,丹诺先生立刻十分诚挚和蔼地说:"原来如此!是我错了,我向你道歉,你做得十分正确,以后只要有确切可靠的理由,即使我已用红笔勾出,你仍不妨自行取舍。"

丹诺坦然承认错误的经验值得借鉴。作为领导者要明白:很多时候,坦然承认错误不仅能产生惊人的效果,而且在任何情况下都比为自己争辩有用得多。

在很多时候,勇于认错,似乎会让更多的人知道你的过失,但这并不是在把你的污点扩大,降低你的威信,相反,勇敢地认错,恰恰可以提高你的威信。

所以,当我们有理的时候,我们就要试着温和地、有技巧地使对方同意我们的看法;而当我们错了,就要迅速而诚恳地承认。因为认错的人,会给人以谦恭有礼、勇于负责任的好印象,收获也会比预期的高出许多。

(八)虚心接受批评,才能提升自我

没有人喜欢批评,但是,任何事情都有积极的一面。如果我们静静想一下,就会发现,有时候批评也是一种纠正错误、帮助自己踏上成功之道的良药。

一个人,无论作为领导还是下属,总会有受到别人批评的时候。面对这种情况,我们该怎么处理呢?

愚蠢的人受到一点点的批评就会发起脾气来,可是聪明的人却急于从这些责备他们、反对他们的人那里学到更多的经验。美国一位著名诗人曾这样说过:"难道你的一切只是从那些羡慕你、对你好、常站在你身边的人那里得来的吗?从那些反对你、指责你或站在路上挡着你的人那里,你学来的岂不是更多?"

假如有人骂你是"一个笨蛋",你应该怎么办呢?生气,觉得受到了侮辱,是吗?对于这样的事林肯是这样做的。

有一次,爱德华·史丹顿称林肯是"一个笨蛋"。而当时,林肯是美国总统,史丹顿只是林肯的下属,史丹顿之所以生气是因为林肯干涉了他的工作。由于要取悦一个很自私

的政客,林肯签发了一项命令,调动了某些军队。史丹顿不仅拒绝执行林肯的命令,而且大骂林肯签发这种命令是愚蠢的行为。当林肯听到史丹顿说的话之后,他很平静地回答说:"如果史丹顿说我是个笨蛋,那我一定就是个笨蛋,因为他几乎从来没有出过错,我得亲自过去看一看。"

林肯果然去见史丹顿,他知道自己签发了一项错误的命令,于是收回了命令。只要是有诚意的批评,是以知识为根据而有建设性的批评,林肯就非常欢迎。

生活总是用严厉的方式提醒我们改进不足,提高能力,批评是其中最轻微的一种。如果你对这个提醒不加注意,那么很快就将遭遇人际关系破裂、机会尽失的危机。所以,善于对待批评并从中找到改正错误的方法,是一种智者的生存哲学。

曾任美国总统的艾森豪威尔在具体战役指挥上可能不如巴顿、蒙哥马利,但在协调各方面关系上极具才能。他以坚定、镇静而又平等待人的态度赢得了广泛的信赖和支持。

每当艾森豪威尔即将执行一个计划时,他总会把那个计划拿给他的最善于吹毛求疵的批评家去审查。他的批评家们常常会将他的计划指责得一无是处,并且告诉他该计划为什么不可行。当有人问他为什么要浪费时间将计划给一群批评家们看,而不把计划拿给那些赞同他观点的谋士看时,艾森豪威尔则回答说:"因为我的批评家们会帮助我找到计划中的致命弱点,这样,我就可以把它们纠正过来。"

一个人无论多么优秀、多么完美,总有一些这样或那样的缺点,那么,在人的一生中,被指责、批评是很平常的事情,关键是看你怎样对待批评。有的人耿耿于怀,不思悔改,不接受批评,最终不能达到胜利的巅峰;有的人虚心接受,善意改过,使自己更加优秀、趋向完美。

没有人喜欢批评,但是,任何事情都有积极的一面。如果我们静静想一下,就会发现,有时候批评也是一种纠正错误、帮助自己踏上成功之道的良药。批评不仅是对人或事情的指责,更多的是爱护和责任,更多的是鼓励和帮助,没有人会和你过不去,所以,要善待批评。批评是宝,置身于批评的环境里,有利于个人的成才,我们在接受批评中校正人生坐标,在批评中总结经验、完善自我,在批评中调正前进的方向。

能主动听取别人的批评,会不断改进自己的工作。别人的批评是对你最好的礼物,可是,如果你没有足够的气度,你可能会丧失掉这个成长的好机会。

古人曾经告诫自己的子孙说："别人抨击我们，我们应当退而反省自身。如果我们自己有可被攻击的行为，那么别人就说得很恰当了。如果我们没有他所说的缺点，那么他就是在妄语了。对方批评得当，则对他没有伤害，对方妄语，则对我们自身也没有伤害，我们又何必去报复呢？所以忍辱的要害是自我反省。"

宽容首先表现在能容忍下属对自己的不满。从消极方面讲，矛盾无时不在，无处不有，即使你的领导能力再出色、再有成效，也永远会有令人不满意之处。"如果你想有所作为，就要准备承受责难。"假如你不相信这句话，不按这句话行事，那你就难以成为一位真正的领导者。

从积极方面讲，责难和抱怨也能产生良好的影响。让下属讲话，既可以获得更多信息，使自己做到兼听则明，又可以从中得知自己的不足，便于改正。同时，这也更加利于你了解下属，为自己所用。一本书中写道："记住，如果没有不满，就没有改进。"所以，应该记住，下属万马齐喑之日，必是你领导失误之时。

宠昵飞燕①

【历史背景】

汉鸿嘉三年(前18),汉成帝刘骜微服巡游,在阳阿公主家看到一个能歌善舞的女子,身体轻盈,妖艳美丽,名叫赵飞燕。成帝见了,非常喜欢,就将她召入宫中,大加宠幸。飞燕有个妹子,名叫合德,姿容性格更是惊艳粹美。于是也将她召入宫内。立赵飞燕为皇后,又封赵和德为昭仪,居昭阳宫。该宫用黄金、白玉、明珠、翠羽装饰。成帝因宠爱赵氏姐妹,便把军政大权交给外戚王氏掌管,汉朝由此步入外戚专权的时代。

【原文】

汉史纪:成帝微行,过阳阿(公)主家,见歌舞者赵飞燕②而悦之召入宫,大幸。有女弟合德③,姿性尤秾粹,亦召入。披香博士淖方成在帝后唾曰:此祸水也,灭火必矣。后姊弟俱立为婕妤④。果谮告许皇后,咒诅主上。帝乃废许后,而立飞燕为后。

【张居正解】

西汉史上记,成帝微行时,一日到阳阿公主家。有个歌舞的女子,身体最轻,能为掌上舞,名叫赵飞燕。成帝见了,甚是喜悦,就召入宫中,大得宠幸。飞燕有个妹子,名叫合德,姿容性格更是称艳粹美。亦复召入。时披香殿里有个博士,姓淖名方成,最有识见。跟随成帝之后,见了飞燕姊妹这等模样,知是不祥之兆。因以口唾之,说道:汉家以火德王天下。此女子入宫,必乱国家,乃祸水也。灭火必矣。其后,飞燕姊妹日见宠幸。不久,俱封为婕妤。果然在成帝面前谗谮许后,说他诅咒主上。成帝信其言,遂将许后废处昭台宫,而立飞燕为后,卒以败德乱政焉。

夫自古亡国非一,而女色居其大半,岂女子有色遂为害哉!良以有色无德故耳。盖

妇德必贞静幽闲,端庄雅重,无邪媚轻佻之态者,然后可以配至尊,奉宗庙,而母仪天下。

飞燕姊妹以倡优歌舞贱人,而帝宠之为后,其视妺宠妹喜,纣宠妲己,又有甚矣。汉祚之衰,实自此始。可叹也哉!

【注释】

①本篇出自《资治通鉴》卷31,汉纪二十三,鸿嘉三年。并见《汉书·孝成赵皇后传》,记述汉成帝宠爱歌舞女子赵飞燕姊妹,导致败德乱政的故事。

②赵飞燕(？~前1):汉成帝宫人,善舞,以体轻号曰飞燕。被成帝宠爱后,先为婕妤,许皇后被废,立为皇后。与其妹昭仪专宠十余年。哀帝立,尊为皇太后。平帝即位,废为庶人,自杀。

③女弟合德:女弟,即妹妹。合德是赵飞燕妹妹的名字。

④婕妤:宫中女官。汉武帝时置。位视上卿,秩比列侯。又写作倢伃。

【译文】

汉代史书上记载:成帝隐瞒身份私自到宫外出游时,路过阳阿公主家,见歌舞女子赵飞燕,便喜欢上她了。召进宫中,宠爱无比。飞燕有个妹妹名叫合德,姿容性情更加美艳绝伦。成帝也把她召入宫中。披香殿博士淖方成,在成帝身后暗中唾骂道:这两个女人是祸水,扑灭汉家火德的一定是这样的祸水啊!后来,成帝立她们俩为婕妤。她们诬告许皇后暗中诅咒皇帝。成帝便废许皇后,立赵飞燕为皇后。

【评议】

赵飞燕先是由于体轻如燕、能歌善舞,尤其是能作掌上舞而闻名于史。她的舞蹈艺术修养如此炉火纯青,想必是勤学苦练而成。接着,她又以一位臭名昭著的皇后而闻名于史,这完全是由汉成帝导演并造成的。由此可见,怪罪女人是祸水,虽有史实可证,但是,这祸水是由汉成帝这样的操纵女人命运的男人酿成并引发的。作为祸水的赵飞燕先是被废,后又被迫自杀,饱受痛苦后,是自己结束了这场人间悲剧。虽然她管不了大汉江山,但是,她可以把握自己的命运。

如果赵飞燕安于做个舞蹈家,那她可能不再是一个臭名昭著的皇后。人啊,很难明白自己的位置究竟在哪里;明白之后,安于自己的位置更难。但是,人必须把握住自己的命运,尤其是不能作自身欲望的奴隶。

【镜鉴】

一、把自省留在今天

世间的环境是复杂的,客观的情况是变化的,我们的能力是有限的,人非尧舜,安能无过?谁都不可能"每事尽善",不存在总是完美。要想实现理想,展示自身价值,首先要认识自己,反省自己,改造自己。

古希腊德尔斐的阿波罗神庙的门楣上刻着"认识你自己",意在提醒人们时刻重视这世间最困难的事情。有人问古希腊哲学家泰勒斯:"何事最难为?"他说:"认识你自己。"古希腊哲学家苏格拉底对弟子们提出的要求就是"认识你自己"。一个人能认识自己"是谁",及时发现自己的不足和过错,就必须常省吾身。

人们常引用"吾日三省吾身"这句名言。孔子在《论语》中也有对自省的精辟阐释,如"见贤思齐焉,见不贤而内自省也"。"自"指代自己,也包含自觉,别人不好强迫。夜深人静之时,独处一室之际,多方位多层面反省自己的灵魂深处,看看哪些事情做对了,哪些事情做错了,哪些事情做过了,哪些事情做得还不够,反思自身优劣,正视过错,自责自律,启迪内心良知,克制过分欲望,及时全面地发现过失,知过改过,"行所当行,止所当止",以防成大错难以补救,真是益莫大焉。

一个人在工作和生活中,忽视每日自省吾身,认识不到自己的弱点、缺点和错误,向来"自我感觉良好",总是觉得"一贯正确",自以为是,刚愎自用,那是危险的,不会成就事业。

"我们是共产党人,应该比古人更高明些吧。我们能不能做到一日一省,一周一省,半月或一月一省呢?我是一月一省吾身,不管工作怎样忙,每月总要抽出半天时间把自己做过的事认真地检讨一番,看哪些做对了,哪些做错了,以便少犯错误或不犯严重错误。"彭德怀总结一生经验得出了这个宝贵结论。

一个人总是在不断反思和修正错误中进步和成长的。在修身进德中，经常躬身自省，检查自己的行为，养成"吾日三省吾身"的习惯，就像生活中每天都要照镜子一样，自觉查看一下自己心灵上是否有灰尘，以防久积成垢，反思自己履行公务中的偏差，不断总结经验，克服缺点，尽可能把错误克服在萌芽之中，使小过不至于发展成大过。这是改造主观世界的重要手段，对自尊心是最好的保护，对自身形象是最好的维护，可以不断增强自我净化能力，使自身道德修养逐渐达到高尚的境界。

对自己的过失无论大或小，当从严自省，时时处处按党和人民的利益规范自己的言行。鲁迅先生曾经说过："我的确时时解剖别人，然而更多的是更无情面的解剖我自己。"每个党员干部都应学习鲁迅，无情地解剖自己，力争少犯错误，不故意犯错误。

谢觉哉60岁生日时，谢绝一切亲朋好友祝寿，关起门来反躬自省。他在日记中写道："'行年五十，当知四十九年之非'；那么行年六十，也应该设法弥补五十九年的缺点。""假如我以前更加努力些，特别是入党以后，我的成就也许要大些。"

躬身自省，是对自己的所作所为、所思所想，进行自我反省和自我批评，是一种大智慧。吴玉章81岁生日时，写下《自省座右铭》："年过八一，寡过未解，东隅已失，桑榆未晚。必须痛改前非，力图挽救，戒骄戒躁，毋怠毋荒，谨铭。"

应多反省自己，不要总是盯着别人的是非不放而责备别人。《吕氏春秋》说："败莫大于不自知。"谦虚做人，重要的是检讨自己。人的一生要做许多事情，有成功，也会有失误。面对这些"往事"，要学会反思、盘点自己。怒时、喜时、放肆时、怠惰时都要检点，做到"内唯省以端操兮，求正气之所由"（屈原）。

李嘉诚取得了很大的成就，但仍然坚持反省自己。他说："当我们梦想更大成功的时候，我们有没有更刻苦地准备？当我们梦想成为领袖的时候，我们有没有服务于人的谦恭？我们常常只希望改变别人，我们知道什么时候改变自己吗？当我们每天都在批评别人的时候，我们知道该怎样自我反省吗？"

内心自省的闸门不可久久关闭，对自己要有反省之心。反省不理智之思、不和谐之音、不达练之举、不完美之事，不因反省不及时而犯错。别人的提醒和批评是重要的，但起决定作用的，还是自省这个内因，要主动去自省，"见贤思齐""见不贤而内省"，勤于扪心自问，勇于自我解剖，自我批评，筑牢正确的世界观、人生观、价值观。

领导干部、党员干部要自省，就是要经常反省自己的思想行为是否符合党和人民的利益,要经常对照工作职责,反思自己的行为,检查自己的作风,查找自身存在的问题,不断加强世界观的改造,自省自律、自我调控、自我约束,尽力做到不犯错误和少犯错误。

自省吾身是一种心理活动的反刍与回馈,是人生必不可少的自修课。通过对言行自省、扪心自问,及时知道自己近期的得与失,进而打扫灵魂深处的污垢,净化自己的精神境界。

每个人都会出错。当你做错事时,不要固执己见,"一条道跑到黑",也不要装出一副对的样子而掩饰自己。自己有了过失,不仅有害于自己,也会影响到他人,而且小错不除,将至大错。

没做到常省吾身,就不能正确认识自己。人们往往勤于敏于察看别人,明察秋毫,看自己就不那么准确和全面了。错怪别人也比检讨自己容易得多。没有自省的态度和勇气,恐怕无法在反思中重新认识自己。

如果内心关闭了自省的闸门,不去主动自省吾身,就会自我感觉良好,不能正确认识自己,不去及时改正错误,很难正确对待别人的批评,遇到矛盾绕道走,有了问题捂着盖着,就会"我说你听、我讲你从",对批评者或很不耐烦,当面顶回;或文过饰非,推卸责任。古罗马西塞罗说:"每个人都有过错,但只有蠢人才会执迷不悟。"只有愚蠢的人才会为自己的错误辩护。勇于承认错误,意味着你向成功迈出了第一步。

二、修炼功夫重慎独

隋朝时候,有个人叫赵轨,是齐州刺史手下的小官,为人非常正直。他的邻居种了桑树,果子熟了,落在他家的院里。赵轨就把果子收拾起来送还邻居家。

后来赵轨去了原州,做了掌管军队的官员。一天夜里,他骑了一匹马赶路,马儿突然狂奔起来,把稻田踏坏了。赵轨决定当面向主人赔偿,于是待在原处等待天明。天亮了,见到了稻田的主人,按损失给了赔偿的钱,这才继续赶路。

后来,皇帝召赵轨到朝廷任职,父老乡亲为他送行,他们流着眼泪说:"您的品德像清水一般的纯净,我们都不敢拿酒来送别您,请您喝下一杯清水就上路吧!"赵轨笑着把那杯水喝了。正是:"赵轨酬值,驻马待明;父老挥涕,杯水饯行。"其德泽长流,亦如其水矣。

一个品行高尚的人,在任何情况下都不能越轨,包括独自一人、无人监督时,也应该谨慎从事,不做任何不道德的事。《礼记·中庸》认为,做人的原则、道德,是不能须臾离开的,能够离开的也就不是做人的原则、道德了。因此,君子在别人看不见和听不到的时候,仍然十分谨慎。"莫见乎隐,莫显乎微,故君子慎其独也。"——不要以为没有人看见,不要以为事情很微小,就可以放松对自己的要求。在白天、人前、会上,上级领导看到时,能严以律己;在晚上、人后、会下,亦即在无人知道、存在着多种道德行为选择可能的情况下,也能够始终如一地严格按照道德规范行事,有人在和无人在都一样,不做任何违犯道德的事。

慎独这一修养方法及衡量道德品质水平的标志,应予以借鉴。刘少奇说过,对于认真修养的共产党员来说,他也可能是最诚恳、坦白和愉快的。因为他们无私心,在党内没有要隐藏的事情,事无不可对人言,除开关心党和革命的利益以外,没有个人的得失和忧愁。即使在他个人独立工作、无人监督,有做各种坏事的可能的时候,也能够慎独,不做任何坏事。他的工作经得起检查,绝不害怕别人去检查。

在这里,刘少奇肯定了儒家"慎独"的修养方法,并用新的语言,赋予了新的内涵。他强调的是表里如一,为党和革命的利益终生奋斗,为此摒弃个人的得失和忧愁,自觉地按共产主义道德去选择自己的行为,自慎其微,不做坏事,使自己成为"最忠诚、坦白和愉快"的人。

"慎独"能考验一个人的意志和品行。倘若能做到慎独,就不失一个道德修养高的人。在"没人看见""无人监督"时,也同有人看见、有人监督时一样,用正确的思想、高尚的灵魂和坚贞的信念来保证自己,都能从大处着眼,小处着手,防微杜渐,"勿以恶小而为之,勿以善小而不为",自爱、知耻、自控,慎其行而不逾规,做到秉公用权、勤政廉政、公道正派、艰苦奋斗、勤俭节约,严格执行廉洁自律各项规定,积小善而成大德,那么,自身的思想政治素质就提高了一个层次,修养水平就达到了高度自觉的程度。

三、淡泊纯净境界新

淡泊,是人生历练的结晶。"非淡泊无以明志,非宁静无以致远。"淡泊使内心世界宁静、清醒,保持理性,使人明智,不计个人得失。党员领导干部应常修淡泊宁静之"心"。

淡泊使人真正体会到"采菊东篱下,悠然见南山"的意境。淡泊能使人保持平常的心态,凡事随遇而安,处之泰然自若,置身喧嚣的世界依然坚守心灵的一方净土,得意之时淡然,失意之时坦然。淡泊是一种豁达的胸怀,如深旷的海洋容得下滔天巨浪,不拘人

言,不迷功利。淡泊是一种自信,视坎坷如平地,视成功于从容,无拘无束。

曾子曰,欲修其身者,先正其心。曾获2000年诺贝尔生物医学奖的美国著名科学家格林加德,在接受一名记者采访时说:科学家需要敬业献身精神,这份敬业精神就是来自工作者毫无杂念,毫无其他心思,唯有以其本职工作为己任。

在改革开放环境下,社会发生着深刻变革,各种各样的诱惑增多,没有一份淡泊之心,党员干部是无法做到镇定自若的。领导干部一旦被非分欲望所左右,就可能走不出以权纵欲、贪污腐化的怪圈。

对非分欲望要有淡泊之怀,时常进行自我审视、自我反省,把制欲戒贪、清廉从政作为第一要则,在利益面前不贪心;对诱惑漠然处之,诱惑面前不动心,保持淡泊、宁静,视荣辱贵贱如过眼云烟,不沉湎于缠绵;常念"紧箍咒",常敲"小木鱼",自设"高压线",过好权力关、金钱关、色情关和人情关,始终如一地严格按照道德规范行事,行所当行,止所当止。

作为党的干部要多一点儿淡泊之心,这是作为人民公仆应有的道德要求,体现出党员干部一种精神境界。淡泊名利,甘于奉献,就拥有了一份超然境界,不会对人对事斤斤计较,就拥有了一份执着,自然对工作兢兢业业。

在功名利禄、利益得失面前,要有共产党员博大的胸襟和胸怀,以党和人民的事业为重,处理好个人与组织、工作与家庭、失与得、苦与乐的关系,在名利面前,得之不自恋、自狂,失之不失态、失志,置身喧嚣的世界依然坚守心灵的一方净土,得意之时淡然,失意之时坦然,始终坚持把党的事业摆在第一位,把个人利益摆在其次,少一些计较之举。

有了淡泊心态,面对"生活圈""交友圈""娱乐圈"的种种诱惑,处之泰然自若,保持理性和明智,耐住寂寞,甘于清廉,不计个人得失。有了淡泊心态,就能摒弃奴颜,待人平等,看人平视,对人平和,就不会患得患失、牢骚满腹、攀比嫉妒,保持心灵上的纯洁和精神上的愉悦,快乐工作、快乐生活,把全身心的精力投入工作生活当中,为了事业超然于功名,超然于人际关系,超然于人情,宠辱不惊、去留无意。

要多一点儿淡泊之心,就能够拥有"千江有水千江月,万里无云万里天"一般的心境,恬淡超然,宠辱不惊,去留无意,提升人格。"明日风会更好,今朝露宿何妨",就是一种超然而豁达的积极心态。

淡泊是心理养生的免疫剂。有了淡泊心态,就能保持一颗平常心,保持心平气和的情绪;有了淡泊心态,就能"不以物喜,不以己悲",不会患得患失、牢骚满腹、攀比嫉妒。

欲壑难填,幸福了吗?只会导致为欲所惑,为欲所累,遑论幸福。一个人的一生很宝贵、很有限,可以没有别墅宝马,可以不要"彩旗飘飘",可以不必卑躬屈膝,因为即使有,带来的幸福也不一定是永远的,或许还会有诸多烦恼呢,但万不可没有心中的桃花源,万不可没有崇高的精神境界!

保持淡泊心态,是一种可爱的精神。甘于淡泊者,就能有尊严地活着,淡化和消除官本位思想,不对上司卑躬屈膝、刻意奉迎,抛开对权力的角逐;放弃对金钱的迷恋,抛开对虚名的争夺、对失落带来的痛楚,放弃屈辱留下的怨恨、心中难言的负荷,丢掉无谓的争吵,删除阴暗的心理,放下巧伪的面具,卸掉防御的铠甲,老老实实做人,勤勤恳恳工作,会使整个身心得到解脱,沉浸到轻松、平和、宁静之中,你便能豁达豪爽,保持乐观的心态,去实现人生的价值,与快乐和幸福结缘。

嬖佞戮贤^①

【历史背景】

哀帝在位时，有个跟随在他身边的侍中，名叫董贤。哀帝心痴情乱，把董贤留在宫中，让他日夜侍寝。在哀帝的宠幸之下，无德无才的董贤平步青云，连升几级。到最得意之时，二十二岁的董贤当上了大司马，权倾朝野。他的父亲、兄弟也都被封了侯。哀帝为了显示他对董贤的宠爱，干出了不少荒唐事。他命令以专门督管建造宫室的高级官员为总管，调集能工巧匠，在汉宫以北，为董贤修筑宅第。那宅第重殿洞门，周坦复道，完全照搬皇宫的样式，豪奢相差无几。他把皇家武库中的御用兵器随随便便地赐给董贤，还赐给他无数专供皇帝珍玩的宝物。更荒唐的是，为了让董贤与自己生死为伴，汉哀帝还特意在自己的陵墓旁，为董贤修了陵墓。这真是昏聩无耻之极！

史书上记载：刘欣一开始称帝时，还是能躬行节俭、勤于政事的。但后来，他被董贤所惑，于是神魂颠倒，加速了自己和国家的灭亡。做君主的，要是像汉哀帝这样过分地宠近佞臣，还能有不亡国的吗？

关于汉哀帝和董贤的事情历史上记述很多。哀帝早在做皇帝以前就听说过董贤的名字，只是没有见过。即位后，董贤因为曾为太子舍人而升官做了侍郎。一天轮到董贤传报时辰，哀帝在殿中看见了他，开始时还以为是个美貌的宫女打扮成男子模样。于是就这样认识了他，并见到他的模样，汉哀帝也从心里喜欢上了这个漂亮的侍郎，并当下授董贤黄门郎的官职，命令他以后随侍左右。

董贤生就一副女相，哀帝禁不住这样的诱惑，居然让他侍寝，与他有了肌肤之亲。于是董贤就飞黄腾达升任驸马都尉侍中，从此不离皇帝的左右了。哀帝与董贤经常在一起沐浴，董贤在池水之中给皇帝供奉仙药丹术，博得皇帝的喜爱。

一天哀帝早晨醒来，见董贤还睡着，哀帝想要撤出自己的衣袖，却又担心自己惊扰了董贤。于是就把自己被董贤压住的衣袖用佩刀割断，然后悄悄出去。所以后人把嬖宠男色,称作"断袖之癖"。董贤醒来,知道了事情的原委后很是感动,于是侍奉皇帝更加仔细。为了跟随皇帝竟然好多天不回家看望自己的妻子,假说哀帝多病,自己在旁煎药伺候。哀帝对此很过意不去,就命令董贤的妻子隶宫籍住在了直庐。家眷也迁入了宫中居住,以便与董贤时刻见面。

董贤有一个还未嫁人的妹妹,哀帝就让董贤送妹妹进宫。因为董贤的这个妹妹和他长得极为相似,哀帝使留她陪伴在自己的身边服侍,第二天就封董氏为昭仪,地位仅次于皇后。当时皇后的宫殿叫作"椒房",董昭仪居住的地方就赐号"椒风",意在表明她可以和皇后名号相等。董贤的妻子十分的美艳,她经常出入宫禁,被哀帝看见,于是哀帝也被她的美色打动,就命令她与董贤一起侍奉在自己的左右。从此董贤便与其妻妹二人,轮流陪伴汉哀帝。大汉天朝,离灭亡也不远了。

【原文】

汉史纪:哀帝②时,侍中董贤③姿貌美丽,以和柔便辟④得幸于上,贵震朝廷,常与上卧起。诏将作大匠,为贤起大第⑤,穷极技巧。赐武库禁兵,尚方⑥珍宝,及东园秘器⑦,无不备具。郑崇⑧谏上,上怒,下崇狱,竟死。

【张居正解】

西汉史上记:哀帝时,有个侍中叫作董贤,他容貌美丽,性体和柔,而便佞邪辟,以此得帝宠幸,至与帝同卧起。其尊贵之势,震动朝廷。帝诏令总管营建的将作大匠,替董贤起盖大第宅,诸般的技能工巧无不做到。又赐他武库里禁兵,尚方的珍宝,及东园中葬器,皆朝廷所用,俱以赐贤,无一不备者。其时有个贤臣郑崇,因此谏争,以为不可。上怒而下崇于狱,竟死狱中。夫哀帝初年。躬行节俭,政事皆由己出,亦可以为明主。到后一宠董贤,遂至颠倒迷惑,无复顾惜,卒以促亡。人君之宠狎佞倖,其祸如此。

【注释】

①本文出自《汉书·佞幸列传·董贤》,又见于《资治通鉴》。主要是记述了汉哀帝宠信侍中董贤,不听从大臣郑崇的进谏,并将其打入大牢,致其死在狱中的故事。嬖佞:

专门指的是皇帝身边的那些近侍小人。

②哀帝:汉哀帝刘欣,字和,生于成帝河平四年丙申(公元前 25 年)三月壬辰日。成帝死后,刘欣于绥和二年甲寅(公元前 7 年)四月继位称帝,当时仅仅十九岁,翌年改年号为"建平"是历史上著名的昏君。他十分宠爱侍中董贤,是一个同性恋者。

③董贤:字圣卿,云阳人。董贤是一个美男子,汉哀帝的男宠,凭借这个条件升官很快,官至大司马。哀帝死后,董贤随即失势,自杀死去。

④便辟:逢迎、谄媚的样子。

⑤第:府邸,宅院。

⑥尚方:掌管、供应与制造皇帝所用器物的衙署及官名。

⑦东园秘器:指皇室、显宦死后用的棺材。

⑧郑崇:字子游,出身大族,世世代代与王家都有姻亲的关系。年轻的时候出任郡文学使,至丞相大车属。郑崇因为汉哀帝过分宠信董贤而进谏,结果获重罪,惨死狱中。

【译文】

汉哀帝的时候,侍中董贤姿态美好、容貌俊美,他以自己的柔和的体态和善于谄媚的样子,受到了皇帝的特殊宠爱。富贵与荣耀胜过其他的朝中大臣,以至于他的尊贵震慑了全朝的文武百官,经常不顾自己的身份和皇帝共用餐饭,甚至还与皇帝一起睡眠。皇帝为了他,还特意建造了一座极其精美的宫室,在建造的时候十分讲究,选用当时的能工巧匠,使用最高的技艺。还将武器库当中不得外用的禁止性的武器赏赐给他,甚至赐予他皇帝专门使用的珍奇宝物,以及在东园为王公准备的棺木等下葬使用的器具等。大臣郑崇上书直言,惹得皇帝大发雷霆,命令将郑崇投入大牢,最后竟然致使郑崇冤死在牢狱之中。

【评议】

汉哀帝与董贤在中国历史上是很特殊的一种宠幸关系,因为以往的皇帝的宠爱对象都是女性,像汉哀帝和董贤这样的关系,他们可以说是历史上有明确记载的早期的同性恋,这在中国这样一个很重视伦理道德的国家里,是始终受到鄙视的。董贤作为臣子失去了起码的尊严，竟然以自己的男性身份对帝王实行诱惑，而汉哀帝却也不顾及皇帝的龙尊，与自己的大臣发生这样的关系，在古代中国这完全被看作是不道德的。贤臣郑崇看到这样的事情堂而皇之地在宫中发生，直言相谏，竟然被打入大牢，还冤死在了狱中。汉哀帝在历史上不仅仅是昏君还是一个不知廉耻的人。他不分忠奸，只知道任用对自己阿谀奉承的人，而打击对自己忠心耿耿、直言相劝的人，为了个人感官享乐竟然将国家社稷抛之脑后。我们现在的时代，虽然不存在君主帝王了，但是某些掌握权力的人，在处理事情的时候，是不是也有汉哀帝的作风呢？

【镜鉴】

一、不徇私情

2004 年 10 月，河南省人大常委会原副主任王有杰的儿子王锴(曾任香港一投资公司董事)因涉嫌重大经济问题被中央纪委审查。此时，王有杰急欲帮助儿子"摆脱困境"，通过一个名叫赵川的人认识了自称是"某老将军干儿子"的胡建军(因犯诈骗罪被依法判处无期徒刑)。胡的一番表现获得了王有杰好感。此后，胡建军以"需要活动经费"为由，骗取王有杰人民币 200 万元。王有杰"巨资救子"一事终被纳入中央纪委的视野，随后被中央纪委调查。经查实，王有杰在担任河南省漯河市委书记、郑州市委书记、河南省委常委、河南省人大常委会副主任的 1994 年至 2005 年期间，利用职务之便，为他人在职务提拔、工作调动、承揽工程、收购国有资产、征用土地、工程开发等方面谋取利益，先后 54 次非法收受个人或单位给予的财物共计折合人民币 634 万余元，构成了受贿罪；另有折合人民币 890 万余元的财产不能说明合法来源，构成巨额财产来源不明罪，被依法判处死缓。在王有杰接受组织调查之前，他的儿子、女儿、女婿、妻子先后被有关部门调查，并分别受到了惩处。这宗案件被人称之为"拔出萝卜带出泥"，"全家覆灭"。湖南省机械工业局原局长兼党组书记林国悌因犯受贿罪被依法判处死缓。其妻赵幼娟当"贪内助"被依法判处有期徒刑 6 年。其儿子林如海也因"父子案"被依法判处无期徒刑。林国悌后悔莫及地忏悔："想为儿女、家庭多留些钱财，使他们有个好的经济基础，不仅现在而且将来吃、穿、住、玩都高出众人，结果利令智昏，不但毁了自己，把妻子、儿子也推入了'火坑'。"他还醒悟地说："儿女们心灵上的创伤,是我这个做父亲的一刀一刀割裂的啊!"林国悌之妻赵幼娟忏悔："我不是一个好妻子,也不是一个好母亲,这个家庭的毁灭我有极大的责任。我好后悔,可惜世界上没有后悔药!"被父母百般宠爱、最终被引上犯罪道路的林国悌的儿子林如海向天下父母发出呼吁："我不想推脱自己的罪责,只想诚意奉劝那些身居高位的父母,如果你们真心爱你们的子女,就放手让他们自己去创造属于他们自己的幸福生活。千万不要利用人民赋予的权力为子女谋取非法利益。那样,不但会毁了自己,也会毁了整个家庭,还会毁了儿女的一生!"林如海还说："我奉劝天下当官的父母,要给儿女留下正确的人生观,而不是金钱!"这些"遗泽子孙"的"鸳鸯案""父子案",其教训是深刻的。

中央纪委原副书记刘锡荣在重庆市做党风廉政建设形势报告时透露说："去年的贪污受贿等腐败案件中,70%的案件所涉及的贿赂是由官员家眷甚至情妇收受。"他要求反腐败必须重视领导干部的"后院",对那些一到晚上或逢年过节家中就热闹的官员应当重点关注。许多贪官"落马"都是为了"遗泽子孙"而导致以权谋私、疯狂敛财的。他们"亲情至上""儿女情长"或"贪内助"的严重后果也往往格外惨烈,即一旦东窗事发,事情败露,常常是"玉石"俱损,甚至全家覆灭。

领导干部如何正确地对待亲情?应该说,人都是有感情的,而亲情则是感情中最重的一种,讲亲情是人之常情。古人云："能吏寻常见,公廉第一难。"讲的大抵也是"亲情难却"之意。古往今来有不少好的对待亲情范例。唐代武则天《臣轨上》中讲："当公法则不阿亲戚。"唐代诗人罗隐有两句赠友诗："国计已推肝胆许,家财不为子孙谋。"近代民族英雄林则徐留给子孙一副对联："子孙若如我,留钱做什么?贤而多财,则损其志;子孙不如我,留钱做什么?愚而多财,益增其过。"对于领导干部来说,不徇私情,秉公办事,却是最基本的要求。毛泽东同志曾经把处理亲情问题的办法归结为"三原则",即"恋亲不为亲徇私,念旧不为旧谋利,济亲不为亲撑腰。"他还坚持"四不"态度,即"不介绍,不推荐,不说话,不写信。"毛泽东同志的这些原则为共产党人的亲情观做了最好的诠释。毛泽东同志为革命失去6位亲人,并对子女的管教很严,不让子女搞特殊化。在抗美援朝时,毛泽东同志决定送新婚不久的长子毛岸英赴朝参战。毛泽东同志对前来劝阻的同志说："谁叫他是毛泽东的儿子,他不去谁还要去?"毛岸英在朝鲜战场上壮烈牺牲之后,毛泽东同志非常悲痛地说："革命战争总是要付出代价的。岸英是一位普通战士,为国际共产主义献出了年轻的生命,他尽了一个共产党员应尽的责任,不能因为他是我的儿子,就不应该为中朝两国人民共同事业而牺牲。"杨开智同志是毛泽东同志恩师杨昌济的儿子,也是他的夫人杨开慧的哥哥。杨开慧同志被捕后,他曾设法营救。杨开慧牺牲后,他又冒着风险收殓尸体,以后又营救毛岸英兄弟。杨开智的女儿也在抗日战争中不幸牺牲。新中国成立后,杨开智同志写信给毛泽东同志,要求来京工作。对于这样的至亲,毛泽东同志毫不含糊,坚持照章办事。他向当时任湖南省委第一副书记王首道发出指示:杨开智等不要来京,在湘按其能力分配适当工作,任何无理要求不应允许。同时,他还致电杨开智同志说:在湘听候湖南省委分配合乎你能力的工作,不要有任何奢望,不要来京。湖南省委派你什么工作就做什么工作,一切按照正常规矩办事。杨开智同志听从了他的劝告。毛泽东作为党的领袖、国家主席,即使不愿意出面关照一下亲属,哪怕是睁一只眼、闭一只眼,亲属们也能得到一定的庇护与关照。然而,毛泽东同志从来不搞任人唯亲,不为亲属徇私,不为旧情谋利,不为亲戚撑腰。这是何等高尚的亲情观!据《生活中的刘少奇》一书记载,1959 年 10 月 1 日,刘少奇的一些亲戚和以前在他身边工作过的同志看望他,当然有些是来请他解决工作或升学等问题的。当天晚上,刘少奇把大家召集在一起,说:"你们想请我这个国家主席帮忙,以改变目前的状况,甚至改变自己的前途。说实话,我要是硬着头皮给你办这些事,也不是办不成。可是不行呀!我是国家主席不假,但我首先是名共产党员,共产党员应该全心全意为人民服务,不是为个人小家庭服务。我手中有点权力也是真的,但这权是党和人民给的,我只能用于维护党和人民的利益。""不要以为你是国家主席的亲戚就可以搞特殊,靠沾我的光提高不了你的觉悟,⋯⋯正因为你是国家主席的亲戚,更应该严格要求自己,更应该艰苦朴素、谦虚谨慎,更应该有富贵不能淫、贫贱不能移、威武不能屈的志气。"刘少奇的一番话,深深地打动了在座的每个人的心。大家纷纷表示今后绝不再为个人的私事打扰刘少奇同志的工作。周恩来同志两袖清风,一尘不染,鞠躬尽瘁,死而后已。其高风亮节,全世界人民都非常敬仰。他严管自己的配偶和亲属。他曾说过:"只要我当一天总理,邓颖超就不能到政府里任职。"1974年,筹备组建四届人大领导班子时,毛泽东同志已经同意提名邓颖超同志担任全国人大常委会副委员长,却被周恩来同志压下来。直到他去世后,邓颖超同志在 1977 年被选举为全国人大常委会副委员长时,人们才得知此事。朱德同志生前,对妻子康克清说:"不要把节约下来的两万元留给孩子们,要让他们自食其力,不依赖父母,保持艰苦奋斗的本色。"朱德同志逝世后,康克清同志遵照朱德同志的遗嘱,将两万多元存款全部交给党组织,作为朱德同志的最后一次党费。党的好干部焦裕禄生前对女儿说:"你从我手里继承的只有党的事业,其他什么也没有。"郑培民同志在领导岗位工作 20 多年,真正做到勤政为民,廉洁自律。郑培民同志的儿子说:"在廉政问题上,爸爸把前门,妈妈守后门。"这句话说得好,一个家庭"后院失火"是果,其"前庭失守"甚至有意纵火才是因。近年来,许多领导干部的腐败案例都充分显示,绝大多数贪官大搞权钱交易并非自己一手完成,而是采用内外结合的"间接模式"。"贪内助"们利用丈夫的权力和影响,打着丈夫的牌子,四处活动,拉关系、走后门,索贿受贿,将丈夫的权力用到了极致。她们从中推波助澜,疯狂敛财;或夫妇同流合污,赤裸裸地帮助丈夫受贿、索取、窝藏、转移赃款赃物等,甚至订立攻守同盟,开脱罪责。可以说,很多贪官的背后,都站着贪婪的妻子。在这样的家风熏陶和潜移默化之中,使丈夫丧失警惕,放弃了原则,给了好处乱办事,引发了"后院"起火,夫妻一同走向犯罪的深渊。这种窝案、鸳鸯案,贪污受贿起来不光"作为"可观,其结局也往往格外惨烈。一旦东窗事发,事情败露,常常是"玉石"俱损,甚至全家覆没。这些"后院"起火的结果是,他们想得到更多反而失去更多:政治上自毁前程,经济上倾家荡产,名誉上身败名裂,家庭上愧对家人,友情上众叛亲离,自由上身陷牢笼,健康上身心交瘁。有人说,"朝中有人好做官",也是很多官员的亲友所信奉的"真理"。一个领导干部到了某一个地方,总会有"七大姑八大姨"什么的亲戚找上门来,求着办点私事、开点后门等等。此时,领导干部如果心一软,往往就会被所谓的"亲情""人情"所淹没,而丧失党性和原则,徇私枉法起来了。当然,领导者也是常人,也会有个"三亲四故",但是一定要把握好党性和原则,不能为"亲情"和"人情"所累、所困。因此,领导干部要引以为戒,警钟长鸣,严于律己、严于律妻,管好儿女,以良好作风对亲属严格要求、言传身教,始终坚持做到不徇私情,过好亲情关。

不徇私情,必须严于律己,管好自己。古人云:"民无德不立,政无德不威。""为政以德,譬如北辰,居其所而众星拱之。"要做好一个人,就应该有良好的道德品质,而从政为官者更应该具有高尚的道德品质,因为有高尚官德的人能够以自己的人格魅力感召人、影响人,从而在人民群众中产生很高的威信。温家宝总理在会见中外记者时说道:"我们必须懂得一个真理,这就是政府的一切权力都是人民赋予的,一切属于人民,一切为了人民,一切依靠人民,一切归功于人民。"他还说:"我们必须秉持一种精神,这就是公仆精神。政府工作人员除了当好人民的公仆以外，没有任何权力。"短短几句话，温总理就简明扼要地回答了两个重要问题，即权力的来源和权力的本质。权力的来源是人民赋予，权力的本质是当好人民的公仆。这就决定了每个党员领导干部谋求的是整个阶级和人民群众的幸福，不是个人和家庭的私利。领导干部要不断加强自己的党性修养，坚定正确的理想信念，树立正确的世界观、人生观、价值观和权力观，筑牢拒腐防变的思想道德防线。"甘守清廉报家国，不为贪赃羞儿孙"。人生在世，亲情宝贵。领导干部既不要因为贪污受贿，让自己的亲友蒙羞；也不要以"举贤不避亲"为由，放任甚至纵容为子女亲戚谋求特殊利益。领导干部如果以权谋私、贪赃枉法，就自食恶果，后悔莫及。爱"廉"者说，廉是清茶，怡神醒脑；爱"贪"者悟，贪是毒药，五脏俱腐。为了你和家人的幸福，请牢记："近廉远贪"，平安一生！贪得过"分"必致"贫"，"婪"得过"火"必自"焚"！因此，领导干部要从那些"鸳鸯案""父子案"中引以为戒，警钟长鸣，始终坚持立党为公，执政为民，洁身自好，不徇私情。

不徇私情，必须严格要求，管好配偶。古人讲，妻贤夫祸少，妻贪夫堕落。家有贤妻实乃人生之大幸。领导干部要正确对待和处理家庭关系和亲情关系。家庭是社会的细胞，是社会稳定和谐发展的基础，也是拒腐防变的一道重要防线。通过家庭成员的自觉努力来抵制和预防腐败，有利于"促廉助廉"，是建立美好幸福家庭生活的重要保证。夫妇结合，系出于情爱，若以经济为条件，就失去了相爱的本意。一个成功男人的背后，必然有一个无怨无悔付出、默默无闻奉献的好妻子；相反，很多贪官的背后，都站着贪婪的妻子。一个常常关心你事业或工作的爱人，是使你向上的；一个常常只知道缠着你去寻求享乐的爱人，是使你堕落的。特别是女人的思想道德防线比较脆弱，那些买官要官的干部和投机钻营的"大款"、商人等不法之徒，在腐蚀拉拢我们领导干部难以奏效的情况下，往往迂回侧击，用"糖衣炮弹"从领导干部的妻子中打开"缺口"。然后，通过妻子的"枕边风"使丈夫手中的权力异化，步入了权钱交易的圈套，达到"曲线买官、敛财"的目的。"贪内助"在"官大人"的思想蜕化变质和违法违纪行为的形成、发展中起着默许纵容、加速催化和替代辅助的作用。因此，党员领导干部不仅要严于律己，廉洁从政，在思想上严防死守，而且要严于"律妻"，对妻子严格要求，约法三章，用正确的思想和自身的清正廉洁去影响和带动家庭成员，在家庭中形成"拒绝腐败，以廉保家"的良好氛围。要管好妻子，必须顶着"枕边风"，堵塞妻子参政、议政的门，不让妻子"掺和"政事，要让妻子管好家事,教育好子女,当好"贤内助"。作为领导干部的妻子,要全力支持担任领导职务的丈夫勤政为民、秉公办事,做到多一分支持,少一分拖累;多一分温暖,少一分埋怨;多一分理解,少一分苛求。为建立幸福美满的家庭,每一位领导干部家属要增强家庭"保廉助廉"的强烈意识,树立"以德治家、以俭治家、以廉保家、以文化兴家"的良好家风,大兴廉洁之风,建设文明家庭,把家庭营造成廉洁、和谐、幸福的港湾。正如江西省遂川中学教师邹木兰(被誉为贤内助,丈夫任遂川县副县长)说的:"大家都说,成功的男人后面都有位甘于奉献的女性,我并不认为自己作了多大的贡献。我只是和丈夫志同道合,在人生旅途上共同弹奏了一曲曲和谐、动听的清廉乐章,同路、同心,共同守住了一片清正廉洁的蓝天。"

　　不徇私情,必须严格管教,培养儿女自强自立。古人云:"爱子,教之以义方,弗纳于邪。""贤人智士于子孙也,厉之以志,弗厉以辞;劝之以正,弗劝以诈;示之以俭,弗示以奢;贻之以言,弗贻以财。"可怜天下父母心,关爱自己的儿女是父母的天性。但这种关爱不能是溺爱,溺爱过分了,就会适得其反,使儿女畸形成长,甚至腐化堕落。药物是治病的,但过量了就会致命;母爱是伟大的,但过分了就会断送孩子前程。娇惯的儿女会产生依赖父母的思想,缺乏自强自立、勤奋进取的精神和动力。社会经验证明,严是爱,宠是害,"大树底下长不出鲜花"。领导干部对待儿女,要严格管教,严格要求。周恩来同志曾经对一些干部子弟说过:"你们的父辈为人民流过血,立过功。但他们是无产阶级的战士,既没有什么遗产留给你们享用,更不会留给你们任何特权。"领导干部要培养儿女自强自立,从小教育儿女,为儿女创造良好的学习环境。要帮助儿女树立正确的人生观、价值观,让儿女勤奋读书,自强自立,立志成才。不要人为地为儿女安排优越的工作岗位和良好的生活环境。要鼓励儿女到艰苦的地方去工作,去锻炼。艰苦的生活环境能够锻炼人们坚强意志,激励人们不断奋发进取;而安乐舒适的生活条件容易腐蚀人,沉湎其中会走向颓废乃至衰亡。孟子曾列举担任治国重任的有名人物,都在社会的底层经历过艰苦的磨炼,进而得出一个结论:"天将降大任于斯人也,必先苦其心志,劳其筋骨,饿其体肤,空乏其身,行拂乱其所为,所以动心忍性,增益其所不能。"这就是说,苦寒送梅香,逆境出英雄。同时,领导干部不要利用职权和职务上的影响为儿女谋取利益。《中国共产党党员领导干部廉洁从政若干准则》明确规定:"党员领导干部对涉及与配偶、子女、其他亲友及身边工作人员有利害关系的事项,应当奉公守法。禁止利用职权和职务上的影响为亲友及身边工作人员谋取利益。""不准要求或者指使提拔配偶、子女、其他亲友及身边工作人员;不准用公款支付配偶、子女及其他亲友学习、培训的费用;不准为配偶、子女及其他亲友出国(境)旅游、探亲、留学向国(境)外个人或者组织索取资助;不准妨碍涉及配偶、子女、其他亲友及身边工作人员案件的调查处理;不准为配偶、子女及其他亲友经商办企业提供便利和优惠条件。省(部)级以上领导干部的配偶、子女及其配偶,不准在该领导干部管辖的地区及管辖的业务范围个人经商办企业和在外商独资企业任职。"近年来,一些领导干部对自己的配偶、子女过于迁就,利用职务之便满足他们的私欲,甚至支持包庇纵容他们的违法犯罪行为,致使自己也跟着走上了违法犯罪的道路。在情与法的矛盾斗争中,领导干部要站在党的利益和党性原则的立场上,站在遵守和维护党的纪律和国家法律的立场上,教育配偶、儿女自觉遵纪守法,不做出格事,不做违心事。党员领导干部对同床共枕的配偶、血浓于水的儿女,既要言传身教、重视治家,又要严于律己、尚俭戒奢,真正做到"家财不为子孙谋"。

二、领导的惩罚艺术

(一)要做到赏不避仇,罚不避亲

奖赏是管人的必要手段。有经验的领导者,不论是对恩人还是仇人,都应一视同仁,该奖则奖,该罚则罚。

三国时期的孙权就是一个"赏不避仇,罚不避亲"的领导者。

甘宁英勇善战,曾有功于黄祖,而黄祖以他曾是"劫江贼"不予重用,他想投靠东吴,但是又恐江东会恨其为救黄祖而杀害凌操之事,不被东吴所容。后得吕蒙推荐,于是投东吴,孙权见他大喜:"兴霸来此,大获我心,岂有记恨之理?请勿怀疑。愿教我破黄祖之策。"甘宁于是陈述了可以先破黄祖后取巴蜀的策略,孙权认为是"金玉良言"。后果破祖。之后,甘宁又多次立下大功,官拜折冲将军。

周瑜在赤壁之战中建大功,孙权立即拜他为偏将军、领南郡太守,并对他的功勋念念不忘。周瑜病死时,孙权痛哭流涕,说:"公瑾王佐之资,今忽短命,孤何赖哉!"后来孙权称帝,又对公卿说:"孤非周公谨,不帝矣!"对周瑜遗下两男一女,都予以悉心照顾;但对于他们的不法行为则绝不纵容。

据《三国志·吴书·周瑜传》记载：都乡侯周胤是周瑜次子，他自恃是功臣子弟，"酗酒自恣"横行不法，孙权曾"先后告喻"，他却毫不改悔。孙权不因周胤是功臣子弟而宽恕他，却是将他迁徙庐陵郡。诸葛瑾与步骘因周胤是功臣之子不忍他因罪见徙，便上疏为他求情，要求复他原职。

孙权不同意，说："孤于公瑾，义犹二君，乐胤成就，岂有已哉？迫胤罪恶，未宜便退，且欲苦之，使自知耳。"这就是说，周胤有罪，不能不处罚，要让他吃点苦头，使他能改过自新，才能挽救他。

由于孙权能赏不避仇，罚不避亲，所以将士们才愿意为他卖命。

作为领导者，在赏罚时，心中虽然也有亲疏远近的人情观念，但其眼光的聚焦点确是企业的目标、业绩的提升，所以只要是对企业领导者有利，即使是仇人也要不吝奖赏。

刘邦建汉后，论功行赏，他先将功劳最大的二十几个人一一封了官，赏了地，其余的那些将领互相之间比较功劳的大小，谁也不让谁，于是封赏之事也就一时中断了。

有一天，刘邦从洛阳南宫的阁楼上望去，看见那些将领们在洛水岸边的沙滩上，三人一群、五人一伙，在交头接耳地议论什么。刘邦问身边的张良："他们在嘀咕些什么？"

张良说："陛下还看不出来吗？他们在聚众准备谋反啊！"

刘邦大吃一惊："天下好不容易平定下来了，他们为什么又要谋反？"

张良说："陛下以一个普通百姓的身份起事，靠着这一帮人夺取了天下；现在陛下贵为天子，而所封赏的都是原来的老朋友和亲戚故旧，所杀的都是原来一些有冤有仇的人。他们觉得，天下只有那么大，要封的人却那么多，他们担心陛下不会对他们都进行封赏，又害怕会因为以前什么地方得罪过陛下而遭猜疑被杀，因此就想谋反。"

刘邦一听就犯愁了："这可如何是好？"

张良给他献上一计，问他："有没有这么一个人，陛下平生最恨他，而大臣们也都知道的？"

刘邦想了想，说："有的。就是雍齿。这个人原来就同我不和，又一再给我难堪，我早就想杀了他，但是因为他有很大的功劳，因此有些不忍心。"

张良说："陛下，那么就请您先立即封赏他，这样也就能让大臣们安心了。"

刘邦于是大摆宴席，当众封雍齿为侯，同时督促丞相赶快定功行赏。宴会结束后，大臣们都很高兴,议论说:"连雍齿都封侯了,我们还有什么好担心的呢?"于是纷纷效忠于刘邦。

这正是刘邦在封赏时所采用的一种手腕。现代企业中,领导者有时也会遇到同样的情况——要奖赏的人太多,又不可能做到绝对公平合理,这时不妨学学刘邦,先封仇家,向下属们显示自己的无私,这样一来,就能起到安定人心的作用,也就能多一些时间可以逐一奖赏。

(二)事前弄清真相,以免冤枉好人

作为领导者,当听到某人犯了一个严重的错误,或是违反了什么规章制度,或是让你失望了,你的自然反应就是认为他确实做了你所听到的事情,从而立即采取措施。这样的反应是错误的,因为在这之前你首先必须弄清楚事实的真相。

在某个企业,那些真正努力工作的好职员显得非常兴奋。原来,公司里调来了一位新主管,据说是专门被派来整顿业务的厉害角色。可是日子一天天过去了,新主管却毫无作为。每天一到公司后,他就躲在自己的办公室里不出门。于是,那些本来紧张得要死的懒散的人,变得比以前更猖獗了。

懒散的人窃笑:他哪里厉害嘛! 根本是个老好人,比以前的主管更容易"对付"!

几个月过去了,就在真正努力的好职员对新主管感到失望时,新主管却发威了! 他以雷厉风行的姿态将懒散的人一律开除,能干的员工获得晋升。下手之快,断事之准,与几个月来表现保守的他,判若两人。

年终聚餐时,新主管在酒过三巡之后致辞:

"相信大家一定对我刚到任时的无所作为,以及后来的大刀阔斧很不理解。我现在讲个故事,各位就明白了。

"我有个朋友,买了一栋带着大院子的房子。他一搬进去,就将那院子全面清理,杂草树木一律清除,改种自己新买的花卉。一天,原来的房主来访,一进门就大吃一惊地问:'那株最名贵的牡丹哪里去了?'

"我的这位朋友才发现,他竟然把牡丹当作杂草给铲了。

"后来,他又买了一栋房子,虽然院子更加杂乱,但他并没有急于清理它。果然,冬天以为是杂树的植物,春天繁花似锦;春天以为是野草的,夏天花团锦簇;半年都没有动静

的小树,秋天里却红叶满树。直到临冬,他才真正认清哪些是无用的植物,并统统铲除,同时使所有珍贵的草木得以保存。"

说到这儿,主管举起杯来:"让我敬在座的每一位,如果咱们办公室是一个花园,那么,你们就都是其间的珍木,珍木是不可能一眼就看出来的,只有经过长期的观察才能认得出来!"

当你不能清晰地判断谁努力工作,谁是敷衍了事,谁是混日子的人时,且慢做决定,否则难免会冤枉好人。

领导者们所犯的一些最严重的错误,往往是因为他们还没有了解全部有关事实的情况下就做出决定。是的,在质询一位员工时,他说的可能不是事实,员工也可能会在你同他谈话前慌忙掩饰自己的过错。但是每次面对类似的情况时,你最初得到的信息都往往会欠缺关键的事实。如果依据这种不完整的信息行事,就难免会做出错误的举动。要想弄清事情真相,可遵循下列步骤:

步骤一:告诉自己,要先弄清楚事实的真相,因为有可能你对事情的了解还不够,并不足以使你做出判断。

步骤二:不要让感情占据上风。面对员工的错误,不要让愤怒支配自己的情感,先冷静下来,保持理智。因为一旦你的决定错误,要想抚慰便成了一件费力不讨好的事情。

步骤三:如果不是有特别的原因要相信听说的事情,就应先从有利于员工的方面提出质疑。这样做,就能为了解事实打好基础,或许还能帮助你更快地平静下来。

步骤四:与那位员工面谈,告诉他你听说的事情,然后给他一个解释的机会。仔细倾听他的解释,积极思考,并向他提出问题。既不要简单地接受他说的话——他的理由可能与事实相差甚远——也不要让他觉得你是在逼供。而是要给他们足够的时间,耐心地听他的解释。

步骤五:有必要的话,获取更多的事实。你可以通过其他员工或途径从侧面进行详细的调查。

当然,这并不意味着,领导者不能严格地对待自己的员工。也不是让领导者只顾忙于分析,在得到必要的事实后仍不停手。这只是说,领导者应该做出明智的决定——为此就应该了解必要的事实。至少这对员工而言,是公正的。

(三)发火后要正确"善后"

无论哪一个团队,当下属犯下不可原谅的错误时,身为上司不免有生气发怒的时候。发怒,足以显示领导的威严和权势,对下属构成一种令人敬畏的风度和形象。应该说,对那种"吃硬不吃软"的下属,适时发火施威,常常胜于苦口婆心。

当然,发怒也有发怒的技巧。有经验的领导者在这个问题上,既敢于发火震怒,又有善后的本领;既能狂风暴雨,又能和风送暖;既能使下属警醒于自己的错误,待他的愧疚心平息下来,又能恰当地给他一点甜头,引导他朝正确的方向走。

著名的松下公司创始人松下幸之助被称为"经营之神",殊不知这位"经营之神"经常在工作中责骂部下。但是他的责骂方式是非常巧妙的,其秘诀在于他责骂之后的处理方式。

后藤清一曾在松下公司任职,某一次,因为一个小的错误,他惹恼了松下先生。当他进入松下的办公室时,只见松下气急败坏地拿起一只火钳死命往桌子上拍击,然后,对后藤大发雷霆。后藤正欲悻悻离去,松下说道:"等等,刚才因我太生气了,不小心将这火钳弄弯了,所以麻烦你费点力,帮我弄直好吗?"

后藤无奈,只好拿起火钳拼命敲打,而他的心情也随着这敲打声逐渐归于平稳。当他把敲直的火钳交给松下时,松下看了看说道:"嗯,比原来的还好,你真不错!"然后高兴地笑了。

责骂之后,反以题外话来称赞对方,这是松下用人的高明之处。然而,更为精彩的还在后头呢! 后藤走后,松下悄悄地拨通了后藤妻子的电话,对她说:"今天你先生回家,脸色一定很难看,请你好好照顾他!"

本来,后藤在挨了松下一顿臭骂之后,本来决定辞职不干,但松下的做法,反使后藤佩服得五体投地,决心继续干下去,而且要干得更好。

作为领导者,当你在"气头"上责骂了你的下属,过后一定要采取妥当的善后措施。发完火之后还要做好善后工作,消除被骂者的怨气与委屈,并赢得他对你的尊敬与忠诚。

有一次,某领导在审阅一个重要材料时,发现许多数字核对不上。他当即打电话,严厉批评了负责该项工作的那位同志,使那位同志感到很惭愧,思想上也有较大压力。令人意想不到的是,第二天,这位领导在与大家共进午餐时,亲自斟满两杯酒,站起来走到前一天他批评过的那位同志面前,递给那位同志一杯酒,并微笑着说:"昨天我批评了你,以后要细心一些嘛!不要把这些重要的数字搞错!现在我敬你一杯酒,祝你今后工作得更好!"就这样,领导简单自然地讲了一席话,敬了一杯酒,一下子缓和了气氛,解除了那位同志的思想负担。

如此这一番诚心诚意的话使那位同志得到很大的安慰,心中的愧疚也消失了,并且由于心中充满感动,工作也更为努力了。

俗语说"打一巴掌揉三揉",这里的"揉"指的就是采取善后措施。善后要选时机,看火候,过早了对方火气正盛,效果不佳;过晚则对方郁积已久的感情不好解开。因而,宜选择对方略为消气、情绪开始恢复的时候为佳。

正确的善后,要视不同对象采用不同的方法,有人性格大大咧咧,是个粗人,上司发火他也不会往心里去,则善后工作只需三言两语,象征性地表示就能解决问题;有的人心细明理,上司发火他也能谅解,则不需要下大功夫去善后;而有的人死要面子,对上司向他发火会耿耿于怀,甚至刻骨铭心,则需要善后工作细致而诚恳,对这种人要好言安抚,并在以后寻机通过表扬等方式予以弥补;还有的人量小气盛,对这种人则不妨使善后拖延进行,以日久见人心的功夫去逐渐感化他。

善后还应体现出明暗相济的特点,所谓"明"是上司亲自登门进行谈心、解释甚至"道歉",对方有了面子,一般都会顺势和解。所谓"暗"是指对器量小者发火过了头,单纯面谈也不易挽回时,便采用"拐弯抹角"或"借东风"法,例如在其他场合,故意对第三者讲他的好话,并适当说些自责的话,使这种善后语言间接传入他的耳中,这种背后好言很容易使他被打动、被感化。另外,也可以在他遇到困难的时候暗中帮忙,这些不在当面的表示,待他明白真相后,会对你由衷感激。

(四)杀一儆百,警示他人

当一个团队出现问题时,如果责备整个部门,将会使大家产生每个人都有错误之感而分散责任;同样地,大家也有可能认为每个人都没有错。所以,只有惩戒严重过失的人,才能使其他人员约束自己尽量不犯错误。这就是"牺牲个别人,拯救整体"的抓典型的做法。

春秋时期的吴王是位胸有大志的君主。为了使吴国崛起,他想灭掉强邻楚国,这一想法与伍子胥的意图不谋而合。但伍子胥也没有必胜的把握，于是他找到了隐居于吴国的孙武。吴王和孙武会晤，孙武将他的兵法对吴王娓娓道来，吴王连声道好。越谈越投机，不知不觉兵法都讲完了。吴王还意犹未尽。他想试试孙武的实际本领，于是说："先生能不能将您的兵法演习一下呢？"

"当然。"孙武道。

"用女人当兵也行吗？"吴王想难为一下他。

"当然。"孙武又道。

于是吴王从宫中选出宫娥一百八十人，自己坐在高台上想看看怎样能把这些嘻嘻哈哈的女人训练成兵。孙武不慌不忙，把宫娥分成两队，选取最受吴王宠爱的两个妃子分任队长。向她们宣布战场纪律。宫娥们娇生惯养，生平第一次穿上戎装还发了武器，一时间觉得滑稽又新奇，谁也没把眼前这位将军的话当回事，乱七八糟地站成一团。

孙武不动声色地说："纪律约束没讲清楚，训练科目内容交代不明，乃是将军的罪过。"于是，再次重申纪律。然后重新下令击鼓向左、向右，但是这些宫女，觉得这位将军是在跟她们做游戏。

这时，只听孙武用平静而摄人心魄的声音说道："训练要旨讲不明白，是将军的罪过，但各项既已三令五申，你们也都清楚，却不执行军令，这就是领兵吏士的罪过了。"接着，他问执法官："按照军法，不服从军令该判何罪？"

"斩！"

孙武于是下令将两个队长斩首。台上看热闹的吴王慌了手脚，忙说："寡人已经知道先生能用兵了。这两个妃子是我最宠爱的，没有她们我连饭都吃不香，饶了她们吧。"孙武正色道："我已受命为将，将在军中，对君主的命令可以不接受。"一挥手，两个美人的头颅落地。然后，他又任命另外两个美人为队长。

这一下，宫娥们吓得战战兢兢，万没想到这等结果。当孙武再一次发号施令时，队形变换都规规矩矩，不敢有半点走样。孙武向吴王禀报说："训练已毕，请大王检阅。现在让她们赴汤蹈火也是可以的。"

吴王心痛得差点没掉出眼泪来说："算了算了。将军回去休息吧，我不想再看了。"孙武毫不客气地说："原来大王只是喜欢兵法而已，并不乐意将其实用。"

吴王是个英雄，听孙武这般说，马上忍住心痛礼敬孙武，并下决心用孙武为将，筹备伐楚。

古人云："劝一伯夷，而千万人立清风矣。"同样的道理，对众多不听话的下属，领导者不可能全部惩罚，抓住一个典型，开一开杀戒可使千万人为之警惧，这就是"杀一儆百"之所以有效的道理所在。其实"杀一儆百"的管人方法就是一种细节管理办法，其管理细节的要义在于盯住一个人，而不是盯住所有犯错误的人。

如此一来，没有受处罚的下属们便会庆幸不已，并且一定会加倍努力工作；团队则会自动回到有序的状态。

杀一儆百是行之有效的策略，然而，也不能随便滥用，必须根据管人的需要，选择适当的时机，偶尔用这招方能收到预期的效果，这需要注意以下两点：一是绝不放过第一个以身试法者。所谓"千里之堤，溃于蚁穴"，再严明的纪律，也经不住人们一次又一次地违反、破坏。为了维护法规、制度的严肃性，领导者必须及时捕捉第一个胆敢以身试法的人坚决从严处置，以教育更多的员工。二是重点惩罚性质最恶劣的人。因为有时候，领导者会同时遇到好几个违反法规的人。如果不分青红皂白，一律严加惩处，不光打击面过宽，起不到应有的教育、挽救作用，还会对工作产生一些不利影响，甚至会因此而蒙受一些不必要的损失，领导者也会因此而树敌过多，不利于今后搞好上下级关系。

(五)在企业中实施"热炉法则"

"热炉法则"又称惩处法则，规章制度面前人人平等。罪与罚能相符，法与治可相期。它最早源自西方管理学家提出的惩罚原则，它的实际指导意义在于有人在工作中违反了规章制度，就像去碰触一个烧红的火炉，一定要让他受到"烫"的处罚。

领导者执行和落实惩罚制度虽然会使人痛苦一时，但绝对必要，如果在执行赏罚时优柔寡断、瞻前顾后，就会使制度成为摆设，失去其应有的作用。

为了在市场竞争中长期站稳脚跟，华西希望集团坚持"严厉和宽容"。希望集团的治厂方针是"用钢铁般的纪律治厂，以慈母般的关怀善待员工"。它在执行规章制度时不允许搞下不为例，不允许打折扣，甚为严厉。曾有人建议希望集团的总裁陈育新将"严厉"改为"严格"，但遭到了一向从善如流的陈育新的拒绝。他认为，只有将严格上升到严厉的程度才能表达他"钢铁般"的本意。

希望集团的严厉体现在制度的制定、执行和检查上。在数年前，希望集团美好食品

公司,还是一个连年亏损几百万元的公司,在直接归属陈育新掌管后,第一年就转亏为盈,之后连年赢利以千万元计,显示出强劲的发展势头。靠什么?总经理杜诚斌道出真谛:靠员工"十不准"戒规。这些戒规条款几近苛刻,但正是对它的严格执行培养员工形成了良好的工作习惯,保证了公司高效率运转。

严厉体现胆识,宽容则体现胸怀。严厉要体现公平,通过严厉不但可以消除不良现象,保证公司高效率运行,而且还可以发现人才、造就人才。但宽容的前提是企业领导人的头脑必须清醒,糊涂的宽容非但达不到目的,还会对违反规章制度的行为造成包庇和纵容。必须让员工明白,宽容是有限度的,并且宽容只会发生在提高认识之后。陈育新强调,他18年的企业管理经验证明:在严厉基础上的宽容效果才好,在宽容之后的严厉才更有力度。

这就是企业对"热炉法则"的运用。在企业中实施"热炉法则",还要坚持四大原则:

1.警告性原则

众所周知,热炉外观火红,不用手去摸,也可知道炉子是热得足以灼伤人的。为让员工趋利避害,企业领导者就要经常对下属进行规章制度的教育和宣传,以警告或劝诫员工不要触犯规章制度,说明罚款的种类和额度。如果企业把规章制度束之高阁,谁都不知道里面规定了什么内容,等到员工违规后,才拿出来作为罚款的依据,显然是难以服众的。

2.验证性原则

用手触摸热炉,毫无疑问地会被烈焰灼伤。谁如果明知企业有相关规定,还要以身试"法"、触犯单位的规章制度,那企业就一定要对其进行惩处,以明纪律,以儆效尤。

3.即时性原则

碰到热炉时,立即就被灼伤。惩处必须在错误行为发生后立即进行,决不拖泥带水,决不能有时间差,以便达到及时改正错误行为的目的。

4.公平性原则

不管谁碰到热炉,都会被灼伤。领导者应该是罚款制度最直接的体现者,对自己倡导的制度更应该身体力行。如果处罚还因人而异,那么罚款制度有不如无,甚至比没有更糟糕。

此外,企业在制订罚款制度时,还必须遵守合情合理的原则。比如说,员工在禁烟区内违规吸烟,你即使罚他一二百元谁都没有话说,但如果提出罚款一万元,那就是暴政。在这方面,中国法律也有明确规定:企业对员工的罚款金额,不得超过职工工资的20%。

当然,热炉法则的作用也是双向的,它既惩罚违反制度的人,也会给遵守制度、切实执行的人带来益处。只要大家与其保持适当的距离,就可以不受其害了。

(六)淘汰不能胜任工作的员工

企业留住人才是必要的,但是留住表现不佳的员工的成本却异常高昂。长期以来,许多企业都被"庸才流不出,人才进不来"的怪现象所困扰。其实,领导者不要认为解除这些员工会打击他人士气,相反这些员工留在组织中就会腐蚀其他员工的工作热情和组织的凝聚力,甚至会迫使高生产力的员工选择辞职。因为,其领导者或搭档的无能会使那些优秀员工丧失通过有效配合来发挥长处和获得成就的机会。开放的市场中,一个缺少淘汰机制和手段的企业,最后留下来的只会是劣等人才。

企业领导者不但要知人善任,还要知人善免,在企业中真正形成能者上、庸者下、劣者汰的用人机制,这就要不可避免地将一些不胜任工作的人淘汰下来。只有善任才能使企业人才队伍充满生机和活力。

宁波三星重工,有雇员8500名。为了保持企业竞争力,企业实行了人事"双向流动"管理,即一方面通过实施"资源向人才倾斜"的用人政策,吸引高素质人才"流进来";另一方面通过实行竞争性用工制度,促使不称职人员"流出去"。为使"流出去"有效进行,三星制定了一系列激励、淘汰方案及实施细则,以"要用的人一个都不能少、不要用的人一个都嫌多"为指导思想,以本职工作、责任心、廉政建设、基本技能4个方面作为考核标准,对员工进行量化,依据量化的综合评审来进行员工的优胜劣汰。三星重工的"双向流动"不仅没有使三星产生人才流失,反而吸引了各类人才纷至沓来,使企业人才结构进一步得到优化,从而保证了企业的勃勃生机。

公司里的人员流动属于正常现象,每年公司里都有新员工加入和不称职的员工离开。企业应该形成优胜劣汰的员工流动机制,以激发职工的工作激情。市场就是战场,战争是残酷的,为了赢得主动,在用人问题上领导者不能被感情所羁绊。不称职的人,就得让他走。

在实际工作中,淘汰员工却不是那么容易,还有许多阻力和障碍需要加以克服。一是受传统观念的影响。许多人认为,只要不背离原则,不违法乱纪,即使有些人能力差,也还是要给他个位子。二是受个人感情的羁绊。有的领导者对一些资历长、任职久、感情深的同学、老乡迁就照顾,宽容纵短,即使责任心退化,使命感弱化,奋斗意识淡化,也不好免职。三是受习惯势力的牵制。在人才使用上,仍有论资排辈的习惯势力作怪。一些有胆识、有魄力、有作为的年轻人才,敢说敢干,独当一面,能够打开工作局面,但由于有棱有角,于是被说成自高自大、盛气凌人,不予使用;而那些能力平平,老实听话,善于拉关系、做人情的却受到重用。

领导者要在管理的过程中克服这些阻力和障碍,做到知人善任,优胜劣汰。比如比尔·盖茨先生就在微软公司内部推行了达尔文主义:"适者生存,不适者淘汰",不以论资排辈的方式决定员工的职位与薪资待遇,而向能够提供高生产效率的员工提供高额的薪水;员工的提拔升迁完全取决于个人成就。同时微软公司采取严酷的定期淘汰制度,每半年考评一次,并且淘汰5%的员工。

正因为以上种种措施,微软公司在20多年的激烈市场竞争中始终保持着活力,飞速发展。

俗话说"请神容易送神难",解雇不称职的员工,解雇图谋不轨的员工,安排以功臣自居的创业元老,对领导者来说往往是一件头痛的事。这里提醒你,作为领导者,万万不可心慈手软,"炒鱿鱼"时手不要哆嗦,一定要坚决果断。

(七)下属犯了错不妨送上美味的"夹心饼"

下属做错了事,理所当然要受到批评和惩罚,但如何处理得恰当、得体,才不至于造成不良的影响呢?这是许多领导者感到棘手的问题,实际上这里有一个极其简单的妙方:有褒有贬,在批评他的错误和指出其不足的同时,肯定他某些成功的方面。乔治·本在这个技巧运用上是位专家,他所发明的"夹心饼"法,令人拍案称绝。这种方法就是,把你所要批评的东西作为一种"馅",放在两件值得表扬的事中间,做到有褒有贬,最后往往是效果良好。

早川德次出生于日本关东。由他一手创办并领导了58年的声宝电器有限公司(原名早川金工业研究所),生产出了日本的第一部国产收音机、第一部国产黑白电视机、第一部国产彩色电视机、第一块太阳能电池、第一台高磁波烹饪电子烤箱、第一件名片型的超薄电子计算器……让该公司成为日本家电行业的"领头羊",他本人也被尊称为日本家电的领导者。声宝公司1983年的营业额高达8000亿日元,比10年前增长了82倍。

早川德次的巨大成功,与他对下属的统御方法有着密切的联系。据说他和他的秘书之间发生过这样一件小事:

早川德次对他的秘书不注意标点符号很是恼火,但他并没有直截了当地批评她,而是抓住了有利时机:首先营造表扬的气氛,先调动这位秘书的积极情绪,缓解气氛,然后再适时地指出她的缺点,效果非常理想。

有一天,早川德次对他的秘书说:"静子小姐,你写的字很漂亮,字体、行距适中,也很整齐,我感到很满意。"女秘书静子听到了早川德次的表扬后自然非常高兴,喜形于色地说道:"谢谢您的表扬,我以后一定做得更出色。"早川德次抓住时机,接着说:"但你以后对标点符号要特别注意一些,怎么样?"女秘书静子很痛快地答应了:"行,没问题。"早川德次趁势又赞美道:"当然,我相信以你的能力,一定会把工作做得非常完美!"

从这以后,静子在工作上的表现越来越出色,再也没有出现过类似的错误。

试想,如果早川德次上来就直接批评秘书关于没有标点符号的毛病,并告诫她以后要特别注意,她可能就会为自己辩护,也可能因为不愉快而无法专心工作,以后也未必做得更好。所以,领导者在碰到要批评下属的情况时,不妨学学早川德次的做法。

高明的医生会在苦口的良药外面裹上糖衣,智慧的领导者会把批评的话说得入耳动听。在下属犯错时,送上美味的"夹心饼",在他自尊心理的天平两边各加上相同的砝码,使他保持心理平衡,理智地接受批评。

比如你必须批评一位下属,因为他每天上班都会迟到15分钟。首先你得找出两件他做得非常优秀的事,比如他写的报告非常好,而且都能按时提交。由于这次你找他来,主要目的是责备他经常上班迟到,所以你最好找他私下谈。开始你不妨称赞他做得很好的某件事:

"××,你的报告写得真好,不仅结构严谨,而且一针见血,你的建议对我们的工作大有帮助。"

话锋一转——该责备他了:

"××,我们在早上也常想找你提供一些意见,可是你每天总是迟到15到20分钟,这对我们是种损失。有时候有客户从外地打电话来,我们想找你却总是找不到。我们发现，有时候没有你的建议，我们真的不知道怎样办才好。我们需要你每天早上准时到，我希望从现在就这样。"

最后你再加另一件他自认为得意的工作："你知道的，由于你的报告都能准时提出，我对你的建议已养成了依赖性，我们整个部门都不能缺少你的建议。"

这样一来，这位下属虽然受到了责备，却依然维持了自尊。他明白他对你和部门的重要性，也明白你要他准时上班。

显而易见，只要把批评的事作为馅夹到两件值得表扬的事之间，就不至于让受批评者感到尴尬和难堪，从而能在内心深处对这种批评加以接受，同时又不会伤害他的自尊。受批评者既明白了自己错在哪里，又认识到自身存在的重要性，就会认真改正错误，也会更加努力地工作。假如领导者当着公司员工的面，直接批评："××，不要以为你工作很出色，就可以随随便便迟到，从现在起，再也不许做违反公司规章制度的事情！"其结果可想而知。一个出色的下属也许就会弃你而去，这不仅对你是种损失，更重要的是可能给整个公司造成巨大的损失。

（八）批评下属时不要贬低对方，也不要翻老账

批评是做人的思想工作的一种方式，而人都是有自尊心的。在当今社会主义和谐社会构建时期，随着物质文明、政治文明和精神文明的不断发展，以人为本的人性化、人本化领导理念正在形成，在组织活动中，同事之间、上下级之间的人格都是平等的。比起一些具体的言行来，下属对自身的人格、能力等看得更重。如果领导者的批评含有贬低下属能力、人品的意味，容易激怒下属；如果领导者在肯定下属能力、人品的前提下指出其某一个方面的具体错误，下属往往容易接受。如"按你的能力，这件事本来可以做得更好些"，"以你的为人，不该说出这种伤人的话"，等等，都是批评人而不伤人的批评用语。

贬低他人，也就意味着自己的渺小。贬低他人，就会损伤他人的自尊心。现实生活中，有些人往往由于自信不足，从而有意无意地通过寻找别人的缺陷来满足自己的自尊。不过有的时候，当下属的错误损害了自己及组织机构内其他人的利益时，领导者就要促其改变，而不是一味地放纵之；如果领导者不是出于贬低下属的目的，同时又能正确运用批评的方法，那么这样的批评就会收到意想不到的效果。

俗话说，"打人不打脸，揭人不揭短。"领导者的批评只能针对下属当时的错误言行，

而不能翻老账。如果领导者习惯于用"你怎么总是……"之类的话语批评下属,是不会取得好效果的。因为这样的话语往往给人"你旧习难改"的暗示。正确的做法是,领导者的批评应该能够让员工感到自己的错误很容易改掉,这样下属才会有信心去改正错误。翻老账的做法会让下属感到反感。一两件事可以归因于偶然,许多件事则更可能归因于人品,所以翻老账等于在贬低下属的人品,是不可取的做法。

为了避免批评时出现尖酸刻薄的话,领导者在批评下属时可以选择较为婉转的批评方式。

华盛顿有一位年轻秘书,一天早上这位秘书迟到了。秘书很不好意思,企图以手表出了毛病为自己辩解。华盛顿对他说:"恐怕你得换块手表了,否则我就得换一位秘书了。"华盛顿是高明的,他没有直接点破秘书的谎言,而是借"手表"点题,婉转暗示和警告对方下不为例。

这种不正面批评的方法,既维护了对方的面子,又让对方在思想上引起重视。用较为婉转的方式批评,更能利于人与人的和睦相处,何乐而不为呢?

(九)不要当众斥责下属

称赞固然能够鼓励士气,但是当下属犯了错误,该责备的还是要责备。如果责备有方,犹如快马加鞭,下属会将此作为鞭策,作为动力,从而干劲十足。但要达到这个效果却也不易,这需要一定的技巧。

倘若下属在工作中出现失误,上司要斥责他、批评他时,一定不要当着众人的面。因为任何人都有自尊心,自尊心受损,往往足以毁灭一个人,在众人面前毫不客气地责骂下属是非常不明智的。在众人面前受辱的下属,即使是个性最软弱的人,也会从此怀恨在心,对这位让自己"塌台""面子尽失"的上司,伺机报一"骂"之仇。

美国宾夕法尼亚州哈里斯堡的佛瑞·克拉克讲述了一件发生在他公司里的事:

"在我们的一次生产会议中,一位副董事就某个非常尖锐的问题,当众质问一位生产监督员,这位监督员是管理生产过程的。他的语调不仅充满了攻击性,而且很明显的就是想指责是那位监督员处置不当。为了不让自己在他的攻击前被羞辱,这位监督员的回答含混不清。这一来,使得这位副董事发起火来,不但痛斥这位监督员,并指责他在说谎。

"这次事件之前我所有的工作成绩，都毁于这一刻。这位监督员说，他本来是一位很负责的人，可是从那一刻起，对我们公司来说就很不妙了。几个月之后，他离开了我们公司，去另一家竞争对手那里工作。据我所知。他在那里非常称职。"

作为领导者，批评下属是不可避免的。但是当众斥责下属，是非常拙劣的办法。尤其当下属所犯的是一般性错误时，上司不要不分场合地开口训斥。最好的办法是，把他叫到办公室，私下批评。这样一来，他的面子得以保存，即便你批评得再厉害，从内心来讲他也不会反抗你的。你维护了他的面子，这一点他的心里必然是清楚的。

某公司企划部主管童晏，是一位业绩突出也很懂得处理和下属关系的部门负责人。

一次，企划部通知下午2点钟召开会议，研究一份比较重要的策划方案。通知强调，不得迟到，不得以任何理由请假。

尽管如此，会议开始5分钟后，员工小何才走进了会议室。正在主持会议的童晏看到小何进门，只是抬头看了他一眼，什么也没说，继续发表着他的讲话。

会议结束后，童晏仍然对小何的迟到没有表态，夹起公文包转身走出会议室回到他的办公室。

过了一会儿，小何敲门走了进来。童晏示意他坐下，问道："怎么回事？"

小何嗫嚅地说："昨天晚上，我加班写份材料，睡得晚了。今天吃过午饭实在瞌睡得不行，打了个盹……"

"我知道，你很辛苦。不过今天的会议十分重要，而且会议通知写得非常明白……"

"我……"小何低下了头。

"好了，小何，这件事就这样。以后要注意。晚上加班不要太晚，也要注意身体，去工作吧！"

为什么强调那么严格的事就这样轻描淡写地过去了呢？童晏知道，小何平日向来遵守纪律，从来没有迟到过。况且，小何昨天晚上也确实加班写材料。这次迟到，情有可原。如果批评得太严厉，也的确说不过去。于是，他只是稍做提醒。

当然，有时候上司有意在其他员工面前批评某位犯错误的下属，这样做往往含有"杀一儆百"的意味，这自当别论。

批评人是一门学问，也是一种艺术，做上司的需要学得巧一点，掌握一些技巧。一个成功的领导者，当他的下属犯了错误时，他会选择适当的方式，这样，才能做到既达到了教育的目的，又给自己树立了威信，还不致使下属产生抱怨、抵触情绪，影响上下级关系和工作的质量。

（十）适当沉默比批评责难更有力量

身为领导者，在与员工交流时常需要多开口，但是你可能没有想过，你的过于"健谈"可能已经引起了员工的不满。

其实很多时候，言简意赅地传达对员工们的要求和期望更有效。只要确定员工已经了解了注意事项，那么保持沉默更有利于员工的工作。领导者多留一些时间给员工考虑具体的步骤，当他们的想法不够准确圆满时，领导者再适当地给予补充指导，这样一来就不会剥夺你的员工发言与思考的机会，让员工充满激情。

在批评员工时也是同样的道理。领导者适当的沉默、宁静可以起到"此时无声胜有声"的作用。通常来讲，当领导者在批评员工时，他的情绪波动是很大的。每个人都有自尊心，都很看重面子。也许领导者只是想苦口婆心地劝导他一番，并无他意，但是却可能无形中伤了他的自尊心，让他觉得颜面挂不住，索性产生了"破罐子破摔"的心理，那领导者的批评岂不是得不偿失了？因此，领导者最好不要让四处都充满你的斥责声，在适度批评之后保持一个沉默的空间，让他有时间冷静地想想自己的所作所为，相信这更是一种对当事人的威慑。一方面，员工会因为你的"点到为止"感谢你为他保留了颜面，另一方面也显示出了你宽广的胸怀。你的默不作声并非是对错误的迁就，而是留给了对方一个自省的余地。

在一座寺庙里，有一位德高望重的长老，他手下有一个非常不听话的小和尚。这个小和尚总是深更半夜越墙而出，早上天未亮再越墙而入。长老一直想批评这个小和尚，但苦于没有证据。

这一天深夜，长老在寺庙里巡夜，在寺院的高墙边发现了一把椅子。他知道必定是那个小和尚借此越墙到寺外。于是，长老悄悄地搬走了椅子，自己就在原地守候。

外出的小和尚回来了。他爬上墙，再跳到"椅子"上。突然，他感觉"椅子"不似先前硬，软软的甚至有点弹性。落地后的小和尚才知道，椅子已换成了长老，小和尚吓得仓皇离去。

在以后的日子里，小和尚觉得度日如年，他天天都诚惶诚恐地等候着长老对他的惩罚,但长老依旧和从前一样,对这件事只字未提。

小和尚觉得再也无法忍受,他不想每天都在煎熬中度过。于是,他鼓起勇气找到长老,诚恳地认了错,哪知长老宽容地笑了笑,说:

"不用担心,这件事只有天知地知你知我知,你还怕吗?"

小和尚从此备受鼓舞,他收住心,再也没有翻过墙。通过刻苦的修炼,小和尚成了寺院里的佼佼者。若干年后,老和尚圆寂,小和尚成了长老。

"响鼓不用重槌敲。"领导者的权威,不是由"婆婆妈妈""絮絮叨叨"碎嘴声塑造的。语言也有苍白的时候,如果一个领导者珍惜自己的语言,该讲的话讲完之后不再重复,不絮叨,适当地保持一定的沉默,反倒会收到良好的效果,既可保持上级应有的威严,又可使下级感到自己被信任。

(十一)不要急于追究责任

下属犯了错误或造成失误,当然要追究责任,要批评、处分、甚至撤职。但在事情和责任没有搞清楚之前,千万不要急于处理。如果处理错了或重了,伤了感情,事情就很难挽回了。你如果还没有处理,那么主动权就掌握在你的手里,想什么时候处理就什么时候处理。如果你处理得好,不仅不会伤下属的感情,反而会赢得下属的心,使其成为你的忠实拥护者。

信息部主管因提供了错误的市场信息导致企业领导决策的失误,造成企业重大损失。对于这样严重的错误,如果你是该企业的总经理,你该如何处理这件事情?让我们看看松下幸之助是怎样对待这一事件的。

松下幸之助完全有理由将其开除,但是他并没有急于做出最终的处理意见,而是分析了两种可能的情况:一种可能是这位主管本身并不称职,已不宜再继续担任这个职务;而另一种可能则是"好马失蹄",由于一时的大意而出现的判断错误。如果是后者,那么将他撤职就会毁掉一个人才。松下幸之助进一步考虑到,目前还没有更合适的人选担任这一职务,一旦将现在这位主管撤职,将会影响到公司其他工作的有序进行。

于是,他把这位主管找来,告诉这位主管他自己将要对这次事件做出处理,但没有明确告诉他处理意见,于是事情就拖了下来。

在这段时间里,这位主管为了弥补上次的过失,一直兢兢业业地工作,多次提供了极有价值的信息,为公司的决策做出了贡献,同时也用事实证明了他是称职的,上次的失误是意外情况。

不久,松下幸之助又把他叫了过去,并对他说,鉴于他近期的业绩,本来应该给予奖励,但因为上次的失误还没有处理,所以,将功抵过,既不奖励,也不处分。这种处理方法的效果无疑是非常好的,既没有影响公司整体的运作,同时又使这位信息主管以及其他员工心服口服。

在这次事件当中,主动权始终掌握在松下幸之助的手中,虽然他没有马上将那位主管撤职,但他只要找到了合适的人选,他随时都可以将现在的主管辞退。同时通过这段时间的考察,避免了可能做出的仓促决策而造成的人才的不必要损失。

另外,他还等到了处理问题的绝好时机,即信息部主管立功,功过抵消的处理使信息部主管打心眼里感激松下幸之助对他的关照和信任,同时又没有姑息错误,实践了自己要处理信息主管的诺言,其他员工也通过这件事的处理对松下幸之助深为佩服。

总之,在处理这件事的过程中,松下幸之助弯弓搭矢,引而不发,处处主动。箭在弦,则随时可发,箭出弦,则一发而不可收。所以"引而不发"不失为一种处事妙招。

(十二)严苛的批评只会迫使员工采取防卫的行动

很多企业对待员工常以严苛的批评、惩罚及负面警示为主,以热心的鼓舞、奖励和正面引导为辅,动不动就批评处罚。很多领导者认为"员工犯了错误,领导者当然会生气,批评他们也是应该的"!于是他们喜欢通过批评员工来树权威、耍威风。领导者在员工犯错误时进行批评,这无可厚非。毕竟有时候批评也是能起到一定作用的。然而,研究表明,正面激励的作用比负面警示的作用大得多。在职场中,员工的挫折感产生的主要或者直接原因就是源于领导者的批评。曾经受雇于美国钢铁大王安德鲁·卡内基、年薪百万的职业经理人施考伯有一句名言:"世界上极易扼杀一个人雄心的就是他上司的批评。"

"人非圣贤,孰能无过?"如果一个人不饶人,那他就是一个典型的霸道之人,在得理的时候,也要能饶人就饶人。作为一个领导者也同样如此,不要以为员工是你可以随意挖苦和谩骂的对象,兔子急了都会咬人,更何况是人呢?

有一家出版公司被另一个更大的出版公司购并了。购并后,新公司高层做出的第一个决定，就是解雇原来的执行长。这位遭到解雇的执行长觉得非常意外，因为他一直认为自己做得不错，本以为新公司会留任他。百思不解的他就去问公司的高层。最后，终于有一个人向他坦白："我们在购并前，曾经仔细观察了你一段时间，我们发现你对员工非常严苛，常常因为一些并不严重的问题而发怒，用很尖锐的方式责骂、批评别人。所以我们决定对你不留任。"这位执行长还是不解："别人犯了错，我能不管吗？"对方告诉他："在过去的年代，企业走威权领导风格，很多主管都会用那种严苛的手段进行管理，用带军队的方式来带企业。但是现在带人要带心，外面竞争这么厉害，你动不动就责骂同事，对他们进行很激烈的批评，这样的领导风格，很难获得同事由衷的合作。"对方认为，如果这位执行长还留下来，底下的员工就不愿意在工作上冲刺，因为上司太过于严苛，无论怎么做，都可能挨骂，所以最好"自扫门前雪"。公司的竞争力无形中在流失，所以必须请这位执行长走了。

所以领导者不能轻易责怪员工，而是要怀着宽恕之心，试着去了解他们，弄明白他们为什么会那么做，这样比批评更为有益，而且这样做还能产生同情、容忍以及仁慈。

然而，在员工出错的时候，如果领导者真的要对员工的错误进行一些必要的提示和纠正的时候，一定要从客观的角度去分析，要真正地知道员工的错误点在哪里，最好要用实际的例子，然后有的放矢地提醒和教导员工，让他下次不要再犯。而不是不分青红皂白，轻信自己的判断能比对方高明，轻易就批评别人。严苛的批评是没有意义的，它只会迫使被批评者采取防卫的行动，使他为自己的行为寻找合理的解释。这种批评是危险的，因为它会直接伤害到一个人的自尊，引起他的反叛意识。为防止这种反叛意识的滋长蔓延，德军中就有一条军纪，明文规定遇到有不满的事情，绝对不准当场发作，一定得忍过一个晚上，待心情平静下来之后，再提出讨论。

已故美国实业家约翰·华纳克曾经说过："早在30年前，我就懂得苛责他人是一件愚蠢至极的事情。因为光是怨上帝没赐给我过人的智慧，使我必须独自奋斗，克服天分上的缺点，就已经够我忙的了！"华纳克年纪轻轻，就已经深谙这层道理，这或许是他比普通人更成功的原因所在。

（十三）不施霹雳手段，难显菩萨心肠

太阳神阿波罗有个漂亮的儿子名叫费顿。一天，少年费顿突然对父亲的太阳马车产生了强烈的好奇心，趁父亲不注意时偷偷驾了马车，想要到星河里兜风。不料拉车的马发现驾车的是陌生人，惊恐地失去了控制，满天乱窜，马车的热力让整个星河沸腾起来，地球上更是哀鸿遍野，费顿自己也吓得直喊救命。万神之王宙斯听到了喊声，他知道要让马车停下来只有毁掉它们，但心疼阿渡罗的儿子，可是又不能让人间生灵涂炭。最后，宙斯在无计可施之下，射出一道霹雳，把马车与费顿瞬间化成灰烬，解除了危机。

听了这个神话，我们不难揣摩出宙斯当时射出霹雳所蕴涵的意义。他的行为必须是为整个世界负责的，如果稍有迟疑，或者取巧地想找替代方法，那么后果将不堪设想。虽然选择是痛苦的，但却是必需的；虽然对费顿及阿波罗是残忍的，但对整个世界却是仁慈的。

作为一名领导者，难免会碰到像费顿这样的下属，平时惹人喜爱，但却闯下滔天大祸，主管往往在处置善后时备受考验，不罚则法理难容，罚了则于心不忍。然而，领导者如果在执行规章制度的过程中过分仁慈，实际上是在诱导下属违章受罚。以过分宽大开始，往往会以十分严厉结束；追求少用处罚的人，将来必然导致频繁处罚。

身为领导者，不只是要带领下属完成例行公事，而对于工作安全、工作纪律、工作道德等要求，也不能有一点马虎偏废，一旦下属犯了错误，必须要立即给予严厉的纠正乃至惩戒，以免日后酿成巨祸。

譬如有个公司，在一年之内灾害频发，连续爆发油管爆炸、油管施工灌浆意外、油气外泄等骇人听闻的安全事件，不但出了人命，也把偌大的公司形象瞬间拉到谷底，造成董事长及总经理下台。试想，如果该公司在日常管理时便严格要求作业纪律，贯彻对作业安全的要求，这后面的一连串不幸，其实都是可以避免的，也不至沦落到损兵折将、丢官丢人的难堪场面。

领导者对下属好本无可厚非，但是不能只是态度上的好，而要真心为他作长远打算；不是要讨他欢心，而是要他真正受用。面对紧急危难时，即使狠狠踹他一脚，也不要他断脚。"不施霹雳手段，难显菩萨心肠。"所谓"霹雳手段"，就是对存在的违规行为，依法治理，绝不手软；所谓"菩萨心肠"，就是在严格管理之中，体现对员工根本利益的尊重和维护，该严则严，该宽则宽，该帮的则一定要帮。领导者必须有此觉悟，切忌滥施妇人之仁，因为仁慈与残忍往往是互为表里、此消彼长的。一个对下属滥施"妇人之仁"的领导者，并不是真正地关心和爱护下属，而是在拿企业和下属的前途做代价，领导者该严就当严，宁可下属平时讨厌你，也不要他在出事以后在恨你一辈子。

（十四）教会员工从错误中获利

所谓犯错误，就是做错了事，决定不妥，想法不对，理解错了，把事情搞糟了，说错了话或失误。

如果员工犯了一个错误，身为领导者，应该用友善的态度去找犯错的人谈话，帮他分析出现错误的原因，学习到今后不再重蹈覆辙的经验与智慧，使他在离开你的办公室时下决心不再重犯这类错误。这样一来，不但帮助员工提高了办事能力，也使他非常感激你的宽容和大度，从而对你更加忠诚。可是事实上，当领导者遇到这种情况时，很多时候往往狠狠地训斥一顿犯错误的人，其结果，当他离开办公室时，心怀恼怒，闷闷不乐，甚至决心要在不远的将来想办法再冒犯一次，报复一下。这样，他肯定无心去改正他的错误，领导者也必会更加头疼。

美国某家公司的经理由于一次失误，使公司损失了100万美元。老板要求和经理面谈时，经理认为自己肯定要被解雇了。然而老板只是和他探讨了失误的原因，勉励他继续做好工作。这使经理迷惑不解。老板是这样解释的：

"我花费100万美元，使你得到培训。现在，你已经拥有了如何避免100万美元损失的经验，这样的经验又有多少人能拥有呢？我如果解雇你，那么这100万美元真的是白送掉了。"

这个老板实在是相当聪明的。

当然，现实管理中，这个方法的运用也并不真的就像上面所说的如此简单。这位美国老板在会谈前，一定仔细地了解了事情的经过，而且这位经理以前的业绩也一定很不错，工作也一定很负责。否则，即使这位经理没发生这种失误，也早就被老板解雇了。

在用人方面，有的领导者对待下属总是瞻前顾后，畏首畏尾，总怕他有所闪失，有失误，犯错误。一旦出错就轻则训斥埋怨，重则弃之不用，这种看待错误的态度于人于己都是十分有害的。领导者要防止两种极端的习惯：

一是不允许失败，而使人谨小慎微，做起事来瞻前顾后，怕出错，不愿意担当风险，不敢采取创新行动，眼睁睁地看着一个一个的机会从眼前而过，却无动于衷。

二是漠视失败，无论是发生多少次的失败，无论是多么严重的失败，无论是什么原因造成的失败,都当作是"交学费"。一而再、再而三地原谅和放纵那些低级的失败,会制造出更多的低级失败,甚至同样的失败会一而再、再而三地出现。

领导者允许员工犯错误,允许员工在工作中出现合理的失误,有着很重要的意义。一是员工感受到你胸怀大度,形成上下级的亲密和谐关系;二是下属在工作中打消了顾虑,不隐瞒过失,更不寻找借口掩盖自己的错误,并能自觉找出失败的原因,吃一堑长一智,以免重蹈覆辙;三是能形成一种宽松愉悦的工作氛围,增强员工的主动参与意识和工作信心;四是员工正视失败,使一人教训变成众人的财富,大家引以为戒,形成一个良好的人际环境。

所以,领导者应对员工的缺点和失误正确看待,不能因为员工有错误就放弃不用或采取另眼相看的态度,同时还要教育引导员工正视缺点和失败,从自身经验教训中得到提高。

(十五) 选择最合适的批评方法

下属在现实生活和工作中出现错误是不可避免的,对待下属出现的错误,领导者要及时批评,并加以纠正。领导者在批评下属时,一定要讲究方法,不仅要让下属知道错了,而且还要让下属在批评中受到启示和鼓励,从而及时纠正错误,积极完成本职工作。

1.希望式批评

一个人有缺点错误,其内心常常是痛苦的,领导者应该关心他们,动之以情,晓之以理,循循善诱,切忌简单说教,粗暴训斥,讽刺挖苦,否则就会使下属感到自己一无是处,前途渺茫,同时还会使下属产生逆反心理。

2.开脱式批评

"这次任务中,你出现了一些错误,但这也不能全怪你,一方面我们在安排工作时有些失误,另一方面你对这项业务不太熟悉。下次,我们共同注意这些问题,相信可以顺利完成工作任务。"在下属遇到困难,受到挫折时,领导者这样的一番开脱式批评,既保护了下属的自尊心,又促使他在以后的工作中更加细心,少出差错。

3.商量式批评

"这次你基本上完成了任务,可我觉得你的潜力尚未完全开发出来,你完全有能力把工作做得更好,比如工作中的某个环节还有些纰漏,某个过程还没有达到目标,如果稍加注意,你的任务会完成得更好。"如此商量的口气让下属感到上司对自己的尊重和理解,下属会自觉地发挥自己最大的潜力,把工作做得更好。

4.宽容式批评

俗话说:"金无足赤,人无完人。"一个人在成长过程中难免会有些缺点和错误。因此领导者要有宽大的胸怀,能容下属之错。如果对待下属,今天批评他们这个缺点,明天指责他们那个错误,就会使下属感到无所适从,产生自卑心理,工作中就会更加被动,更易出现差错。领导者对下属所犯错误的宽容,并不是无原则的。一般来说,下属会理解上司的这番良苦用心,会尽力改正错误。

5.冷处理式批评

针对那些做错了事还自以为是的下属,领导者就应该给他们一个转变认识的过程。如果仅仅从良好的主观愿望出发,急于对其批评,有时会令其难以接受。因此领导者应该从侧面加以引导,帮助其提高辨别能力和知识水平,并给其充分的时间进行冷静思考,待到时机成熟,再点到为止,效果必然要好得多。

6.分类式批评

俗话说,人上一百,形形色色。不同的下属有不同的性格,领导者对其批评也要因人而异,切不可千篇一律。外向型性格的人倔强、急躁、任性、容易激动、情绪不稳,常常一吐为快。对这类下属批评要以柔克刚,交谈时可先让他们把心里话说完,待其情绪宣泄之后,再讲清道理,否则不合时宜的批评,效果不好,达不到目的。而内向型性格的人,对事物的反应速度较慢,思想不轻易暴露,闭锁性大,有时又特别敏感。对这类下属要有耐心,不能操之过急,最好不要在公开场合批评他们,要选择适当的时候,再个别交谈,重在开导,让其自己去想通。

7.表扬式批评

有的下属由于一时疏忽,或感情用事,在工作中出现了差错,但事后自己认识到了问题,并流露出内疚的心情,这时领导者如果还是批评不止,就会伤害下属的自尊心。理智的做法应是以谈心的方式表扬其对缺点错误的认识,同时帮助其分析失误的原因,总结教训。

8.激将式批评

每个人都有自尊心,特别是有了缺点、犯了错误的下属,其自尊心更强。领导者在批评时就要讲究艺术,要从保护下属自尊心,促使其尽快改正错误的角度出发,以激将式的批评,催其奋进。"这次工作中,你比其他人稍微落后了一点,我知道你是个不服输的人,你定会不甘落后的"。如此的话语,既艺术性地批评了下属,又激起下属克服缺点勇往直前的信心和勇气。

9.启发式批评

有的下属犯了错误还不知道错在哪里,有的甚至认为是上司故意在给自己找岔子,对上司的批评非常抵触。对此,领导者就要弄清下属缺点错误的来龙去脉,对其缺点错误进行准确分析,在批评时,做到恰到好处,让下属知道为什么错了,错在哪里,做到心服口服。

10.安慰式批评

当下属出现了错误时,不批评就会使其在错误的道路上越走越远,同时还会对其他同事产生消极作用。但领导者批评之后,切不可一说了之,应及时对下属予以安慰,让其为所犯错误感到羞愧,同时更为领导者的善意而感到温暖。

十侍乱政①

【历史背景】

公元146年，外戚梁冀毒死九岁的汉质帝，立十五岁的刘志即位。刘志从小就对梁氏不满，他即位后，就想方设法地诛灭梁氏。延熹二年(公元159年)，桓帝联合宦官单超等五人灭了梁氏，同日封他们为侯，称之为"五侯"。五侯比外戚更加腐朽，他们对百姓们勒索抢劫，弄得民不聊生，四处怨声载道，汉政治更加腐败，国势更加衰弱。汉桓帝统治后期，一批太学生看到朝政腐败，便要求政府消灭宦官、改革政治。宦官气急败坏，在桓帝延熹十年(公元166年)与正直的京畿都隶李膺发生大规模冲突，桓帝大怒，下令逮捕替李膺请愿的太学生二百余人，后来在太傅陈蕃、将军窦武的反对下才释放太学生，但是却禁锢其终身，不许再做官，史称"党锢之祸"。

汉桓帝是在梁氏的扶持之下登上皇位的。他即位之后，梁家就掌握了朝政的大权，尤其是那个梁冀更忘记了自己的臣下身份，胡作非为，他不仅霸占民田修建自己的花园，强抓民女做奴婢，还擅自决定官吏的任免与升迁。汉桓帝将这些都分明地看在眼里，一直在寻找机会除掉他。在汉桓帝延熹二年八月初十日，桓帝与宦官唐衡、单超等诛杀了梁冀及其党羽数十人，没收梁冀的家财。这样在东汉专权最久、威势最盛的外戚最终被消灭了，但东汉王朝的衰败命运却也已不可挽回。因为这次行动中，宦官起到了很大的作用，所以汉桓帝根据他们的功劳封中常侍单超、徐璜、左悺、唐衡、具瑗为列侯。也就是从这时候开始，朝政大权由外戚的手中落到了另一个更加腐败的势力手中。

【原文】

汉史纪：桓帝封宦者左悺②、具瑗、徐璜、唐衡、单超为列侯。侯览③上缣五千匹，封高乡侯。又封小黄门④八人俱为乡侯。由是悺等，占据势要，专擅威权，交通四方贿赂。就中五侯尤为贪纵,倾动内外。天下为之语曰:"左回天,具独坐,徐卧虎,唐两堕。"兄弟姻戚,宰州临郡,与盗贼无异。民不堪命,多为盗贼。其后中常侍曹节、王甫及赵忠、张让等十常侍⑤,相继专政,浊乱海内,寻召董卓⑥之乱。汉因此亡。

【张居正解】

东汉史上记,桓帝封中官左悺、具瑗、徐璜、唐衡、单超五人俱为列侯。时帝方卖爵,因侯览上缣五千匹,也封为高乡侯。又封小黄门八人俱为乡侯。由是悺等,占据势要,专擅威权,交通四方贿赂。就中五侯尤为贪婪、放纵,气焰熏灼。那时有个民谣,叫左悺作"左回天",言其势力能转动人主的意向也。叫具瑗作"具独坐",言其豪贵无人敢与相并也。叫徐璜做"徐卧虎",言其如卧虎之可畏也。叫唐衡作"唐两堕",言其任意妄为,东西无定也。左悺等的兄弟、亲戚,又多是无赖之人,个个都窃据官职,有做一州方伯的,有做一郡太守的,遍布天下,贪赃枉法,凌虐小民,就与盗贼一般。百姓们困苦无聊,往往逃亡,去为盗贼。其后有中常侍曹节、王甫及赵忠、张让等十个常侍,相继专擅朝政,起党锢之狱⑦,弑贤臣窦武、陈蕃、李膺等百余人。任意纵横、浊乱海内,遂致黄巾贼起。未几,董卓举兵向内,劫迁天子。汉随以亡。

按天文志,宦者四星,在帝座之侧,中官给事左右,供奉内庭,盖王制所不可少者。但不宜授以兵权,使得专制朝廷耳。

考之当时,中常侍吕强清忠好直谏,最为善良,使桓帝左右皆小心端恪如吕强之流,而外任贤臣李固、黄琼等以为股肱心膂,则汉至今犹存可也。奈何不顾祖制,宠之以五等之封,授之以威福之柄,遂使权倾人主,毒流海内。乱亡之祸,岂非自取之哉!

【注释】

①本篇出自《后汉书·单超传》和《后汉书·张让传》,叙述东汉桓帝时为五位宦官封侯,即"五侯",接着又有十常侍作乱的故事。

②左悺:东汉平阴(今河南孟津东北)人,桓帝初为小黄门史,时梁冀专横,桓帝授意左悺、具瑗、徐璜、唐衡、单超五人诛之。悺得官,迁中常侍,封上蔡侯。后为司隶校尉。五人具封侯,合称"五侯"。

③侯览：东汉防东（今在山东省）人。桓帝时初为中常侍，以佞猾进。倚势贪放，受纳货贿数以万计，累封高乡侯。熹平初为有司所举奏，遂自杀。

④黄门：古代皇宫的门是黄色的，禁地。汉代设黄门官署，负责皇宫内庭的服务。因此"黄门"便成了宦官的代称。

⑤十常侍：汉灵帝时，宦官张让、赵忠、夏恽、郭胜、孙璋、毕岚、粟嵩、段珪、高望、张恭、韩悝、宋典十二人都是中常侍，封侯贵宠，父兄子弟，布列州郡，侵掠百姓。当时，张钧上书："宜斩十常侍，悬头南郊以谢百姓。"称十常侍，是取个整数。

⑥董卓（公元？~192年）：东汉临洮人，字仲颖。桓帝末，以破羌胡拜郎中。灵帝时为前将军。少帝时，大将军何进设谋诛杀作乱宦官，密召卓；卓乃引兵入朝。宦官既诛，卓遂擅权。他自封为相国，废少帝，立献帝。凶暴淫乱，人心惶恐。袁绍、孙坚等起兵征讨。卓乃挟献帝西迁长安，司徒王允设计诱使董卓部将吕布杀死董卓，弃尸于市。

⑦党锢之狱：东汉桓帝、灵帝时，宦官集团对士大夫的迫害而兴起的大狱。桓帝时李膺等人抨击宦官集团，被诬为"诽讪朝廷"，二百余人被捕入狱。灵帝时，欲诛宦官事泄，宦官侯览等人，收捕李膺等百余人下狱处死，流徙、囚禁六七百人，是谓"党锢之狱"。

【译文】

汉桓帝曾经封左悺、具瑗、徐璜、唐衡、单超五人作为列侯，就是当时所称的"五侯"。侯览因为向皇帝进献了五千匹做工上乘的精美细绢，也被封为高乡侯。还有桓帝身边时常取悦于他的小宦官刘善、赵忠等八个人也被封为乡侯。这些被封官的宦官作为后起势力，作恶更深，甚至已经远远超过外戚成为作恶的魁首。他们兼做朝官，专权而蛮横，互相勾结、扰乱朝政，毁坏了朝中的秩序。其中那些被并称为五侯的宦官，特别的贪婪、放纵，利用自己手中的权力动摇了朝廷内外。那时有个民谣广为流传，民谣中把左悺称为"左回天"，这是说左悺的势力是他们当中最大的，能够左右天子的意志，甚至能将皇帝已经发布的圣旨收回。具瑗被称为"具独坐"，这是说具瑗的骄横富贵在当时是没有人可以与之匹敌，没人敢和他地位平等。徐璜被称为"徐卧虎"，这是说徐璜的威猛就好像恶虎一样，凶残冷酷、极为残忍。唐衡被称为"唐两堕"，这是说唐衡可以任意而为，没有人可以限制他，一会儿这样一会儿那样，摇摆无常。由于受到汉桓帝的格外宠幸，他们任用亲戚为官吏，相互勾结，横行乡里，肆意妄为，无恶不作，其行径就好比盗贼一般。老百姓忍无可忍,许多人揭竿而起,反叛朝廷;有的则由良民被逼为了窃贼;胆小怕事的百姓只好背井离乡,逃难到其他的地方。到后来,中常侍曹节、王甫及赵忠、张让等人又相继专政,把国家搞得一团糟。时间不长就发生了著名的董卓之乱。汉朝也因此灭亡了。

【评议】

宦官是中国皇家的一大创造,也是中国历史上极其腐败的势力之一,东汉末期以及明朝的时候宦官专权达到了高峰。之所以会出现这样的情况,完全在于皇帝在任人的时候,只知道任用自己身边的人,而宦官在皇宫当中是离皇帝最近的,宦官因为他们特殊的身份往往更容易在皇帝的身边得到这样的机会。而宦官一旦掌握了权势,就会现出他们恶劣的本质,祸国殃民,最终导致国家的灭亡。

【拓展阅读】

桓帝刘志

汉桓帝名叫刘志,是蠡吾侯刘翼之子,东汉王朝的第十位皇帝。刘志性情勇敢,却缺少谋略。他的一生都在外戚宦官交替称雄中度过。刘志想有作为,却没有能力,卖官鬻爵,导致朝中无人能用,最终也无法挽救岌岌可危的东汉王朝。

外戚相助　新郎成新帝

刘志是汉章帝刘炟的曾孙,公元132年生于蠡吾。他的祖父是河间孝王刘开,父亲是蠡吾侯刘翼,母亲是刘翼的妾室匽明。刘翼在汉安帝刘祜时期,曾因涉嫌图谋帝位被贬。刘翼死得很早,所以刘志小小年纪就袭父爵为蠡吾侯。

刘志的皇位得来有些偶然。公元146年六月,汉质帝刘缵被梁翼害死后,汉廷又成了无立储之人的局面。本来按照制度,在外为王侯的都不能继承大统。但皇室儿子少到几乎没有,加上外戚或宦官也希望找个小皇帝做傀儡,好自己控制大权,所以东汉后期就多次破了规矩,以王侯立储。

刘缵还没被毒死时，刘志正好在京都。他还不到 15 岁，是被梁太后召来的，梁太后打算把自己的妹妹嫁给他。婚礼还没举行，刘缵就死了。朝中再次商议立新帝的事。在朝会上，以太尉李固、司徒胡广、司空赵戒、大鸿胪杜乔等为首的大臣，再次提议立清河王刘蒜。而梁太后等外戚一党不愿放权，是不希望立刘蒜的。另外宫中的宦官们也不愿意。宦官的势力也很大，其中中常侍曹腾曾拜谒过刘蒜，但刘蒜并不把他放在眼里，对他很冷落，因而曹腾等宦官也担心刘蒜即位会对自己不利，就坚决反对。三方人马中有两方不愿意刘蒜即位，刘蒜的皇位是不可能有了。

曹腾等想到正好在洛阳的刘志，觉得他年纪小，又没有势力，好掌控，就劝说梁太后等人立刘志。梁翼本就想亲上加亲，顺势拥立刘志为帝，好把朝政大权牢握在自己手中，就很爽快地同意了。这一决定遭到了朝臣的反对，他们的理由是刘蒜"明德著称"，且与质帝刘缵血缘最近，是最合适的人选。但在梁翼的淫威之下，最终很多大臣都屈服了。只有太尉李固始终坚持，梁太后就罢免了李固。这样，再无人阻拦。曾经迎立过质帝刘缵的大将军梁翼再次持节，迎立刘志为帝。就这样，公元 146 年六月，原本只打算做新郎的刘志，在外戚梁氏的一手操纵下，在宦官的协助下，意外成了新帝，就是汉桓帝。他的新婚妻子梁莹，就成了皇后。

傀儡皇帝　梁氏弄权

刘志 15 岁当了皇帝，不过也是个傀儡。他是在外戚的支持下当的皇帝，有了刘缵被毒死的前车之鉴，他也只能顺从保身。在他被选定为太子时，他的母亲匽明就流着泪告诫他："到了洛阳一定要万事都听太后和大将军的，否则小命就没了！"可见外戚势力有多嚣张，刘志只有小心谨慎，才能保命。

刘志当了 21 年皇帝，前 13 年都是做傀儡。刘志的谥号是"桓"，意思是"克敌服远"，就是战胜敌人，使远方的人归顺。不过这个"桓"字形容春秋五霸之一的齐桓公还可以，对刘志就不合适了。刘志不仅无法对外服远，连内政也无法把握。他的一生，都在内乱中度过。

皇帝无权，朝廷上下乌烟瘴气，外戚、宦官、奸臣当道，国家乱作一团。刘志刚即位，他对梁氏一党既感激又忌惮。因拥立皇帝有功，论功行赏，梁翼又增食邑一万三千户，他的弟弟梁不疑也被封为颍阳侯，梁蒙被封为西平侯，他的儿子梁胤被封为襄邑侯。司徒胡广、司空赵戒等见风使舵的大臣以及宦官中常侍刘广等人,也都被封侯。尽管大鸿胪杜乔对刘志"不急忠贤之礼而先左右之封"的做法极力反对,但孤掌难鸣,并不见效。

梁氏一族在拥立刘志后,权力上达到了顶峰,而刘志几乎什么事都插不上手,只能仰人鼻息过日子。梁冀先以"灾异"为借口,让梁太后罢免了杜乔,然后诬陷并杀害了杜乔和李固。除掉了早就看不顺眼的两个眼中钉后,他接着又进一步向桓帝索要权势和财物。梁冀的地位已经很高了,但他仍不满足,刘志无法,只好规定他"可入朝不必趋行,允许带剑穿鞋上朝,拜见皇帝也不必自称姓名,一切礼仪比同汉高帝时的萧何"。接着梁冀又求得钱财奴仆无数,增加了定陶、阳成两县为封地。如此一来,就相当于把汉朝开国以来所有大臣最荣耀的封赏全部加到他一人身上。梁冀从此更加专横,朝中政事无论大小,都要由他决定;文武百官升迁任免,都要到他府上谢恩;地方进献给皇室的贡品,也要先把最好的送给他。梁冀的妻子孙寿,也被封为襄城君,地位堪比长公主。皇帝的威仪全无,而梁氏一族以梁冀为首,贪赃枉法,残害忠良,排除异己,骄奢淫逸,放纵无度。梁氏一族在桓帝时期,显赫到了极点,皇后、贵人、大将军、王侯等大多出自梁家,还有 3 位公主嫁入了梁家。梁氏富可敌国,到后来梁氏被灭,抄出的家产竟有 30 多亿,实在令人震惊。

铲除外戚　禁锢党人

刘志当了十几年的傀儡皇帝,终于勇敢了一次,夺回了政权,不过他又陷入了宦官专权的祸患之中。

刘志对专权的梁太后和梁冀一党恨之入骨,却又无可奈何。和平元年(公元 150 年),弄权一生的梁太后临死前曾下诏归政,不过朝政大权都在梁冀把持中,归政根本实现不了。太后一死,她的妹妹——现在刘志的皇后梁莹也就失宠了,最后梁莹在延熹二年(公元 159 年)郁郁而终。梁太后和梁皇后都死了,刘志就开始策划剪除梁氏的事。他身边的宦官早就不满梁氏的统治,纷纷表示愿意效力。

剿灭梁氏集团的计划是在刘志上厕所的时候制订的。由于身边梁氏党羽众多,刘志就在如厕的时候叫宦官唐衡进来。二人商议后选定了与梁冀不合的几个宦官:单超、左悺、徐璜和具瑗。刘志与这五人在内室密谋其事,他们咬破手指,歃血盟誓。他们联合京城戍卒共一千多人包围了梁冀的府邸,收回了梁冀的大将军印绶,逼使梁冀、孙寿夫妇自杀。接着又把梁家和孙家的所有人都下狱，无论老少全部处死。在"除梁"行动中，公卿大臣也有数十人受牵连而死，还有300多人被免职，以致朝廷官职出现了空位无人的情况。把持朝廷20多年的梁氏集团就这样瓦解了。

刘志是利用太监夺取政权的，亲政以后，他就依靠太监，新的宦官专权的局面就这样出现了。唐衡等五人立了头功，都得到重赏封侯。单超功劳最大，食邑2万户，其余四人各1万户，被人们称为"五侯"。后来陆续又有不少太监被封赏。这些宦官比梁氏还要横行贪婪放纵，他们竞相攀比奢华，兴建宅邸，其亲族兄弟，也鸡犬升天，四处作恶，暴虐天下。

五侯等人的恶行令朝野震惊。朝臣和贵族们都无法忍受了，就联合了几百名太学生，一起到大殿上去请求皇上铲除宦党。不料刘志全力庇护宦官，反而将请愿的李膺等200多人一起下狱，后来又改为遣送原籍，永远禁锢，不得做官。这就是历史上有名的"党锢之祸"。"党人"一词在屈原的《离骚》中就出现过："惟夫党人之偷乐兮，路幽昧以险隘。"它的本义是结党营私的小人，而这次事件中的正直官员和大学生，竟被宦官污蔑为"党人"。刘志的做法大大打击了士人的心，他们中虽也有积极抗争的，但更多的人选择了消极避世。

上层贵族官僚荒淫腐朽，将国家的财力都耗尽了。刘志一方面通过增加赋税来解决财政困难，这样使得老百姓的负担更为沉重。另一方面，为了减轻财政负担，刘志下诏减发官员的俸禄，并向诸侯王借贷，同时他还卖官鬻爵，将关内侯、虎贲郎、羽林郎、缇骑营士和五大夫等官爵都标明价码，公开出售。这就将贪污变成合法，官员们花钱买了官位，就从老百姓那里去搜刮回来，结果百姓负担更重，东汉的吏治也直接破坏了，还为灵帝时更大规模地卖官开了头。东汉的吏治从桓帝起，腐败到了骨子里。

荒淫无度　七改元三立后

刘志亲政，把国家整得一团糟，他做过两件事，就是改元和换皇后。

刘志即位第二年改元建和，第三年改元和平，后来又陆续改元元嘉、永兴、永寿、延熹、永康，一共改了7次。他在这种事情上费心思，在国事上却不上心。

刘志不仅改元多，他的皇后也换了好几次。刘志的第一位皇后梁莹，是梁太后的妹妹。刘志就是娶了她才得到梁氏的扶持当皇帝的，自然不敢得罪梁莹。梁莹嫁给刘志才

两个月就被册封为皇后。梁皇后有当太后的姐姐和当大将军的哥哥梁冀做后台，在后宫很嚣张。她极尽奢侈之能事，服饰仪仗宫殿都超过前世任何一位皇后。而且她的嫉妒心很强，她不许刘志宠幸其他的嫔妃。刘志很讨厌她，但表面上却还得对她百般宠爱。不过梁皇后侍奉刘志多年，却没有儿子，于是她对刘志的其他妃嫔都心怀怨恨，凡有怀孕的，都要被处死，刘志对她的恶行也无可奈何。后来梁太后一死，梁皇后也就失宠了，于延熹二年（公元159年），在后宫忧愤而死。她死时梁冀还有势力，她就被葬在懿陵，谥号"懿献皇后"。不过刘志在同年剿灭梁氏后，就下诏废懿陵为贵人冢，可见刘志对她的厌恶之深。

梁皇后在世时十分专横，又有两个强硬的后台，刘志在后宫连妃嫔都不敢过多接触。梁氏一死，刘志又夺得政权，就开始随心所欲地享乐。他的后宫宫女也日渐增多，历史记载，竟达五六千人。

刘志立的第二位皇后邓氏，名猛女，是刘肇皇后邓绥的从侄邓香之女。邓皇后的母亲先是嫁给了邓香，生下了她。后来邓香早死，邓氏没落，她就改嫁给梁冀之妻孙寿的舅舅梁纪。邓猛女长大后，孙寿见她貌美，就把她送入宫中。刘志虽然讨厌梁氏，但对邓氏很宠爱，就立她为皇后。诛灭梁氏后，刘志又为邓氏宗族多人封官晋爵，邓氏一族又重新显赫起来。然而邓皇后却没有儿子，花心的皇帝对她的宠爱也没有持续多久，就转而宠幸郭贵人。而邓皇后已经位高权重，十分骄横，与郭贵人争风吃醋。刘志对她日益不满，最终下诏废黜，她忧愤而死。

刘志又要考虑册立皇后之事了。这时，窦氏之女窦妙入宫，窦妙乃是汉章帝刘炟的皇后窦氏从祖的孙女，窦妙的父亲窦武为郎中。窦氏家世显赫，入宫就被封为贵人。不过刘志并不喜欢她，此时他最宠爱的是采女田圣，他想立田圣为皇后，但田圣出身低微，遭到了大臣的反对。刘志无法，只好立窦妙为皇后，封其父亲窦武为槐里侯。不过刘志始终不喜欢窦皇后，时常宠幸田圣等人。后宫妃嫔之间争风吃醋，钩心斗角，刘志也只当做看不见，只管自己玩乐。窦皇后心中的嫉恨越来越深，后来刘志一死，棺材还摆在大殿上，窦皇后就立即发难，杀了田圣，她甚至想要把刘志的妃子都杀光，因牵连太大才作罢。

公元167年，桓帝的身体因常年腐朽的生活早已虚弱不堪，这一年他改元永康，希望自己身体健康，也希望东汉王朝永远稳固。不过事与愿违，孱弱的刘志没有熬过这年冬天，他病死在洛阳宫中。刘志荒淫了一生，却没有一个儿子。他在位21年，终年36岁。

死后葬于宣陵，谥号为"孝桓皇帝"，庙号为"威宗"。东汉王朝从刘志这里日益没落了。

【镜鉴】

顺玛银行的破产：用人不慎，满盘皆输

1992年12月14日，曾风光于东南亚的知名企业顺玛银行的营业执照被正式吊销。作为印尼十大民族私营银行之一的顺玛发展之快令人吃惊，但也正是这迅猛的发展，最终葬送了自己的前途。

谢涵实，印尼第二富豪、商界大亨谢建隆的长子，这位被称为"高速跑道上的能手"，1979年大学毕业投身商界，就颇有一番雄心壮志："我拥有一个理想——建立伟业！"以父亲借给他的25000美元作为资本，开始了他的创业生涯。

1979年，筹资在菲律宾属下太平洋群岛中化奴亚杜岛费拉堡建立顺玛国际银行；1980年初，动用30.5亿印尼盾在香港建立顺玛国际资金（金融）公司，随后与印尼总银行合营；1982年，动用9.5兆印尼盾收购位于菲律宾北部的卓布国际金融公司；同年，斥资60.5亿印尼盾在德国杜斯尔多夫设立顺玛商业银行；1982年末，在印尼创立畦庇·顺玛租赁公司，后改名顺玛·亚斯德拉多边金融公司；1988年，趁印尼椰城亚贡银行债台高筑之际，收购其55%股权，将之改名为顺玛银行；1989年，顺玛银行跃升为印尼民族私营银行的第10名。

短短几年中，谢涵实由一个初出茅庐的大学生一跃而成为20多家金融企业的领导人，其中5家分别在新加坡、马来西亚、泰国、菲律宾，其余均设于欧洲各国，尤以德国居多。他依靠过人的胆识、坚定的信念以及父亲的支持，迅速站稳了脚跟，显示出了一种暴风骤雨般的气势。

谢涵实并不以此为满足，不断地扩张，缔造他的企业王国。在椰城、马展、合厘岛，他各买下一家旅馆，共花费130亿美元；在新加坡，他以592万美元购买了一批企业；在法国，他以85%的股份与法国社会公共银行合资设立顺玛社会公共银行，同时创立多种保险业务类企业。不久，谢涵实的王国就包括了以银行为核心，涉及房地产、建筑、机械、化工、计算机、矿产、农业等几十种行业。

顺玛银行,这个取意拉丁语"最佳"的银行,1980年初建立,短短几年后就成为驰名世界的印尼国际金融机构。1989年,该行名列印尼民族私营银行的第10名,仅其所属的22家银行,就已有1774亿美元投资,在印尼金融界有着举足轻重的地位。

1989年,顺玛银行扶摇直上,正值巅峰。而1990年,印尼政府就针对国内经济困境,开始执行紧缩政策,对内贷款骤减,对国外贷款也严加限制。顺玛作为跨国金融企业,所受影响自然非同小可。首先,顺玛的迅速发展是在20世纪80年代,正是印尼经济大发展之期,其迅猛扩展与国家银行的支持不无关系。而现在,银根一紧,其所受冲击必然最为严重。其次,以往私营银行一旦出现危机,国家银行就会接手以保持金融业的稳定。然而,就在顺玛危机叠现之时,印尼总银行于1992年颁布条例,宣布不再对陷入困境的私营银行进行官方资助或将其国有化。

1992年12月14日,顺玛银行的营业执照被正式吊销。印尼总银行为此特别设立清算拍卖小组,专门整顿清理顺玛银行资产,并将所得优先支付欠缺税金的印尼总银行来偿还所负债务,依法依次分发职工薪水,其次付清所抵押品产价,然后付清结欠借贷或储蓄款额。

往日熙熙攘攘、门庭若市的谢公馆变得格外的冷清。谢建隆呆呆地坐在沙发上,面无表情,双眼无神;而谢家长子,顺玛银行总裁谢涵实,也早已失去了往日的自信。

谢涵实似乎生来就是一个创立伟业的开拓者。他鄙视那些瞻前顾后、喜欢稳扎稳打的人。他像一匹永不疲倦的奔马,但奔向哪里,自己却并不清楚。他只知道扩大、再扩大,他看中的只是自己所辖企业的数量和规模,却根本不考虑这些企业如何运转,怎样取得效益。

悲剧也就此诞生。谢涵实魄力有余,精明不足,不善深谋远虑,更不谙经营管理。他先后在国内外房地产业投资数十亿美元,遍及欧亚大陆,然而这些房地产大多须经长期经营方能获得利润,贷款利息与日俱增,形成巨额款项。

他买了旅馆、鞋厂、农场等企业的大批股份。但是,不久之后这些企业纷纷倒闭、破产。即便在面临危机、债台高筑的情况下,他依然我行我素,勉强买下了新加坡一家电器铸造厂50.13%的股权;他向下属公司发放了一批又一批的人情贷款;他竟然还设想到国外创立几百家金融机构。谢涵实是不可能拥有这么多资金的,他依靠父亲的地位和影响,从国家金融机构或与他人合作贷得大批资金。这些资金,经营得当或可成就一番伟业。但是，盲目扩展，不重经营，只求数量不求质量，其结果必然是一招遇挫，满盘皆输。

求多求快固然是顺玛倒闭的重要原因，而谢涵实的那种头脑简单的少爷作风注定了顺玛银行的悲剧。

谢涵实的许多亲朋老友都认为他重情感、够义气、肯帮人，因而都视之为难得的靠山和财神爷。谢涵实也俨然以他们的庇护神自居。他不仅一次次耗费巨资买下濒临倒闭之境的亲朋好友的公司，而且把他们安置在顺玛集团的重要位置，逐渐形成一个强大而顽固的近亲集团。由于顺玛管理层中大多是谢涵实的"近亲"，公司内部提拔难上加难，有些高层管理者常常是还在读中学的年龄就已被确定。有才者不受重视，无才者掌握大权，员工自然毫无工作积极性。而且，这些近亲集团不谙商务，缺乏经验，更不为银行的发展思考、谋划。当银行面临危机时，不少人早将谢家的大恩大德抛于脑后，不仅没有与之共渡难关，甚至趁大厦将倾之际拼命中饱私囊，纷纷向顺玛银行索款求贷，致使印尼盾在顺玛内部极度空虚之时无端地大量流失。当顺玛集团董事会及有关人士提出变卖那些合资经营的旅馆以弥补银行亏空时，却遭到这些权贵人士的百般阻挠，致使所有整顿步骤均无法奏效。

1990 年，顺玛危机再现，作为一向很关心儿子事业的谢建隆不惜重金，聘请前印尼著名咨询顾问机构 SGV 负责人乌多谋及两位万国银行专家，带领由美国请来的专业人员和谢老亲自培养的职业能手一起整顿顺玛集团，以期帮助谢涵实打通发展之路。

乌多谋上任之后就开始改革公司管理层，排斥一大批无能之辈，而这些人恰恰是谢涵实的至亲好友，改革受到层层阻挠。这帮人先是造谣乌多谋有不可告人的目的，后又设置重重障碍，不予合作，他们甚至时不时地到谢涵实处告状。可悲的是，谢涵实对此偏听偏信，一味纵容庇护，乌多谋一行为此愤然离去，临走时留下一句令人深思的话："顺玛没有希望了。"

至此顺玛每况愈下。1992 年 12 月，银行债务竟达 16 兆印尼盾，这就意味着，顺玛不仅面临倒闭危险，而且很有可能将谢家老父奋斗了一生的基业搭上。谢建隆再一次不惜花血本，请求以好友李文明为首的汪印集团协助顺玛渡过难关。李文明当即答应帮忙，他乐观地提出了整顿方案，此时的谢涵实已由"快跑少年"成了"闯祸少年"，他感到了自身的偏执与不足，他感到了父亲的成熟与老练。然而，自己终究还是个公子哥儿！当以李文明为首的汪印集团被老父请来整顿公司时，强烈的虚荣心立时淹没了他，他觉得让

外人来治理顺玛,是自己的耻辱,是自己无能的表现。对此,他无法容忍,因此亲自出面,层层设障。李文明被迫离去。临行前,同样留下一句感叹的话:"谢老,我们无法影响您的公子!"

谢建隆为收拾顺玛这一烂摊子可说是付出了血本。1992年5月,他在自己一手创立的亚斯德拉国际公司股东大会上宣布:他将拥有的76.75%股份部分转让出售,为顺玛集团"输血",为顺玛复苏创造条件,并同时告诫爱子顺玛问题的严重性。但是谢涵实虽已知自己闯下大祸,公子哥儿的强烈自尊心却迫使他不肯也不敢完全服输。在顺玛几近倒闭之际,他仍口口声声地说:顺玛实力雄厚,世界各地均有产业,不可能很快垮掉,危险只是暂时的。他还说,只要人们相信他,只要政府予以帮助,顺玛仍会渡过这一难关。

然而,这一次政府没有伸出援助之手。谢家父子最后的一线希望终于破灭了。顺玛,曾经威风八面的顺玛,就这样倒下了!从1979年到1992年这短短的13年内,顺玛银行就像流星一样,霎时辉煌之后就永远地消失了……

顺玛银行的破产给人们的启示主要有两点:

第一,企业不能盲目扩张。企业规模的扩张,几乎是每一个雄心勃勃的企业人士最为本能的冲动。谢涵实也继承了这一作风,然而在他身上却演出了一场在短期内迅速膨胀又顷刻之间溃败的悲剧。顺玛银行的失败在于其领导人的浅薄、固执,不能知错就改。

在顺玛银行一步步走向崩溃的过程中,曾有过两次可能转变的机会,但都因领导人的个性品质而葬送了机会。由此可见,企业管理,尤其是最高领导人的素质决定了企业的兴衰生死。企业经营的风格在一定程度上是领导人个性的体现,在选择企业领导人时,一定要注重对品质的考虑。而领导人自身也应以企业为重,适当地收敛过分夸张、不切实际的个性,使企业走上正轨发展之道。

第二,企业用人应唯才是用,不能只靠近亲关系。有时亲戚和朋友并不是最可靠的合作者,由于他们的介入,往往会在企业内部形成一层关系网,阻碍优秀人才的提拔,且妨碍公司的政策制定与发展。因此,在寻求合作伙伴时,首先要考虑的是合作者的能力,而不是亲友关系。

重视血缘和亲情,可能是东亚商业圈家族企业较普遍的现象。虽说"亲戚和朋友是最可靠的伙伴",可一旦这话用到商业中就未必如此,血缘关系掺入企业管理层,常常会出现庸才居高位,贤才不得举的现象,这也是此类企业的通病。

现代企业管理讲求责、权、利分明，讲求优质、高效，讲求用一流的人才进行一流的管理。企业用人应唯才是用。若近亲关系一旦掺入企业的管理层，事情就会变得复杂，能人不得重用，最终结果就会落个企业破亡。顺玛银行的悲剧就在于没有意识到人才是企业生存的关键，以为让近亲参与管理企业，就可以管理好企业，而结果事与愿违。盲目地相信近亲关系，落得断送企业的结局。

狂愚覆辙

西邸鬻爵①

【历史背景】

汉灵帝刘宏在年仅十二岁的时候,他就在宦官集团的支持下,南面称君了。汉灵帝在位期间,不但重用宦官,大兴党狱,而且为了彻底排斥士族,满足自己和宦官的私欲,还公开标价卖官售爵。谁出的钱多谁就能"中标"上任。求官的人,富有的第一次交够了钱,到地方上捞"本钱"挣"利息"去了。有的人钱不够,灵帝还允许他们先赊欠着,让他们到地方上任以后,再加倍地补上所欠的款额。把持朝政的公卿等大官,本来是要由有很深的资历、很大的功劳、很高的威信的人来充当的。但是,像是为了照顾左右的亲近臣子似的,公卿的地位,只对灵帝所亲信的心腹人出售。全国各地的大小官僚,只为了钱而当官。于是,百姓"寒不敢衣,饥不敢食",贱价卖出仅有的家产,以便让新官上任时早早捞足了钱,免得拖下去,自己家破人亡。本来那朝廷的大小官爵,都是留着以待贤人明士的。书上讲过"授官,不能授给自己所亲昵的人;封爵,不能封给德行败坏,又无所作为的人"。像授官封爵这等事关国家安危的大事,随随便便地赐人都是不可以的,更何况灵帝是在出售!售得的钱财,灵帝还私藏起来,这像个什么样子!灵帝这样做,对国家来说,是败坏了朝廷,破坏了礼制;对百姓来说,则是十足的灾难了!

汉灵帝刘宏在昏庸君主的行列里可以算是名列前茅,他的"灵"在谥法中解释为:"乱而不损曰灵。"汉灵帝的确没有辜负了自己的这个谥号,确确实实是个极度追求淫欲的皇帝。灵帝继位之后按照当时的礼制,立宋氏为皇后。宋皇后是扶风平陵人,因为她性情平和,温文尔雅,在汉灵帝看来缺乏女人味而得不到灵帝的好感。并且当时她在后宫的位置极其惹人嫉妒,后宫里受到宠爱的嫔妃们就大胆地捏造谎言、交相诋毁她。中常侍王甫枉杀渤海王刘悝及他的王妃宋氏,而这个宋氏就是宋皇后的姑母,王甫怕宋皇后对他不利,就与太中大夫程阿合谋,一起制造了宋皇后在宫廷里挟巫蛊诅咒皇帝的事件,当时的灵帝本来就打算废掉宋皇后,只是一直没有找到合适的借口,结果就利用了这个机

会废掉了皇后，不久宋皇后忧虑而死。汉灵帝十分好色淫乱，凡侍奉在他周围的宫女年龄都规定在十四岁以上十八岁以下，并且每天都要浓妆艳抹。为了满足自己的淫逸，他还特意建造了"裸游馆"，要求宫女们脱下衣服与他一起裸浴。那时候西域进献了一种叫作茵墀香的，据说气味芬芳、持久不散，灵帝命人煮成汤让宫女沐浴使用，还把沐浴之后带着香味的水倒在河渠里，人们将其命名为"流香渠"。

【原文】

汉史纪：汉灵帝开西邸卖官，入钱各有差：二千石，二千万；四百石，四百万。其以德次应选者半之。令长随县好丑、丰约有价。富者先入，贫者到官倍输。又私令左右卖公卿。公，千万，卿，五百万。于西园立库贮之，以为私藏。

【张居正解】

东汉史上记，灵帝于西园中开设邸舍，如市店一般，鬻卖官爵，官有大小，则纳钱有差等。秩二千石的，如今之知府等官，则纳钱二千万；秩四百石的，如今之县令等官，则纳钱四百万。就是本等以德行、次序，应该选除的，也要他纳钱一半，才许他做官。令长，即今之知县，随那地方的好歹，以为纳钱多寡，都有定价。富者，纳完了钱，才与他官作；贫者，赊于他，着他到地方后，加倍补纳。又私令左右之人卖公卿。公卿大官必是资望相应的，然非因近幸入钱，亦不肯便与。公，卖钱一千万；卿，卖钱五百万。将这卖官的钱，都收贮在西园库里，以为自家的私藏。

考之于史，灵帝初为侯时常苦贫，及即位，叹桓帝不能作家计，无私钱，故卖官聚钱如此。

夫朝廷官爵，以待贤才。书言：官不及私昵，爵罔及恶德[2]。任意与人，犹且不可，况卖之以为私藏乎！且天子富有四海，安用私藏。即使市贩之辈，冒滥冠裳，贤才之人，高蹈畎亩[3]。上坏朝廷名器之公[4]，下遗百姓剥削之害，未及五年，大盗四起，宗庙社稷且不可保，西园私藏，果安在哉？此正《大学》所谓：一人贪戾，一国作乱者也。

【注释】

①本篇出自《资治通鉴》卷57，汉纪四十九，光和元年。并见《后汉书·灵帝本纪》，

叙述汉灵帝卖官鬻爵的故事。汉灵帝,名刘宏(156~189),公元168~189年在位。这期间宦官专权,党锢祸起,还公开标价卖官,天下田亩增税十钱,大修宫室等等,导致阶级矛盾恶化,终于在中平元年,爆发了黄巾大起义。

②见《尚书·说命中》:"官不及私昵,惟其能;爵罔及恶德,惟其贤。"意即官不授给自己亲近的人,爵位不给品德恶劣的人。

③高蹈畎亩:高蹈意为避开、隐居。畎,是田地中的小水沟。意为:德行高尚而又有才能的人远离朝廷,到乡村去隐居。

④名器:古代社会用来表明身份等级的称号及车服、仪制、钟鼎宝器等。

【译文】

汉朝史书上记载:汉灵帝在皇宫禁地西园设邸舍卖官,根据官职大小不同标价也有差别,俸禄两千石的官职,标价二千万钱;官俸四百石的官职,标价四百万钱。规定根据德行年资依次序应该提升的官员,也要减半交钱。州县长官,要根据任职所在地的好坏,标出不同的价码出售。有钱买官的先交钱,凑不够钱买官的赴任后加倍交钱。他还私自下令左右出卖公、卿爵位。公,卖千万钱;卿,卖五百万钱。他把卖官得到的钱,在西园立库贮存起来,作为自己的私产藏在那里。

【评议】

汉灵帝在位的时候,是东汉国家的政治统治最黑暗的时期,这不难理解。作为皇帝之所以要卖官就是因为贪欲太过强烈,想要得到更多的钱财;而但凡是买官的就是为了以后能够赚到钱,这样上下相仿,贪婪的君王带领贪心的臣下,沆瀣一气进行残酷地搜刮,而最终受苦的就是老百姓,所以在汉灵帝时期,政治混乱,民不聊生的情势就可想而知了。然而,百姓虽然只是无名的小卒,一旦承受的压迫再也无法承受的时候,就会起来反抗,那么腐败的统治就会灭亡。所以历代圣明的君主都会对自己严格要求,对官吏执法严谨,不但要戒除贪心,还要力行节俭,清明国家的吏治,全国上下形成良好的政治氛围。

狂愚覆辙

【拓展阅读】

断送江山——灵帝刘宏

人物档案

所在朝代:东汉

生卒年月:公元 157~公元 189 年

在位时间:公元 168~公元 189 年

人物简介:灵帝刘宏,章帝玄孙。灵帝时期,朝廷一团污气,宦官把持朝政,称"十常侍"。灵帝常说:"张常侍是我父,赵常侍是我母。"灵帝之世,民不聊生,买卖官爵,横征暴敛,社会矛盾激化,公元 184 年暴发了黄巾大起义。

灵帝昏庸,宋后冤死

汉灵帝刘宏是一个极昏庸、荒淫的皇帝,他继承王位后,立宋氏为皇后。宋皇后性情平和、为人正直,缺少妖艳而得不到灵帝的好感。因为她处在正宫的风口浪尖上,后宫里受到宠爱的嫔妃都交相诋毁她。

中常侍王甫枉杀渤海王刘悝及他的王妃宋氏,宋氏是宋皇后的姑母,王甫怕宋皇后迁怒于他,就与太中大夫程阿诬陷宋皇后在宫廷里挟巫蛊诅咒皇帝。昏庸的灵帝正愁没有废去皇后的机会,于是借此收回她的玺绶。宋皇后不久忧虑而死。

接下来,宋皇后的父亲以及兄弟全部被杀。有一天灵帝梦见已故的桓帝对他说:"宋皇后有什么罪过? 你听信、任用奸邪的大臣和嬖姬使宋皇后绝命。以前渤海王刘悝已经自贬了,但还是被你杀死;现在宋皇后和刘悝都到天帝那里去告你。天帝极为气愤,你的罪过太大,很难赦免!"

灵帝被晾醒了,梦中情景却依然历历在目,他将这个梦境说给羽林左监许永,问他这是什么征兆。许永就趁机把宋皇后和渤海王无辜被冤的实情说给他听,并且请求改葬以使冤魂得到安宁,灵帝没有听从许永的话。不过梦是心境的外显,可见在内心的深处他多少也有一些愧疚。

荒淫无度,断送江山

灵帝淫乱无度,经常与众多姬妾在西苑裸体游玩,并且建了一座"裸游馆",让人采来很多绿色的苔藓覆盖在台阶上面,引来渠水绕着各个门槛,环流过整个裸游馆。他选择玉色肌肤、体态轻盈的歌女执篙划船,摇漾在渠水中。在盛夏酷暑,他命人将船沉没在水中,观看落在水中的裸体宫娥们美玉一般的肌肤,然后再演奏《招商七言》的歌曲用以招来凉气。

汉灵帝时阉臣宦官独霸朝纲,流毒于天下,人民对汉灵帝的荒淫残暴忍无可忍,终于各地爆发了农民起义,汉朝的江山已经朝不保夕。

公元189年,灵帝去世,14岁的皇子刘辩即位,尊何后为皇太后。何太后临朝称制。何后的兄长大将军何进想诛杀宦官反而被宦官所害,袁绍和曹操带兵入宫诛杀了全部的宦官,后并州牧董卓带兵进京,把持了朝政大权,废少帝刘辩为弘农王,而立陈留王刘协为皇帝。

不久何太后与刘辩也被董卓逼迫而死。这时的汉朝实质上已经灭亡,汉献帝刘协成了一个不能左右自己命运的傀儡。一个群雄并起的三国时代拉开了序幕。

【镜鉴】

一、"出轨"的铁道部长

(一)案例内容

刘志军,中国共产党党员,中央党校研究生学历,工程师。曾任中华人民共和国铁道部部长。刘志军提出了"铁路跨越式发展"的方针,业界称之为"刘跨越"。在任内,刘志军动用多种资源,引进和发展高速铁路技术,开展大规模铁路建设。任内修建了长达1.8万公里的铁路,在建的铁路则高达3万公里。中国成为世界上高速铁路运营里程最长、在建规模最大的国家,刘志军因此被誉为"中国高铁之父"。2013年7月8日,因受贿、滥

用职权,刘志军被北京市第二中级人民法院一审判处死刑、缓期两年执行,并没收全部个人财产。

"铁道部长为什么出轨?"2月12日铁道部党委书记、部长刘志军被调查的消息公布后,类似的帖子在网上不计其数。刘志军近年大力发展高铁,以强势部长著称,突然被查,令人震惊,但并非全无征兆。在刘志军事发之后,有关部门曾组织各路专家讨论高铁以后怎么办,与会专家均一筹莫展。当然,刘志军一事,还与另外两人有极大的关系,这就是罗金宝和丁书苗。

1.各取所需,共蹚浑水

丁书苗出身山西,貌不惊人,神通广大,以在北京路子"深"而著称,但真正"发"起来也就是近几年的事,而且主要是在2006年的高铁投资热之后。她能从铁路上拿到车皮,是因为她搞定了山西铁路的大人物罗金宝。

罗金宝,山西人,1956年出生,门中长辈曾在山西出任显官。罗堪称刘志军的嫡系,累任大同铁路分局局长、太原铁路局党委书记等地方路局大员。

罗、丁与刘志军均关系密切。一位接近太原铁路局的消息人士称,早在刘志军2003年出任铁道部部长之前,丁书苗就通过罗金宝与刘搭上了关系。

2012年12月,铁路系统内部通报了原铁道部部长刘志军涉嫌违纪的六大问题。通报中最严厉的一项称刘志军为丁书苗谋取中标30亿元的项目,对中间人在工程投标活动收取咨询费知情,对2010年第七届世界高铁大会中高铁传媒广告有限公司(丁书苗下属公司)收取铁路工程单位1000万元赞助费知情。此外,内部通报称刘志军道德败坏,玩弄多名女性,有三名即为丁书苗介绍。刘志军还曾委托丁书苗为前铁道部政治部主任何洪达的案件活动关系,为自己转任地方官员活动关系等,对铁路系统出现的严重腐败问题负有主要领导责任。

2.招投标制度成一纸空文

据很多铁路业内人士介绍,虽然大型铁路项目的大总包理论上都要通过铁道部的铁路工程交易中心相应程序,2002年以来铁道部也出台了一些招投标的管理办法,但最初京津高铁项目的很多采购和工程发包,招标变成走过场,就是内定。铁道部原意是将项目都交给原属铁路系统的中铁集团和中铁建集团总承包,但其他系统和地方国企也眼红这些大项目。

2009 年的公开资料显示,中铁建、中铁当年新签铁路项目合同 3000 多亿元,中交股份亦中标 21 个项目,新签 480 亿元铁路合同。中国水利集团、中国建筑集团、中冶集团以及地方的铁路建设公司也加入竞争。

最终形成的格局是,中铁、中铁建大约拿走了高铁项目的 70%～80%,而中交、中建及其他地方建设公司则拿走了 20%～30%。

然而铁路系统外的建设公司要拿到项目并不容易。两家高铁供货商负责人介绍说,2011 年 1 月 1 日之前,铁道部只有专家评审会打分一种评标方式,"就是内定,有些专家因此不愿蹚这个浑水"。即使是国企,也要有人打招呼,有中间人介绍,上下打点,才可能拿到总包权。这里的中间人就是丁书苗,上上下下,丁一共拿到了中介费 8 亿元。

3.专制圆滑的为官之道

刘志军 2003 年上台后,立刻搁置了原本铁道部正在推进的网运分离改革,拒绝打破铁路垄断,拒绝开放,转而大谈铁路要跨越式发展,由此得名"刘跨越"。刘对内对外一律强势,对系统内反对意见坚决打击。作为铁道部长,刘志军亲上火线,安排和指挥项目的分配,在保守、封闭和专制的道路上越走越远,与监管每年数千亿元新上马项目的需求,形成了制度性错配。

刘志军不仅"胆子大,能力强,有魄力",而且也"非常圆滑,很懂得照顾人,谁都给面子"。"中央领导坐火车,刘一定全程陪同;地方大员来京开'两会',刘大多亲自接站。"铁路业内资深人士介绍说,刘志军一方面是要干出政绩,巩固部门利益;另一方面则信奉"谁都不得罪"的原则,为自己编织保护伞,这种为官之道曾帮助刘屡屡涉险过关,但是在利益错综复杂的高铁问题上却遇到巨大挑战。

2013 年 4 月,刘志军受贿、滥用职权一案,由北京市人民检察院第二分院依法向北京市第二中级人民法院提起公诉。起诉书指控,被告人刘志军身为国家工作人员,利用职务上的便利,为他人谋取利益,非法收受他人财物,数额特别巨大,情节特别严重;身为国家机关工作人员,徇私舞弊,滥用职权,致使公共财产、国家和人民利益遭受特别重大损失,情节特别严重,依法应当以受贿罪、滥用职权罪追究刑事责任。

(二) 专家点评

反腐败学者、中央党校教研部教授林喆:反腐败既"打老虎也打苍蝇",对腐败分子,不管是谁,不论其职务多高,只要搞腐败,就一查到底,反腐败"零容忍"是底线。

(三)案例分析

刘志军的两大罪名分别是:(1)身为国家工作人员,利用职务上的便利,为他人谋取利益,非法收受他人财物,数额特别巨大,情节特别严重;(2)身为国家机关工作人员,徇私舞弊,滥用职权,致使公共财产、国家和人民利益遭受特别重大损失,情节特别严重,依法应当以受贿罪、滥用职权罪追究刑事责任。他的"出轨",在给世人震惊的同时,也提醒了我们一件事,这就是中国铁路系统多年以来的垄断和封闭。铁道部在这个垄断封闭的体系之下,在高铁建设过程中与地方和权贵不断建立资本联姻,进行利益交换,加之其带来的安全隐患,是导致刘志军下台的深层次原因。而刘的下台,也给铁道部留下了一个烂摊子:一是高铁何去何从,如何解决刘志军留下的这笔高负债、高风险的高铁遗产;二是铁路改革问题,在内忧外困之下,已经停滞八年的铁路是否会重提改革议题。

当然,现在,铁道部已成为过去式。2013年3月,根据第十二届全国人民代表大会第一次会议审议的《国务院关于提请审议国务院机构改革和职能转变方案》的议案,铁道部实行铁路政企分开。将铁道部拟定铁路发展规划和政策的行政职责划入交通运输部;组建国家铁路局,由交通运输部管理,承担铁道部的其他行政职责;组建中国铁路总公司,承担铁道部的企业职责;不再保留铁道部。

铁道部的逝去,让我们感慨欷歔,但同时,中国铁路总公司的建立及其政企分开的管理形式,总能在一定程度上减少更多的"刘志军"。

二、因财丧命的药监局长

(一)案例内容

郑筱萸,原中华人民共和国国家食品药品监督管理局局长。2007年5月29日上午,北京市第一中级人民法院对郑筱萸案做出一审判决,以受贿罪判处郑筱萸死刑,剥夺政治权利终身,没收个人全部财产;以玩忽职守罪判处其有期徒刑7年,两罪并罚,决定执行死刑,剥夺政治权利终身,没收个人全部财产。6月22日做出二审裁定,驳回上诉,维持原判。经最高人民法院核准,7月10日上午被执行死刑。

1.上任7年被免职

郑筱萸1944年12月出生,是福建省福州市人。他1968年毕业于复旦大学生物系,在浙江杭州有着23年的制药业从业经历。郑筱萸于1994年担任国家医药管理局局长、党组书记;1998年3月新一轮国务院机构改革后,他出任国家药品监督管理局第一任局长。

在药监系统内部,郑筱萸长于"铁腕式"的行政管理,在任期内他曾致力于推行GMP(药品生产质量管理规范)认证制度。后来,该制度却被同行笑称为"形象工程"。尤其是2006年以来,"齐二药""奥美定""欣弗"等重大医疗事件接连发生,国家食品药品监督管理局在药品审批、注册等环节存在的诸多问题随之显现。

2005年6月22日,年满60岁的郑筱萸被免去国家食品药品监督管理局局长、党组书记职务。此后,郑筱萸担任了中国科协旗下的中国药学会的理事长。

2.玩忽职守,增加百姓用药风险

郑筱萸玩忽职守的行为中,与百姓用药息息相关的莫过于GMP认证。郑筱萸在推进GMP认证时,由于没有经过充分论证和民主程序就推进了这项整改措施,造成了国家医药管理制度的混乱,增加了老百姓的用药风险,降低了政府的公信力。据悉,这项认证的初衷本来是规范药品的质量,但由于没有经过充分准备,导致药品的审核标准降低,使有风险的药品流入了市场。GMP认证把企业的成本提高了,因为一个企业要想通过GMP认证需要花上几百万甚至几千万元。而另外一个与药品流通企业有关的GSP认证,标准被定得很高,其后果就是99%的企业达不到要求,于是这些企业就作假、行贿。这给药监部门留出了一个很大的"操作"空间。GMP认证也对企业具体的生产设备和生产方案提出了很高要求。企业为了生存,不得不去买药监部门推荐的高价设备,而这些成本最终都被转移到药价里面,直接导致了药价的升高。

3.最多一次受贿290万元

郑筱萸的受贿金额总额约为649万元,其中绝大部分赃款都是来自制药厂。据了解,药物在研制、临床实验和生产中需要经过国家药监局的多项认证和审批。能不能批、什么时候批对于药厂来说都是"性命攸关"的大事,有时晚几个月就会导致巨额利益的损失。

为了能让药监局"高抬贵手"，及时放行，各个药厂挖空心思，不惜花费重金。一家药厂听说国家药监局正在考虑减少其进口配额，于是辗转找到郑筱萸，送给他一笔钱，果然保住了以前的配额。郑筱萸在法庭上承认，自己曾经因为收了钱而大大照顾了行贿药厂的利益。

但是，由此衍生的各种费用最终都被加到药价里由百姓买单。郑筱萸受贿的金额中，最大的一笔有290万元，这样大的数额在单次贿赂中相当鲜见。

4."药厂老板换个方式来贿赂我"

2007年5月16日上午8时许，距离开庭还有近一个小时，大批中外媒体记者就已蜂拥至北京市第一中级人民法院门口，准备报道此次庭审。此外，有几家药厂的人也赶到了现场。

郑筱萸一案的审理阵容强大，由于有关部门高度重视，该案件被定为专案。从案件开始审理之时，法庭内外就弥漫着浓郁的紧张气氛。数名法警在法庭外巡视，禁止闲杂人等靠近进行案件审理的西中法庭的大门。

郑筱萸身穿深色西服受审，满头的灰白头发更显出了他的老态。在庭审中，郑筱萸一直将老花镜捏在手里，只是在看案卷时才将它举在眼前。法庭上，郑筱萸承认了绝大部分的指控，只是在个别案件细节上存有异议。庭审中他表示："一些药厂老板是换个方式来贿赂我。他们给我老婆、儿子干股和钱，我没有干预，而是予以默许，这就是受贿。"

（二）专家点评

新华社特约评论员：对郑筱萸案的判决，充分体现了人民群众的意志和愿望，充分体现了法律公平正义的精神，充分体现了党和政府坚定不移惩治腐败分子的坚强决心。郑筱萸案件作为典型的党员领导干部违法犯罪案件，教训十分深刻，值得所有国家公务员特别是各级领导干部认真汲取。

（三）案例分析

郑筱萸一案对我们产生了什么影响？要从这个案件中汲取怎样的深刻教训，怎样让我们在今后的监管工作中堵塞漏洞，使我们的监管工作真正地做到为民监管，真正地保障人们的饮食用药安全？这些不仅是国家食品药品监督管理局要想的，要深刻反思的，也是拥有监管职权的部门要思考的问题。我们一定要明确树立好科学监管理念，把握政府部门的工作定位，解决好公众利益和商业利益的关系，解决好政府和企业的关系，真正地把人民的利益放在第一位。

三、中国"第一贪"的覆灭

（一）案例内容

姜人杰，苏州市原副市长，分管城建、交通、房产开发等 13 个领域，同时兼任苏州城市建设投资发展有限公司董事长和苏州市高速公路建设指挥部总指挥。2008 年 10 月 24 日，因挪用公款罪、受贿罪，被南京市中级人民法院判处死刑、剥夺政治权利终身。已于 2011 年 7 月 19 日上午被执行死刑。

1. 单笔受贿 8250 万

经南京市中级人民法院审理查明，2001 年至 2004 年间，姜人杰利用职务便利，先后收受四家房产公司和一家科技公司贿赂款，共计人民币 1.0867 亿元、港币 5 万元、美元 4000 元。其中，因帮助开发商在违规用地上获益，姜分多次收受了苏州市华业百福房地产公司总经理陈某所送的人民币 2000 余万元。

而另一笔高达 8250 万元人民币受贿金额，也是在土地置换和转让的过程中获取。仅此两笔的受贿总金额即高达 1.045 亿元人民币。单笔受贿金额 8250 万元，让这位副厅级的地方官员一下子成了中国"第一贪"。

2001 年，正是中国房地产曙光初露之时，分管房产的姜人杰看中了苏州市水利局希望出卖的 150 多亩土地，示意时任苏州市娄葑镇开发区主任顾文斌以每亩 7 万元买入。

2002 年下半年，根据国家有关土地"招拍挂"新政，苏州市也出台了相关土地政策，将对超过两年未开发且属于招标拍卖范围的项目用地，一律由政府依法收回土地使用权，顾文斌购得的那块土地正在回收之列。姜人杰得知后，赶在土地回收前，协助顾办下了土地证。拿到土地证后，顾文斌一面向准备收回土地的苏州工业园区索赔，另一面，又以港商的名义向当时的市委主要领导反映问题，要求对其"度假村"用地做出补偿。不久后,市政府提出了土地置换的处理意见。顾在办好土地置换手续后,迅速将90%的土地使用权高价转让出去,净赚1.9亿元。2003年底,按利润平分的承诺,顾文斌将其中的8250万元送给了姜人杰。当初1000余万元买入的土地,通过置换、拍卖、转让一系列违规操作之后,转眼即获利1.9亿元。

2.黑金的秘密

"秘密就在于改变了土地使用性质。"苏州市房地产协会会长邱元华在接受《中国新闻周刊》采访时介绍,一方面过期未开发的划拨土地将被收回,另一方面新批项目用地开始进行招拍挂。而姜人杰正是利用回收土地的机会,通过改变土地性质实现低买高卖的,"加上暗箱操作,暴利惊人"。据业内人士透露,2002年前后,园区附近的工业土地每亩只有十几万元,但住宅用地的地价已达到每亩200万~300万元。"顾文斌通过置换获得的土地位于苏州工业园区边上,加上紧邻金鸡湖和独墅湖,房地产升值空间巨大。"娄葑镇镇村办一位负责人说。顾文斌曾担任娄葑镇开发区的主任,认识姜人杰后,便辞职开办了一家鼎立物产有限公司,专门从事房地产开发。

3.作案手法"新颖"

法院经审理查明,2001年至2004年间,姜人杰利用职务便利,先后收受苏州鼎立物产有限公司总经理顾某、苏州市华业百福房地产有限公司总经理陈某、苏州易通房地产开发有限公司总经理李某、苏州天熹房产开发有限公司副总经理林某某、苏州市友和科技发展有限公司总经理凌某某贿赂款,共计人民币1.0867亿元、港币5万元、美元4000元。

姜人杰不仅集城建、交通、房地产开发等13个领域的公共权力于一身,甚至形成了一个以他为核心的利益集团。在姜人杰事发后,城建、交通、市政公用等部门的一些官员纷纷被"找去谈话",或被撤换。"20多年来没有出现腐败问题,并不代表没有腐败。"当地一名不愿透露姓名的官员直言,"关键是制度的问题,一个社会仅靠文化与良心,是很难维系整体和谐的,特别是在权力没有受到足够制约的情况下,腐败终将难免,现在不出现,以后也会出现。"

(二)专家点评

行政学专家、中国人民大学公共政策研究院执行副院长毛寿龙:腐败的产生,一方面缘于权力过于集中,但更大层面上是因为监督机制的缺失。领导周围的人掌握着大量信息,但他们没有权力去监督自己的领导。而像中纪委,虽然有足够权力,但常常因为掌握的信息不够而没有办法实现这种监督。

(三)案例分析

姜人杰贪污8250万元,成为新中国史上最大单笔受贿之人,在土地供应转轨以及城市高速发展形成的巨大权力场中,公权的过度集中及有效监督的缺位,导致了巨额寻租的发生。姜人杰腐败金额数量之多,腐败手段"新颖"在让我们咋舌的同时,也以活生生的事例警示我们,反腐败斗争形势依然严峻,任务依然艰巨。必须以更加坚定的信心、更加坚决的态度、更加有力的举措推进惩治和预防腐败体系建设,坚定不移地把反腐败斗争进行到底。

四、猫变老鼠:沦为阶下囚的纪委书记

(一)案例内容

曾锦春,郴州市市委原副书记、市纪委书记,掌控纪检权11年。2008年11月20日,长沙市中级人民法院对曾锦春受贿案做出一审判决:被告人曾锦春犯受贿罪、犯巨额财产来源不明罪,两罪并罚,判处死刑,剥夺政治权利终身,并处没收个人全部财产。

远房亲戚变成情妇,收钱只收现金,只要给钱啥违法的事情都能干……曾锦春的"三大另类看点"值得关注。

其一:远房亲戚成情妇。在法庭上,曾锦春承认把一个远房亲戚邝某变成了情人,从起诉书中可看出,曾锦春有两个情妇,都帮她们安排了工作,还多次指示行贿者向其情妇送礼和装修房子。

其二:不收支票收现金。有郴州市官员称,曾锦春具有一定的反侦查意识,知道现金比银行转账安全稳妥,行贿者都知道他的这个习惯,所以用编织袋装现金,这样就算有人看见,也只会猜测是土特产等。曾锦春喜好收现金,绝大多数行贿者都是提着数十万现金直接进入曾办公室当面交给他的。

根据起诉书的指控，曾锦春在担任纪委书记的十年期间，敛财之手从来没有停止过，郴州当地的矿产、房地产、建筑工程、领导干部的提拔和任用、经济官司，都成了曾锦春受贿的来源。

首清文是向曾锦春行贿数额最多的个人，其行贿款共计人民币 710 万元。1999 年下半年，首清文到曾锦春办公室请曾向玛瑙山矿矿长黎某打招呼，以图尽快与玛瑙山矿签订水湖里矿采矿合同，并将事先准备的 40 万元送给曾锦春，曾予以收受。在曾锦春向黎打招呼后，首清文与玛瑙山矿签订了水湖里矿开采合同。此后，首清文又因为玛瑙山矿的合同、经营等诸多问题，求助于曾锦春，十多次向其行贿。

其三：权钱交易讲"诚信"。起诉书公布的诸多个案可以表明：曾锦春简直是不法商人的"挚爱"——只要给钱，曾书记啥活都能干，且服务"踏实高效"，绝对"物超所值"。2000 年 7 月，曾锦春收受一个叫黄生福的矿主 50 万元，帮助黄生福取得荣福煤矿的租赁承包合同，让人吃惊的是，当时黄生福是曾锦春正在查处的一起受贿案的行贿者。在利益的驱使下，执法的"黑猫警长"摇身一变成了硕鼠。

黄生福原来是郴州市宜章县荣福煤矿的矿主，也是当地黑恶势力的头目，曾经组织了近百人的"护矿队"，在当地为非作歹，其靠山就是当时的纪委书记曾锦春。为此，黄生福也在 2000 年 7 月至 2005 年间，亲自或者由其弟黄生文出面，向曾锦春进行行贿，还在广东省乐昌市坪石镇为曾锦春的情妇购买了一套住房。

报道称，曾锦春在临刑前忏悔说："最对不住的是我的父亲和母亲，特别是我的母亲，她老人家住在农村里，86 岁了，我一天孝也没有尽。以前我要把她接到郴州来住，她说住不惯，我就每年给她一点钱，没有多少时间去看望她。最遗憾的是我没来得及好好孝顺她……我母亲没想到我是这样的人，她总认为我是好人。现在要是还给我一次机会，我唯一的愿望就是要好好孝顺我的母亲"。正所谓："鸟之将亡，其鸣也哀；人之将死，其言也善。"这一点，即便是贪官也不例外。我们相信曾锦春的这句话是肺腑之言、沥血之音，只是他的这句话说得太晚了。

（二）专家点评

人民网林伟：曾锦春刑前忏悔愧对父母，对于他来说为时晚矣，但对于党的各级干部来说，无疑是一座长鸣的警钟、是一副强力的"清醒剂"，"谁言寸草心，报得三春晖"。为官者只有从曾锦春刑前的忏悔中,有所震撼、有所警醒、有所反思,才能有临深渊、履薄冰的畏惧感,在似是而非中辨别是非,在良莠混杂中鉴别美丑,在似醒非醒中保持清醒,老实做人,清白做官,踏实做事,走好人生的每一步。如此,才是为党和人民尽忠,为父母尽孝。

(三)案例分析

人们常说,人都有七情六欲。但是贪官所表现出来的所谓人性上的欲望,其实是一种扭曲的私欲,而且色胆包大,利欲熏心。大凡贪官总走不出权、财、色"联袂登场"的轨迹,而曾锦春连远房亲戚都成了他的情妇,一方面满足情欲色欲,一方面合伙谋利,其与骄奢淫逸与贪婪之心达到了一种极致。曾锦春严重违法犯罪案件是湖南省反腐败斗争中查处的重大案件之一,它给了我们一些重要的警示。可以看到,随着反腐败的不断深化,贪官的腐败行为变得越来越复杂,越来越隐秘,像曾锦春这样"不收支票收现金",就是一个典型。这从一个侧面可以看出,反腐败力度越大,贪官的手段越狡诈,行为越隐匿。这就要求反腐部门在强化教育、预防腐败的同时,启动官员财产申报制度,使之规范化、常态化与长效化,充分动员一切监督手段,对官员特别是重权官员开展全方位、多视角监督,使其伸手必被捉,只有斑斑劣迹,没有"另类看点"。

五、国有企业中的"黄金大盗"

(一)案例内容

宋文代,内蒙古乾坤金银精炼股份有限公司原董事长、总裁,因犯有贪污罪、挪用公款罪并且"犯罪数额特别巨大、情节特别严重、影响特别恶劣",经过巴彦淖尔市中级人民法院审理,于2012年10月15日一审判处死刑,剥夺政治权利终身,并处没收个人全部财产。内蒙古检方40多名办案人员长达一年多的侦查,不仅捉住了这个"黄金大盗",也揭开了他的发迹内幕。

1.夺权

从出生、成长以及工作经历来看,宋文代的人生背景与黄金工业没有什么交集。他的老家在原呼伦贝尔市，长辈是闯关东的山东人，当兵后来到呼和浩特市。对宋文代比较熟悉的知情人这样描述他："东北人，能吃苦、能说，又能写笔好字，得到了部队领导的器重，送到内蒙古师大读书，后来成了部队的宣传干部。"宋文代成为部队干部之后，找了呼市本地人当老婆，转业后可以留在当地，后来进入了内蒙古自治区高级人民法院培训中心从事行政工作。

虽然在法院仅仅是从事行政工作，但是头脑灵活、能说会道的宋文代非常注重利用自己在法院工作的机会结交各种关系。并且，他有意识地经营这些关系，到处鼓吹自己能帮别人协调法律关系，俨然是一个"诉讼掮客"。他通过打麻将认识了内蒙古乾坤金银精炼股份有限公司的董事长吴根喜的妻子，并通过这位"牌友"结识了吴根喜。宋文代吹嘘自己在公检法系统都有熟人，可以帮吴根喜打通关系、摆平官场上的问题。吴根喜相信了宋文代并让他到乾坤公司来上班，"给他一个副总经理的职位干干，正好我们这没有懂法律的高层干部"。吴根喜以为自己找到了得力帮手，却不想引狼入室。

宋文代进入乾坤公司之后，并不满足于副总经理的职位。2001年5月，吴根喜生病（得了带状疱疹，一种临床上较常见的急性疱疹样皮肤病），宋文代将吴劝至青岛疗养，然后利用吴根喜不在公司的机会开始了秘密夺权计划。

宋文代恐吓吴根喜说他已经被通缉，从而将吴控制在青岛。他先是提出以自己控制的呼和浩特章盖营乡根堡村450亩土地使用权（实际土地面积只有237亩，且为自治区高院承包，土地使用权并不属于宋文代）入股，获得100万元股份和350万元现金，并且要当乾坤公司的副董事长兼总经理。进而，他又伪造吴根喜签名的聘书，以乾坤公司副董事长兼总经理的身份全权行使法定代表人的一切权利。2002年3月，乾坤公司股东大会选举宋文代任公司董事长。而原董事长吴根喜被宋文代清除出了公司董事会，按照工人的级别"被退休"。

2.转制

乾坤公司国有股19%由内蒙古股份制企业管理协会持有（协会既不分红也不分利），集体股21%由原内蒙古金店工会持有，自然人股60%，由233名职工持有，管理层持股比例稍大。当时公司的情况是，自己研究自己开发金银的提纯，赚的钱都是大家的，公司下面的冶炼厂在这一时期发展得特别快。

宋文代上任后，公司性质发生了改变。与此前巴不得赶紧甩开政府、给企业松绑的思路不同,宋文代将公司的国有股和集体股转归政府持有。他经营企业的思路是"打通关系、找到靠山",做一个"红顶商人"。同时,宋文代不懂技术也不尊重知识,而是大搞封建迷信,企业风气日渐扭曲。他不是靠经营和领导赢得威望而是选择了打击报复等卑劣伎俩。有几个原来吴根喜任命的副总不服气,他就找借口把他们抓进看守所里关了几天。他经常和身边的人提起这句话:卑鄙是卑鄙者的通行证,高尚是高尚者的墓志铭。显然,他是以前半句作为自己的人生信条。

3.衰落

在宋文代的折腾下,乾坤公司的效益很快便开始出现下滑。与此同时,宋文代在新的市场规则中找到了更多寻租机会。在2005年10月至2006年7月,他违规在国际白银期货市场进行白银期货交易,导致公司亏损3540万元;先后诱骗澳门三阳财团、北京德润公司和一家浙商企业注资,个人从中渔利2530万元。浙商受骗后,实名举报了宋文代的违法犯罪行为,通过浙江省10名人大代表对此案的调查建议函,宋文代于2010年末被公安机关立案侦查。

根据媒体报道,宋文代被抓时,正在忙于装修即将开业的金银珠宝店,种种迹象表明,他开这个店的目的是用来销赃的。法院判决显示,宋文代涉嫌贪污人民币5290多万元、黄金约60公斤、白银1.4吨,挪用公款2100万元,"但他的问题其实不止于此,宋文代炒黄金亏了3000万元,炒白银又亏了3000万元,收购黄金也亏过3000万元,但这些检察院都没有认定。"乾坤公司老员工如是说。

一个黄金大盗使这家大型国有企业濒临绝境。乾坤公司原是内蒙古重点培育的20家企业之一,2000年和2002年两度被中国企业联合会、中国企业家协会评为"中国黄金行业之首",最红火时年度营业额达到30亿元。呼市审计局的审计报告认定,在宋文代任董事长的2002年至2008年,乾坤公司累计经营亏损6328万元,公司净资产由2001年的5839万元,减少到2008年5月31日的—544万元。工厂里苟延残喘的状态令一大批技术、管理人员选择了辞职,很多工人办理了下岗、内退手续,在外做临时工。

(二)专家点评

《三联生活周刊》记者吴丽玮:从自治区高院的行政人员一跃成为黄金加工大厂的老总,宋文代窃取了权力和金钱,同时也夺走了一个企业的光明前途。

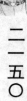

北京华联律师事务所呼和浩特分所主任赫志：从本案可以看出，能人不修德、时势造"枭雄"、监管不得力，是宋文代成为"黄金大盗"的"三要素"。

（三）案例分析

一个"黄金大盗"搞垮了一家大型国有企业，我们不能仅仅将其作为偶然事件来看。首先我们要问的是，一个法院从事行政工作的人员，何以成为"百查不倒、百炼成钢"的不倒翁？资料显示，宋文代上任以来，各级公安、行政、司法等部门你来我往，对宋文代的调查几乎从未断过。甚至宋本人无论走到哪里，随身的公文包内都带着应诉材料，随时准备回应各方举报。如今，黄金大盗终于落网伏法，这是他应得的下场。问题是，那些让宋文代赖以生存的"关系"如今安在？如果这样的关系网不破除，那么下次还会出现别样的"大盗"或"硕鼠"。

宋文代疯狂攫取权力与金钱的过程，也是体制弊端渐渐暴露的过程。首先，从宋文代进入乾坤公司的经历来看，当时吴根喜身边有好几位年富力强的副总都没得到提拔，但是吴却偏信自己的妻子从麻将桌上认识的宋文代。仅仅是骗取了吴的信任，宋文代就可以从机关行政人员摇身一变成为大型国有企业的副总乃至总经理，进而将整个企业玩弄于股掌、国有资产任予任夺，终于将企业前途断送。在这样近十年的过程中，吴根喜的错误决策、宋文代的疯狂贪腐始终没有受到有效的扼制。这里，国有企业"一把手"权力制约机制成为问题的根本，如果没有建立起符合市场经济需要的现代公司治理结构，国有企业每一天都在钢丝上舞蹈。

六、"权房交易"的典型样本

（一）案例内容

许迈永，杭州市原副市长，负责城市建设等方面工作。2009 年 4 月 28 日，浙江省纪委、浙江省委组织部证实，许迈永涉嫌严重违纪，接受组织调查，浙江省委已决定免去其领导职务。2011 年 5 月 12 日，浙江省宁波市中级人民法院对许迈永受贿、贪污、滥用职权案做出一审判决，认定许迈永犯受贿罪，判处死刑，剥夺政治权利终身，并没收个人全部财产。

1."玩转"资本运作：走上靠房地产暴富"捷径"

许迈永，身处发达地区、敏感岗位，手握重要权力，在这些年房地产市场快速发展的同时，许迈永利用职务上的便利，在房地产运作中"摸爬滚打"，看似走市场路子，实则以权谋私，走上了暴富"捷径"。

2000年12月，许迈永设立了杭州瑞博房地产有限公司，注册资本1000万元，形式上，由许迈永任董事长的国有企业杭州金港公司出资10%，汇丽公司和浙江通策房地产投资集团有限公司出资90%，实际上除了金港公司投入注册资本100万元之外，其他两家公司900万元的注册资本均在验资后抽回。许迈永和两家公司的老板约定，瑞博公司90%的股份归许迈永所有。2002年，金港公司10%的股份也卖给了许迈永。经评估，2002年，瑞博公司资产已经增值近4000万元。许迈永利用金港公司这个平台，贪污国有资产达5300万余元。

2.违规操作：为开发商办事"换房换钱"

许迈永所处职位，手中牢牢掌握着房地产开发的管理权，他深知这个市场存在着巨大的财富效应，除了在资本市场和企业经营中巧妙"运作"，他还利用手中的行政权力，公然违规操作，为开发商办事，换房换钱。

"阳明谷"，位于风景优美的之江国家旅游度假区内，背倚五云山，相邻云栖竹径、九溪烟树等著名景点，原属旅游项目，实际却开发成了主城区中的高档排屋别墅。

检察机关指控，2004年，许迈永曾以"亲属购买房屋"为由，授意国都控股有限公司董事长以优惠价格出售给其"亲属"一套排屋，明显低于市场价86万元。2006年，国都控股开发的"阳明谷"想变更土地性质，从旅游用地变身成为住宅销售，许迈永遂出面帮助其解决。

据检察机关调查，萧山开氏集团在短短几年内成为萧山的骨干企业，也是许迈永"主动服务"，一手扶持的结果。该公司董事长项某某在西湖区开发的好几个项目都是许迈永亲自带他去考察商定，如西溪锋尚、西港新界等。

许迈永除了用权力换钱，还用权力搞"投资"，投资的品种还是房产。他经常对一些房地产商说，自己收入不高，两个弟弟是残疾，孩子在国外念书，压力比较大，所以想买点房搞点"投资"。和普通人不同的是，许迈永的"投资"可以少出钱甚至不出钱。

3.任其翻云覆雨,难逃法网恢恢

宁波市中级人民法院经过审理,最终查明:1995年5月至2009年4月间,许迈永为有关单位和个人在取得土地使用权、享受税收优惠政策、受让项目股权、承建工程、结算工程款、解决亲属就业等事项上谋取利益,收受、索取他人财物共计折合人民币1.45亿余元。许迈永还利用担任国有公司杭州金港实业有限公司董事长的职务便利,侵吞国有资产共计人民币5300万余元。此外,许迈永在任杭州市西湖区区长、区委书记期间,还徇私舞弊滥用职权,违规退还有关公司土地出让金7100万余元,造成特别恶劣的社会影响。最终,2011年7月19日上午,他被执行死刑。

(二)专家点评

时评作家、资深评论家高福生:防范官员在工程建设领域"前腐后继",一是要捏住"招投标"这只"牛鼻子",不给"潜规则"以机会;二是要建立交易活动"公示制",将工程造价、审计结果等信息予以公示,接受公众监督;三是给公权戴上"紧箍咒",规定权力的运行范围,增强权力运行透明度。如此须多管齐下,全力封堵腐败"源头",铲除腐败"土壤",卡住腐败"咽喉",方能最大限度地避免更多的许迈永们"倒在高楼下、垮在批地上、毁在路桥边"。

(三)案例分析

许迈永以合股、干股等手段,在房地产市场中疯狂捞取巨额利益;用手中权力违规为开发商"服务",赚取巨额回报;个人不出钱或者少出钱,"炒房"获取高收益……贪腐近2亿元!令人瞠目的数字背后,暴露出了一个巨贪利用房地产市场进行"权房交易"的堕落之路。然而,为何许迈永在这条堕落之路上走了如此之久,这是值得我们思考的。许成为亿元巨贪,固然与其价值观念扭曲,道德底线失守有关,与工程建设领域的特殊性有关,但更与社会转型过程中法纪法规不完善、执行力弱化及监管不到位有关。

目前,我们对工程建设领域的监督还有很多制度机制的设计停留在"同体监督"层面上,这种体制上的漏洞也加大了廉政风险。让人欣慰的是,工程建设领域腐败多发、易发、群发的现象已引起了中央高层的高度重视,不仅出台《准则》进行约束,还及时修补了一系列法律法规漏洞,形成了"高压""合围"之势。我们相信,在中央党风廉政建设的道路上,我们终能越走越远。

七、巨贪的"雅量"与"胆量"

(一)案例内容

陈同海,中国石油化工集团公司原总经理、中国石油化工股份有限公司原董事长。2009年7月15日上午,北京市第二中级人民法院对陈同海做出一审判决,认定陈同海犯受贿罪,判处死刑,缓期两年执行。

在落马之前,陈同海都是以正面形象出现在公众面前。据相关评论,陈同海近几年在中国石化建树颇多,最大的功绩是提升了利润率和建立了较为健康的市场化形象,包括建立更加合理的薪金制度、加强海外战略的执行和大刀阔斧地进行资产重组等。

但是,功绩并不能掩盖个人的违规违法问题,越是位高权重的企业高管,越应该珍惜权力、严格自律。陈同海被"双开"并将受到法律严惩,再度印证了"多行不义必自毙"的铁律。纵观这位声名显赫的国企巨无霸掌门人的贪腐轨迹,可以发现,除了一些见怪不惊的"共性"之外,还有一些特殊的"个性",让人叹为观止:

1."雅量"

该案让人惊讶的第一点是陈同海共享情妇的"雅量"。随着陈同海案的真相大白,一个能耐颇大的神秘女人进入了办案人员的视野,这就是陈同海的情妇李薇。让人大跌眼镜的是,就是这位深得陈同海宠幸的情妇李薇,却被他"大方"地送给了原山东省委副书记兼青岛市委书记杜世成!李薇在与陈同海保持亲密私人关系的同时,也同杜世成建立了亲密关系,并由此渗入青岛地产界。无论是大炼油项目生活基地还是奥运帆船赛事基地的商业开发,李薇均有染指。陈之所以恬不知耻将自己花了巨额"投资"且心仪的女人拱手相让并与杜世成"共享",乃是另有所图,将此作为维系"共同利益"的重要筹码,来缔结腐败同盟。

2."气量"

陈同海另一个让人印象深刻的特点是其挥霍公款的"气量"。此"气"乃财大气粗之

"气"也。据报道,陈同海为人霸道,被称为中国石油化工集团内的"陈老虎""陈霸王",在公司内部人见人怕。他自恃是正部级高干,每月公款花天酒地达120万元,平均每天挥霍4万元,让我等平民百姓见识了什么叫"挥金如土"。监察部、国办曾找他谈话,要他注意影响,不能挥霍,陈竟然回应说:"每月交际一二百万算什么,公司一年上交税款二百多亿。不会花钱,就不会赚钱。"如此"名言",足可载入吉尼斯世界纪录大全了。

3. "胆量"

陈同海第三个特点是其抗衡中央的"胆量"。2007年6月中旬,中纪委副书记何勇找陈同海谈话,对他提出四点"规劝",要求他边工作边从经济、金融方面进一步交代。可天性狡诈、顽固到底的陈同海却把中纪委治疗他不治之症的"良方"置之度外,边交代边转移财产,积极准备外逃。5月中旬到6月20日,陈同海在京、津、深的12个账户,有51次大额款项被提取或转移到其他账户及套购外币,总额达1.73亿元。

陈同海受贿案情公布以后,在国人对"个性"和贪腐数据震惊不已的同时,其戏剧性的免死结局同样令人诧异。

曾经,法院对一些比其犯罪数额小的受贿犯判处死刑立即执行,如成克杰(受贿4000多万元)、王怀忠(受贿517.1万元、巨额财产来源不明480.58万元)、郑筱萸(受贿600多万元)等人,可受贿1.9573亿余元的陈同海却是死缓,这是为什么呢?为此,北京二中院专门接受了新华社记者的专访,对社会质疑给予解释。

"法院之所以对陈同海未判处死刑,立即执行,而是判处死刑,缓期二年执行,是基于陈同海具有以下从宽处罚的量刑情节。"北京二中院有关人士说,其一,在因其他违纪问题被有关部门调查期间,陈主动交代了组织不掌握的全部受贿事实,构成自首;其二,案发后主动退缴了全部赃款;其三,向有关部门检举他人违法违纪线索,为有关案件的查处发挥了作用;其四,认罪态度好,能够如实供述自己的犯罪事实,有悔罪表现。

法院有关负责人表示,受贿数额是对犯罪分子量刑需要考量的重要因素之一,但不是唯一重要因素。"回顾法院曾经判处的受贿案件,确实存在对一些比陈同海犯罪数额小的受贿犯罪分子判处死刑、立即执行的情况,这些受贿犯罪分子都不具有法定从轻处罚情节,而且还分别具有拒不认罪、索贿、受贿行为造成后果极其严重等从重处罚情节,因此法院依法对其判处了死刑,立即执行。"

(二) 专家点评

国务院国资委主任李荣融:陈同海的问题是一个十分深刻的教训。央企反腐倡廉工作还存在一些薄弱环节,违法违纪案件时有发生,反腐倡廉任务仍很艰巨。

中石化集团一领导曾说:此次审计,对中石化来说是对各项工作的一次全面"体检"和"透视",必将促进集团进一步规范管理、堵塞漏洞、提高效益、健康发展等。

(三) 案例分析

作为国企高管腐败案中级别最高、掌管企业规模最大、涉案金额最多的一案,陈同海事件给人们带来了深刻的反思。陈同海蜕变成中国石油化工集团内的""陈霸王",不仅仅是缘于他个人权力的急剧膨胀,也说明了我们的监督手段是多么的乏力。人们禁不住要问:既然陈的挥霍由来已久且有目共睹,"有关部门"为什么不及时采取果断措施?

国企高管人员高度集权,发生腐败问题之后隐蔽性强,发现概率很低。由于他们直接控制资源,可以提前布置很多防范措施,反监控执法能力很强。另外,目前,国企在制度建设上看重的是经济运行的制度约束,忽视管理制度、监督制度。缺乏不到位、不完善的监督机制,也是国企腐败频发的原因。要在国有企业中杜绝出现陈同海们,必须将权力放在阳光下运行,把权力关进制度的笼子。

列肆后宫①

【历史背景】

灵帝在位时,奸臣小人遍布朝中,朝政一日比一日腐败,国家也一日比一日衰败。那时,又值有天灾,水旱虫蝗风雹之灾连年不断,老百姓怨气冲天。而灵帝却不知修身养德,不知任贤图治,更不知体恤百姓,放府库的银钱赈灾,却一味豪奢浪费,一意游乐于后宫之中,只顾自己开心。这怎能治理好一个国家呢?

历史上记载灵帝荒淫无度,皇宫当中失去了皇家的尊严。汉灵帝为了满足自己的淫欲,在特意修建的"裸游馆"的凉殿里让所有的宫女和他一起裸体饮酒,通宵达旦地淫乐,而且毫无廉耻地感叹说:"假如这样的快乐能够延续一万年,那就是天上的神仙了。"灵帝几乎整夜都在喝酒作乐,天天喝得酩酊大醉,连天亮了都不知道。宫廷的内侍为了唤醒皇帝就把一个大蜡烛扔到殿下,把灵帝从梦中惊醒。灵帝为了能够知道天亮的时刻就在裸游馆北侧修建了一座鸡鸣堂,里面养着许多只鸡,在天亮的时候就会听到巨大的鸡鸣的声音,但是即使这样仍然无法将这个昏睡的皇帝叫醒,于是灵帝又命令宫内的内监学鸡叫,以假乱真唤醒自己。

汉灵帝时期,皇帝不理朝政,只知道自己荒淫享乐,而当时的宦官深受皇帝的信任,于是阉宦流毒于天下,无恶不作,百姓不堪忍受,终于爆发了黄巾起义,汉朝的江山岌岌可危。

传说郁林郡中有一个珊瑚市,是专门买卖珊瑚的地方。曾经郁林郡向朝廷进献了一个呈碧绿色的"珊瑚妇人"。皇帝让人植于殿前,当时宫里戏称其为女珊瑚。这株女珊瑚一直都长得枝叶繁茂,但到了灵帝时却忽然死去了,人们都认为这是凶兆。果真昏庸的灵帝死了以后,宫廷之中发生了一系列的事变,汉朝真正就算名存实亡了,后来的汉献帝刘协只不过是任人摆弄的木偶,从此天下就出现了混战的局面。

【原文】

汉史纪:灵帝作列肆②于后宫,使诸采女③贩卖。更相盗窃、争斗。帝着商贾服,从之饮宴趁乐。

【张居正解】

东汉史上记,灵帝于后宫中,盖造铺店,积聚各样货物,使宫中众采女,都学外面市井上人,交易贩卖,又使之彼此偷盗、争斗、喧哗,故意做出那市井上的模样来。灵帝也穿着外面买卖人的裹衣,装作商贾。随着众宫人在酒肆中饮宴,以为欢乐。

夫灵帝之时,奸邪满朝,权纲不振,天怒人怨,灾变叠兴,乃不知恐怯修省,任贤图治,而游乐宫中,甘同商贾下贱人的勾当。兼且弄狗着冠,驾驴操辔,亵尊败度之事,无所不为。人心如何不离?盗贼如何不起?东汉之亡也,岂献帝之罪哉!

【注释】

①本篇出自《资治通鉴》卷58,汉纪五十,光和四年。并见《后汉书·灵帝本纪》。记述灵帝在宫中设立商店扮作商贾嬉戏游乐的故事。

②肆:店铺。

③采女:东汉宫中,在皇后、贵人之外,又置美人、宫人、采女三等。采女是一般宫女。

【译文】

汉代史书上记载:灵帝在后宫摆起了各种店铺。让宫中采女贩卖各种货物,进而相互偷盗、争斗不止。灵帝还穿上商人的服装,穿梭于店铺之间,和那些人饮宴取乐。

【评议】

东汉末年,本就天灾不断,汉灵帝即位后不能体恤百姓,勤政爱民,竟然如此荒淫。外戚与宦官争端不断,互相诟病,争夺权力,甚至爆发了党锢之祸。

灵帝轻信宦官，政治涣散，李膺等联合太学生抨击朝政。于是，宦官下令逮捕李膺等人，后来李膺等人还被剥夺了为官的权利。外戚后来解除了党禁，打算诛灭宦官，结果事情败露。当政宦官捉拿并处死了李膺等百余人，之后还陆续囚禁、流放、处死数百人。宦官甚至挟持灵帝下令凡"党人"的门生故吏、父子兄弟，都要免官禁锢。三年之后，宦官又掀起了一场规模更大、株连更广、时间更长的对官僚、儒生的迫害活动，史称第二次党锢之祸。当时的导火索是由于宦官侯览在家乡任意残害百姓，督邮张俭上书弹劾，要求惩办侯览。但是，侯览不仅扣下此书，还指使人诬告张俭勾结党人，图谋不轨。于是，昏聩不明的灵帝便下令讨捕张俭等人，宦官曹节趁机奏捕李膺、范滂等人，又流放、囚禁了六七百人，后来又拘捕了太学生一千多人。

皇帝作为一国之君，虽然掌有天下最大的权力，拥有最多的财富，但是，如果失去了自己作为君王应该担负的责任，只知道利用自己手中的权力与财富追求声色犬马的享乐，不理朝政，宠信宦官，乱用奸人，最终就会导致身死国灭的下场，并遭到万世万代的唾骂，汉灵帝就是这样一个臭名昭著的君主。汉灵帝在历史上的荒淫与任何其他昏君相比都绝不逊色，他不仅毫无道德底线，而且丝毫不顾及自己身为皇帝的尊严与身份，只要是他自己高兴，就会做出任何事情，这样的皇帝非但不能治国安邦，反而会对百姓和国家造成巨大的祸害。东汉末年的天下大乱，军阀混战，民不聊生的局面，大概就是在此时埋下了伏笔吧。

【镜鉴】

一、玩弄权色者终究自掘坟墓

（一）案例内容

段义和，原山东省济南市人大常委会主任、党组书记。2007年8月23日山东省高级法院以爆炸罪、受贿罪，判处其死刑，9月5日在济南执行，剥夺政治权利终身。

段义和案发的直接原因，是他为摆脱情妇柳海平的纠缠而导演的一起震惊全国的济南"7·9"爆炸案。

1994 年 2 月，已担任山东省电子工业局党委书记、副局长的段义和，被组织上派往聊城地区，挂职担任聊城地委副书记，时间两年。聊城地委所在地是聊城县，为了安排好地委段副书记的生活，地委办公室让段义和住在县委招待所一个豪华套间里，并让招待所派专人照顾。就在那里，48 岁的段义和认识了当时年仅 18 岁、长相十分漂亮、身段又好的柳海平。

后来，宾馆的这个服务员就成了段义和的情妇。段义和回济南后，把柳海平转为城镇户口后，又帮她办理了招工手续，安排在聊城某电子集团上班。不久，段义和又把柳海平调往山东省电子工业局下属的劳动服务公司，并在济南为柳海平购置了一套住房，过起了家外有家的生活。

1997 年底，段义和调任济南市委副书记，并兼任济南市委组织部部长，官至正厅。权力大了，情妇的地位也随之提高。柳海平先是由一家工厂调往济南某街道办事处，由工厂的工人变成了街道干部，然后又由街道干部调往济南市财政局，成了国家公务员。在为情妇调整工作的同时，应情妇的要求，又给柳海平购置了一套住房和一辆小汽车，并把情妇的父母和妹妹从农村接到济南居住。

段义和在为情妇谋取利益的同时，也应柳海平的要求，为柳海平的亲属办了很多事，典型的是先将居住在农村的"准岳父母"通过招工手续，安排在济南市下属的平阴县某单位，然后又通过调动工作的方式，将柳海平的父亲柳某安排在济南市发改委下属某单位，将母亲王某安排在济南市园林局下属某单位。

段义和在"守株待兔"等待别人主动行贿的同时，有时因为情妇需要"零花钱"，不得不"主动出击"，向他人索贿。2002 年年底，历城区委书记郭某要改任济南市副市长，需要人大任命，作为济南市人大常委会主任，段义和向郭某索取了 5 万元"任命费"。往往钱在手里还没有捂热，就进了情妇的口袋。在买官卖官的同时，段义和还不放过其他发财的机会。2005 年，山东瑞境置业公司为谋取"瑞境皇冠水岸小区"建设开发，公司董事长刘幼华送给段义和 50 万元。有据可查的是，段义和在包养情妇的 13 年间，为柳海平在济南购买了 4 套商品房，2 辆小汽车，另外还有 100 万元"零花钱"。

2006 年柳海平想换个工作，段义和就把她调到济南市国土资源局工作。后来她又缠着段义和在济南如意苑小区给她购买了一套 130 多平方米的住房和一辆刚刚上市的浅蓝色广州本田思迪轿车，这让段义和感觉这个小情人的胃口越来越大。渐渐地，柳海平厌倦了这种偷偷摸摸的生活,她要正大光明地嫁给段义和,但从一开始,段义和就没有和她结婚的打算。当段义和明确告诉柳海平不能和她结婚后,柳海平向段义和索要100万元补偿费,并到有关部门告了段义和一状,有关领导找段义和谈了一次话,让段处理好与柳海平的关系,不要影响工作和家庭。从这时候开始,段义和萌生了致残或杀死柳海平的犯罪动机,他曾对一位好友流露出要摆平那个"忘恩负义"的女人的想法,因为"那个女人知道得太多了,又不识好歹"。

段义和自2000年以来与柳海平长期保持不正当的两性关系,后来为摆脱柳海平的纠缠,自2007年2月以来,段义和与其侄女婿陈志多次密谋,最终确定以爆炸的方法将柳海平杀死。段义和向陈志提供了柳海平的工作单位、住宅地址以及照片、家门钥匙、汽车遥控器等物品。陈志向廉德金(另案处理)索要了2公斤硝铵炸药和5枚雷管,又找到济南"利达"汽修厂业主陈常兵帮助实施犯罪。陈志、陈常兵共谋后,利用各自的技术共同制造了遥控爆炸装置,并经两次试验,均试爆成功。他们于2007年7月9日在济南市建设路,以爆炸方法将柳海平炸死,并致使现场多名行人受伤,两辆汽车报废。最终他们咎由自取,没能逃过法律的制裁。

段义和被判死刑,再次说明了这样一个道理:掌握公权的公职人员必须要对人民委托的权力始终充满敬畏之心。如果有人把公权变为私器、因滥用职权而自我膨胀,那么其下场必然是玩火自焚、自取灭亡!

(二)专家点评

新闻评论员陆志坚:表面看,段的毁灭祸起情妇,倘若不是情妇强行索要夫妻名分,段也不至于痛下杀手。但事实上并非如此。首先,这种贪色贪权的肮脏勾当,本身就见不得阳光。只要稍有风吹草动,就会现出原形,正所谓"若想人莫知,除非己莫为"。其次,段摆开权力黑市,大肆收受贿赂,而"手莫伸,伸手必被捉"。大凡以权谋私者又有几人逃脱了法律的制裁?其东窗事发只是时间早晚问题。

(三)案例分析

腐败官员包养情妇是其自我膨胀的一个典型表现,标志着其滥用权力的范围已经从经济领域转向社会领域:利用手中的权力,腐败官员不仅要在部门中说一不二,还要在社会生活的各个方面为所欲为。段义和年过半百,之所以有本事玩弄女色、包养情妇,无非是利用了手中的职权,靠权力、地位和影响将"红颜"揽入怀中。腐败官员用权力换取金钱,进而换取社会中任何想要的东西。

大量案例都表明一个规律:包养情妇往往是腐败官员走向覆灭的一个关键转折。权色交易是一种建立在滥用权力基础之上的利益交换关系。利在则聚、利尽则散;一旦双方利益关系出现竞争或冲突,权色交易联盟必然反目成仇。

根据相关统计,涉嫌腐败的落马官员中绝大多数人在滥用职权牟取个人经济利益的同时,都伴随着个人生活作风问题。腐败正在从最初的经济利益领域向更广泛的社会利益领域扩展,钱权交易开始向着钱色交换(不仅仅是指女色,也包括各类奢靡享乐)以及权权交换演变。相伴而来的是腐败对社会价值观念体系的侵蚀。

段义和是个极端的例子,在案例中,他把权力的边界扩展到了极致,不仅突破了党纪国法的规范和约束,也挑战传统伦理道德的底线。现在的问题是,如何重新发掘"天下为公"的传统道德以及"人民公仆"的执政理念,在廉政建设中把制度与文化结合起来。

二、副主席的"官场"生意

(一)案例内容

刘卓志,内蒙古自治区政府原副主席,在 8 年内,86 次受贿共计 817.036 万元。2012年 7 月 2 日,被北京市第一中级人民法院处以无期徒刑。令人惊愕的是,这 800 多万元的贿赂,大都是卖官得来。

1. ￥640000:市委书记

刘卓志最初是吉林省哲里木盟教育局的一个普通干事,1980 年任内蒙古自治区领导秘书,2001 年升任内蒙古自治区锡林郭勒盟委副书记、盟长,2003 年 4 月被扶正,任锡林郭勒盟盟委书记。至此,刘卓志的仕途达到了高峰,而他的卖官鬻爵史也就此开始。

刘卓志上任,在他自己高兴的同时,刘的下属牛志美也开始打起了自己的如意算盘。2003 年的牛志美担任锡林郭勒盟发改委主任,并一任 4 年。可牛志美并不满足,终于等到 2006 年,锡林郭勒盟组织部门研究干部调整事项,锡盟盟委一委员职务空缺。牛志美意识到这是个绝好时机,不容错过。于是前往刘卓志家中,向刘卓志之妻宋巍诉说其想担任锡盟盟委委员及锡林浩特市市委书记职务的愿望,并给其 10 万元人民币。刘卓志知道后,立即向锡林郭勒盟组织部进行提议并顺利通过。于是,2007 年 1 月,牛志美被任命为锡盟盟委委员,提拔为副厅级干部;同年 2 月,又被任命为中共锡林浩特市委书记。牛志美不忘提携之恩,先后以各种名义感谢刘卓志共计 64 万人民币。

2.¥650000:规划局局长

牛志美并不是唯一识得买官捷径的官员,原锡林浩特市城市规划局局长贾成麟是另一个"出手阔绰"的买主。他出的价格与牛志美相差无几,他走的"夫人路线",更是与牛志美的做法如出一辙。

2003 年,锡林浩特市规划处拟升格为锡林浩特市城市规划局。在规划处工作的贾成麟知道这一情况后,便到宋巍的办公室,给其 3 万元人民币,请她向刘卓志转达自己想任锡林浩特市城市规划局副局长一职的想法。不久,贾成麟如愿以偿。

尝到甜头的贾成麟仍不知足,又继续做起了他的升官梦。终于等到了 2007 年,锡林浩特市城市规划局局长空缺,贾又找到宋巍,诉愿后,给其 40 万元,美其名曰资助她购房。事后,刘卓志找到受自己提携、时任市委书记的牛志美,传达指示。牛通知组织部,贾成麟顺利得以任命。后来,贾成麟为表感谢,也为给自己仕途铺路,先后给宋巍共 25 万元。

3.盈利

在帮助他人升官的期间,刘卓志自己也仕途顺畅。2006 年 5 月,上任锡林郭勒盟盟委书记、盟人大工委主任。2008 年 1 月 27 日,刘卓志当选为内蒙古自治区人民政府副主席。任职 8 年内,牛、贾二人只不过是刘卓志提携的芸芸官员中的普通例子;而牛、贾的"进贡"对刘卓志的所有受贿而言,也只是其中一小部分。

锡林浩特市常委委员、地区人大工作委员会副主任、锡林郭勒盟某委员会主任、内蒙古自治区政协委员、某部部长、锡林浩特市政协副主席、档案部门负责人……数不胜数的职位,刘卓志都将其对外开放,卖给官员、商人,共计收入 400 多万元。

刘卓志不仅"卖官",而且还喜欢在生意场卖"权"。地产、煤炭、电力、建筑……只要是和行政审批相关的领域,只要是权力能"伸"到的地方,都有刘卓志的身影。依托丰富的煤炭资源,政商联合,刘卓志先后收入约400万元。

4.亏损

也正是因为内蒙古丰富的煤炭资源,刘卓志8年的"财富积累"毁于一旦。

刘卓志与煤老板们沆瀣一气,引进多个煤电项目,粗放开采资源,破坏草原环境,廉价征用牧民土地并倒手获利。在其任职期间,牧民不满,发生两次群体事件,刘卓志遭到了多次举报。

可直接将刘卓志拉下马的,还是自己提拔的左膀右臂。牛志美违纪被中纪委带走调查;原盟委副书记蔚小平被判无期;原锡林郭勒盟副盟长、盟委副书记白志明被判死缓;而妻子宋巍,时任自治区司法厅纪检组副组长、原锡林郭勒盟政法委副书记也被双规。上述四人的落网直接牵出了幕后主角刘卓志。随着法院宣案,他的"官"生意,就此告终。

(二)专家点评

江苏省宿迁市检察院党组成员、纪检组长孙志远:在各种腐败现象中,选人用人腐败是最大的腐败,也是一切腐败之源。

《京华时报》孙思娅:梳理刘卓志案,揭开当地官场职位买卖的隐秘一角。同时这些买官者在经过钱权交易而如愿以偿后,又成为卖官链条中的新的一环,与刘卓志形成了利益同盟。

(三)案例分析

用官职做生意,注定是赔本买卖,刘卓志这一赔,不仅赔掉了金钱、名誉,还葬送了前途、自由。回看生活中落马的案例,刘卓志并非个案。众多的案例表明:买卖官职的根本在于领导的权力过大,虽说有用人、考核制度,却并不能阻止上级领导对官员任用的干涉。要解决此问题,还要从以下几方面入手:一是要建立"阳光"的任用制度。提名者、被提名者要公之于众,提名者负连带责任;多采用公开民主方式进行干部选拔,将更多的选拔、考评权力交与人民。二是规范领导权力,加大对买卖官职行为的惩罚力度。对领导的用人权进行明确规定,若发现越权现象,严肃处理,录入档案。三是加强对领导家人的教育。刘卓志的受贿多次是通过其妻宋巍,而且据有关报道,二人的受贿钱财是通过宋委托他人在银行开户进行保管。若宋巍能时时为刘敲响警钟，内外共同监督，事情可能会换个方向发展。

三、经历"三捉三放"官场沉浮的巨恶

(一)案例内容

宋晨光，江西省政协原副主席、省委统战部原部长，在 1998 年至 2010 年间利用职务便利，索要、收受巨额财务共计 1263 万余元人民币。2012 年 4 月 27 日，经山东省泰安市中级人民法院审理，被判处死刑，缓期二年执行，剥夺政治权利终身，没收个人全部财产。

宋晨光为行伍出身，后转业到江西省政府办公厅人事处，2002 年升任宜春市委书记，2008 年调任现职。据了解，宋晨光的落网实属不易，自 2005 年起，就开始有多人举报宋的违纪违法行为；在 2009 年又被"三捉三放"，却依旧安然无恙。宋晨光常常在常委会上炫耀自己上面有人，关系牢固，而且还有"大师"指点。最近被揭穿调查的"中华奇人"王林，就是宋晨光处理官场事务的专业顾问，曾多次向其询问关于人事任免的意见。天网恢恢，精明的宋晨光最终落入法网。

1.贱卖国有资产

宋晨光在宜春任市委书记时，将曾经属于第五届全国农民运动会配套工程的酒店"锦绣山庄"，低价卖给了"生意好友"李义海。锦绣山庄本为国有资产，2003 年由宜春市政府花费 1200 万元对锦绣山庄进行了重新装修，改善了周围绿化。四星级的酒店大楼加上周围 390 亩的土地，价值约 1.6 亿元，酒店每年均可盈利 100 多万元。2006 年，宋擅自决定对锦绣山庄进行改制，并做虚假审计报告："全年净亏损 254.548 万元，营业利润为负 171.603 万元"。于是，由李义海掌控的江西济民可信集团以 5500 万元接盘，可实际仅支付了 1600 万元就使得酒店易主。

锦绣山庄中很多员工反对改制，宋晨光便派警力镇压，强制完成了交易。此后，宋多次遭到举报。后来，经调查发现他在宜春宾馆改制，道路、绿化市政工程承包，获取商品销售代理权，提高房地产开发项目容积率等许多方面都进行了幕后指导。

2.卖官引火烧身

宋晨光做人张扬，骄横放肆，经常口出狂言："什么是市委，市委就是我，我就是市委。"常借用自己的权力收受贿赂。宜春市房管局局长王重华在 2010 年送上房产和现金后，得到宋晨光的提拔。后王重华被带走调查，交代了宋晨光受贿经过。

宋晨光不仅主动接受钱财，还索要贿赂。据宋的同事称，2005 年，宋晨光将他叫到办公室告诉他某市"市长的位置空出来了，已经定好你过去，几个月后就能接书记职位，你准备下"。可这位同事并没有摸清"准备下"的真正含义，照常工作，无所行动。一星期后，此人落选，找到宋晨光询问原因，告知"太不会做人"。原来此处的"准备"就是在索贿。

3.曲线养红颜

宋晨光有多名亲密女友，其中一位是小学教师高水根。在二人相识后，宋就开始为高水根密谋前程。因为高的资历条件各方面不够进入公务员选拔队伍，所以，宋开始"曲线救美"。先通过设计"拾金不昧"事迹，将高水根评为荣誉市民，然后以"条例是死的，人是活的"为方针，特事特办，不顾众人反对，将高安排到宜春市审计局上班，之后让其在江西财经大学脱产进修。2007 年，升任宜春市袁州区科技局副局长。在 2010 年 6 月，高水根被带走调查，交代了宋晨光的荒诞行为。

4.与"黑"共舞

宋晨光在宜春市主政期间，协同宜春袁州区公安局原局长徐序，与多个涉黑组织打交道，共牟利。其中一个在宜春存在 15 年之久的涉黑组织的老大，人称"鸡皮"周建平。经人介绍，与宋晨光相识，二人各取所需。宋和徐序将大量资金投入周建平的高利贷，通过周放贷赚钱。周建平在与其结识后也变得更加猖狂，胡作非为，曾口出狂言"抓我的人还没出生呢"。直到 2009 年，宋晨光调任离开后，周建平团伙 12 人和其他多个宜春涉黑组织才被通通拿下，从而供出了徐序。这又为宋晨光的落网画上了推波助澜的一笔。

可见，宋晨光不仅迷信，而且贪钱贪权好女色。可是，此"巨恶"是如何在腐败路上摸爬滚打十余年的？在曾经被"三捉三放"后，还依旧安然无恙，甚至还扶摇直上，到底是什么在从中作怪？这值得思考。

(二)专家点评

财新《新世纪》记者陈宝成：近年来首个获刑的省级统战部长，主要贪腐行为在任职统战部之前,由于民主及监督制约机制的缺位,中国官场中的"带病提拔"现象依旧,贪腐问题并不妨碍官员上升的通道。

武汉大学教授陈国恩:某些官员容易盲信"大师",极有可能出于个别人贪腐后的忐忑和心虚心理,由于其利用权力攫取了巨额的不义之财,因此才试图利用超自然的力量获得庇护。

(三)案例分析

利用手中职权,贱卖国有资产;索取贿赂,买卖官职;抛开程序,任人唯亲;作风腐化,包养情妇;世界观错误,偏信鬼神;暗中勾结涉黑组织。宋晨光的腐败可谓全面,经济、政治、思想文化和生活作风四个领域面面俱到。宋作为宜春的一把手,本应做人民的公仆,可反倒成了"土皇帝",可见他思想的严重错误。宋在官场上潜伏了近十年,而且还步步高升,对情妇的提拔完全忽视程序,这正是监督机制、权力运行机制严重滞后于现实的表现。因此,要防止腐败,重在建立创新惩防腐败的思想教育机制,对干部进行思想教育,使其坚持科学的世界观和为官之道;加大权力监督力度,惩罚力度;进行分权,使权力间相互制衡,保障各部门独立掌管内部事务的权力,使其不受上级领导的"特别指挥"。

四、一世英名毁于一旦

(一)案例内容

张家盟,浙江省人大常委会原副主任,因受贿款额巨大,于 2011 年 12 月 20 日,在福建省厦门市中级人民法院,被判处无期徒刑,剥夺政治权利终身,并处没收个人全部财产。截至此时,张调任浙江人大仅两年,是 2010 年第一个接受调查并落马的副部级官员。此前,从 1994 年起,张就一直在舟山市任职,从副市长到市委书记。在审判结束后,与以往众人唾骂不同,一部分舟山市民和老干部都觉得于心不忍,请求让其"将功补过"。为何会有这样的结果呢?张家盟的功劳在何处?过错又有多大呢?

1.论功劳

舟山市背靠上海、杭州、宁波,依舟山群岛而建,共包括 1390 个岛。因地理位置的优势,渔业资源丰富,是中国最大的海水产品生产、加工、销售基地。可也正因为与大陆的一水之隔,舟山市民只能靠轮渡登陆,不仅出行不便,海岛经济也受到了极大的制约。在张家盟任舟山市委常委、副市长之时,开始对舟山大陆连岛工程进行论证。后张家盟多次带人到国家发改委、交通部和有关部门进行汇报衔接,争取多方支持,通过了国家立项。在其指导督促下,舟山跨海大桥从 1999 年 9 月开始动工到 2009 年 12 月开始通车,历经十年,成为世界上规模最大的桥群,实现了舟山市民的登陆梦。

除此之外,舟山本岛公路交通网的建设、临城新区的建设都有张家盟的功劳,有关人士称,舟山经济的发展,有鲜明的张氏印记。也正因为张家盟兢兢业业,心系舟山、关心家乡,很多舟山市民为之感动,对其敬仰,称其为"明星官员"。不论其过错多大,张家盟对舟山的贡献是不容抹杀的。

2.数过错

与其功绩一样,张家盟的腐败也主要是在舟山主政期间,和多数贪官相似,虽然"名声若日月,功绩如天地",但也未能洁身自好,走上了政商勾结的老路。

1996 年,在张家盟任舟山市副市长兼市交通委员会主任时,就与舟山基础工程公司法定代表人黄善年产生了交集。在张家盟的掌控下,舟山市交通委员会下属企业与黄的公司合作,成立了舟山市通达基础工程有限公司。然后张将舟山多项交通工程交与其承包。2005 年,黄善年开始涉足造船业,准备投资数十亿筹备组建舟山金海湾船业有限公司,主营港口、船坞、船舶修造、海涂围垦、建材销售以及土地开发。因其将建设的船坞超过 10 万吨级,根据规定,项目过大,需要上报国家发改委进行审批核准。但是,此项目仅通过舟山市发改委放行,就开始了动工。后来,公司遇到经济危机和其他原因,导致亏损,无法正常运转。张家盟借自己权力,使渤海银行向其发放 4.5 亿元贷款。最终因此公司无法独立发展,转卖给海航集团。其间,由于张家盟的帮助,黄善年为了表示感谢,帮他低价购买了上海市房产一套,节省人民币 128.7098 万元。

舟山市民对张家盟的评价,除了褒奖外,也不乏骂声。其中一个就是不惜破坏环境,顶着相关居民反对的压力,毅然"招商引资"。2004 年,中奥集团的股东王万元与香港大唐石化合作,组建舟山中奥能源集团有限公司,意图建设 PX 储运码头项目。该项目不仅需要占大量耕地和海岸线,而且会产生二甲苯剧毒。但由于此项目是受张家盟的邀请,开展顺利。同年,王万元由于行贿罪,被检察院立案调查,王的妻子找到姐夫——舟山市副市长周伟江帮忙,周急忙找到张家盟。第二天,王万元被无罪释放。事后,为表救命之恩,王万元让张家盟低价购买了曾在上海市的房屋,并亲自帮其装修。张的此次变相受贿共计312.76万元,这也是他一次性受贿最多的一笔。

在张家盟于舟山市任职期间,类似的权力寻租事件还有很多,截至案发,张家盟一共受贿735.5104万元人民币。但他也只是官商利益链中的一环,此次的落马通过多个利益环,颇为不易。和多米诺骨牌一样,是由黄光裕案间接导致。黄光裕案导致了浙江省委常委、纪委书记的王华元因违纪违法被调查,审问时发现了舟山企业主黄善年,随之张家盟被双规。

(二)专家点评

《财经》记者鄢建彪:海岛舟山的"经济功臣"张家盟,未能善身官商同盟、钱权交易的怪圈,官至副省级亦罪责难逃。

《博客日报》记者阎兆伟:最难的是刚开始"发现"贪官,拐了"九道十八弯"之后,张家盟落马了。不难看出官场腐败的严重性;不难看出官场腐败的复杂性;也不难看出反腐败的艰巨……

(三)案例分析

张家盟的一位前下属称其"有魄力,也很独断"。正是这一特点,张家盟担着巨大风险,使舟山跨海大桥在立项之前就动工兴建,最终成功建成,为舟山人民谋了福利。也正是这一特点——随意行使权力、不按规章制度办事,将他推向了腐败的深渊。法律是无情的,证据确凿,就应该为自己的罪行接受惩罚。做一名合格的领导者,果断的决策能力是必要的,要能够把握时机和发展机遇,正确分析判断事物发展的可能性和规律性;但依法执政能力和高尚的道德品质素质也是不可或缺的。防止领导干部滥用权力,不仅需要自我修炼,也需要组织的努力,进行廉政文化建设,适时为领导干部敲响警钟,保证先进性、纯洁性;另外,要对权力从政策和制度上加以规范约束,建立权力制衡、监督机制,使权力无缝隙可钻,加强对违纪违法干部的惩处力度以示警诫。要知道,一名大有作为的"干将"落马也是国家人才的损失。

五、立法腐败——权力寻租新变种

（一）案例内容

　　郭京毅，外经贸部（现商务部）原正司级巡视员，2008 年 8 月 13 日，因涉嫌受贿被宣布"双规"，他也因此成为商务部 2003 年设立以来落马的最高级别官员。2010 年 5 月 20 日，经北京市二中院审理，郭京毅受贿数额总计价值人民币 845 万余元，被判处死刑，缓期两年执行，并处没收个人全部财产。

　　随着郭京毅的落马，不仅使隐藏在国家机关里的这一巨贪的真实面目被人们认清，而且也揪出了郭京毅案这一重大窝案的真实内幕。

　　1.北大才子的宦海生涯

　　1964 年出生的郭京毅，1982 年至 1986 年间就读于北京大学法律系国际法专业，毕业后即到国家外经贸部条法司工作，曾在投资法律处工作多年，历任副处长、处长、副司长。2003 年外经贸部并入商务部之后，郭京毅仍然担任条法司副司长，并于 2007 年 3 月升为正司级巡视员。在商务部司级干部中，44 岁的郭京毅年龄较轻。自参加工作以来，郭京毅几乎参与了近 20 年来全部外资法律法规的起草和修订，在商务部的正司级干部队伍中，年轻的郭京毅可以称得上"仕途平顺，前途无量"。

　　"年轻、有能力、敢言。"一位接触过郭京毅的企业界人士评价说。当他向郭京毅咨询法律问题时，郭京毅对于投资法律的熟悉和对法律精神的理解给他留下了很深的印象。当然也有人给出不同的评价，另外一位接近他的人士评价说，郭京毅的性子比较急、锋芒毕露，有时会给人"莽撞"或者"缺乏冷静思考"之感。如果真如这些人的评价，郭京毅大体上和学者出身的官员一样，是一位有才华但是不够圆滑的官员。

　　至于郭所在的商务部条法司的职责，业内人士向记者介绍，"简单说，条法司的职责是法规的制定和法律适用标准的释明，也就是说，条法司制定的法规，如何适用，要请条法司来解释。事实上，这种适用的解释，权限是相当大的"。尽管业界对于郭京毅褒贬不一，但无可否认的一点就是郭京毅在整个条法司都发挥了很大的作用。到此为止，郭京毅的宦海生涯似乎是一曲华美的乐章。

2.东窗事发

2008年8月的一天,一篇名为"通缉情感骗子张玉栋"的文章引起了网友们的热议,很多媒体进行了转载。在文章中作者张某不仅痛斥了张玉栋的不良行为还检举揭发了郭京毅的犯罪事实。原来,揭发郭京毅的正是其同窗好友北京思峰律师事务所主任张玉栋的同居情人张某。张某因与张玉栋不和而同时检举揭发了郭京毅与张玉栋二人的犯罪事实。8月初,纪检部门接到上级机关转送的郭京毅等人的涉案线索。8月13日,郭京毅被"双规",11月,郭京毅因涉嫌受贿罪被正式批捕。至此,号称"商务部第一大案"的郭京毅案开始浮出水面,郭京毅这一政界巨贪的华彩人生终于走入了它的终途。

3.窝案主谋

郭京毅之所以能在官商之间肆意游走而得心应手靠的不是单枪匹马而是他苦心编织和经营的国家机关内的关系网。郭京毅在这个利益网中理所当然地处于核心地位。多年来,这个身居高位的政府掮客拉拢原商务部外国投资管理司司长邓湛、国家工商总局外商投资企业注册局原副局长刘伟、国家外汇管理局管理检查司原司长许满刚等人员组成其核心利益网。他们利用职务之便上下其手,利用法律政策的模糊地带进行权力寻租,一步步酿成了这一商务部窝案。

罪行一:受贿110万为某电器公司并购铺路

2004年至2007年间,郭京毅为某电器公司在股权变更、反垄断审查等事项上提供帮助,收受该公司分两次给予的人民币110万元。

郭京毅在商务部条法司可利用手中修改、解释商务法律法规的权力,按照行贿者需求设计制度。2004年某公司为图借壳海外上市,将65%股权转让给一家外资公司,大大超过了我国法规规定的外资占股上限。但是没过多久,商务部的这一政策限制被新的法规取代,外资占股限制被放开。2004年,商务部反垄断调查办公室成立,由郭京毅兼任副主任,负责行业反垄断调查、认定。2006年该公司在并购另一家公司时,商务部就这起收购案举行听证会。听证会上,参会行业巨头均投票反对。几天后,在商务部未做出最后表态的情况下,该公司突然宣布并购成功。

罪行二:半价买别墅助某公司设立外资公司

2002年间,属于首创集团的一家公司欲设立外资公司,时任原对外贸易经济合作部条法司副司长的郭京毅受托促成此事。郭京毅找到时任国家工商总局外商投资企业注册局注册指导处长的刘伟。两人利用各自的职务便利,合力提供了帮助。事成之后,郭京毅和刘伟以5折价格,从首创集团下属的北京首创阳光房地产公司的房地产项目——北京西三旗的雪梨澳乡小区,各买了1套别墅,两人别墅仅一墙之隔。

罪行三:共同受贿387万助某公司逃避检查

许满刚任职的国家外汇管理局管理检查司,负责对各种违反国家外汇管理法规行为的检查、调查和处罚。按照国家有关规定,对非法逃汇、结汇、套汇以及擅自改变外汇或者结汇资金用途的行为均可进行查处。经检察机关查明,许曾经受到郭京毅的委托,在检查一家企业时"手下留情",与郭京毅收受了巨额好处费。

罪行四:受贿78万给律师事务所介绍业务

北京思峰律师事务所主任张玉栋是郭京毅北大法律系1982级国际法专业同学。据多家媒体报道,张玉栋和郭京毅的"交往"长达10年。郭京毅常将找他办理审批事务的公司介绍给张玉栋,点拨对方由张玉栋代理办理审批。张玉栋代理的项目,在商务部审批"时间短,好运作"。

(二)专家点评

中央党校教授林喆:这是一起犯罪行为持续时间漫长、涉及单位和人员多、涉案金额巨大、影响特别恶劣的案件。如果郭京毅在法律制定过程中受贿的罪行成立,他将是中国因立法腐败而受到惩治的第一人。

(三)案例分析

郭京毅案使得历来被认为是清水衙门的条法司顿时成为众矢之的。本案不仅仅暴露出官场的腐败,而且也昭示了一种新的腐败形式——立法腐败的现实存在。郭案在一定程度上折射了外资并购审批程序的模糊不清,无法遵循同一套清晰的流程。郭在任职期间不断充当了"政府掮客""上市推手"等角色,在官商之间纵横捭阖却很少受到限制。这充分暴露出我国行政监督制度的虚置,而且暴露了立法权限的下放给官员们带来的巨大的寻租空间。透过郭京毅案可以看到,如果对于行政领导的监管不能很好地落到实处,对于立法和执法的权限划分不够清晰明确,那么,郭京毅式的立法腐败案很可能仅仅是个开始而不是结束。

六、惠民工程里的"掘金"者

(一)案例内容

宋勇,原辽宁省人大常委会副主任。2011年1月30日,宋勇因犯受贿罪,被判处死刑,缓期两年执行,剥夺政治权利终身,没收个人全部财产。在庭审结束前,宋勇表达了悔意:"党对我有培育之恩,党把我从一个穷孩子、苦孩子培养成为高级领导干部,应该说付出了巨大的成本。我的行为就是恩将仇报,我确实对不起党,特别愧疚。"常言道:"早知今日,何必当初",宋勇究竟有着什么样的当初呢?

1.部下落马致其案发

宋勇案发源于其主政过的朝阳市的一宗土地大案,并与原朝阳市国土资源局局长宋久林案有关。2008年9月,已任朝阳市委常委、凌源市委书记的宋久林被双规。据介绍,宋勇、宋久林主政朝阳市期间,曾启动了针对朝阳北大街的改造,两人分任项目正、副总指挥。其中涉及数亿土地出让金,他们以缓缴的形式帮助受其庇护的商人获得豁免。宋久林在担任凌源市委书记期间,还利用职权之便为不法商人争夺矿产资源,引起群体事件,致一名群众死亡。随着宋久林案件调查的深入,宋勇案也逐渐浮出水面。

2.政绩工程背后的交易

2002年4月,宋勇由盘锦调任朝阳市代市长、市委书记,不久开始朝阳北大街改造,时任朝阳市国土资源局局长并兼任朝阳市委常委的宋久林成为其干将,二人成为项目正副总指挥。这次北大街改造工程是时任市长宋勇的政绩工程,实际上是"伤民工程"。据工程指挥部的人士介绍,双塔街是北大街改造中最好的一块地,但没有走招拍挂程序直接被孙跃武拿走。而孙跃武与宋勇,可以说是"官商勾结"的典型代表,就在2002年宋勇调任朝阳市不过一月,孙跃武即将自己创办的三泰房产从盘锦迁到朝阳。继而通过宋勇获得北大街改造中的最佳地段,而作为回报,孙跃武先后送给宋勇人民币、美元等折合人民币246万元,成为宋氏贪腐案的最大行贿源。

在北大街改造前,扣北村共有村民2700多人,2003年被征地后,突然多了100多户

"村民"来分征地补偿费。村民获得的补偿为每人 34800 元,三口之家约 10 万元,但他们从此失去生存资源,也没有工作。

3.惠民工程变成伤民工程

村民失去的不仅是土地,还有房子。因为朝阳北大街改造,村民土地和宅基地都被政府划拨给开发商。2006 年 7 月 5 日,开发商刘宏伟派推土机将房屋推倒、村民无处安身,搭大棚住一年多,才搬进开发商建成的安置房小区。

"安置房以 900 元/平方米卖给我们,但被拆房子补偿最高才 700 元/平方米。"一位村民说。

"安置房是豆腐渣工程。"一些回迁居民说。有的房子,住户刚搬进去,地板就塌陷了一个洞,房间可以看到楼板开叉,墙壁裂缝可以塞进手指,"水泥不够,一抠就掉一大片"。村民对补偿金额和政府与开发商的各种黑幕不满,多年上访。

在宋勇主政朝阳期间,房地产开发如雨后春笋,不仅仅限于北大街一地。坐落在市政府旁边的"书记院"也同样遭到了拆迁的厄运。就连朝阳市总工会大厦也难逃宋勇强拆的魔掌。这一系列强拆案例中,贯穿的是宋勇的利益链条。通过给开发商提供庇护来获取"回报"是宋勇获利的主要方式。在他主政朝阳的 6 年时间里,用非常规的手段助推房地产业的发展,引发大规模持续不断的上访潮,导致怨声载道。他的"惠民工程"实际上是彻头彻尾的"伤民工程"。

4.介入矿争

除了涉足房产外,宋勇也涉足矿产领域。在宋久林任凌源市委书记时,宋勇将福建商人汪长任介绍给宋久林。汪长任通过宋勇的妻弟认识宋勇。汪长任最初仅投入 68 万元注册资金,通过宋久林的关系帮助控制凌源市万元店铁矿,短短两年多获利数亿元,打造了宋久林和宋勇之间的另一个利益通道。因为此次的矿权之争酿成了震惊一时的"7·13"事件。"两宋"的政治生涯也开始走向了绝境。他们在利用自己手中的权力为自己"掘金"的同时,却恰恰也是在为自己掘墓。

(二)专家点评

《民主与法制》记者简宁:如果说从利益严重被剥夺的人们口中说出"官商勾结"可能还只是一种直觉,那么现在浮出水面的事实则证明,宋勇和开发商的关系岂止勾结,而简直就是"官商一体"。

《北京晚报》记者邱伟：多名开发商凭借城区改造工程成为亿万富翁，该项改造工程实际上是宋勇的"政绩"工程，也是"伤民工程"。

（三）案例分析

宋勇案的积极意义不仅仅是剔除了干部队伍中的蠹虫，而且可以通过案例的分析更清晰地认识到当前公共部门权力腐败的实质。

首先我们看到的是，一旦权力摆脱制约，就会委身于私人利益，权力寻租不可避免。不管是官商勾结还是官商一体，不过是分赃基础上的利益同盟。从土地拍卖、安置房建设到矿产开采，宋勇牟利的黑手无所不在。

腐败的行为最终的受害者是社会公众，但是在宋勇案中，尽管一些民生项目变成政绩工程、伤民工程，民众怨声载道、苦不堪言，但是这些都没有阻止宋勇的晋升之路。

身居如此高位的党和国家的领导干部非但未能造福一方反而将自己的利益凌驾于人民的利益之上，如此官员着实让人心寒。而今，"两宋"已经得到他们应有的下场。人们在拍手称快的同时往往也会担心下一个宋勇的出现。新形势下党员干部的人生观、价值观极易发生偏离，要做到拒腐防变更应加强领导干部选用制度建设，切实完善领导干部的任职审查制度、领导干部的绩效考核制度、努力加强对领导权力的实质性监督。

狂愚覆辙

芳林营建

芳林营建①

【历史背景】

魏明帝曹叡的母亲是甄夫人，后来他的母亲失宠，受到陷害，被父亲曹丕杀死，他在后母也就是经常在文帝曹丕的面前说自己母亲坏话的郭氏的"抚养"下长大，虽然他从小获得祖父曹操的喜爱，但是因为母亲的变故，父亲曹丕并没有立他为太子的打算，直到曹叡十五岁的时候，有一次他跟随父亲曹丕去打猎，曹丕射死了一头母鹿，然后命令曹叡射死那惊恐的小鹿，这触发了自己的身世之感，于是就不禁落泪请求父亲放过小鹿。曹丕为他所感动，后来封他为武德侯，第三年封为平原王，直到文帝曹丕病危才最终封他做了太子。

魏文帝曹丕死后，即位的就是曹丕的儿子魏明帝曹叡，曹叡继位后，就让司马懿、曹真等大将伐蜀拒吴，以保魏国的平安。在这时，谋臣将相对曹叡又敬又畏，君臣团结一心。

但曹叡不久就显露出了他那好大喜功的心性。他开始在都城洛阳大力营建宫室。建完了华美的许昌宫后，他还不知足，又令人修建更壮观的洛阳宫……这样，工匠们连年不得休息，叫苦连天。为了体现魏国的强盛，曹叡让人从长安城里把秦汉时制造的钟鼓支架、铜制骆驼、铜制承露盘等装饰物件，长途运至洛阳，摆在皇宫之中。他搜集了许多铜器，重新铸成了两个巨大无比的铜人，称为"翁仲"，摆在魏宫司马门外。他还让人用铜制成龙、凤形象，把那巧夺天工的龙凤，一直安置在内殿前面。这每件事情所用的花费，都极其巨大。

曹叡骄横气盛，为了要芳林园中的一座土山早日完工，他就命令来上朝商讨国家大事的公卿大臣放下手边的公务，每个人都要到工地去帮助工役运土筑山。这一下子，大臣们累坏了，暗地里咒骂曹叡的昏庸。山一筑成，曹叡就命人在山上栽种佳木名花，又捕捉来各种珍禽异兽放了进去。如此这般，假山就如同真山一样，曹叡可以玩得更开心了。

他不仅好土木,还好美色。在曹叡的后宫内,有几千名宫女伺候他。仅这后宫的开销,就可与全国的军费开支大略相等。主管谏议的光禄勋高堂隆、掌管传送奏章的尚书卫觊和主管教化的司徒掾董寻等人,都上了长长的奏章,恳求魏明帝以国事为重,不能为私欲而舍弃国家大义。但曹叡始终不听。

魏明帝曹叡花了那么多钱,用了那么多人,招来了那么多骂,才修建了一处处无比豪奢的宫室。但到头来,他终究是白忙了一场,倒是为司马氏建立的晋朝效了大力呢!

【原文】

魏史纪:明帝好土功,大营宫殿。役连岁不休。徙长安钟簴[2]、铜驼、承露盘[3]于洛阳。铸铜人二,列司马门外。又铸黄龙、凤凰,置内殿前。起土山于芳林园[4],使公卿皆负土。树杂木善草,捕禽兽致其中。光禄勋高堂隆[5]、尚书卫觊[6]及司徒掾董寻[7],皆上疏极谏,不听。

【张居正解】

三国魏史上记,明帝睿好土木之功。即位后,大营建宫殿。既作许昌宫,又作洛阳宫。工役连年不得休息。迁徙长安城中秦汉时所造的钟架、铜橐驼,及承露盘到洛阳来。用铜铸两个极大的人,号做"翁仲",摆列在司马门外。又铸成黄龙、凤凰,安置在内殿前面,筑一座土山于芳林园。欲其速成,乃使公卿大臣每都亲自搬土助工。山既成了,使人栽种杂木好草;又捕捉各样禽兽放在中间,就与真山一般。光禄勋高堂隆、尚书卫觊及司徒掾董寻,都上奏疏极谏其失。明帝通不听他,兴作如故。

夫君以一人治天下,非以天下奉一人也。明帝之时,三方鼎立,力行节俭,犹恐不足以为国,而乃劳人动众为不急之务。且公卿大臣,朝廷之所素敬礼者,至使负土为山,沾手塗足,尤非使臣以礼之道矣。未几,明帝早崩无嗣,不及一享其乐,魏之天下,又随为司马氏所篡。彼铜人土山之玩,果为谁而作哉!

【注释】

①本篇出自《三国志·魏志》卷3,明帝,裴松之注引《魏略》,并见《资治通鉴》卷73

魏纪五,明帝景初二年。记魏明帝曹睿(205~239)好兴土木拒谏的故事。

②钟簴:即笋簴,是古代悬挂钟、磬、鼓的木架。其横木叫笋,笋旁所立二柱叫簴。簴的两端,刻龙画凤。

③承露盘:汉武帝大搞神仙迷信,在神明台上作承露盘,立铜仙人舒掌以接甘露,认为饮此甘露会延年益寿。以后又加工成仙人手擎盘承甘露。

④芳林园:本在东汉时建造的,遗址在今洛阳市东。三国时齐王曹芳即帝位,改称华林园。

⑤高堂隆:魏平阳(今山西临汾西献)人。字长平,官散骑常侍。曾上书谏止大治宫室,迁光禄勋。

⑥卫凯:魏安邑(今山西夏县西北)人,字伯儒,少以才学称。魏时,官侍中。以文章显,明帝时封阘乡侯。

⑦董寻:魏河东(今山西西南部)人。为司徒军议掾。

【译文】

　　魏明帝特别喜欢大兴土木建造工程,致使服劳役的人连年不绝地劳作。甚至将长安的钟簴,还有铜铸的骆驼和承露盘也一起运到了他所在的都城洛阳。并且还用铜铸成了两个巨大的人像,放在了司马门外面。又铸造了黄龙和凤凰摆放在内殿之前。要在芳林园堆砌一座土山,为了快些完工,他让朝中的公卿大臣一起向山上背土,种植一些树木和好看的名贵花草,从山野里捕捉了一些珍奇的动物放在山上饲养,以备他享乐之用。光禄勋高堂隆、尚书卫凯及司徒掾董寻一起向皇帝上奏此事,直言相谏,希望能够使皇帝改过自新,但都没有得到皇帝的采纳。

【评议】

　　大兴土木是每个好大喜功的皇帝最经常出现的行为。他们为了显示自己的功业或者自己的王业而大肆修建宫殿,历史上的秦始皇就是最突出的代表。虽然历史给后代以沉痛的教训,但是后世的皇帝还是重蹈覆辙,将历史再重新操演。大兴土木,对国家没有任何的好处,因为这样自然就会浪费大量的国家财物,另外凡是从事劳役的百姓都无法再进行正常的农业生产,这样经济也会受到损失,尤其是一些大型的工程,其中的弊端就更多了,所以在这里魏明帝的大臣光禄勋高堂隆、尚书卫觊及司徒掾董寻才要上书言明,但是却招到了皇帝的拒绝。历史上不能采纳臣属忠言的君主必将走向失败,魏明帝的统治也最终没有保住,而被大臣司马懿篡夺了去。

【拓展阅读】

大兴土木——魏明帝曹叡

人物档案

所在朝代:三国

生卒年月:公元 206～公元 239 年

在位时间:公元 226～公元 239 年

人物简介:曹叡,曹丕之子,小时候表现得很聪明,深受曹操喜爱。曹丕去世后,曹叡继位为帝,开始表现很勤勉,指挥曹真、司马懿等人成功御了吴、蜀的多次攻伐。但自蜀相诸葛亮去世之后,蜀国一时没有大规模的北伐行动,曹叡便放松下来,开始大修宫殿,消耗了大量人力,耽误了农业,大臣多次劝谏也不能制止。后曹叡病危,让曹爽、司马懿同时辅政,为二人日后相争埋下了祸根。

击退蜀军

曹叡刚刚继位,蜀汉丞相诸葛亮便率军北伐曹魏,南安(今甘肃陇西东南)、天水(今甘肃甘谷东南)、安定(今甘肃镇原东南)三郡都叛魏投蜀,一时震动关中,使曹魏统治阶层十分惊恐,曹叡急忙亲自率军西镇长安,派大将张郃率军阻止诸葛亮。张郃在街亭击败蜀将马谡,诸葛亮被迫退兵。

后来诸葛亮又数次率军北伐曹魏,曹叡任用司马懿、郝昭、郭淮等人,与蜀军对抗。公元 234 年,诸葛亮率军最后一次北伐,在五丈原与司马懿对峙。司马懿坚守不出,以逸待劳。诸葛亮派人给司马懿送去妇人的衣饰,意在羞辱司马懿。魏军将士得知主帅受辱,纷纷要求出战。司马懿上书曹叡,假意要求与蜀军决战。曹叡看完司马懿的奏章,心领神会,断然拒绝司马懿出战,并派大臣辛毗为军师,手持符节,前往魏营加以压制副将。

同年五月,孙权应蜀国之约,发兵三路进攻魏国,曹叡果断派军,在合肥(今安徽合肥西北)击败吴军主力,导致吴军全线溃退。使得蜀、吴夹击的计划落空。八月,诸葛亮因积劳成疾,病死于五丈原军中,蜀国被迫退兵。

托孤司马懿

公元239年1月,曹叡病重,匆忙布置后事,立爱妃郭夫人为皇后,召回司马懿托孤。丁亥日,司马懿赶入内宫,曹叡握着他的手说:"我不行了,后事托付给你了。"又指着站立一旁八岁的儿子曹芳说:"这就是嗣君,你要看清了,切勿误事!"又命令曹芳上前抱住司马懿的脖子。

司马懿顿首流涕,表示了忠诚后,曹叡宽慰地说:"这就好了,愿你和曹爽一起辅佐他。临终前能当面托付你这件事,我死也瞑目了。"又召皇族曹爽(曹操侄孙)入卧室,拜为大将军,假节钺,都督魏国军事,与司马懿一起辅助嗣君。

交代完毕,当下就册立曹芳为太子。同一天,曹叡病死于洛阳宫内嘉福殿,死后谥号为明帝。

曹叡在位期间,大兴土木,搜罗天下玩饰。不过他也重视文士,把征召来的文臣士人安置在崇文馆,鼓励他们从事学术研究,利于文化事业的发展。他本人也能赋诗作文,尤其擅于作乐府诗,与曹操、曹丕并称为曹魏"三祖"。

【镜鉴】

一、"空手套白狼"的国企高管

朱文奇,浙江省温州市虹丰粮油集团(以下简称虹丰集团)原董事长兼原总经理。1月23日,乐清市人民法院以贪污罪判处朱文奇有期徒刑13年。

在担任虹丰集团董事长一职期间,他利用下属公司以土地使用权入股对外引资组建新股份制公司的机会,与他人内外接应,压低入股土地价格,在没有出资、没有设立公司的情况下,将"骗得"的股权以803万元的价格转让他人,并企图将这笔款项侵吞。朱文奇本想上演一出空手套白狼的"好戏",但法网恢恢,疏而不漏,其最终被冰冷的手铐所套。

(一)案例内容

1.心生邪念

朱文奇是于2005年5月走马上任虹丰集团董事长一职的,恰逢虹丰饲料厂异地技改项目筹划的关键期。该项目需要数千万元的资金投入。为解决资金问题,虹丰集团打算以土地使用权作价入股,引入合作方组建股份制公司进行技改项目。上级主管部门表示同意,确定虹丰集团将20.37亩土地的使用权作价入股,占35%的股份,合作方以现金出资,占65%的股份。

乐清市工业用地向来紧张,其价格在2005年至2007年间持续上扬。而虹丰饲料厂异地技改项目地处地理位置本就优越的天成工业区,且紧靠104国道,其价值在那段时间更是水涨船高。

据他交代,起初,他从未想过从技改项目中捞半点好处。然而,当土地和规划审批相关手续办理完毕时,当20多亩寸土寸金的土地摆在自己这个国企一把手面前时,他突然觉得,自己或许能从技改项目中捞点好处。

"土地是个宝啊,不在这里为自己做点文章,太可惜了。"正如朱文奇自己所交代的,面对土地,他产生了一个念想,这个念想就是邪念、贪念。

2.合谋

一旦心生贪念,朱文奇就把道德、纪律甚至法律都抛在了脑后。他决定利用自己担任董事长兼总经理、掌握公司决策权兼经营权的便利,把项目弄过来由自己操作,谋取私利。

他找来乐清市虹桥镇上陶村村委会原副主任杨某,后者找来时任虹桥镇政府综治办主任顾某和虹丰集团职工林某,四人形成了一个利益团伙,合谋空手套白狼。他们准备利用虹丰集团准备以土地入股对外引资组建新的股份制公司的机会成为虹丰集团的合作人,在不需要投入太多资金的情况下把土地弄到手,然后想办法压低土地评估价格,并最终将手中的股权转卖他人,从中获取土地差价。

2007年9月5日,林某与虹丰集团进行了初次碰面。不久,朱文奇提议,由公司委托评估机构对 20.37 亩土地进行价格评估。在朱文奇的操作下,这 20.37 亩土地的评估价为 1452 万元,相当于每亩 71.28 万元,而当时同类土地的市场价是每亩 90 万元,评估价不到当时同类土地市场价的 80%。不久,虹丰集团与林益松签订了股份投资协议。协议中约定,虹丰集团以土地评估价 1452 万元参股,占 35% 股份,林益松以现金出资,占 65% 股份,双方组建新股份制公司;林益松需在 2007 年 12 月底前进行建设;林益松自协议签订 5 天内,上交保证金 200 万元等。但是在朱文奇的干预下,该协议并未约定林益松近 2700 万元资金到位的明确期限。

2008 年 5 月 9 日,林某、杨某代表四人私下与红源公司签订了"股权转让协议",确定虹丰集团的土地每亩价格为 132 万元,比原先该土地的评估价高出 60.72 万元。朱文奇不仅隐瞒了这一事实,还授意杨某、林某及顾某等人将所谓的 65% 股权转让与红源公司,将该部分股权产生的 803 万元土地差价侵吞。

2008 年 6 月 18 日,朱文奇等人以林某的名义与虹丰集团成立了一空壳公司——乐清市东益饲料有限公司。东益公司注册成立后,林某与红源公司立即进行了股权转让,东益公司股东变更为红源公司,占 51% 股份;虹丰集团占 35% 股份;林某占 14% 股份(形式占有,实际属红源公司所有)。

2008 年 5 月 10 日,红源公司按照约定将 200 万元保证金支付给了林某。2008 年七八月份,红源公司支付了受让款总额的 40% 即 320 万元,2010 年初,杨某以其他理由,又私下向红源公司要走了 100 万元,合计 420 万元,其中杨某拿走 300 万元,顾某拿到 100 万元,朱某拿到 20 万元。

法院认为,朱文奇身为国家工作人员,勾结杨日州、林益松、顾祥会,企图侵吞国有资产 803 万元,其中既遂 420 万元,未遂 383 万元,4 人行为均已构成贪污罪,属于共同犯罪,朱文奇、杨日州是本案的策划者、操控者,在本案中起主要作用,是本案的主犯。

(二)专家点评

《中国纪检监察报》记者徐旭、翁志双:朱文奇作为企业一把手,空手套白狼,但企业的管理层和监事会却形同虚设,没有发现这一问题。如果有一套严密的监督体系,也许这起案件就不会发生。尽管朱文奇最终没有逃脱法律的制裁,但参与查办此案的人员却对此案的发生感慨颇多。

(三)案例分析

朱文奇案集中反映了依法贿赂案的三个类型特点:首先是国有企业高层管理人员监守自盗,利用国有资产经营管理权限谋取私利;其次是该案表现出集体腐败特点,虽然朱文奇等四人并非在同一单位工作,但是四人目的明确、分工清楚、合作紧密,形成了事实上的腐败团伙;再次是该案反映了对"一把手"权力监督的问题。

可以看到,随着反腐倡廉工作的不断深入,腐败分子的作案手段也越来越隐蔽,不再是单一某一种类型的腐败特点,而是综合了几种腐败案件特点。这说明,腐败案件已经不再是特定条件下的偶然犯罪,而是综合社会环境中的各种条件和机会出现的一类犯罪。也可以说,腐败渗透到了社会和各个角落,反腐败的压力也越来越大。以往涉案的腐败分子在面对明显的腐败条件时往往铤而走险、抓住敛财的机会,而本案中的朱文奇等人则是在正常的经营管理中创造腐败的机会,其贪婪之心可见一斑。

针对腐败行为表现出来的这些特点,除了继续加大监管和惩处力度之外,还需要从权力配置结构、权力运行流程乃至社会文化观念等多个层面构建惩治和预防腐败的体制体系和工作机制。

二、被朋友忽悠入狱的"不差钱"局长

陈浩铭,浙江省海宁市国税局原局长。2012年11月13日,陈浩铭因犯受贿罪一审被判处有期徒刑10年5个月,剥夺政治权利1年,并处没收财产人民币20万元。

经查,2008年8月至2012年3月间,陈浩铭利用职务上的便利,先后多次非法收受税务征管对象的财物,共计价值人民币82.77万元,并为他人谋取利益。

(一)案例内容

1.老板圈的朋友们

陈浩铭在财税系统工作了20多个年头,从一个普通工作人员一步一步走上了领导岗位。

2005年6月,陈浩铭担任海宁市国税局局长。上任伊始,陈浩铭深感自己肩上责任

重大："当上局长后,虽然接触的企业老板多了不少,但我还是时刻提醒自己,要注意分寸、保持距离。"起初,陈浩铭也的确做到了廉洁奉公。陈浩铭自称"不差钱",警告那些想找自己走门路的人不要来碰钉子。在浙江海宁,提起该市的国税局长陈浩铭,认识的人总会伸出大拇指,赞一声"好"。

然而,2008年成为陈浩铭人生的转折点,用他自己的话说就是:"花了25年构筑的拒腐防线,竟然只用4年时间就全线崩溃了。"

2008年8月,在企业老板程某的多次邀请下,陈浩铭和他到澳门去玩。程某抢先付掉了此次澳门行的全部费用,并且以出门在外兑换港币不方便为由送给陈浩铭10000元港币。陈浩铭几番推辞不掉,便说:"这钱我先收着,回海宁后再还你。"陈浩铭松了口。当然,这笔落入陈浩铭腰包的钱最终也没有还。

这次澳门行在潜移默化中改变了陈浩铭一贯的工作原则,他与企业老板私下交往频繁了起来。由于海宁的这些老板们都很喜欢到港澳去玩,于是,每次碰到陈浩铭时,他们总会力邀陈浩铭一同前往,并推荐他到香港购物、到澳门小赌。这种新的休闲方式让陈浩铭慢慢上瘾,于是,对于企业老板们的邀请,陈浩铭也不再推拒。与此同时,这些老板们以在港澳开销大为名,多次给陈浩铭送钱。

随着交往的不断深入,当这些老板朋友们送钱上门时,陈浩铭不好意思不收了。"刚开始他们送的数额不大,一般都是几千元、上万元的不多,而且大都是在逢年过节时送来的。"陈浩铭觉得,"这只是一般的人情往来,不收觉得不拿他们当朋友看。"再到后来,次数多了,数额大了,陈浩铭数万元的钱也敢收了。

2.回报

天下没有免费的午餐,当然也没有免费的"港澳行"。陈浩铭结交了这些老板朋友并且经常收受他们提供的好处,自然也要适时地提供回报。

周某是海宁一家食品公司的老板,2011年他所经营的公司因账外销售问题被国税部门查处并罚款,为了避免以后再出现类似的问题,周某往陈浩铭处跑得更勤了,2011年春节期间以"拜年"名义送上5000元,陈浩铭没有拒绝;2012年春节又送上5000元。

对于这些企业老板来说,他们追求的是"放长线钓大鱼",与陈浩铭保持长远联系。因此,几年以来,无论有事没事,他们一直以拜年、探病等各种不同名目给陈浩铭送钱。

在陈浩铭看来,老板们上门送礼不是来求他办事,而他自己也会适时地回礼,他们之间只是正常的礼尚往来而已。况且,陈浩铭觉得,自己该公事公办时也不含糊,并没有特殊照顾他们,平时打个招呼也好,检查时网开一面也好,只不过举手之劳,并没有违反原则。于是,陈浩铭收这些钱收得心安理得。

从坚决不收到不好意思不收,再到心安理得地收,自称"不差钱"的局长收起钱来已经轻车熟路了。伴随着陈浩铭一路心理变化的是他与企业老板超出正常工作范围的交往,并最终混淆了监管者与被监管者的界限。

(二)专家点评

新闻评论员林伟:"不差钱"的局长最终栽在"钱"上,无疑再次给我们敲响敬畏权力的警钟。正所谓"心有敬畏,行有所止",敬畏,是一种自觉的道德约束,是一种做人行事的操守,也是一种为官从政的品行。只有对手中的权力心存敬畏,才能自觉做到秉公用权、依法用权、廉洁用权。否则,就可能在人情世故的纠缠中,在形形色色的诱惑和糖衣炮弹的进攻中,丧失原则,在行使权力的过程中出现滥用,从而滑向腐败的泥潭,被人民所抛弃。

(三)案例分析

在近年来发生的依法贿赂案中,陈浩铭案算是比较特殊的一例。一不为财,二不为名,他只是在别人不断地巴结、奉承中渐渐迷失了自我。从他自称"不差钱"局长的行为可以看出,他能够比较清楚地认识到腐败的钱权交易本质及其对个人、家庭以及社会造成的危害。但是,一个最初对腐败保持着较强警惕的税务局长最终还是被所谓朋友忽悠进了牢房。

陈浩铭案中有两点值得思考:第一,在未来的反腐败斗争中,有必要加大对行贿者的打击力度。从案件发生、发展的过程来看,行贿一方在促成腐败方面起到主动的作用,这与通常人们印象中的官员吃拿卡要、主动索贿,而行政相对人忍气吞声被迫行贿的常见情节不同,在本案中,尽管官员自身对腐败有着清醒的认识和防范心理,也难逃行贿者的围追堵截。如果行贿者面临的惩罚较轻或者很容易获得免予惩处的赦免,那么他们将把行贿视作一种高回报、低风险的投资,一个官员落马了,他们会立刻转向下一任官员。腐败的风险将会长期存在。

第二，领导干部廉洁教育需要面向实际、结合现实。本案中可以看到，最初收受他们提供的好处时陈浩铭内心也很忐忑和矛盾，但是一来没有什么监督和约束，二来身边行贿者不断的利益诱惑，最终还是抛弃了原则和法纪。所以，针对领导干部的党风廉政宣传教育应该更加细化，结合宣教对象的工作、生活特点制定富有针对性的教育内容和宣传手段，让廉洁意识、防微杜渐的警戒心理深入干部心中。

三、"破罐子破摔"的副市长

（一）案例内容

陈光礼，四川省宜宾市原副市长，因受贿款额巨大，2010 年 12 月 28 日，经四川省资阳市中级法院审理，被判处死刑，缓期 2 年执行，剥夺政治权利终身，并处没收个人全部财产。看到等待自己的未来，陈光礼不禁悔恨，当初选错了路。

1.升职无望，油生贪欲

2002 年，位处四川省盐亭县委书记的陈光礼，由于岗位调整，被调到达县任县委书记。由于种种原因，陈光礼与多次升职机遇擦肩而过。陈自感人生地不熟，虽然政绩、群众基础都不错，但作为交流干部始终处于劣势，陈便申请调回老家，但没有被批准，在此一任 5 年。也许是因为受了打击，2007 年的政府换届，陈光礼不再对升职报以希望，"破罐子破摔"，准备从其他门路寻找平衡，寻找满足感，于是萌生了捞钱的想法。

就在同年，借三里坪综合改造项目，陈光礼作为项目协调小组组长大捞了一把。这次的项目投资约 12 亿元，很多开发商因此眼红，唐某也不例外。他多次找到陈光礼，请求其关照。很快，唐某的公司拿到了项目开发权。2008 年，陈光礼又为"好朋友"唐某争取到了市政工程招投标权和每年 15% 回报的垫资修建权。为表感谢，利益共享，唐某先后送给陈 700 万元。

"开门红"让陈光礼胃口大开。不久，达县人民医院门诊楼要修建，开发商许某送来20 万元求陈帮忙，于是，陈暗示医院院长对许某给以关照。可当陈光礼得知弟弟陈光明也在竞争此工程时，立即告知院长将此工程让给陈光明。后来，许某又看中了达县县委

招待所改建工程,送给陈200万元,可又因为陈光明,许某这200万元付诸东流。陈光礼白白收人钱财,也觉得欠人人情,于是,在上任宜宾市副市长后将宜宾卫校南迁宿舍楼工程承包给许某。事后收到了2万元感谢费。

多次顺利地控制项目承包,让陈光礼越来越坦然,觉得替人办事、收人钱财是正当的。开发商胡某在进行达县翠屏山开发时,由于政府配套市政工程拆迁缓慢,使得自己的项目无法进行。于是胡某请求陈光礼出面督促,一个月后却丝毫没有进展。心急如焚的胡某再次找到陈光礼,许诺给其500万元红利,这正中陈心意。于是,陈亲自监督,拆迁工作迅速完工。陈光礼因此收到了470多万元和一辆价值103多万元的越野车。

2.受贿被查,不禁忏悔

为"朋友"办事不断,仅仅两年时间,就收到了2221.38万元。坦然收钱的陈光礼也很谨慎小心,在不合适的场合,从不接见开发商,但并不是不收,知道"潜规则"的开发商们都会转送给陈光礼的弟弟——陈光明,其中,有900万元都是由陈光明代收的。

为了保险起见,陈光礼的这些赃款大都是由弟弟代为保管,通过投资、购房等渠道洗钱。就在陈光礼被查办时,弟弟陈光明也因此获刑,以洗钱罪被判处有期徒刑6年,并处罚金200万元。

想到自己和家人的现状,陈光礼写下了长长的忏悔书。看到其他干部"挣钱",陈也觉得应该抓住"机会","适应大环境,随大流挣钱",最终钱财越收越多,无法自拔。这"不仅毁了自己,还毁了家庭,伤害了亲人。从今以后,我的亲人们可能会因我的犯罪在别人面前抬不起头,我让家人失去了幸福,让亲人失去了快乐"。提到自己的父母,陈不禁落泪:"我的父母都已经70多岁,在他们快走到人生尽头的时候,作为儿子,我却无法尽孝道,真是羞愧难当。"

(二)专家点评

《中国纪检监察报》张玉胜:感到升迁有望,便朝思暮想、跑官要官;自觉提拔无望,便顾念"后路"、疯狂敛财——这是官员在换届中容易出现的两种非正常状态。保持平常心、善待仕途路,这对官员来说至关重要。

（三）案例分析

想捞钱就能捞钱，腐败与否完全靠官员的自制，丝毫看不到权力制约、监督机制的作用，这直接导致了一个好干部滑落深渊。增强干部自律意识、提高拒腐防变的能力是必要的，可若将反腐完全由官员自己的思想控制是绝对不可靠的。另外，陈光礼的弟弟明知道拿的是赃款，可还是尽心尽力帮哥哥洗钱，这对陈光礼的捞钱起到推波助澜的作用。这种现象并不是偶然，因此，反腐需要干部家庭成员的共同努力，要对其进行普法教育。

陈光礼案也折射出了一个很需要重视的"天花板"现象。当干部达到一定级别后，由于制度、能力、年龄等因素，晋升空间越来越小，遇到"天花板"。由于很多干部把仕途升迁作为事业目标，一旦无法晋升，就会造成心理不平衡、不满足，由于无能为力，便自暴自弃、自甘堕落。正是这种错误"官"念，造成一个又一个落马悲剧。"在其位，谋其政"，时刻想如何更好地为百姓服务、保持一颗平常心乃克服此心理的关键。这需要个人加强修养，也需要组织适时进行引导。

四、"能干能贪"的地税局长

（一）案例内容

王纪平，原北京市地方税务局局长，由于在产品采购、招投标过程中贪污、受贿达1400万元以上，2012年5月9日被北京市第一中级人民法院一审判处死缓。伴着局长的落马，北京市沸沸扬扬的地税风波终于告一段落。王纪平管理的地税系统的那些"腐败事儿"，也被搬到了阳光下。

1.地税系统的专家型领导

素以"胆大，责任，能干"著称的王纪平，自2001年上任北京市地方税务局局长后，就开始进行大刀阔斧的"税控机改革"。为了防止偷税漏税，将手写发票改为机打发票，当年的税收水平有所上升。王纪平还着手进行纳税系统信息化建设，率先在全国建成了"12366"纳税服务系统，个人所得税明细申报系统，财税库横向联网，以及电子政务的同城异地容灾备份中心和高端查询展示平台。国际货币基金组织评价系统已达到国际春风得意的王纪平还为此参加了各种会议,介绍改革与创新经验。他还出版了多部专著,系统介绍和研究税制改革的理论问题,一时成为北京乃至全国地税系统的"知名专家"。2009年,北京地税系统系列贪腐案浮出水面,"地税风波"中王纪平的许多部下纷纷落马,最终牵出了这位"专家型领导"背后的腐败窝案。

2.改革过程中伸出黑手

推行税控机,自然少不了与税控机生产商、经销商合作,王纪平抓住了这一机会,左右招投标,开始利用出售税控机获利。浪潮电子信息产业股份有限公司(以下简称浪潮公司)是中标生产商之一,而与王纪平一直关系密切的北京钰林天元科贸有限公司(以下简称钰林公司)则是唯一指定税控机密码器经销商。据知情人透露,其法定代表人赵耘曾为王纪平的情妇,每周末都在一起打球,沟通"感情"。

二人就这样形成了利益共同体。2002年,王纪平利用职务之便,促使钰林公司与地税局信息中心合资成立了北京恒信恒安科技有限责任公司(以下简称恒信恒安公司),法定代表人为地税局信息中心主任杨玉杰。2004年,恒信恒安公司的所有股权转让给钰林公司,后钰林公司又将恒信恒安公司的资产转让给赵耘,法定代表人也变为赵耘。

为何二人在公司之间大费周折呢?原来,就在此过程中,完成了他们的加价赚钱梦。税控机从钰林公司买来后,必须安装密码器才能使用,以后如果操作错误,导致税控机上锁,就必须去专门的公司进行解锁。而负责密码器安装、解锁业务的中标公司就是恒信恒安公司。钰林公司将密码器加价后卖给恒信恒安公司,再由其高价出售,仅2003年一年,钰林公司的营业额就达到了3000万余元,恒信恒安公司达到了2000万余元。王纪平从中非法占有加价款1047万余元。

3.招投标中的"惯例"

看似"公平公正公开"的政府招投标,却牵扯进了无数人的利益。在2006年,北京全市地税局准备进行装修改造,于是进行工程招标。与王纪平相识10余年的钟小春,是创意未来建筑装饰有限公司的女老板,也参加了此次竞标活动。王事先与地税局计划财务处副处长彭英斌打招呼,暗示其"关照"一下钟的公司。钟小春顺利通过预审,接到了多个地税局的装修工程。此后,王教她别总用一个公司的名义参加招投标,于是,钟小春挂靠其他公司,借壳竞标,前后共承接地税局4项工程。

中标后,钟小春为表感谢给王纪平送烟酒,王拒收,却说,"等我退休以后有什么困难一定会找你"。之后,王纪平以老婆、儿子为名,从钟小春那里拿了共计 70 万元。据知情人透露,在王纪平被双规前,曾找过钟小春,给了她三幅画,"神情紧张"地说:"给你的三幅画,差不多够 50 万元,以后有人问起那 50 万元的事,你就说,是买画的钱。"后经鉴定,三幅均为赝品。

据纪检部门报告称,王纪平在接受调查之初,一度十分狂妄,竟称:"就你们几个还想查我? 等我出去非整死你们不可!"在法庭上,他也一样坚称自己无罪,并称曾患有精神分裂症、"脑瓜子全乱了"才在侦查阶段做了有罪供述等诸多狡辩,丑态百出。

(二)专家点评

《广州日报》陈谊军:正义最终伸张,又一个贪腐者在正义之剑面前沮丧地倒下,尽管,他曾经表现得如此的"强势"。更多的领导干部当吸取教训,引以为戒。

《京华时报》郝洪:漏洞百出的"招投标"制度固然需要修复,更需要建立的是对权力的监督体系,只有消除绝对权力,才能从根本上打破王纪平们的"惯例"。

(三)案例分析

政府采购制度的设计,一个重要目的就是遏制权钱交易,避免滋生腐败。可王在招投标中的肆意妄为,与投标方串通勾结,让看似环环相扣的政府采购制度仅仅流于形式。这不仅有损政府的声誉形象,而且是对财政资金的浪费,事关整个国家。

究其根本,是政府采购制度设计上还存在漏洞,是缺乏对权力的严格制约。为此,不仅要完善制度设计,更要引入监督机制。例如,在招投标过程中,强化审计、监察机关的监督;对采购预算细节、招投标各个环节的责任人、招标结果向社会公布,让公众、媒体进行审核,有异议的,再次调查,或举行听证会等。只有将管理权、操作权、监督权真正分离,才能够避免采购的"独角戏"再次上演。

一个能干能贪的干部落马总能引起社会的一片唏嘘。一方面我们要坚守制度底线,为国家和社会做出再大的贡献也不能成为官员挑战法律的资本。另一方面,要在廉政建设中更加注重预防,保护我们的干部远离腐败的诱惑,降低腐败对社会造成的既成危害。

五、"旋转门"里外的圈钱术

（一）案例内容

王妙兴，原系上海新长征（集团）有限公司党委书记、新长征集团董事长，因涉嫌贪污、受贿、职务侵占罪被检察机关提起公诉，涉案金额高达1亿余元。2010年11月上海市第二中级人民法院对王妙兴涉嫌贪污、受贿上亿元一案做出一审判决，判决认定王妙兴犯贪污罪、受贿罪、职务侵占罪，并予以三罪并罚，判处其无期徒刑。

1.转制中的双重身份

王妙兴本是一名从基层成长起来的党员干部。改革开放以后，作为上海"西大门"的长征镇带头人，他也成为当时上海有名的标兵青年干部。他曾在党政机关中担任上海市普陀区长征镇镇长、党委书记，也曾在国有企业新长征（集团）任党委书记、董事长等职务。利用自己在官场上积攒下来的人脉资源，王妙兴游走于机关与国企之间，左右逢源，当然，这样的双重身份也给他提供了不断敛财的机会。

1998年，上海新长征集团成立，其中上海市普陀区长征镇政府以实物投资占股90%。2005年10月起，集体所有制企业上海长征实业总公司转制，作为法人代表的王妙兴担任新长征集团公司的党委书记，并按照"区政府的提议"，由他兼任董事长，开始了官场与商界之间的变身戏法。

2006年6月，王妙兴在担任上海真北商务服务管理有限公司法定代表人期间，利用职务便利，虚构"策划服务费"的名义，分两次从上海瑞凌商务咨询有限公司处开付款人为真北公司的总金额为200万元的发票22张，套取现金186万元。王用这笔钱缴付了剩余的受让股权款。余款7万余元，被王"塞进了公司抽屉"，混为私用。

作为上海红极一时的镇属集体企业，新长征集团在改制过程中，全部的资产出让价格为1.7亿元。但有资料显示，截至2006年3月底，上海新长征（集团）有限公司资产达151亿元。两个数额的巨大差异背后，是王妙兴等人的中饱私囊及国家、集体财产的大量流失。

王妙兴利用担任长征镇党委书记等职务便利，以划转误入款等名义，陆续从新长征集团及他控制的长征镇政府所开设的集体经济账户中划转 9700 万元。该款项在新长征集团转制评估时，均未被列入评估资产。

长征镇政府退让了其所拥有的新长征集团的 50% 的股权，其中的 30% 分别转让给了三家企业。按照转让之初所签订的协议，五年之内，这些股权不可以再次转让，但仅在五个月之后，上述的三家企业就将 30% 的股权全部转让给了征辉投资。征辉投资的实际负责人是西上海集团董事长曹抗美。而在上海青浦区白鹤镇的一个合作项目上，新长征集团有 2.6 亿元的款项进了西上海集团的账中。

2006 年，新长征集团在上海联合产权交易所进行了第二次公开挂牌，出售长征镇政府持有的 40% 的股份，以及长征城乡建设开发有限公司持有的 10% 的股权。这次的股权转让仅有一家出手接盘——数月前刚刚从新长征购入兴力达商业广场的神秘富豪颜立燕。2006 年 6 月，颜立燕旗下上海德泓投资有限公司成为新长征的最大股东。

2.财富倒手中的一人四"角"

2001 年 3 月，上海金岛建设工程有限公司董事长、总经理顾敏为承接长征镇相关土地开发项目，提议王妙兴等人至该公司入股，并许诺按王的入股本金金额赠予等额的干股。为了避免身份尴尬，王妙兴竟一人扮演四名虚拟股东的角色，先后收受顾敏给予的红利 136 万元，并得到股本金返还款 80 万元。

从 20 世纪 90 年代开始，王妙兴在职的 10 多年里，是上海市郊土地、房产开发最火热的时期。除了在集体经济改制过程中大肆敛财，王妙兴的犯罪事实大多与土地、房产开发有关。

王妙兴利用职务之便，以"借款"的名义，先后收受在长征城乡公司与上海嘉定区房地产(集团)有限公司的贿赂款 100 万元，汕头市升平建设开发有限公司的贿赂款 250 万元，嘉泰房产的 200 万元。数位借款人曾向王追讨欠款，可是王很不耐烦，最后电话也打不通了。王妙兴还利用新长征集团无偿受让的总价为 300 余万元的商铺"虚拟房款"，开出空白发票为自己偿付个人借款。

(二)专家点评

北京航空航天大学公共管理学院廉洁研究与教育中心主任任建明：公务员经商办企业所产生的利益冲突是一种隐蔽的权钱交易形式，说到底，是利用公共权力获得私利的腐败行为。放任公务员特别是党政领导干部经商,会催生以官养商的腐败现象。

(三)案例分析

从计划到市场转轨的过程中,行政权力会继续在经济利益领域保持惯性影响。利益驱动下的权力寻租势必会形成非公开的地下市场,利益动机只关注价格与需求等经济性指标,而公共价值承诺往往被摒弃。一旦公共权力屈从于私人利益动机,权力的行使必然冲破监督制约机制的束缚。官员在政商两界游走的时候,角色和身份的转换背后伴随着千丝万缕的利益关联,从官到商"旋转门"式的转换往往伴随着更高的腐败风险。

亦官亦商双重身份已是巨大隐患,加之行政领导权力过大、政党不分、组织缺乏有效监管、国有资产在运作中对人、财、物管理失控等问题的"催化"必然导致腐败。

本案例中的另一个看点是公共权力在寻租市场中的"黑市价格"问题,虽然行政级别不高,但是权力对国有资产的垄断性影响使其拥有近乎不受限制的利益影响。较大的利益影响就意味着更大的"市场能量",进而也就意味着更高的市场价格。小官大腐败由此产生。

六、身兼六职的巨贪"掌门人"

(一)案例内容

徐永进,曾任江苏省连云港市赣榆县商业局长、盐务局长、经贸局长、中小企业担保投资公司董事长、国家开发银行中小企业贷款融资管理委员会主席、县开发性金融合作领导小组办公室主任,在2002年初至2006年9月期间,收受他人贿赂人民币36.5万元、美元1800元,贪污款物322.3万元,挪用公款6020万元。2010年8月,经连云港市中级法院审理,以徐永进犯受贿罪、犯贪污罪、犯挪用公款罪,判处有期徒刑20年,并处没收财产115万元。

赣榆县一度盛传一句顺口溜"六个单位六个门,里里外外一个人"。很难想象,徐永进能够同时拥有六个重要经济部门的一把手职务,而让人难以置信的是,他的所有职务全是通过"正当程序"得来的。

1.六顶官帽从何而来

徐永进于 1964 年出生在赣榆一个农村家庭,大学毕业后在赣榆县水利局干会计,后调到县法院。初期,他兢兢业业、任劳任怨,1990 年被选拔到县委组织部,后来被提拔为副科长。

徐永进于 2001 年升任赣榆县商业局局长,并很快在商业系统崭露头角。2003 年 3 月,赣榆县盐务局长期亏损,组织安排徐永进兼任盐务局局长、党组书记。徐永进上任后很快令盐务局扭亏为盈,这为他此后身兼六职奠定了基础。2003 年,商业局变身为商业总公司。徐永进自然过渡为商业总公司总经理、党委书记。

如此这般,到 2005 年底,徐永进同时身兼商业总公司、盐务局、经贸局、江苏天源中小企业担保投资有限公司、县国家开发银行中小企业贷款融资管理委员会、县开发性金融合作领导小组办公室等六个单位的一把手职务。徐永进一手掌控六个关系县域经济发展的要害部门,从此成为赣榆县经济管理工作的"掌门人"。随着手中权力越来越大,徐永进开始自我膨胀,在一些场合他经常说:赣榆县真正搞经济的就是我!

2.权力帝国里的富豪梦

虽然早期徐永进有些政绩,但在就任商业局局长时就已经开始运作权力牟取私利。2002 年底,金达公司想将价值 300 万元的房产置换给商业总公司,以此作为拆迁补偿。金达公司便按照徐永进的要求将一套市值 40 多万元的房产,以 20 万元的价格半卖半送给了他。

单是收钱办事已满足不了徐永进的贪欲,要实现他的亿万富豪梦实在太遥远,手中的权力让他盯上了公款。2003 年底,在徐永进的授意下,一家会计事务所对这座实际价值达 500 万元的大楼出具了资产仅为 177 万元的评估报告,并安排其亲戚以 220 万元的价格买下大楼,净赚 282.2 万元。

南京房地产市场火爆,他看中了南京帝豪花园的一幢别墅。他通过权力运作,以公家款项抵账,自己分文不费便将总价 670 多万元的别墅纳入名下。

2005 年 11 月,徐永进假借上海仟手公司(徐永进是幕后老板)的名义向连云港顺德生物公司投资 300 万元,此后,他见生物工程前景远大,就起了吞并顺德的心思。2006 年,徐永进挪用了国家开发银行应用于支持赣榆县中小企业发展的借款,分别是 1500 万元、2500 万元,用于扩股。这次扩股使上海仟手公司成为顺德公司的股东。

徐永进却"瞒天过海",把其中 1370 万元资金以发放贷款名义转至县里的 7 家企业账户后,全部转回天源担保公司。之后,将这 1370 万元,连同天源公司自有的 630 万元一并转至顺德公司。

这次资本运作使仟手公司成为顺德公司占股 60% 的控股股东。徐永进成功晋级,梦想成真,真的成了大老板。

(二)专家点评

此案办案人员说,正是个人权力的高度集中,没有树立正确的权力观,才导致腐败的发生。徐永进把头上的六顶乌纱帽作为个人谋利的"摇钱树",最终也让他沦为赣榆县自新中国成立以来贪污、受贿、挪用公款数额最大的巨贪。而他一人能够身兼六个部门的一把手,确实发人深思。

(三)案例分析

西方政治哲学家认为,权力会腐蚀人的心灵。当大量权力集中在个人手中时,除非是具有圣洁的品质和坚定的个人意志,否则很难保证权力能得到正当的行使。此案中,徐永进显然不是这样的人。

徐永进占据六个经济管理部门的一把手位置,为大肆敛财开辟了一条四通八达的通道,对于颇有经济眼光、会计出身、善于理财的徐永进来说,如此的权力,如此的便利,实在是想不贪也难!

令人惊讶的六顶官帽让我们反思权力配置结构与运行机制问题,与之相伴而来的是干部人事制度。天欲其亡,必令其狂。一个突然拥有如此集中的权力想保持理性和清醒就很难了。如果将案例中腐败原因分析推向更深层,则是如何在干部人事制度运行中确保权力得到科学配置,避免权力集中带来的高腐败风险。

羊車遊宴

晉武帝

羊车游宴

羊车游宴①

【历史背景】

晋武帝司马炎执政之初,曾经厉行节俭,削减各地进贡,禁止乐舞百戏和游猎器具,甚至连宫中牵牛用的青丝绳,他也要下令用青麻代替青丝。但晋武帝平定东吴统一国家后,心驰意懒,大肆游乐饮宴,政事荒废,在他的后宫中大概聚集了万名嫔妃。从此,朝廷政事大坏。到了他的儿子晋惠帝时,周边五个少数民族乘机内侵,把中国推入了分裂混战的祸乱之中。

【原文】

晋史纪:武帝既平吴,颇事游宴,怠于政事。掖庭②殆将万人,常乘羊车,恣其所之。至便宴寝,宫人竞以竹叶插户、盐汁洒地,以引帝车。而后父杨骏始用事③,交通请谒,势倾内外。朝政大坏,至其子惠帝,遂有五胡乱华④之祸。

【张居正解】

晋史上记:武帝自平吴之后,以为天下一统、四海无虞,遂骄纵放逸,好游幸宴乐,不理政事。后宫妇女,多至万人。欲有所幸,不能自决所往,因以羊驾车,任它行去。羊所住处,就在那里住下,宴乐寝宿。于是宫人望幸者,多把竹叶插在门上,盐水洒在地下,引得那羊来食之,以驻帝车而宴寝焉。

因武帝这等荒淫无度,不理国事,于是,皇后之父杨骏得以专权擅政,交通请托,威福权势,倾动内外,朝政日以坏乱。至其子惠帝又不肖。夷狄⑤交侵,五胡乱华,而中朝之祸,自此始矣。

向使武帝平吴之后,兢兢业业,常如前日,帝亦明达之主也。骏安得而用事?天下何

从而启乱哉？

【注释】

①本篇出自《晋书·后妃上·胡贵嫔传》。记述晋武帝平吴后，贪图享乐、淫逸无度，朝政大坏；到惠帝时，五胡乱华，中原涂炭的故事。

②掖庭：宫中旁舍，妃嫔居住的地方。

③杨骏：晋华阴（今陕西华阴县）人，字文长。其女为晋武帝后，官车骑将军。武帝疾危时，后奏请以杨骏辅政。武帝死后，骏秉持国政。惠帝贾后惧骏，密谋杀骏，诛三族。

④五胡乱华：晋武帝死后，我国北方五个少数民族匈奴、鲜卑、氐、羯、羌相继建立王朝，并纷纷内迁，先后建立十六国，历经一百三十五年的分裂、战乱的历史，史称五胡乱华。经历的历史时期称为"五胡十六国"。

⑤夷狄：古代中原人对周边少数民族的泛称，即东夷、西戎、南蛮、北狄，夷狄泛指周边少数民族。

【译文】

晋朝史书上记载：武帝平定东吴后，大肆游乐饮宴，政事荒废，后宫中大概聚集了万名嫔妃。他常乘坐羊拉的小车，随其所到之处，便住下宴乐。宫中嫔妃争相把竹叶插在门上，把盐汁洒到地下，用各种方式引来武帝乘坐的羊车。皇后的父亲杨骏，开始独揽大权，用各种方式结交死党，在朝廷内外独断专行，朝廷政事大坏。到了他的儿子晋惠帝时，遂有周边五种胡人扰乱中华之祸。

【评议】

人们常说逆境好走，顺境难行。晋武帝在平吴前后判若两人，足以证明这一点。逆境常常激励人的斗志，使人精神振奋，因为身处逆境使人不敢懈怠；顺境则常使人精神松懈，乃至消磨斗志，安于享乐，这是非常危险的。贞观时，唐太宗与群臣讨论的一个重要问题就是：创业与守业哪一个难？群臣争议后，结论是创业难，守业更难。如果唐太宗没有充分认识到守业比创业更难，像晋武帝这样羊车宴游，中国历史就不会有贞观之治的

辉煌。

每个人在生活中都会遇到逆境,也会有逆境过后的顺境,成败的转机,在于精神是昂扬振奋起来,还是懈怠消沉下去。

【拓展阅读】

建立晋朝——晋武帝司马炎

人物档案

所在朝代:西晋

生卒年月:公元236~公元290年

在位时间:公元265~公元290年

人物简介:武帝司马炎,司马昭的长子,河内郡温县(河南温县西南)人。公元265年,司马炎即晋王。公元265年12月,他废黜魏元帝曹奂,自立为帝,建国号为晋,建都洛阳,改年号为"泰始",后改为"太康",史称西晋。司马炎死于公元290年,时年55岁。

"太康繁荣"

晋武帝即位后,于公元280年灭东吴,结束了三国时代,统一了全国。之后他罢黜州郡屯兵,屡次责令郡县劝课农桑,使社会得到短暂的安定与复苏,"是时,天下无事,赋税平均,人咸安其业而乐其事"(《晋书·食货志》),史家誉称为"太康繁荣"。

晋武帝制定的政治经济措施,大多以保护士族豪门的利益为前提。他颁布户调制度,规定男女占田的假定亩数和应负担的田租户调的实际亩数,允许官吏按官品高低占有不同数量的土地和佃客、荫户,承认官僚地主的特权,使曹魏时期制定的"九品中正制"发生相当大的变化。中正官职多为士族门阀出身的官僚所把持。晋武帝的这些措施使门阀士族势力得以高度膨胀。

晋武帝认为东汉和曹魏的灭亡,与宗室势力太弱有关,即位之后,便大封宗室为王,以诸王统率兵马镇守一方,并拥有地方的军政大权。晋武帝以为这样便可以巩固王室。但结果却适得其反,各宗室形成一个个政治集团,互相倾轧,力图扩大自己的势力。他万万没有想到，正是他亲手种下了"八王之乱"的种子。

好色又卖官

西晋王朝建国后统治阶级浸润在奢侈腐败的气氛之中不能自拔。晋武帝一当上皇帝，就极尽奢靡挥霍之能事，在晋军灭吴之后，缴获的数千宫女，都被送入皇宫。

晋武帝大喜，扩建宫殿，把这些人分派到各个宫殿里居住，并命人做了一辆以绵羊牵拉的大车，满载佳肴美酒，他就坐着这辆羊车在后宫四处闲逛。每天没有固定的去处，羊车停到哪里，他就在哪里过夜。一些有心机的宫女就把羊爱吃的竹叶和食盐洒在自己门前引诱绵羊，希望受到皇帝临幸。到了后来，数千宫女都学会了这种办法，于是宫里到处都是竹叶、遍地都是食盐。顿时洛阳城的竹子和食盐的价格暴涨了几倍。

晋武帝就这样成了历史上有名的好色皇帝。

晋武帝还公开买卖官爵，供其奢侈淫乐。很多正直之士指责晋武帝说："东汉的桓、灵两帝，还知道把卖官钱存入国库，而当今皇上却把卖官钱中饱私囊，可见当今皇上，还不如桓、灵两帝呢。"南阳的鲁褒曾作《钱神论》讽刺当时见钱忘义的社会风气。

西晋大臣也大多是汉魏以来的世家大族、元勋子弟，他们习于骄奢淫乐，从不以国事为重。整个统治集团，荒淫奢华，聚敛了大量财产，互相争豪比富，著名的石崇和外戚王恺斗富之事，就是西晋社会典型的写照，但对此类事情晋武帝不但不加以阻止，反而推波助澜。使得朝廷上下竟以骄奢为荣，贪赃枉法、贿赂风行，政治风气十分黑暗腐败，各种危机隐藏在表面的繁荣背后。

杨皇后伪造遗诏，晋武帝无奈死去

公元290年4月，晋武帝病倒，下诏书让其子汝南王司马亮即速回京辅政。杨皇后为了使其父杨骏单独辅政，百般阻挠，最后扣住诏书不发，并伪造遗诏，封杨骏为太尉，兼太子太傅，统率军队，并总领尚书，执掌朝政。

杨皇后将伪造的遗诏给晋武帝过目。晋武帝睁着双眼看了许久，又颓然松手将它掷在地上，不表示同意与否。等杨皇后出宫，他从昏沉中清醒过来，忽然间问左右近侍："汝南王来了没有？"左右回答没有到。晋武帝长叹一声，讲不出话来。次日死于洛阳宫中的晋武帝死后庙号为世祖武皇帝。

【镜鉴】

一、巨贪副市长的面具人生

（一）案例内容

杨光亮,原广东省茂名市常务副市长,利用职务上的便利,为他人谋取利益,非法收受他人财物共折合人民币1048.5658万元、港币200万元。2011年12月16日,广东省广州市中级人民法院对杨光亮腐败案做出判决,以受贿罪、巨额财产来源不明罪,判处其有期徒刑19年,并没收财产人民币800万元。

面对法律的制裁,杨光亮吐露心声:"钱是杀人不见血的刀,是魔鬼。"在悔恨的同时,多日来的忐忑不安终归平静,他也最终卸下了令所有人都吃惊的层层面具。

1.第一张面具:"清官"

1954年,杨光亮出生在茂名市电白县岭门镇海坡村,家中很贫穷。据知情人透露,每年,杨都会回老家的小屋住一阵子,有时还邀请省、市的同事到家中做客。而且,虽说位至副厅级,但其一家三代至今还居住在当年市政府的房改房里。

然而,背地里,杨光亮却喜欢"大款"装扮,包中常备硕大的金戒指和名贵的手表。据茂名柯姓老板说,他多次在广州的高档酒店和娱乐场所,看到了"老板模样"的杨光亮。

纪委调查显示,就在茂名市区和近在咫尺的电白县,杨光亮拥有两套洋房和两套别墅,加上在广州、珠海,共有14套房产和共计1.3亿元的家财。杨光亮的妻子谢某在省纪委供述道:"那个钱他拿回来后是他亲手放好,放在抽屉里面,然后弄成一扎一扎,十扎一捆,每扎十万元放在床底。到了一百万元,他就叫我去银行存。"其家中存折就有60多本。

杨光亮的巨款究竟从何而来?据杨交代,从1987年任电白副县长开始,每年收受的"红包"约100万元,任电白县县长、县委书记期间,每年收受三四百万元,任茂名市副市长期间,每年收受 120 万元,任茂名市市委常委、常务副市长期间,每年收益约 350 万元。自 1987 年任副县长至今收受的"红包"总计约 5000 万元。

不仅如此,1993 年至 2009 年,在茂名官场有"大鳄鱼"之称的杨光亮,在担任电白县县委副书记、县长、县委书记,茂名市副市长期间,利用职务便利,为电白县某公司获得 300 亩土地开发房地产,先后收受该公司总经理岑某贿送的 22 万元。另外,杨光亮在解决茂名市茂南二建土地纠纷案时,通过受人请托协调解封一块 20 亩的土地,收受了相关三方贿赂共计 650 万元;在其任职期间还收受了林某等 16 个单位和个人的贿赂款,数额巨大。

具有经济核算师资格的杨光亮,在疯狂地收受红包、大肆索贿受贿之后,利用假身份证和亲戚、情妇的名字隐藏钱财,并且把赃款变成本钱,让不义之财"增值"。

在他担任电白县副县长时,用赃款购车承包电白至茂名客运专线。到茂名当上副市长后,他又以 50 万元参股茂名华海酒店,从 2005 年至案发,仅 4 年就分红 40 万元。从 1997 年到 2007 年,他先后购房、购地自建房屋,用于出售或出租。而且,杨将非法所得的巨款交给情妇刘某,让其代理购买了大量的股票、基金、国债等,自己在背后指挥,投资生利。杨还通过放高利贷获取暴利。办案人员在起获的赃物中发现了几十张借条,涉案金额达 6000 万元,利息高出银行贷款数倍。

2.第二张面具:"好丈夫"

据了解,杨光亮在家生活简朴,很有规律,只要人在茂名市,从不在外面过夜。谢某一度很笃信杨光亮是个好丈夫:"他能够做到每天都按时回家,在家里过夜。"杨光亮被"双规"以后,谢某也接受了纪委调查。听闻杨光亮包养两名情妇一事,谢某心如刀绞。

据知情人透露,早在 1992 年任电白县代县长时,杨光亮就与酒店的服务员刘某建立了不正当关系。后来通过关系,将刘某调入茂名工行上班。2003 年又为她出资开了一家烟酒商行,之后又不惜重金为其买了一套住房和两辆豪华轿车。"现金 200 万元,车 50 万元,买了一个商铺,他当时也是给了 50 万元,总共 300 多万元。"据刘某说。

1996 年,杨光亮又在上海认识了服务员黄某,两人南来北往,联系不断。有一次他到南京出差,又将自己装扮成大老板,专程租了一辆奔驰车跑到扬州与此情妇见面,还去拜会所谓的老丈人,给了一点儿钱。1997 年,黄某来到广东,杨光亮安排她住进广州自己购买的房子,这种关系一直保持到 2004 年,杨光亮先后在黄某身上花了四五十万元。

省纪委一份材料显示,就连2000年杨光亮在中央党校学习期间,也把两名情妇先后叫到北京鬼混。

3.第三张面具:"够朋友"

如很多贪官一样,杨光亮具有根深蒂固的江湖观,认为若能"收人钱财,替人消灾"就是好官。据知情人说,杨光亮办事"讲原则":"找他办事都得付出代价,但付出了代价一般都能办成事,如果办不成事,他都会退钱,一些买官卖官的,只要办不成,他一律退钱,一分钱都还给你。"

多位接触过杨光亮的人士认为,杨交友广泛,为人豪爽,帮朋友办事不遗余力,而且喜欢与企业老板打交道,也愿意帮其办事。据相关报道,电白县281省道七迳至那霍段改造项目,已立项10多年,曾多次进行剪彩动工仪式,被媒体称为"一剪没"。该路段之所以一直不能动工的根本原因,就是杨光亮直接干预,三番两次将工程指定给毫无实力的空头公司来承建,这就是杨光亮所谓的江湖义气。有官员分析,杨光亮之所以贪大钱,是因为他觉得用自己的能耐帮人办到了事,拿人钱财就心安理得。

(二)专家点评

《钱江晚报》:别再拿"江湖"说事,官场没有江湖,是某些官员丧失信仰,心中犯"糊"。但官场有规则,就像杨光亮在教育别人时说的"权为民所用,利为民所谋"。

《中国青年报》杨于泽:贪官终被捉,于他本人算是罪有应得,于社会可谓正义实现。但是,反腐还要直面腐败的时间之维,把贪官对时间资源的消耗控制在最小值。

(三)案例分析

身家过亿的副市长高调贪腐了近20年。从电白县的大队支部书记,到茂名市委常委、常务副市长,随着他的不断"高升"红包数额也水涨船高。在惊人的数目面前,我们不禁反思,一个堂堂的常务副市长是如何掩人耳目,在"半人半鬼"下逍遥了这么多年,甚至还步步高升?不断收受红包的杨光亮,也必定是通过"进贡",才换来了顺畅的仕途。

不仅如此,为何"拿人钱财,替人消灾"的"江湖"人士在"帮助"无数人、甚至放高利贷获暴利之后,还依然安然无恙?为何在当地几乎人人共知的情况下还无人上报?如此猖獗足以说明，监督举报、问责机制还有待完善。

不过，杨光亮台上台下的多张面孔，最终被识破，层层伪装的"掩护"也以失败而告终。前车之鉴当使我们提高警惕，在从政为官的过程中，要表里一致，切莫在利益面前倒下，切莫让一时的贪婪变为终生的遗憾。

二、跌倒在石榴裙下的"京城第一贪"

（一）案例内容

2011 年 9 月 16 日，在北京市第一中级人民法院，北京市门头沟区原副区长闫永喜，因贪污、受贿、挪用公款，被数罪并罚，一审判处无期徒刑。闫永喜听判后，愤怒地将判决书摔到地上，坚定地说："肯定得上诉，上面都是胡说！"他还声称，自己所做的一切，都"想为经济发展多做贡献，实现自己的人生价值"。那么，真实的情况到底是怎样的呢？

1.先富起来的人

1983 年的闫永喜还是北京市冯村的一名普普通通的小泥瓦工，家境并不富裕。可他很善于抓住机会。当时，村里实行承包制，计划将饭馆、沙石厂等集体企业承包给个人经营。闫永喜东拼西凑，1.6 万元包下了村民都不看好的村头饭馆。因为到门头沟拉煤大货车增多，闫很快步入富人区，年收入达六七十万元。

党的政策鼓了闫的腰包，他声称想回报冯村也不为过。1993 年 11 月，闫永喜任冯村经联社社长，1997 年成为冯村党支部书记。上任后的闫永喜带领冯村招商引资，旧村改造，腾出用地建设商品楼，用于出售。冯村的面貌迅速变样，村民搬进楼房，每年有分红，人均纯收入由 1992 年的几千元，变为 3 万多元。闫永喜也将村建筑队变成北京首家村级房地产开发公司——北京华丰房地产开发公司。

村民赞赏，领导表扬，闫仕途通畅。2000 年 8 月，出任永定镇党委书记。2004 年 1 月，升任永定镇党委书记、门头沟区委常委，后担任门头沟区副区长，负责城乡建设工作。可谁曾想，这样有头脑、大有前途的副区长却不禁色诱，为了情妇毛旭东，疯狂地走上了贪腐路。

2.放手一贪为红颜

2005年前后,刚刚毕业的毛旭东在门头沟区的新南城公司上班。由于毛、闫办公地点近,经常能碰面。年轻漂亮、气质温婉的毛旭东很快吸引了闫永喜的注意,二人发展成情人关系。

为了讨好情妇,闫为其成立了定都贸易公司,属新城南全资子公司,毛旭东任法定代表人。可不擅管理的毛旭东将公司经营惨淡,并向闫抱怨挣得太少。情妇的嗔怪让闫永喜在拆迁工作上动起了歪脑筋。

闫找来心腹:新城南部地区拆迁工作办公室的负责人李昕,和负责此次拆迁评估的评估公司经理助理张涛。李、张二人,很快想出了虚构拆迁补偿,骗取拆迁款的办法。张用正在拆迁、产权不清的冯村市场伪造了一份补偿协议,李昕代表政府签字,直接把74万元的国家拆迁补偿做到了毛旭东的母亲马桂芳名下。

初次合作的成功,使三人胆子越来越大。由于无人认领部分绿化补偿款,闫马上让毛旭东以定都贸易公司的名义成立了一个全资子公司——定都园林公司,该公司的"账户"立刻多了265万元。

为博得红颜一笑,闫永喜又以20万元的低价从"朋友"那里为毛旭东的父母买了两套房,后毛又让闫原价出售,60万元房款全部装入了自己腰包。

2007年,想在永定镇开发度假村的河北三利集团,由于永定镇手续办不下来,历经5年的摸索,终于懂得了闫的心思:要开发的场地上100只藏獒无法处理。于是,毛旭东的公司和开发商拟订了买卖狗的假合同,500万元一次性打到了公司的账上。事后,据知情人说,狗并没有给开发商。

3.大难临头各自飞

闫永喜为毛旭东做了这么多,哪能想到,正是自己"百般疼爱"的情人最后揭发了自己。

从2007年开始,各种针对闫永喜生活作风问题、贪污受贿问题的举报频频出现,纪委部门介入调查。找到闫的情人,毛旭东害怕了,为了给自己减刑,主动将闫的上述种种腐败罪行和盘托出。闫永喜被顺利定罪,从2003年开始,闫永喜贪污受贿挪用公款共计4200余万元。其中3600多万元和毛旭东有关。2011年1月12日,毛旭东和闫永喜在法庭上同庭受审。

(二)专家点评

中国青年网毕晓哲:"贪色"的官员十有八九是一个贪官,而对于官员的生活作风和细节上的监督,却恰恰是我们反腐败的"软肋"。

《检察日报》吕立峰:权力观错位、监督缺失、家属默许导致贪官养情妇并滋生共同腐败。

(三)案例分析

闫永喜从冯村的小泥瓦匠到门头沟区副区长,冯村村民从年收入几千元到超过 3 万元,这可以看出,闫永喜是有头脑、有能力的;加上他不断强调的"一切为了集体",本可以一路顺畅地走下去,成为带民致富的好干部。可由于心理防线不堪一击,最后沉溺于女色,落得"京城第一贪"的骂名。回看众多官场落马者,多为"有情人",这让我们警醒,为官者要强化自我约束,洁身自好,理智对待女色;反腐败要注重预防,注重干部思想教育,净化干部的生活圈。

法庭上,闫永喜辩解称:"这些钱是给公司了,是为了集体利益的发展,我个人没有拿到一分钱。""我有钱,我根本没必要贪污受贿。""从我当官的那天开始,我就想为冯村多做贡献,体现我的人生价值,让冯村成为全国的先进,我从没想过给个人谋私利!"

闫永喜当庭怒摔判决书,理直气壮,振振有词,一是气愤情人无"情";二是还未意识到自己罪行的严重。在他看来,自己没有实际获利,就不算腐败。其法制意识何其淡薄?! 针对党政领导干部的廉政宣传教育往往不受欢迎,究其根源在于一些领导干部在主观上并没有对腐败的危害真正重视。恰恰是那些总认为自己离腐败很远的人往往面临更高的腐败风险。

三、海外落网的副厅长

(一)案例内容

云南省交通厅原副厅长胡星,由于在任职期间,利用职务之便,为他人牟取利益,收受巨额贿赂4000万余元，于2007年8月8日，经云南省昆明市中级法院审理，以受贿罪判处无期徒刑，剥夺政治权利终身，并没收全部个人财产。仓皇出逃近一个月的胡星，终于从胆战心惊中恢复过来。

1.通缉

胡星被通缉源于对"倾城名筑"的调查。为了保证城市建筑生态，云南省曾对昆明市二环路内不得再兴建高楼作了决定。可由重要领导批准的"倾城名筑"高调打破了此禁令，这使得其他开发商感觉愤愤不平，开始向有关部门举报。经调查，得知此建筑的开发商为金城阳光公司，法定代表人为刘伊萍，可真正老板却是胡星的三弟——胡彬。通过对胡彬、金城阳光公司管理人员以及昆明市土地储备中心负责人汤某的调查，发现"倾城名筑"的崛起始于2003年。当时，胡星任昆明市副市长，他借拆迁建公园的经费不足，招标拍卖其中土地。又通过对招标环节"精心设计"，指定了开发商金城阳光公司。建好后的"倾城名筑"全部出售，获利惊人。掌握以上情况后，省纪委准备找胡星谈话进行调查，可是胡星却突然消失不见踪影了。

2007年1月19日，由于胡星潜逃、形势严峻，省纪委常委会决定对胡星立案，并成立专案组。1月23日，成立了追捕工作组。1月26日，发布了A级通缉令。

2.追逃

早在2006年，昆明市规划局局长曾华被捕后，胡星害怕自己被牵扯出来，就开始了出逃计划的预谋。在"倾城名筑"被查，弟弟胡彬以及相关人员被检察机关带走，藏在暗中观察的胡星知道自己即将大难临头，下定决心出逃！

匆忙上路的胡星让亲信陆力民和王某去自己的住房取东西。由于没有钥匙，胡星先让陆去停车场，砸开自己的宝马车窗拿钥匙，然后上楼，取信封、笔记本电脑，还有装着100万元现金的密码箱。之后，陆力民与王某被通知飞往广州宾馆。第二天，交付完毕，陆、王二人返回昆明。

也就是这次的"砸车事件"，让一筹莫展的追捕组看到了一线生机。通过审问陆力民，得知胡星与其二弟胡波(加拿大国籍)在广州，信封中装的是一本护照，但不知道是哪个国家的。

为防止胡星出逃，追捕组立刻赶赴广州。在广东公安厅的协助下，查遍各个宾馆、出境记录，却找不到胡氏兄弟的名字。只能再从其他线索入手。蒋平想起以前每周末胡星都会飞往深圳,而且金城公司的法定代表人刘伊萍的户口就在深圳。于是,追捕组赶往深圳,查到了胡波1月16日至18日入住过华侨城酒店,而且刘伊萍为胡星的情妇,经常往来于香港、深圳两地。追捕组推测,若胡星使用假名入境,定在刘伊萍前后。通过排查,发现每次刘伊萍前后都有一个名叫"李力"的人,而且李力的照片就是胡星。"李力"曾在澳门购置了房产。可赶往澳门后,却扑了个空。追捕组逮捕刘伊萍,进行调查,无果。

在案情无进展之际,2月2日,从广州宾馆的监控录像发现了胡氏兄弟的身影,其中一人是拿着瑙鲁国护照登记入住的。而且当天下午,持照人已飞往新加坡。

3.劝归

查到胡星的踪迹,追捕组无比兴奋,可就在此时,也意识到了以后困难重重。新加坡没有加入国际刑警组织,也没有与中国签署引渡条约,这意味着中国警察到了新加坡难以开展工作,许多贪官利用这点,逃往新加坡。

但要想成功,追捕组只能飞往新加坡。到新之后,追捕组立即与新加坡警方谈判,请求警务协助。中使馆也与新加坡外交部通话,证明胡星使用他人的护照进入了新加坡。可依照新加坡法律:如果胡星没有现行犯罪,新加坡警方不能进行拘捕。但所幸的是,新加坡警方对此案非常重视,开始全天跟踪胡星。

一直僵持到了2月17日,蒋平决定给胡星打电话,劝其归国。蒋平告知胡星追捕组已经在新加坡,知道他的一举一动,而且新加坡警方也在对他全天候监视调查,迟早会找到证据,他如果继续留在新加坡必定没有出路。听到这些话,胡星沉默了,同意面谈。

面谈时的胡星,已经憔悴不堪。在追捕组办案人员的攻势下,最终签署了《自愿回国申请书》。

(二)专家点评

《北京青年报》记者李星:与房地产业相关的腐败行为愈演愈烈,近年来,全国各地的房价翻着跟头上涨,这至少是其中的一个重要原因。"新型"贪官们的反侦查能力越来越强,稍不留神就逃得无影无踪。因而,越是案情牵涉到了大贪巨恶,越是要讲究兵贵神速,擒贪于国门之内是最佳选择。

(三) 案例分析

一幢"倾城名筑""绊倒"了胡星,此绝非偶然,而是胡多年滥用职权,收受贿赂,假公济私,生活腐化的必然结果。天网恢恢,切莫心存侥幸,以为逃往他国便可逍遥法外。随着我国国际地位的提升,国际合作、司法协助等工作有效开展,反腐工作强力进行,只要官员敢"伸手",必然会被绳之以法。

在胡星案给官员以警示的同时,也为国外追赃积累了成功的经验,通过说服教育,使贪官回国,作为对其激励,视劝返为自首,可申请减刑。同时也要看到,由于体制差异和跨国合作方面的制度漏洞,一些国家仍然为这些出逃贪官提供了"海外市场",在未来打击贪官外逃的努力还需要进一步加强国际合作,让出逃贪官"无处可逃"。

另外,胡星被查始于自身利益受到侵犯的开发商的举报,其初衷在更大程度上只是借助反腐举报为自己赢得公平的市场竞争地位。可见,廉政建设进程中还需要着力加大反腐败宣传教育,团结一切可以团结的力量,让贪腐官员成为过街老鼠,同时也要加大预防,不能养虎为患,反腐不应只事后追查,而应将腐败遏制在源头。

四、从"娃娃县长"到"吸毒州长"

(一) 案例内容

杨红卫,云南楚雄州原州长,因为受贿罪、滥用职权罪于2013年2月4日被云南省大理州中级人民法院判处无期徒刑。他的受贿金额巨大,共收受人民币979万元、美元4万元、港币3万元、澳元1万元和贵重物品价值18万元;另外,杨红卫与妻子拥有多套房子,在云南有17套,在澳大利亚墨尔本还有房产6套。听到审判内容和结果令很多人咋舌。案发之前,杨红卫一直仕途顺畅,曾经是被众人寄予厚望的"政治明星"。

1."娃娃县长"

杨红卫从小生活在农村,1979年考入云南大学。全班同学中,他最小,也最勤奋。1983年,杨红卫由于表现优异,敢想敢做,乘上了政策的快车,被分配到红河州红边乡任共青团乡委副书记。之后,杨一路青云直上,年仅22岁就成了正处级干部,29岁成为弥

勒县县长,被称为"娃娃县长"。

2."铁腕"州长

2005 年,升任中共楚雄彝族自治州州委副书记、代州长。官至"一把手",加上一直以来的顺利,让本来就"敢想敢做"的他一发不可收。杨红卫在楚雄主政期间,非常热心于地方经济建设,疯狂招商引资,但从不进行实际考察,只要是"大"项目就引入。

2008 年,楚雄政府与澳大利亚岳丰投资银行有限公司签订合同,共同开发"中国西南国际葡萄酒城"。根据计划,总投资 12.8 亿美元,建设期限为 5 年。规划中显示,当项目建成后,楚雄州每年工业总产值可净增约 300 亿元、新增税收约 45 亿元、农民每年可获得葡萄种植收入约 30 亿元。听起来很诱人,为此,杨红卫专门设立了"葡萄产业开发办公室",强制推行葡萄种植。可是数年后,只见澳方公司考察,却不见资金投入,但"葡萄办"却已经支出了 600 多万元。不仅苦了政府,也苦了种植葡萄的农民。

杨红卫胆子很大,不仅仅是偷偷钻制度的空子,而且公开逆法律、政策而为。在 2006 年,为了发展旅游,在楚雄州禄丰县引进了"恐龙化石群"为主题的项目。禄丰县政府与投资公司合同约定,政府为投资公司垫资 6600 万元,用于景点建设和酒店设施建设;启动二期工程后,政府分两次收回资金,50 年后公园财产权归政府所有。可是,在"恐龙谷"开始经营后,经济效益却不如预想的好。于是,2009 年,此公司负责人找到杨红卫请求帮助,杨红卫立即以促进"恐龙谷"发展为名,决定放弃索回政府垫资和公园财产权,并很快签订了协议。就这样,6000 多万元的国有资产灰飞烟灭。

3.亡命之徒

杨红卫从政 20 多年,养成了很多嗜好,这些嗜好将其拉下腐败深渊。

其一,"不数钱"。巨额财富的积累想必不是一朝一夕所为,杨红卫一直将收受红包作为"礼尚往来"的平常事儿。由于帮人承揽工程、调动工作等,逢年过节就有各大老板往杨家中跑,放下"慰问金"。杨红卫不管是否帮人办事,只要有人送钱,就直接放到抽屉里,由杨的妻子代他打理。案发后,听到巨额资产,杨自己也感觉震惊,没想到一不小心收了这么多。

其二,嗜"毒"成性。截至案发,杨红卫已经吸毒一年多,他喜欢抽彝族的水烟筒,但是这种水烟筒是特制的,烟丝是由鸦片和中草药混合而成,名叫"卡苦",毒性较海洛因轻,价格昂贵,在某些边境地区被视为身份地位的象征。杨红卫烟不离手,甚至曾经在会议上吸食,被公安人员发现后,报告给了领导,但接下来没了下文。

其三,"忘本"。官至高位,飘飘然的杨红卫忘记了自己做官的使命,为了一己之私,拿老百姓的安危开起了玩笑。2009年7月9日,楚雄州姚安县发生地震,众多房屋倒塌。震后,国家财政拨款扶持重建,杨红卫任领导小组组长。在招投标的暗箱操作和层层转包后,"统建房"建成。可想而知,这样建成的房屋质量如何。村民入住后不久,就出现了墙面开裂、楼顶塌陷等问题。也就是这一问题,使一直仇视纪检部门,天不怕地不怕的杨红卫害怕了,随着调查深入,腐败窝案被端了出来,包括杨红卫在内的几名"楚雄大将"终于落马。

(二)专家点评

《中国纪检监察报》记者袁浩:"不经意间收多了"虽是狡辩和托词,但其中所透射出的腐败惯性应当引起我们的警惕。

《财经》记者谭翊飞:杨红卫案,值得反思的在于重大事项的党政决策机制,融资平台和地方政府之间、政府和市场之间、州县政府之间模糊的权责关系等一系列制度问题。

(三)案例分析

一个人从最初的"敢想敢做"到后来的"独断专横",既是因为自己的贪欲导致了价值观的逐渐扭曲,也是因为身边人和整个制度的纵容。杨红卫一直很抵触纪检部门的检查,甚至发言"再查,就断了你们的炊"。可见在现阶段,对"一把手"的监督还存在一定缺陷:"上级监督太远,下级监督太短,同级监督太软"。并不是没有监督主体和制度,而是这些监督措施没有起到实效。克服"一把手"的专横,最根本的是对"一把手"的权力进行分解制衡,充分发挥整个社会监督的作用。"不爱数钱"就进行财产公开,由国家、社会帮着数;"招标乱"就将各个环节的细节公开,让社会对投标商进行检查;"一言堂"就制定政策,领导最后发言,并记录每个人的发言内容。作为领导,应该时刻警惕,莫因"众人捧"冲昏头脑,千万避免杨的错误。

五、"品牌市长"变"妖股女"

(一)案例内容

李启红,广东省中山市市委原副书记、原市长,因内幕交易、泄露内幕信息,以及收受贿赂,"情节特别严重",于2011年10月27日,经广州市中级人民法院审理,判处有期徒刑11年,并处罚金2000万元,没收财产10万元。李启红当庭痛哭,表示不懂这方面的法律,十分后悔、痛恨自己的过错,发誓好好改造。可曾被评为"十大品牌市长"的李启红是如何一下子变为中国第一位落马女高官的呢?

1.从政为官

李启红出身寒微,读完小学后就在藤草工艺社做女工,性格开朗。在她14岁的时候,积极投身"文化大革命",被某位南下干部看中,四年后成为中山市石岐镇的一名居委会主任。1983年,中山撤县改市,李启红也随着上升为烟墩区党委副书记、办事处主任。1990年,由于组织有意培养提拔,李被调任市妇联,任副主任。此后,李启红平步青云,直到2007年到达仕途顶峰,当选为中山市长。据相关人透露,李启红很注重个人形象,凡会议,必彩排;而且,李启红十分重视民生工程,常谈起社保,常出现在学校、医院和社区,虽然其提出的社保、教师工资问题都未解决,但赢得了很好的口碑,直到内幕交易案的爆发。

2.内幕交易

中山公用事业集团有限公司(下称"公用集团")是中山市国有资产系统中最大的企业,负责对中山市公用事业类国有资产的投资、经营和管理。2006年,其旗下中山公用科技股份有限公司(下称"公用科技")准备上市,公用集团的董事长谭庆中想将公用集团的整体资金注入公用科技,于是找到李启红请求支持,负责资产重组事宜,并建议李"可以买一些公用科技的股票"。后谭又将这一消息告诉了李启红的丈夫林永安。

就这样,一个家族的犯罪史开始了。李启红找到弟媳林小雁,通知她集资买"公用科技"的股票。林小雁从林永安、自己丈夫李启明和朋友同事那里共筹集了677万元。2007年8月,"公用科技"股价飙升,李启红一家收益1983万余元。事发后,因内幕交易与李启红共同站在审判庭的还有她丈夫林永安和弟弟李启明、弟媳林小雁等家人。

3.原形毕露

随着内幕交易案浮出水面,一直"低调做事"的李启红和其家人"背后的故事",也公布于天下。只有房屋建筑三级资质的中山市第五建筑工程有限公司(下称"中山五建")在业内并没有名气,可由于李启红的弟弟李启明、丈夫林永安及其族人林永灿、林元明的持股,中山五建承建了许多政府工程,虽然项目都不大,但数量很多。在李启红案发前6年,就有人因此将李告到纪委。可李启红表示,"对她家人开办的公司,不插手、不帮忙、不指示、不发话"。可凭借李启红的官衔,中山五建的运营根本不用她亲自"指导"。据知情人透露,其家族财富已有20亿元之多。

不仅如此,李启红还承认收受贿赂两笔。这是李为了给自己减轻刑罚主动交代的自认为很小的罪行,可她没想到,这个"小事"情节并不小,导致两罪并判11年。

第一笔涉及"卖官"。2006年,中山市阜沙镇原镇长梁松枝,为了担任中山市组织部副部长,找到李启红请求帮忙。在职位还没宣布花落谁家之前,就开始大肆宣扬,此职位花了30万元,非自己莫属。后来,李启红还因为梁松枝子女入学问题收受贿赂,前后共计40万港币。

第二笔是在2009年,由于中山市丝绸进出口集团有限公司受过行政处罚,无法申请双A信用。于是该公司董事长关天计找到李启红,请求其帮助。随即,李让中山海关党委副书记梁建华在此事项上给予支持。李启红因此得到10万元感谢费。

(二)专家点评

清华大学廉政与治理研究中心主任任建明教授:随着政府官员市场意识的增强,他们也希望借助手中权力融入资本市场,像生意人一样"钱生钱、利滚利",与早期一手办事一手交钱的贿赂方式相比,当前官员腐败的手段越来越隐蔽。

广东省纪委副书记丘海:李启红一个女干部,从基层(居委会主任)一步步过来,很不容易。她在看到自己快可以安全着陆时,却出事了,如果她自己能安安稳稳,家人也平平安安的,那该多好啊,可惜了!

（三）案例分析

李启红的当庭痛哭,也不能让人原谅她作为人们的父母官,却为自家人谋私利的恶行。李一直自称不懂《证券法》,虽然不知是真是假,但她肯定知道此次内幕交易让无数股民损失惨重。从中可以看出她价值观的扭曲,以及对干部整体普法教育的欠缺,有许多人还对关于内幕交易的规定和触犯的法律罪行不了解;也可以看出,当今资本市场迅速发展的同时,很多规则制度还不完善,这才让权力之手对社会财富的攫取有可乘之机,威胁了市场和社会的稳定。这不仅需要完善市场规则,约束权力对市场的干预,确保自由竞争;也需要加强政府的制度建设,例如回避制度、限定官员亲属的经商行为、进行财务公开等,以监督确保权力在阳光下运行。

六、北碚"黄叔"最不雅的落马方式

（一）案例内容

雷政富,中央党校函授学院经济管理专业毕业,中央党校在职研究生学历。2012 年11 月,网上流传疑似原重庆北碚区区委书记雷政富的不雅视频。重庆市将此事件的举报定性为实名举报,有关部门迅速展开调查。经重庆市纪委调查核实,有关不雅视频中的男性确为雷政富。

2012 年 11 月 23 日,重庆市委研究决定,免去其北碚区区委书记职务。2013 年 6 月28 日,原中共重庆北碚区委书记雷政富涉嫌受贿一案 28 日在重庆第一中级人民法院一审宣判。雷政富以受贿 316 万余元被判有期徒刑 13 年,剥夺政治权利 3 年,没收 30 万元财产,追缴 316 万余元受贿款上交国库;没收财产和受贿款在 1 个月内上交。

1.从民办教师到区委书记

1976 年 9 月,年仅 18 岁的雷政富成为四川省长寿县称沱中心校的一名普通的民办教师,因为做事踏实,头脑灵活,年轻的雷政富迅速受到上级重视与提拔,曾先后担任四川省长寿县文教局干部、四川省长寿县委办公室秘书、副主任、中共四川省长寿县委常委、宣传部长、四川省长寿县政府副县长、四川省江津市政府副市长、重庆市江津市政府副市长、中共重庆市垫江县委副书记、政府党组书记、副县长、代县长、中共重庆市垫江县委书记，中共重庆市北碚区委副书记、区长，直至2010年6月担任中共重庆市北碚区委书记。我们大致可以将雷政富的从政生涯分为四个时期：

第一段是1981年至1995年，历时14年，这是雷步入政坛和逐步成长的过程。第二段是1995年至1999年，历时4年，这是他崭露头角的第二个时期，雷在这个阶段，开始担任江津市政府副市长等重要领导职务。第三段是1999年至2006年，历时7年，雷逐步爬升，从县委副书记、代县长、县长，直至担任县里的"一把手"——重庆市垫江县县委书记。近期在网上曝出的关于雷政富的"腐败经历"——为其弟雷政奎包揽工程，也主要集中在这一时期。第四段是2007年至2013年，历时近6年，这段时期是雷政富步入其人生顶峰直至落马的时期，雷在这一时期继续爬升，依次担任重庆市北碚区区长、区委书记，成为正厅级"重庆市市管干部"。但此阶段也是其"事故高发期"，关于雷的不雅视频就是在这段时期被拍摄，雷也遇到了人生中的几个"坎"，被人"下套"，被人"要挟"，向时任领导"坦白"，事件平息，几年后再起波澜，声名狼藉，直至被免职和立案调查，55岁的雷政富终于走向了他的穷途末路。

2.艳照门

11月20日16时41分，在一个名为"人民监督网"的民间网站上出现了题目为"重庆北碚区委书记雷政富接受性贿赂与少女淫乱"的帖子，在帖子里，作者朱瑞峰称："重庆市北碚区委书记雷政富生活腐化，接受商人提供的18岁少女周小雪（化名）的性贿赂。"作者还在帖子里附上了一男一女在床上性爱的5张视频截图和1张疑似截图中"男主角"雷政富开会讲话的照片。

不到两个小时，自称"微博粉丝太少"的朱瑞峰又将视频发给了《南方都市报》深度新闻部前记者纪许光，要求纪许光利用影响力扩大传播面。20时13分，记者纪许光在其实名认证的腾讯微博中也发帖"求证"事情真实性。帖子和微博发出后，在网络上迅速蔓延，引起轩然大波。11月23日11时8分，重庆市新闻办公室通过微博对外宣布："经重庆市纪委调查核实，近日互联网流传有关不雅视频中的男性为北碚区区委书记雷政富。11月23日，重庆市委研究决定，免去雷政富北碚区委书记职务，并对其立案调查。"从帖子第一次被发出到雷政富被免职的消息发出，历时66小时25分钟。

在2012年2月8日北碚区第十一次党代会上，雷政富信誓旦旦地说："切实加强反腐倡廉教育,筑牢党员干部拒腐防变的思想道德防线。全区各级干部要自重、自省、自警、自励,讲党性、重品行、做表率,做到立身不忘做人之本、为政不移公仆之心、用权不谋一己之私,永葆共产党人的政治本色。"对比其行为我们不难领悟"画虎画皮难画骨,知人知面不知心"的深刻内涵。中国共产党人的政治本色早已被雷政富丢得一干二净了,而他向世人展示的恰恰是其本"色"的丑陋嘴脸。

3.铤而走险

2008年2月,雷政富被肖烨等人以不雅视频相要挟,肖烨以借款为名索要300万元。在明知被设局敲诈情况下,为防止不雅视频曝光,雷政富找到明某,要求其帮忙"借款"300万元给肖烨。在"借款"到期且肖烨不予归还时,雷政富向明某表示由其本人归还,明某表示不用归还,雷政富予以认可。2010年11月,为避免事情败露,雷政富与肖烨共谋,以还款为名,由肖烨公司转账100万元给明某公司。

2011年,雷政富利用职务之便,为重庆某发展有限公司争取扶持资金等优惠政策提供帮助。同年6月,雷政富收受该公司法定代表人印某给予的美元1万元和手表一块。之后,雷政富将手表上交给北碚区委办公室。2012年初,雷政富利用职务之便,为重庆某医院骨科主任范某职务升迁提供帮助。之后,范某通过雷政富的妻子转送感谢费10万元,雷政富知道此事后予以收受。

(二)专家点评

中国之声特约观察员吴永强:重庆北碚区委书记不雅视频被曝光后虽然当事人一再否认,但事实胜于雄辩,终于被证实从而被免职查办。这起事件再一次显示来自民间的反腐行为确实能够起到揭发腐败的功效,即便反腐者的出发点可能出于种种缘由,但是客观上确实起到了实质作用。

(三)案例分析

堂堂主政一方的国家干部竟成了性贿赂的"男主角",舆论在扼腕叹息的同时不禁要问,何以如此高官却成情色狂徒?何以五年前的视频到现在才被重视?雷政富的腐败既有个人道德问题,也有制度的问题。官德不彰,民风难淳。党政干部是推进社会主义核

中华传世藏书

帝鉴图说

羊车游宴

二三二七

心价值体系建设的关键人群，应进一步强化"以德为先"的用人标准。在雷政富案中我们看到了网络反腐的效果，但是我们不禁要问，何以制度性反腐、法制性反腐总是滞后于其他形式的反腐呢？网络反腐虽然能够激发公众参与的热情，但网络反腐难以成为反腐的主渠道。扳倒一个雷政富并不能杜绝其他雷政富们的产生。我们在拍手称快的同时必须清醒地认识到解决这类问题的关键在于建立起预防为主的体制机制，减少腐败滋生的制度化设计才是正本清源的方法所在。如不如此，更多的道德成本和政治成本将由社会承担。